NEW
한국사능력검정
전면개편

나큐 Q

한국사
능력검정시험

윤민혁 · 정정 공편저

기본
(4·5·6급)

한국사의 모든 내용을 한큐에 다 잡는
한국사능력검정시험 대비 교재

동영상강의 www.pmg.co.kr

ⓜⓜⓖ 박문각

머리말

시행되는 47회 시험부터 한국사능력검정시험이 초·중·고급 세 종류의 시험에서 기본·심화 두 종류로 개편되었습니다. 이 중 기본 과정의 경우 기존의 중급과 초급을 통합한 성격으로, 기존의 초급 시험보다는 다소 난도가 있는 문항들로 구성됩니다.

한국사능력검정시험은 '한 나라의 국민으로서 가져야 하는 기본적인 역사적 소양을 측정하고, 역사에 대한 전 국민적 공감대를 형성하기 위한 시험'을 표방하고 있기 때문에, 기본적으로는 고등학교 한국사 교과서에서 다루는 내용 정도의 깊이 내에서 출제됩니다. 각 문항의 난이도는 고등학교 정기 고사(내신 시험)보다는 쉽지만 전 범위를 다루기 때문에 전체적인 이해가 필요하고, 쉬운 수능을 표방하며 2017학년도부터 시행된 필수 한국사보다는 어려운 수준입니다.

따라서 급수 취득을 위해서는 기본적인 용어 암기 및 숙지부터 각 사건·인물에 대한 이해, 사건들의 유기적인 관계 파악, 자료 분석 연습을 통한 한국사 전반에 걸친 이해가 필요합니다. 이 책에서는 이를 달성하기 위해 선사 시대부터 현대에 이르기까지, 한국사 전반의 주요 내용들을 시간의 흐름이라는 큰 틀 속에 정치·경제·사회·문화로 세분하여 92개의 주제로 구성하였고, 각 주제는 자료/본문+대표 문제의 4페이지로 구성하여 한눈에 보기 좋게 정리하였습니다. 내용 학습을 마치신 뒤에는 꼼꼼하고 상세한 해설이 제공되는 '다큐 한국사능력검정시험 기출문제집'을 통해 문제 풀이 연습을 하시면 더욱 좋습니다.

이 책과 함께 공부하시는 모든 분들의 수월한 합격을 기원하며, 앞으로도 우리 역사에 많은 관심을 가져주시기를 바랍니다.

윤민혁, 정정 드림

시험정보

⌛ 체제 개편

기존		변경	
고급	70점 이상 1급 60점 이상 2급	심화	80점 이상 1급 70점 이상 2급 60점 이상 3급
중급	70점 이상 3급 60점 이상 4급	기본	80점 이상 4급 70점 이상 5급 60점 이상 6급
초급	70점 이상 5급 60점 이상 6급		

🏔 활용 및 특전

- 2급 이상 합격자(기존)에 한해 인사 혁신처에서 시행하는 5급 국가 공무원 공개경쟁 채용 시험 및 외교관 후보자 선발 시험에 응시 자격 부여
- 한국사 능력 검정 시험 3급 이상 합격자(기존)에 한해 교원 임용 시험 응시 자격 부여
- 국비 유학생, 해외 파견 공무원, 이공계 전문 연구 요원(병역) 선발 시 국사 시험을 한국사 능력 검정 시험(기존 체제 3급 이상)으로 대체
- 일부 공기업 및 민간 기업의 사원 채용이나 승진 시 반영
- 2급 이상 합격자(기존)에 한해 인사 혁신처에서 시행하는 지역 인재 7급 수습 직원 선발 시험에 추천 자격 요건 부여
- 일부 대학의 수시 모집 및 육군·해군·공군·국군 간호 사관 학교 입시 가산점 부여
- 공무원 경력 경쟁 채용 시험에 가산점 부여
- 군무원 공개경쟁 채용 시험에서 국사 과목을 한국사 능력 검정 시험으로 대체
- 국가·지방 공무원 7급 공개경쟁 채용 시험에서 한국사 과목을 한국사 능력 검정 시험으로 대체

Contents

목차

B.
C.
2333 고조선 건국

427 고구려 · 평양 천도

475 백제 · 웅진 천도

562 대가야 멸망

612 살수 대첩

PART

01

우리 역사의 형성과
고대 국가의 발전

석기 시대

70만 년 전	B.C. 8,000년 경	B.C. 20~15C	B.C. 4C
구석기	신석기	청동기	철기

▷ **출제방향**　　구석기 시대와 신석기 시대를 유물을 통해 구분할 수 있어야 한다.

한눈에 보기

👍 구석기 시대

청원 두루봉 동굴

구석기 시대의 어린아이 흥수아이(처음 발견한 사람이 김흥수 씨라 이름을 이렇게 지음) 유골이 발견되었다.

△ 흥수아이

연천 전곡리

동아시아 최초로 유럽 아슐리안계 주먹도끼(양날이 평행하게 만들어진 주먹도끼)가 출토된 지역이다.

△ 찍개

찍개는 자갈돌의 한쪽 면을 떼어 날을 만들어서 물건을 찍는 데에 쓴 인류 최초의 돌연장이다.

△ 주먹도끼

주먹도끼는 주먹에 쥐고 사용하는 구석기 시대의 대표적 도구로 오늘날의 다용도칼과 같은 기능을 하였다.

● 구석기 유적

백두산 / 종성 / 웅기 / 덕천 / 동 해 / 상원 / 연천 / 파주 / 제천 / 황 해 / 청원 / 단양 / 공주

단양 금굴 유적지

충청북도 단양군 단양읍 도담리(嶋潭里) 남한강가에 있는 동굴 유적지로 우리나라에서 가장 오래된 구석기 문화 유적지이다.

◁ 슴베찌르개
(충북 단양 출토)

구석기 시대 후기에 사용된 도구로 슴베(자루에 박히는 부분)가 달린 찌르개로, 오늘날의 창의 기능을 하였다. 이후 화살촉으로 발전하였다고 짐작하고 있다.

△ 긁개

구석기 시대의 조리 도구로 짐승의 가죽을 벗기는 데에 사용되었다.

공주 석장리 유적

충청남도 공주시에 위치한 유적으로 구석기 전기에서 후기까지의 모습을 전부 보여주는 유적이다. 기둥 자리나 불 땐 자리를 통해 구석기 시대 사람들이 움집을 짓고 불을 사용했음을 보여준다.

한 눈에 보기

👍 신석기 시대

서울 암사동 유적
신석기 시대의 대표적인 유적으로 빗살무늬 토기 돌보습, 갈돌과 갈판 등이 발견되었다.

△ 빗살무늬 토기

빗살 모양의 가는 선 무늬를 새긴 토기로 우리나라 전 지역에서 발견되고 있다. 땅을 판 구덩이에서 별다른 시설 없이 장작불로 구워낸 토기로 저장용, 취사용, 음식을 담는 식기로 사용되었다.

△ 갈돌과 갈판
곡식이나 열매를 가는 데 사용하던 도구이다.

강원도 양양군 오산리 유적
한반도에서 가장 오래된 집터 유적이다.

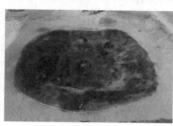

△ 신석기 시대의 움집
신석기 시대 사람들이 살았던 움집 자리로 동그란 모양의 바닥 중앙에 화덕 자리가 있다.

△ 가락바퀴
섬유를 꼬아 실을 만드는 도구로, 중앙의 둥근 구멍에 축이 될 막대(가락)을 넣어 회전시켜 꼬임을 주고 섬유를 길게 늘어뜨려 이어 가며 실을 만드는 도구로 신석기 시대에 옷이나 그물을 제작하였음을 보여준다.

• 신석기 유적

회령
백두산
무산
만포진
의주
정주
평양
은율
몽금포
북산
해
고성
양주
양양
서울
강릉
황해
동해
공주
옥구
김해
순천
부산
한경

제주 한경면 고산리 유적
우리나라에서 가장 오래된 신석기 유적으로 구석기 말기에서 신석기 시기의 유적이다.

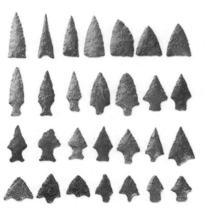

부산 동삼동 유적
신석기 시대의 대표적인 조개 무덤 유적이다.

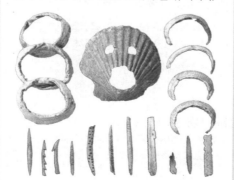

1 구석기 시대

1. 시기: 약 70만 년 전

2. 유물: 돌을 깨뜨려 도구를 제작(뗀석기)

전기	하나의 석기를 다양한 용도로 사용함. 주먹 도끼, 찍개 등
중기	하나의 석기가 하나의 쓰임새를 갖게 됨. 긁개, 밀개, 자르개 등
후기	돌조각이나 돌날 등으로 작고 날카로운 도구를 만듦. 슴베찌르개 등

3. 생활·문화

경제	사냥·어로·채집에 의존, 농경 ×
주거	• 무리를 지어 이동하는 생활 • 동굴이나 바위 그늘, 강가의 막집에서 생활
사회	연장자나 경험 많은 사람이 지도자 역할, 구성원들 모두 평등한 관계

4. 유적

  (1) 충북 단양 금굴: 우리나라에서 가장 오래된 유적지

  (2) 경기 연천 전곡리: 아시아 최초 아슐리안형 주먹 도끼 출토

  (3) 충북 청원 두루봉 동굴: 어린이 인골 발견(흥수아이)

  (4) 충남 공주 석장리: 남한 최초의 유적 발견지, 12문화층

  (5) 충북 제천 점말 동굴: 10여 문화층, 털코뿔이뼈 화석에 사람 얼굴 모양 새겨짐.

2 신석기 시대

1. 시기: 약 1만 년 전

2. 유물

  (1) 간석기: 돌을 갈아서 다양한 도구 제작 ⓔ 돌괭이, 돌삽, 돌보습, 돌낫 등

  (2) 토기: 식량 저장·조리 ⓔ 이른 민무늬 토기, 덧무늬 토기, 빗살무늬 토기 등

3. 생활·문화

경제	• 농경과 목축 시작(신석기 혁명): 보리·수수 등 잡곡 경작 • 여전히 사냥과 고기잡이가 경제 생활의 큰 비중 차지 • 가락바퀴와 뼈바늘을 이용하여 의복·그물을 제작
주거	• 정착 생활: 주로 강가에 원형 바닥의 반지하 움집을 짓고 생활 • 중앙에 화덕을 설치하고 화덕 옆 또는 출입문 근처에 저장 구덩 설치
사회	• 씨족을 기본으로 하는 부족 사회 • 평등 사회 등장 • 원시 신앙 등장
예술· 원시 신앙	• 애니미즘: 자연물에 정령이 깃들어 있다고 믿음. 태양·물 숭배 • 샤머니즘: 인간과 신을 연결하는 무당이나 주술에 대한 믿음 • 토테미즘: 특정 동식물을 부족의 조상 또는 수호신으로 숭배

💡 움집

신석기~청동기 시대의 주거 형태로, 땅을 파서 바닥을 다진 뒤 기둥을 세우고 풀이나 갈대, 짚 등을 덮어 만든 집으로 신석기 시대의 움집은 주로 바닥이 원형이거나 모서리가 둥근 사각형에 화덕이 중앙에 위치한 형태를 띠고 있다.

4. 유적

(1) 제주 한경 고산리: 가장 오래된 신석기 유적

(2) 황해 봉산 지탑리: 탄화된 좁쌀 발견

(3) 서울 암사동: 빗살무늬 토기

기출 맛보기

다음 축제에서 재현할 수 있는 장면으로 옳은 것은? 11회 초급 1번   [2점]

①

②

③

④

정답 분석⁺

구석기인들은 동굴이나 바위그늘 막집에서 살았다.

오답 풀이

① 고인돌은 청동기 시대의 유적으로 계급의 발생을 보여 준다.

② 신석기 시대에는 조, 피, 수수와 같은 단순한 농업을 시작하였다.

③ 빗살무늬 토기는 신석기 시대의 대표적 유물이다.

정답	④

청동기·철기 시대

▷ **출제방향**
- 농경의 시작으로 인한 계급의 발생을 이해한다.
- 반달돌칼의 의미와 세형동검의 의미를 이해한다.
- 군장 국가의 형성을 이해한다.

한눈에 보기

👍 농경의 시작

청동기 시대와 철기 시대에는 농경 굴지구등을 사용하여 일부 저습지에서 벼농사를 실시하였다.

반달돌칼(벼 이삭 자르개)

청동기 시대의 수확용 도구로, 중앙에 있는 구멍에 끈을 꿰어 끈 사이로 손가락을 넣어 쥐고, 곡식의 이삭을 자르는 데 사용하였다. 석기의 모양이 반달 모양이라 반달돌칼이라 이름이 붙여졌다.

출제 벨!! ▶ 청동기 시대에는 청동기만 사용한 것은 아닙니다. 청동기가 귀했기 때문에 주로 의식용으로 사용되었고, 청동기 시대에도 석기는 사용되었습니다.

👍 사유 재산의 발생

많이 모았군.

일부 저습지에서 벼농사를 실시하였고, 이로 인해 잉여 생산물이 형성되어 재산이 쌓이고 사유 재산이 발생하였다.

👍 계급의 발생

벽돌을 세운다.

두 개의 벽돌 주위를 흙으로 다진다.

덮개돌을 운반해 온다.

덮개돌을 벽돌 위에 덮는다.

> **고인돌(괴어있는 돌)**
>
> 우리나라 화순·고창·강화 등에 분포되어 있으며, 세계 고인돌의 50%가 우리나라에 집중되어 있어 유네스코 세계 문화유산으로 지정되어 있다.

△ 탁자식(북방식) 고인돌

△ 바둑판식(남방식) 고인돌

👍 청동기 시대와 철기 시대의 청동기

📍 청동기 시대(비파형 동검)

△ 비파형 동검

청동기 시대의 대표적인 무기로 악기 비파와 닮았다하여 비파형 동검이라는 이름이 지어졌다. 미송리식 토기와 함께 고조선의 문화 범위를 알려주는 유물이다.

📍 철기 시대(세형동검, 거푸집)

△ 세형동검

철기 문화가 보급되면서 비파형 동검은 길고 가느다란 모양의 세형동검으로 변하였다. 세형동검은 한반도에서만 발견되어 한국식 동검이라고도 불린다. 철기 시대의 청동기 유물은 거의 대부분 의식용 도구로 사용되었다.

△ 거푸집

철기시대에는 거푸집을 통해 독자적 청동기 문화를 발전시켰다.

출제 📖!! ▶ 철기 시대에도 청동기가 사용되었습니다. 철기 시대에 나타나는 세형동검, 잔무늬 거울 등은 의식용 도구로 사용되었다는 것 잊지 마세요.

👍 중국과의 교류

△ 명도전

명(明)자가 새겨진 손칼 모양의 화폐로 중국 전국 시대에 만들어졌다.

△ 반량전

사천 늑도에서 발견된 중국 진나라 때 만들어진 화폐로 '반량(半兩)'이라는 글자가 새겨져 있다.

△ 붓

창원 다호리에서 발견된 유물로 한자의 사용을 보여주는 유물이다.

1 청동기 시대

1. **시기**: 기원전 20세기경 ~ 기원전 15세기경부터

2. **유물**

(1) **청동기**: 비파형 동검, 거친무늬 거울 등

(2) **토기**: 민무늬 토기, 미송리식 토기, 송국리식 토기 등

(3) **농기구**: 석제 농기구를 사용(발달 돌칼)

　　　　　　　　　↳ 곡물 이삭 수확

3. **생활·문화**

(1) **경제**: 벼농사 시작으로 생산력 증가, 잉여 생산물 발생 ➡ 사유 재산 형성

(2) **주거**

① 배산임수의 구릉 지대에 마을 형성

② 움집: 점차 직사각형 형태로 변화, 지상가옥화

③ 화덕이 벽쪽으로 이동, 창고·공동 작업장 등 설치

(3) **사회**

① 빈부 격차와 강력한 무기 사용으로 계급 발생

② 고인돌 축조: 지배층의 권력과 경제력 반영

③ 군장 출현, 국가 형성

(4) **예술·신앙**

① 울주 반구대 바위 그림: 사냥과 고기잡이의 성공 기원

② 고령 양전동 알터 바위 그림: 태양 숭배의 의미를 담은 동심원

△ 반구대 바위그림

△ 양전동 알터 바위그림

> 💡 **배산임수**
> 산을 등지고 물을 바라보는 지세라는 뜻으로, 풍수지리설에서 주택이나 건물을 지을 때 이상적으로 여기는 배치이다.

2 철기 시대

1. **시기**: 기원전 4세기경부터

2. **유물**

(1) **철기**: 철제 농기구 사용 ➡ 생산력 증가

(2) **청동기**

① 비파형 동검 ➡ 세형 동검

② 거친무늬 거울 ➡ 잔무늬 거울

③ 거푸집: 독자적인 청동기 제작

(3) **화폐**: 명도전, 반량전, 오수전 ➡ 중국과의 교역

(4) **붓**: 경남 창원 다호리에서 발견 ➡ 한자 사용

(5) **널무덤, 독무덤**

선생님의 질문에 대한 학생의 대답으로 가장 적절한 것은? 34회 초급 1번 [2점]

정답 분석

선생님이 보여준 유물은 반달
돌칼로 청동기 시대의 대표적
인 석기이다. 반달돌칼은 곡식
을 수확할 때 사용되었다.

| 정답 | ② |

MEMO

주제 03

우리 민족 최초의 국가가 성립되다

고조선

B.C. 2333년 · 고조선 건국   B.C. 194 · 위만 조선   B.C. 108 · 열망

▷ **출제방향**
- 단군 신화와 8조법을 통해 고조선 사회를 이해한다.
- 고조선의 세력 범위를 이해한다.

한눈에 보기

👍 고조선의 건국신화

→ 선민사상: 하늘의 자손임을 내세워 부족의 우월성을 과시하는 세상

　옛날에 <u>환인과 그의 아들 환웅</u>이 있었는데, 아버지가 삼위태백(三危太伯)을 내려다보니 가히 널리 인간을 이롭게 할 만하므로[<u>홍익인간: 弘益人間</u>], 아들에게 <u>천부인(天符印)</u> 세 개를 주어 보내 다스리게 하였다.

→ 홍익인간의 통치 이념을 내세워 자신의 권위를 세우고자 함.　→ 청동검, 청동거울, 청동방울로 환웅 부족이 청동기 부족임을 보여줌.

환웅은 무리 3천을 이끌고 태백산 꼭대기의 신령스러운 박달나무 아래에 내려가 <u>풍백, 우사, 운사</u>를 거느

→ 농사와 관계되는 것을 주관 ➡ 농경 사회

리고 곡물, 수명 등을 주관하며 세상을 다스렸다. 그 때 곰과 호랑이가 같은 동굴에 살면서 환웅신에게 사람이 되기를 빌었다. 그 중에서 곰은 삼칠일 동안 금기를 지켜서 여자의 몸을 얻었으나, 호랑이는 금기를

제사장과 군장을 한사람이 맡음(제정일치)을 의미함. ←

지키지 않아 얻을 수 없었다. 이에 <u>환웅은 웅녀와 혼인하여 아이를 낳았으니, 이름하여 단군왕검</u>이라 하였다.

→ 곰을 숭배하는 부족(신석기 부족, 토테미즘)과 환웅 부족(청동기 부족)의 연합으로 고조선이 성립, 호랑이를 숭배하는 부족 제외

－『삼국유사』

👍 고조선의 8조법

　…… (고조선에서는) 백성들에게 금하는 법 8조를 만들었다. <u>사람을 죽인 자는 즉시 죽이고</u>, <u>남에게</u>

노동력 중시, 농업 사회 ←

<u>상처를 입힌 자는 곡식으로 갚는다. 도둑질을 한 자는 노비로 삼는다.</u> <u>용서받고자 하는 자는 한 사람</u>

→ 사유 재산 중시, 형벌 노비가 발생(계급 사회)　　→ 화폐 사용

<u>마다 50만전을 내야 한다.</u> 비록 용서를 받아 보통 백성이 되어도 풍속에 역시 그들은 부끄러움을 씻지 못하여 결혼을 하고자 해도 짝을 구할 수 없다. 이러해서 백성들은 도둑질을 하지 않아 대문을 닫고 사는 일이 없었다. <u>여자들은 모두 정조를 지키고 신용이 있어 음란하고 편벽된 짓을 하지 않았다.</u> 농민들은

→ 가부장적 사회 질서 확립

대나무 그릇에 음식을 먹고, 도시에서는 관리나 장사꾼들을 본받아서 술잔 같은 그릇에 음식을 먹는다.

－『한서』

👍 고조선의 세력 범위

- 동이족의 분포 지역
- 고조선의 세력 범위
- 🐗 고인돌(탁자식) 분포 지역
- ↓ 비파형 동검 분포 지역

고조선은 요령 지방을 중심으로 성장하여 점차 한반도로 세력을 확장했다. 고조선의 세력범위를 알려주는 유물은 비파형동검, 북방식(탁자식) 고인돌, 미송리식 토기이다.

△ 비파형 동검

△ 북방식 고인돌

△ 미송리식 토기

👍 위만 조선

위만이 서쪽 변방에 거주하도록 해 주면 중국의 망명자를 거두어 조선의 울타리가 되겠다고 준(準, 준왕)을 설득하였다. 준은 그를 믿고 사랑하여 박사에 임명하고 규(圭)를 하사하며, 백리의 땅을 봉해 주어 서쪽 변경을 지키게 하였다.

– 『위략』

👍 고조선의 멸망

원봉 3년 여름(B.C.108), 니계상 삼이 사람을 시켜서 조선왕 우거를 죽이고 항복했다. …… 이로써 드디어 조선을 평정하고 사군을 삼았다.

– 『사기』

1 건국과 발전

1. 건국

　　(1) 기원전 2333년 청동기 문화를 바탕으로 우리 나라 역사상 가장 먼저 등장한 국가

　　(2) 『삼국유사』·『제왕운기』·『동국통감』 등에 단군의 건국 이야기가 전해짐.

2. 발전(기원전 4~3세기)

　　(1) 왕위 세습, 상·대부·장군 등의 관직 설치

　　(2) 요령 지방~한반도 북부까지 영토 확장, 중국의 연(燕)과 대립하며 성장

　　(3) 기원전 3세기 초 연나라 장수 진개(秦蓋)의 침입으로 서쪽 땅을 빼앗김.

3. 위만 조선

　　(1) 기원전 2세기 초 중국에서 위만이 무리를 이끌고 고조선으로 망명 ➡ 준왕을 몰아내고 집권

　　(2) 철기 문화를 본격적으로 수용하여 주변 세력을 복속시킴.

　　(3) 동방의 예·남방의 진과 중국의 한 사이에서 중계 무역을 통해 경제적 이익을 독점함.

4. 멸망

　　(1) 한 무제의 고조선 공격 ➡ 1년 여의 저항 끝에 멸망(기원전 108)

　　(2) 한은 고조선의 옛 영토에 4군을 설치하여 한반도와 만주 일대를 직접 통치함.

💡 한4군
고조선 멸망 후 한이 고조선 영역에 설치한 4개의 군을 말한다.

2 고조선의 사회 모습

1. 고조선의 세력 범위: 탁자식 고인돌, 미송리식 토기, 비파형 동검 출토 범위로 짐작

2. 8조법

　　(1) 개인의 생명을 중시

　　(2) 노동력을 중시, 사유 재산 인정, 농경 사회

　　(3) 신분 제도, 화폐 사용

3. 한 군현 설치 이후 법조항 60여 조로 증가, 풍속이 각박해짐.

기출 맛보기

그림의 건국 이야기가 전해지는 나라에 대한 설명으로 옳은 것은? 36회 초급 2번   [2점]

첫 번째 장면	두 번째 장면	세 번째 장면

하늘에서 내려오는 환웅과 그 일행	마늘과 쑥을 먹는 곰과 호랑이	나라를 다스리는 단군왕검

① 우리나라 최초의 국가이다.

② 소도라는 신성 구역이 있었다.

③ 영고라는 제천 행사가 있었다.

④ 엄격한 신분 제도인 골품제가 있었다.

정답 분석

고조선은 우리나라 최초의 국가였다.

오답 풀이

② 소도는 삼한에 설치되어 있던 신성 구역이었다.

③ 영고는 부여의 제천 행사였다.

④ 골품 제도는 신라의 신분 제도이다.

정답	①

MEMO

주제 04 여러 나라의 성장

▷ **출제방향**

- 한반도 철기 시대 여러 나라의 정치와 풍습을 이해한다.
- 「삼국지 위서 동이전」에 나타난 여러 나라의 특징을 이해한다.

🔍 한눈에 보기

👍 여러 나라의 성장

부여

- 쑹화 강 유역 평야 지대에서 건국
- 5부족 연맹 왕국: 사출도(마가·우가·저가·구가)
- 순장, 형사 취수제, 우제점복, 영고(12월)

고구려

- 부여 계통 주몽이 졸본 지방에서 건국
- 5부 연맹 왕국(제가 회의), 약탈 경제
- 서옥제, 형사취수제, 동맹

옥저

- 소국 단계에 멸망(왕 없음, 읍군·삼로라 불리는 군장이 통치)
- 토지 비옥, 풍부한 해산물
- 민며느리제, 가족 공동 무덤

동예

- 소국 단계에 멸망(왕 없음, 읍군·삼로라 불리는 군장이 통치)
- 토지 비옥, 풍부한 해산물
- 특산물: 단궁·과하마·반어피
- 족외혼, 책화, 무천

삼한

- 연맹 왕국, 제정 분리(천군, 소도)
- 농경 사회, 철 풍부(변한의 중계 무역)
- 5월 수릿날·10월 계절제

👍 한반도의 여러 나라

📍 부여

> 부여는 구릉과 넓은 못이 많아서 동이 지역 중에서 가장 넓고 평탄한 곳이다. 토질은 오곡을 가꾸기에는 알맞지만 과일은 생산되지 않는다. 사람들은 체격이 매우 크고, 성품이 강직하고 용맹하며, 근엄하고 후덕하여 다른 나라를 노략질하지 않았다.
>
> – 「삼국지 위서동이전」

📍 고구려

> 큰 산과 깊은 골짜기가 많고 평원과 연못이 없어서 계곡을 따라 살며, 골짜기 물을 식수로 마셨다. 좋은 밭이 없어서 힘들여 일구어도 배를 채우기는 부족하였다. 사람들의 성품은 흉악하고 급해서 노략질하기를 좋아하였다.
>
> – 「삼국지 위서동이전」

✚ 부여에 대한 기술이 호의적인 반면, 고구려에 대해서는 부정적으로 묘사되어 있다. 이는 당시 중국과 고구려의 관계가 원만하지 않았던 상황을 반영하는 것이다.

📍 옥저와 동예

> 옥저는 큰 나라 사이에서 시달리고 괴롭힘을 당하다가 마침내 고구려에 복속되었다. 고구려는 그 나라 사람 중에 대인을 뽑아 사자로 삼아 토착 지배층과 함께 통치하게 하였다. 동예는 대군장이 없고, 한대 이후로 읍군, 삼로 등의 관직이 있어서 하호를 통치하였다. 동예의 풍속은 산천을 중요시하여 산과 내마다 구분이 있어 함부로 들어가지 않는다.
>
> – 「삼국지 위서동이전」

✚ 함경도 및 강원도 북부의 동해안에 위치한 옥저와 동예는 변방에 치우쳐 있어서 선진 문화의 수용이 늦었으며, 일찍부터 고구려의 압력을 받아 크게 성장하지 못하였다. 각 읍락에는 읍군이나 삼로라는 군장이 있어서 자기 부족을 다스렸으나, 이들은 큰 정치 세력을 형성하지 못하였다.

📍 삼한

> 도합 50여 나라가 있는데, 큰 나라는 만여 호가 되는 나라도 있고, 작은 나라는 몇 천 호 밖에 되지 않는 곳도 있다. 나라마다 장수가 있는데, 그 중에 큰 자는 스스로 신지라 부르고, 그보다 작은 자는 읍차라고 한다. 5월이 되어 씨를 다 뿌리고 나면 귀신에게 제사를 올린다. 이때는 모든 사람들이 모여서 노래하고 춤추며 술을 마시고 놀아 밤낮을 쉬지 않는다. 10월에 농사일이 끝나면 또 한 번 이렇게 논다. 고을마다 한 사람을 뽑아 세워서 천신에게 제사 지내는 것을 주관하게 하는데, 이 사람을 천군이라고 부른다. 또 이들 여러 나라에는 각각 따로 읍이 있는데, 이것을 소도라고 부른다. 소도에는 큰 나무를 세워 방울과 북을 매달아 놓고 귀신을 섬기며, 이곳으로 도망해 온 사람들은 돌려 보내지 않는다.
>
> – 「삼국지 위서동이전」

✚ 삼한에서는 정치적 지배자인 군장 외에 제사장인 천군이 있었다. 천군이 주관하는 소도는 군장 세력이 미치지 못하는 곳으로, 죄인이라도 도망하여 이곳에 숨으면 잡아가지 못하였다.

1 부여

1. 건국: 기원전 4세기경 쑹화강(송화강) 유역에서 건국

2. 정치·사회 → 마가, 우가, 저가, 구가
   (1) **사출도**: 왕과 부족장인 가(加)들이 사출도를 다스려 5부 구성
   (2) 가들이 왕을 선출, 왕권 미약
      → 흉년이나 가뭄이 들면 왕에게 그 책임을 물어 쫓아내기도 하였다고 전해짐.

3. 풍속
   (1) 순장, 우제점법 → 소를 죽여 그 굽으로 길흉을 예견하던 점법
   (2) 제천 행사: 매년 12월 '영고' 개최(수렵 사회의 전통을 계승)

2 고구려

1. 건국: 기원전 37년 부여 계통의 주몽 세력이 졸본 지방에서 건국

2. 정치·사회
   (1) 왕 아래의 상가·고추가 등이 각자 사자·조의·선인 등의 관리를 거느림.
   (2) 국가의 중대사는 왕과 가(加)들이 제가 회의를 통해 결정
   (3) 약탈 경제

3. 풍속
   (1) 서옥제: 결혼 후 남자가 일정 기간 여자 집에서 살다가 본가로 돌아가는 일종의 데릴사위제
   (2) 제천 행사: 매년 10월 '동맹' 개최
   (3) 부경: 정복지에서 획득한 물자 저장

3 옥저

1. 정치: 왕 없이 읍군·삼로라고 불리는 군장이 자기 부족을 다스림.

2. 경제
   (1) 해산물 풍부, 토지 비옥
   (2) 어물·소금 등을 고구려에 바침.

3. 풍속
   (1) 민며느리제
   (2) 가족 공동 무덤

4 동예

1. 정치: 왕 없이 읍군·삼로라고 불리는 군장이 자기 부족을 다스림.

2. 경제
   (1) 방직 기술 발달
   (2) 특산물로 단궁·과하마·반어피가 유명

3. 풍속
   (1) 제천 행사: 무천(10월)
   (2) 족외혼, 책화
   (3) 철(凸)자형·여(呂)자형 집터

🏛 책화
다른 부족의 영역을 침범하면 소나 말로 변상하게 하는 풍습이다.

❀ 철자형(凸) 집터(동예)

❀ 여자형(呂) 집터(동예)

❀ 마한의 토실

❀ 마한의 무덤(주구묘)

5 삼한

1. 정치
   (1) 여러 소국들로 이루어진 마한·변한·진한으로 구성
   (2) 마한의 소국 중 하나인 목지국의 지배자가 삼한 전체 주도
   (3) 신지·견지·읍차·부례 등의 군장 세력 존재
   (4) 정치적 지배자 외에 천군이라는 제사장이 특수 구역인 소도를 다스림.

2. 경제
   (1) 저수지 축조, 벼농사 발달
   (2) 변한의 철을 낙랑·왜 등에 수출, 교역에서 철을 화폐처럼 사용

3. 풍속
   (1) 제천 행사: 5월의 수릿날과 10월의 계절제

기출 맛보기

그림에 나타난 혼인 풍습이 있었던 나라의 사회 모습으로 옳은 것은? 11회 중급 6번   [1점]

① 천군이 다스리는 소도가 있었다.
② 10월에 동맹이라는 제천 행사를 거행하였다.
③ 마가, 우가, 저가, 구가 등이 사출도를 다스렸다.
④ 가족 공동 무덤인 큰 목곽에 뼈를 추려 안치하였다.
⑤ 다른 부족의 영역을 침범하면 소, 말 등으로 변상하였다.

정답 분석 ⊕

② 그림은 고구려의 서옥제에 대한 내용이다. 고구려는 10월에 동맹이라는 제천 행사를 개최하였다.

오답 풀이 ⊘

① 천군과 소도는 삼한에 존재하는 신성 지역이다.
③ 사출도는 부여의 행정 구역이다.
④ 가족 공동 묘는 옥저의 풍습이다.
⑤ 동예의 풍습인 책화에 대한 설명이다.

정답   ②

삼국의 성립과 발전

▷ **출제방향**
- 삼국의 중앙 집권 국가 성립 과정을 이해한다.
- 신라의 왕명 변화를 이해한다.

🔍 **한눈에 보기**

👍 **고대 국가(중앙 집권 국가)의 특징**

1. 활발한 정복 활동 ➡ 영역 국가 형성
2. 통치 체제의 정비 ➡ 율령 반포
3. 불교 수용 ➡ 집단 통합과 중앙 집권의 사상적 기반(왕즉불 사상)
4. 왕위 세습

👍 **삼국의 중앙 집권화**

고구려		백제		신라	
율령 반포	소수림왕(4C 후반)	율령 반포	고이왕(3C 후반)	율령 반포	법흥왕(520)
불교 공인	소수림왕(372)	불교 공인	침류왕(384)	불교 공인	법흥왕(527)
영토 확장(전성기)	장수왕(5C)	영토 확장(전성기)	근초고왕(4C)	영토 확장(전성기)	진흥왕(6C)

➕ 전성기는 한강 유역 확보를 의미한다. 한강 유역은 중국의 선진 문물을 받을 수 있는 가장 가까운 통로이며, 기름진 땅을 지녀 식량의 확보와 많은 인구(노동력과 군사력)를 가질 수 있었다.

👍 **신라의 발전과 왕 명칭의 변화**

거서간(부족장) ➡ 차차웅(무당) ➡ 이사금(연장자) ➡ 마립간(대군장)

➕ 신라에서는 왕의 칭호가 거서간(부족장), 차차웅(무당), 이사금(연장자), 마립간(대군장), 왕 등으로 여러 차례 바뀌었는데, 이런 변화는 신라의 발전 과정을 나타낸 것으로 보인다. 즉, 정치적 군장과 제사장의 기능이 분리되면서 거서간과 차차웅으로 그 칭호가 나누어지게 되었고, 박·석·김의 3부족이 연맹하여 3부족에서 교대로 선출하게 될 때에 연장자(나이 많은 사람)란 의미에서 이사금을 칭하였다. 이후 김씨가 왕위 세습권을 독점하게 되면서 그 왕권의 강화를 표시하기 위해 대군장이란 의미의 마립간으로 칭호를 바꾸었다. 그 뒤 왕위의 부자 상속제를 확립하고, 이어 6부를 개편하여 중앙 집권화를 추진하면서 마립간 대신 왕이란 칭호를 사용하게 되었다.

👍 삼국의 모습

◎ 태조왕의 정복 사업

> 태조왕은 동옥저를 정벌하고 그 땅을 빼앗아 성읍으로 삼았다. …… 조내를 정벌하고 그 왕을 사로잡았다. …… 주내를 정벌하고 그 왕자 을음을 사로잡아 고추가로 삼았다.
>
> – 『삼국사기』

◎ 소수림왕의 불교 수용

> 진나라 왕 부견이 사신과 승려인 순도를 파견하여 불상과 경문을 보내 왔다. 왕이 사신을 보내 답례로 토산물을 바쳤다. …… 처음으로 초문사를 창건하여 순도에게 절을 맡겼다. 또한 이불란사를 창건하여 아도에게 절을 맡기니, 이것이 해동 불법(佛法)의 시초가 되었다.
>
> – 『삼국사기』

◎ 고이왕의 통치 체제 정비

> 내신좌평을 두어 왕명 출납을, 내두좌평은 물자와 창고를, 내법좌평은 예법과 의식을, 위사좌평은 숙위 병사를, 조정좌평은 형벌과 송사를, 병관좌평은 지방의 군사에 관한 일을 각각 맡게 하였다. …… 왕이 영(令)을 내려 6품 이상은 자줏빛 옷을 입고 은색꽃(銀花)으로 관을 장식하고, 11품 이상은 붉은 옷을, 16품 이상은 푸른 옷을 입게 하였다.
>
> – 『삼국사기』

◎ 백제 근초고왕의 고구려 공격

> 도의가 371년 고구려가 군사를 일으켜 침입해 왔다. 왕은 이 말을 듣고 패하(浿河) 위에 매복하고 그들이 오기를 기다렸다 급히 공격하니 고구려 군사는 패하여 돌아갔다. 겨울에 왕은 태자와 더불어 정병 3만 명을 거느리고 고구려로 침입하여 평양성을 공격하니 고구려 왕 사유(고국원왕)는 이를 막아 싸우다가 화살에 맞아 전사하였다.
>
> – 『삼국사기』

👍 광개토 대왕릉비에 기록된 삼국의 모습

> (영락)9년 기해에 백제가 서약을 어기고 왜와 화통하므로, 왕은 평양으로 순수해 내려갔다. 신라가 사신을 보내 왕에게 "왜인이 그 국경에 가득차 성을 부수었으니, 노객은 백성된 자로서 왕에게 귀의하여 분부를 청한다." 고 하였다. …… 보병과 기병 5만을 보내, 신라를 구원하게 하였다. …… 관군이 이르자 왜적이 물러가므로 ……
>
> – 『삼국사기』

✚ 왜군이 낙동강 유역에 침입하여 신라를 위협하자, 신라의 내물왕이 고구려 광개토 대왕에게 구원을 요청하였다. 광개토 대왕은 5만의 군사를 보내 신라를 도와 왜군을 격퇴하였다. 이후 고구려는 신라의 내정에 간섭하였고, 그 세력이 한반도 남부에까지 미쳐 전기 가야 연맹의 쇠퇴를 초래하였다.

👍 삼국의 유물

△ 칠지도(백제)

△ 돌무지무덤(좌: 고구려, 우: 백제)

△ 호우명 그릇(고구려)

❶ 고구려의 성립과 발전

1. 건국: 기원전 37년 부여 계통 주몽이 졸본 지역에서 건국

2. 고대 국가 체제 성립

　(1) 태조왕(53~146): 계루부 고씨의 왕위 세습 확립, 옥저 정복

　(2) 고국천왕(179~197): 5부 개편, 왕위의 부자 계승 확립, 진대법 실시
　　　　　　　　　　　↳ 부족적 5부 → 행정적 5부

　(3) 고국원왕(331~371): 백제 근초고왕 침입으로 전사, 평양성 함락

　(4) 소수림왕(371~384): 불교 수용, 율령 반포, 태학 설립
　　　　　　　　　　　　↳ 전진의 왕 부견이 보낸 순도를 통해 불교 수용

💡 진대법
봄에 백성들에게 곡식을 빌려주고 가을에 갚도록 한 제도이다(춘대추납).

❷ 백제의 성립과 발전

1. 건국: 기원전 18년 고구려 계통 온조가 위례성에 도읍을 정하고 건국

2. 고대 국가 체제 성립

　(1) 고이왕(234~286): 관등제 정비, 율령 반포, 관리의 복색 제정

　(2) 근초고왕(346~375)

　　① 부자 왕위 상속 확립

　　② 고구려 공격 ➡ 고국원왕 전사

　　③ 마한의 잔여 세력을 완전히 통합, 산둥·요서·규슈 지역 진출

　　④ 고흥의 『서기』 편찬, 왜에 칠지도 하사

　(3) 침류왕(384~385): 중국의 동진으로부터 불교 수용

❸ 신라의 성립과 발전

1. 건국: 기원전 57년 진한의 소국 중 하나인 사로국에서 시작

2. 고대 국가 체제 성립

　(1) 초기

　　① 6개 부족 연맹 형태, 박·석·김씨가 돌아가며 왕위 계승

　　② 왕호 변천: 거서간(족장) ➡ 차차웅(무당) ➡ 이사금(연장자) ➡ 마립간(대군장)
　　　➡ 왕

(2) 내물마립간(356~402)

① 김씨 왕위 세습 확립

② 광개토 대왕의 왜구 격퇴, 신라 영토 내 고구려 군대 주둔

③ '마립간(대군장)' 왕호 사용

(3) 눌지왕(417~458): 나·제 동맹

(4) 소지왕(479~500): 백제 동성왕과 결혼 동맹

♟ 나·제 동맹

433년 고구려가 평양으로 천도하며 남진 정책을 추진하자 백제 비유왕과 신라 눌지 마립간이 동맹을 맺었다. 이후 493년 백제 동성왕이 신라 귀족의 딸과 결혼하여 동맹을 공고히 하였다.

기출 맛보기

다음 가상 시나리오의 밑줄 그은 '왕'으로 옳은 것은? 28회 초급 5번   [2점]

> S# 1
> **장소:** 위례성
> **신하:** 미추홀로 가셨던 비류님의 백성들이 찾아와 함께 살기를 청하고 있습니다.
> **왕:** 비류 형님의 백성들이니 그들을 따뜻하게 맞이하여 살게 하시오.
> **신하:** 예, 그대로 시행하겠습니다.

① 금와   ② 온조

③ 주몽   ④ 박혁거세

정답 분석

제시된 시나리오는 백제를 세운 온조왕을 설명하고 있다. 고구려 계통인 온조왕은 기원전 18년에 위례성에 도읍을 정하고 백제를 건국했다.

정답   ②

삼국이 한강 유역을 놓고 경쟁하다

삼국의 항쟁

427	475	538	562
고구려 평양 천도	백제 웅진 천도	백제 사비 천도	대가야 멸망

▷ **출제방향**
- 삼국의 전성기를 이해한다.
- 삼국의 항쟁기의 왕의 업적을 이해한다.

🔍 **한눈에 보기**

👍 **삼국의 전성기와 주요 사건**

📍 **3세기**

고구려	백제
동천왕: 위를 견제하고자 오와 교류, 서안평 공격(관구검의 침입)	고이왕: 왕위 형제 세습, 공복 제정, 율령 반포

📍 **4세기**

고구려	백제	신라
• 미천왕: 서안평 점령 • 고국원왕: 평양성 전투(백제 근초고왕의 침입) • 소수림왕: 전진으로부터 불교 수용, 태학 설립, 율령 반포	• 근초고왕: 왕위 부자 세습, 마한 차지, 평양성 전투(고구려 고국원왕 전사), 일본에 칠지도 하사, 『서기』 편찬 • 침류왕: 불교 수용(동진)	내물왕: 김씨 왕위 세습, 전진과의 교류, 왜구 격퇴(고구려 광개토대왕의 도움)

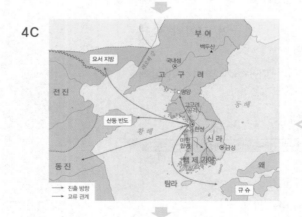

4세기는 백제의 전성기로, 백제는 한반도의 한강 유역을 차지하고 중국의 요서·산동 지방까지 진출하였다.

📍 **5세기**

고구려	백제	신라
• 광개토 대왕: 한강 이북 차지, 후연(모용희)의 침입, 신라에 침입한 왜국 격퇴(광개토 대왕릉비, 호우명 그릇), 우리나라 최초 연호(영락) 사용 • 장수왕: 중국 남북조와 교류, 흥안령 일대 장악, 평양 천도, 나·제 동맹, 한강 유역 장악, 중원 고구려비 건립	• 비유왕: 나·제 동맹(신라 눌지 마립간) • 개로왕: 고구려(장수왕)의 공격으로 한성 함락(사망) • 문주왕: 웅진(공주) 천도	• 눌지 마립간: 왕위 부자 세습, 나·제 동맹 • 소지 마립간: 행정 체제 개편, 백제 동성왕과 결혼 동맹

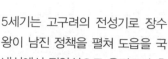

5C

5세기는 고구려의 전성기로 장수왕이 남진 정책을 펼쳐 도읍을 국내성에서 평양성으로 옮겼으며 충주 지방까지 진출하였다. 또한 북방 지역을 차지하고 한민족 최대 영역을 확보하였다.

◎ 6세기

고구려	백제	신라
귀족들의 연립 정치	• 무령왕: 무령왕릉, 22담로 설치 • 성왕: 사비(부여) 천도, 국호를 남부여로 변경, 관산성 전투에서 신라에 패배 · 전사	• 지증왕: 국호 변경(신라), 왕 칭호, 우산국(울릉도) 복속(이사부) • 법흥왕: 불교 수용, 율령 반포, 금관가야 정복, 연호 사용(건원) • 진흥왕: 화랑도 공인, 대가야 정복, 단양 적성비, 진흥왕 순수비

6C

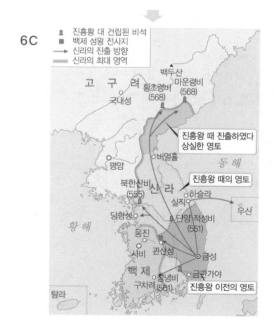

6세기 진흥왕은 나·제 동맹을 결렬시키고 한강 유역을 확보했으며 함경도 지방까지 진출하였다.

1 고구려의 전성기

1. 광개토 대왕(391~413)

   (1) '영락' 연호 사용

   (2) 후연·거란 격파, 백제 공격 ➡ 한강 상류 지역 진출

   (3) 신라에 침입한 왜 격퇴, 가야 공격 ➡ 한반도 남부에 영향력 행사
                                        ↳ 호우명 그릇

2. 장수왕(413~491)

   (1) 중국 남북조 모두와 교류

   (2) 평양 천도(427), 남진 정책 추진
                            ┌ 백제 개로왕 전사

   (3) 백제 수도 한성 함락 ➡ 한강 유역 장악

   (4) 광개토 대왕릉비, 중원(충주) 고구려비 건립

3. 문자(명)왕(491~519): 동부여 복속 ➡ 최대 영토 확보

2 백제의 중흥 노력

1. 문주왕(475~477): 웅진 천도(475)

2. 동성왕(479~501): 신라와 결혼 동맹

3. 무령왕(501~523)

   (1) **무령왕릉**: 중국 남조 양나라, 왜와 교류

   (2) 지방의 22담로에 왕족 파견, 지방 통제 강화

4. 성왕(523~554)

   (1) 사비 천도(538), 국호 '남부여' 사용
                                ┌ 수도 ┌ 지방

   (2) 중앙 관청 정비(22부), 지방 제도를 5부·5방으로 정비

   (3) 신라와 연합하여 고구려 공격, 한강 유역 일시 회복 ➡ 신라의 배신 후 관산성 전투
      에서 전사
        ↳ 진흥왕

3 신라의 전성기

1. 지증왕(500~514)

   (1) 국호 '신라' 확정, 왕호 '왕' 사용

   (2) 우경 장려, 동시전 설치

   (3) 이사부 파견, 우산국 정복

💡 **연호**
군주 국가에서 군주가 자기의 치세 연차에 붙이는 칭호를 가리키는 왕실 용어이다.

💡 **동시전**
신라 시대 경주에 설치된 동시의 업무를 관장하기 위해 설치한 관서이다.

2. 법흥왕(514~540)

   (1) '건원' 연호 사용

   (2) 율령 반포, 공복 제정, 불교 공인

   (3) 병부 설치, 상대등 설치   → 이차돈 순교

   (4) 금관가야 정복(532) ➡ 낙동강 하류 지역 진출

3. 진흥왕(540~576)

   (1) '개국' 연호 사용

   (2) 화랑도를 국가적 조직으로 개편

   (3) 한강 유역 차지 ➡ 중국과 직접 교역

   (4) 대가야 정복(562)

   (5) 단양 적성비, 진흥왕 순수비 건립

          └▶ 북한산비, 창녕비, 황초령비, 마운령비

💡 **상대등**
귀족 세력을 대표하는 신라의 최고 관직이다.

01
17

📋 기출 맛보기

선생님의 질문에 대한 학생의 대답으로 옳은 것은? 29회 초급 4번   [3점]

이 지도는 5세기 고구려 전성기의 지도입니다. 이 시기 백제와 신라는 고구려에 어떻게 대응하였을까요?

① 신라는 백제와 동맹을 맺어 고구려에 맞섰어요.

② 신라가 당나라와 연합하여 고구려를 공격하였어요.

③ 백제가 고구려를 공격하여 고국원왕을 전사시켰어요.

④ 백제는 중흥의 기반을 마련하기 위해 수도를 사비로 옮겼어요.

정답 분석 ➕

제시된 지도는 고구려의 전성기인 5세기 지도로 고구려의 남진 정책을 견제하기 위해 신라는 눌지왕 때 백제와 나·제 동맹을 맺었다.

오답 풀이 ✅

② 7세기의 사건이다.

③ 4세기 근초고왕 때의 사건이다.

④ 6세기 성왕 때의 사건이다.

정답   ①

주제 07

가야의 성립과 발전

▷ 출제방향
- 가야 연맹의 변천을 이해한다.
- 가야의 문화재를 이해한다.

한눈에 보기

👍 가야의 영역

3세기	전기 가야 연맹(금관가야 중심)
4세기	백제와 고구려의 압박으로 약화
5세기	후기 가야 연맹 형성(대가야 중심)
6세기	신라에 통합

👍 가야의 건국 신화

어느 날, 김해에 있는 구지봉에서 소리가 들려왔다. 족장들은 백성들을 구지봉에 모아놓고 신이 하라는 대로 흙을 파헤치고 춤을 추며 노래를 불렀다. "거북아 거북아 머리를 내어라. 내놓지 않으면 구워서 먹으리." 그러자 하늘에서 금으로 만들어진 상자가 내려왔고, 그 상자에는 붉은 보자기로 싼 여섯 개의 황금알이 들어 있었다.

– 『삼국유사』

✚ 가락국 9명의 추장들이 김해 구지봉에서 신의 목소리를 듣고 "거북아, 거북아, 머리를 내놓아라. 만약에 내놓지 않으면 구워 먹으리"라는 노래를 불렀다. 그러자 하늘에서 6개의 황금알이 내려왔고, 얼마 후 6개의 알이 각각 6명의 남자로 변하여 여섯 가야의 왕이 되었다.

👍 가야의 문화재

△ 가야 토기

△ 갑옷, 투구

△ 금관

👍 가야의 멸망

○ 법흥왕 19년 금관 국주 김구해가 아내와 세 아들과 함께 가야의 보물을 가지고 와서 항복하였다. 왕은 예를 다하여 대접하고 상대등의 지위를 내려주고 그 나라를 식읍으로 주었다. 아들 무력은 벼슬이 각간에 이르렀다.

– 『삼국사기』

○ 진흥왕 23년 9월 가야가 배반하니 왕은 이사부를 시켜 토벌하게 하고 사다함을 부장으로 삼았다. 사다함이 기병 5천을 거느리고 앞질러 전단문에 들어가 백기를 꽂았다. 온 성중이 겁내어 어찌할 바를 모르다가 이사부가 군사를 이끌고 들이닥치자 한꺼번에 항복했다.

– 『삼국사기』

✚ 532년 금관 가야는 신라에 합병되었다. 김수로가 건설한 가락국은 구형왕을 마지막으로 490년간 역사를 마감했다. 554년 대가야는 백제와 연합하여 신라의 관산성을 공격하였으나 크게 패하였다. 이 전투에서 승리한 신라는 창녕 지역까지 진출하여 행전 관서를 설치하고 대가야를 위협하였다. 결국 대가야는 562년에 신라 장수 이사부가 이끄는 군대에 항복했다.

1 가야 연맹의 성립과 발전

1. 건국: 2세기 무렵 낙동강 하류 변한 지역에서 6개 소국 등장

2. 전기 가야 연맹

　(1) 성립: 3세기 김해의 금관가야를 중심으로 연맹 왕국 성립

　(2) 발전: 변한 지역의 철을 이용한 해상 교역으로 번성

　(3) 4세기 말 고구려 광개토 대왕의 원정으로 금관가야 타격 ➡ 전기 가야 연맹 해체

3. 후기 가야 연맹

　(1) 성립: 금관가야 쇠퇴 후 고령의 대가야를 중심으로 한 후기 가야 연맹 성립

　(2) 발전: 6세기 초반 백제·신라에 대등하게 맞서며 동·서로 세력을 확장

　(3) 멸망

　　① 금관가야 멸망(532, 신라 법흥왕) ➡ 대가야 멸망(562, 신라 진흥왕)

　　② 중앙 집권 국가로 발전하지 못하고 연맹 왕국 단계에서 멸망

2 가야의 경제와 문화

1. 경제
　(1) 농경: 벼농사 발달
　(2) 철기 문화 발달 ➡ 덩이쇠를 화폐처럼 사용, 낙랑과 왜를 잇는 해상 교역으로 번성

2. 문화
　(1) 질 좋은 철을 수출하여 일본의 철기 문화 발달에 기여
　(2) 토기 제작 기술이 일본의 스에키 토기에 영향

❀ 덩이쇠

💡 스에키 토기
가야의 토기 제작 기술이 일본에 전해져 일본 아스카 문화의 스에키 토기 형성에 영향을 끼쳤다.

△ 가야 연맹

기출 맛보기

그림과 같은 건국 이야기가 전해지는 나라의 문화유산으로 옳은 것은? 24회 초급 3번   [3점]

①

②

③

④

신라가 삼국을 통일하다

수·당의 침입과 삼국 통일

612	645	660	668
살수 대첩	안시성 전투	백제 멸망	고구려 멸망

▷ **출제방향**
- 7세기의 한반도의 정세를 이해한다.
- 신라의 삼국 통일 과정을 이해한다.

한눈에 보기

👍 신라의 삼국 통일

고구려와 수의 전쟁
고구려의 요서 공격 ➡ 수 문제의 침입 ➡ 수 양제의 평양성 공격 ➡ 을지문덕의 살수 대첩(612)

고구려와 당의 전쟁
고구려 국경 일대에 천리장성 축조 ➡ 연개소문의 권력 장악 ➡ 당태종의 침입 ➡ 안시성 전투(645)

나·당 연합
의자왕의 신라 공격, 대야성 등 40여개 성 차지 ➡ 당태종과 김춘추 나·당 연합을 맺음.

백제 멸망 (660년)
황산벌 싸움 ➡ 백제 사비성 함락

백제 부흥 운동
복신·도침(주류성)·흑치상지(임존성), 왜의 지원(백강 전투)

고구려 멸망
잦은 전쟁으로 국력 쇠퇴 + 내분 ➡ 보장왕 항복(668년)

고구려 부흥 운동
고연무(오골성)·검모잠(한성), 안승(익산 보덕국), 신라의 지원

신라의 삼국 통일
백제와 고구려가 멸망한 후 당은 웅진 도독부·계림 도독부·안동 도호부를 설치 ➡ 나·당 전쟁 ➡ 매소성·기벌포 전투 ➡ 당 축출, 삼국 통일(676)

👍 신라의 통일 전쟁

📍 나·당 연합과 당의 백제 공격

> 소정방이 당의 내주에서 출발하니, 많은 배가 천 리에 이어져 물길을 따라 동쪽으로 내려왔다. …… 무열왕이 태자 법민을 보내 병선 100척을 거느리고 덕물도에서 소정방을 맞이하게 하였다. 소정방이 법민에게 말하기를, "나는 백제의 남쪽에 이르러 대왕의 군대와 만나서 의자왕의 도성을 격파하고자 한다."라고 말하였다.
>
> – 『삼국사기』

📍 백제 부흥 운동(흑치상지의 임존성 싸움)

> 흑치상지가 좌우의 10여 명과 함께 적을 피해 본부로 돌아가 흩어진 자들을 모아 임존산을 지켰다. 목책을 쌓고 굳게 지키니 열흘 만에 귀부한 자가 3만여 명이었다. 소정방이 병사를 보내 공격하였는데, 흑치상지가 죽음을 두려워하지 않고 막아 싸우니 그 군대가 패하였다. 흑치상지가 본국의 2백여 성을 수복하니 소정방이 토벌할 수 없어서 돌아갔다.
>
> – 『삼국사기』

📍 고구려의 멸망

> 계필하력이 먼저 군사를 이끌고 평양성 밖에 도착하였고, 이적의 군사가 뒤따라와서 한 달이 넘도록 평양을 포위하였다. …… 남건은 성문을 닫고 항거하여 지켰다. …… 5일 뒤에 신성이 성문을 열었다. …… 남건은 스스로 칼을 들어 자신을 찔렀으나 죽지 못했다. 보장왕과 남건 등을 붙잡았다.
>
> – 『삼국사기』

📍 나·당 전쟁

> ○ 유인원, 김법민 등이 육군과 수군을 거느리고 백강 어귀에서 왜의 군사를 상대로 네 번 싸워서 모두 이기고 그들의 배 4척을 불살랐다.
> ○ 사찬 시득이 수군을 거느리고 소부리주 기벌포에서 설인귀가 이끄는 군대와 싸웠다. 처음에는 패하였지만 다시 나아가 스물 두 번의 전투에서 승리하였다.
>
> – 『삼국사기』

1 고구려와 수·당의 전쟁

1. 국제 정세의 변화

(1) 수의 중국 통일(589)과 세력 확장

(2) 신라-수의 동서 세력과 돌궐-고구려-백제-왜를 연결하는 남북 세력의 대립 구도 형성

△ 7세기 동아시아의 정세

2. 수·당의 고구려 침입

(1) 수 문제의 침입

(2) 수 양제의 침입, 30만 별동대의 평양성 공격 ➡ 을지문덕의 살수 대첩(612)

(3) 수 멸망, 당 건국 ➡ 고구려, 국경 일대에 천리장성 축조 ➡ 연개소문의 권력 장악

(4) 당 태종의 침입 ➡ 요동성·백암성 함락, 안시성 전투

> ♀ 연개소문
> 천리장성 축조를 감독하던 연개소문이 정변을 일으켜 보장왕을 즉위시키고 권력을 장악하였다.

2 백제·고구려의 멸망

1. 나·당 연합: 김춘추, 고구려와의 동맹 체결 실패 후 나·당 연합군 결성

2. 백제의 멸망

(1) 의자왕의 신라 공격 ➡ 대야성 등 40여 성 차지

(2) 나·당 연합군에 의해 황산벌 전투 패배, 사비성 함락 ➡ 멸망

(3) 백제 부흥 운동
① 복신·흑치상지·도침이 주류성·임존성을 거점으로 왕자 풍을 왕으로 추대
② 왜의 지원
③ 백강 전투 패배(663)

3. 고구려의 멸망

(1) 연개소문 사후 내분 ➡ 나·당 연합군의 공격으로 평양성 함락

(2) 고구려 부흥 운동
① 검모잠·고연무 등이 안승을 받들고 한성·오골성을 근거지로 부흥 운동 전개
② 신라의 지원 ➡ 안승을 보덕국왕으로 책봉
③ 나·당 연합군에 패배

△ 고구려·백제의 부흥 운동

3 나·당 전쟁

1. 백제와 고구려가 멸망한 후 당은 웅진 도독부·계림 도독부·안동 도호부를 설치
   - └▶ 웅진
   - └▶ 경주
   - └▶ 평양

2. 매소성(675)·기벌포(676) 전투 ➡ 삼국 통일 완성(676)

기출 맛보기

밑줄 그은 '전쟁'이 있었던 시기를 연표에서 옳게 고른 것은? 24회 초급 6번　　　　[3점]

당나라가 신라까지 지배하려 하자 문무왕은 당나라를 몰아내기 위해 전쟁을 벌였어요.

<주요 전투>
◪ 매소성 전투
◪ 기벌포 전투

612		645		660		668		676	
	(가)		(나)		(다)		(라)		
살수 대첩		안시성 전투		백제 멸망		고구려 멸망		삼국 통일 완성	

① (가)　　　　② (나)　　　　③ (다)　　　　④ (라)

통일 신라의 발전과 쇠퇴

▷ **출제방향**
- 신라 중대의 정세를 이해한다.
- 신라 하대의 정세를 이해한다.

🔍 한눈에 보기

👍 **신라의 시대 구분**

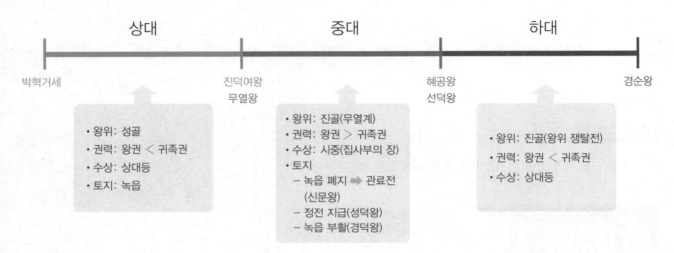

상대	중대	하대
박혁거세	진덕여왕 / 무열왕	혜공왕 / 선덕왕 — 경순왕

- 왕위: 성골
- 권력: 왕권 < 귀족권
- 수상: 상대등
- 토지: 녹읍

- 왕위: 진골(무열계)
- 권력: 왕권 > 귀족권
- 수상: 시중(집사부의 장)
- 토지
  - 녹읍 폐지 ➡ 관료전 (신문왕)
  - 정전 지급(성덕왕)
  - 녹읍 부활(경덕왕)

- 왕위: 진골(왕위 쟁탈전)
- 권력: 왕권 < 귀족권
- 수상: 상대등

👍 **상대등과 시중의 시대별 권력 구조**

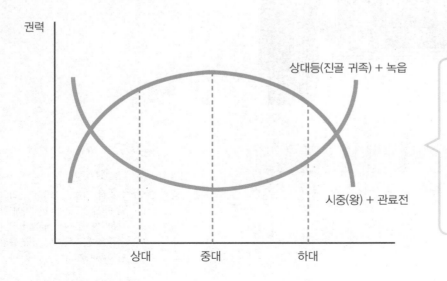

권력

상대등(진골 귀족) + 녹읍

시중(왕) + 관료전

상대   중대   하대

신라는 통일 이전(상대)까지 진골 귀족을 대표하는 상대등의 권력이 강했으나 통일 이후(중대)에는 왕을 보좌하는 시중의 권력이 강했다. 이후 치열한 왕위 쟁탈전이 나타나면서 시중 권력이 약화되었고 다시 상대등의 권력이 강해졌다.

👍 통일 신라의 주요 사건

654	중대			하대	935
무열왕		혜공왕	선덕왕		경순왕

● 신문왕

– 김흠돌의 난 진압
  ➡ 진골 귀족 숙청
– 관료전 지급, 녹읍 폐지
– 국학 설치
– 9주 5소경 정비

● 경덕왕

– 녹읍 부활

● 원성왕: 독서삼품과
● 현덕왕: 김헌창의 난
● 흥덕왕~신무왕:
  장보고의 난

● 진성 여왕

– 농민 반란 반발:
  원종 · 애노의 난(889)
– 최치원, 개혁안 건의

👍 만파식적 이야기

> 왕은 배를 타고 바다에 떠 그 산에 들어가니 용이 검은 옥대를 받들어 왕에게 바치었다. (왕은 용을)맞아 같이 앉으면서 물으셨다. "이산과 대나무가 혹은 갈라지기도 하고 혹은 합해지기도 하니 무슨 까닭이냐?" 용이 대답하기를 "대나무란 물건은 합쳐야만 소리가 나게 되므로 왕께서 소리로써 천하를 다스리게 될 상서러운 징조입니다. 왕께서 대나무를 가지고 피리를 만들어 불면 천하가 화평해질 것입니다. 지금 왕의 아버님께서는 바다 속의 큰 용이 되셨고, 김유신은 다시 천신이 되셔서 두 성인이 마음을 같이하여 이같은 값을 칠 수 없는 큰 보물을 저에게 주시어 저로 하여금 그것을 왕께 바치게 한 것입니다." ⋯⋯ 이 피리를 불면 적병이 물러가고, 질병이 낫고, 가물 때는 비가 오고, 비올 때는 비가 개이고, 바람이 가라앉고, 물결은 평온해졌다. 이 피리를 만파식적이라 부르고 국보로 삼았다.
>
> – 『삼국유사』

✚ 나라의 모든 근심과 걱정이 해결된다는 신라 전설상의 피리로, 죽어서 바다용이 된 문무왕과 하늘의 신이 된 김유신이 합심하여 신문왕에게 보낸 대나무로 만들어졌다는 전설이 전해진다.

👍 9주 5소경

신라의 9주 5소경

통일 이후 신라는 도읍(경주)가 동쪽으로 치우쳐있음을 우려해 다섯 개의 작은 도읍을 정하고 지방 행정 조직의 개편을 통해 중앙 집권을 강화하였다.

1 신라 중대 전제 왕권 강화

1. 왕권 전제화

(1) 통일 과정에서 무열왕 직계 자손 왕위 세습 정착, 왕권 강화

(2) 집사부 시중 권한 확대, 상대등 약화

(3) 6두품 세력이 왕의 정치적 조언자로 활약

2. 무열왕(654~661): 최초의 진골 출신 왕
└▶ 김춘추

3. 문무왕(661~681): 나·당 전쟁 승리, 삼국 통일 완성

4. 신문왕(681~692)

(1) 김흠돌의 난 진압 ➡ 귀족 세력 숙청

(2) 지방 행정 제도 정비(9주 5소경), 군사 제도 정비(9서당 10정)
                                              └▶ 중앙 └▶ 지방

(3) 국학 설치

(4) 관료전 지급, 녹읍 폐지 ➡ 귀족의 군사·경제 기반 약화
    └▶ 수조권만 지급 └▶ 수조권+노동력 징발 가능

5. 성덕왕(702~737): 당과 교류, 백성들에게 정전 지급

2 신라 하대 진골 귀족의 왕위 쟁탈전

1. 8세기 중반 왕권 약화

(1) 녹읍 부활(경덕왕)

(2) 진골 귀족들의 반란 ➡ 혜공왕 피살

(3) 왕위 쟁탈전의 전개: 김헌창의 난, 장보고의 난 등 ➡ 정부의 지방 통제력 약화

2. 가혹한 수탈과 농민 봉기: 원종·애노의 난 등

3. 새로운 세력의 성장

(1) 6두품

① 신분의 한계로 인한 승진 제한 ➡ 골품제를 비판하고 사회 개혁 주장

② 최치원: 진성 여왕에게 시무책 10여 조를 제시

(2) 호족

① 지방 촌주 출신, 몰락 귀족, 해상 세력 등이 지방에서 반독립적 세력 형성

② 근거지에 성을 쌓고 성주 혹은 장군을 칭하며 행정권·군사권을 장악

③ 선종, 풍수지리설과 연계

💡 김헌창의 난
822년(헌덕왕 14) 신라 웅천주(현재 충남 공주)의 도독 김헌창이 일으킨 반란이다.

4. 새로운 사상의 등장

(1) 선종 → 참선
① 개인의 수양에 따른 깨달음 추구
② 중앙 귀족 세력의 전통적 권위 부정, 6두품·호족과 연계하여 새로운 사회 건설 추구

(2) **풍수지리설**: 경주 중심 사고에서 벗어나 지방의 중요성을 강조 ➡ 중앙 정부의 권위 약화

💡 **풍수지리설**
산·땅·물의 기운이 인간의 길흉화복에 영향을 준다고 믿는 설이다.

기출 맛보기

가상 경기에서 (가)에 들어갈 내용으로 옳지 않은 것은? 13회 초급 8번   [2점]

① 진골 대표들이 나라의 중요한 일을 결정한다면서요.
② 6두품 중에는 당나라 유학을 다녀온 사람도 있군요.
③ 진골이나 6두품이나 왕이 못되는 것은 마찬가지군요.
④ 6두품은 신분 때문에 최고 관직에 오르지 못하는군요.

정답 분석 ➕

제시된 그림에서 설명하는 시기는 신라 하대의 모습으로 6두품은 왕이 될 수 없었으나 진골 출신의 왕은 존재했다.

오답 풀이 ✅

① 신라 하대에는 진골의 대표인 상대등의 권력이 강하여 나라의 중요한 일을 결정하였다.
② 신라 하대에는 최치원과 같은 당나라 유학생이 있었다.
④ 신라 하대에는 6두품은 신분 한계 때문에 승진의 제한이 있었다.

정답	③

남북국 시대가 열리다

발해의 성립과 발전

▷ **출제방향**
- 발해의 건국과 왕들의 업적을 이해한다.
- 발해의 고구려 계승 의식을 이해한다.

🔍 한눈에 보기

👍 발해의 성립과 발전

📍 **성립**
- 대조영이 동모산에서 건국(698), 연호 '천통' 사용 ➡ 남북국 형성
- 지배층은 고구려인, 피지배층은 말갈인

📍 **발전**

무왕(8세기 전반)	문왕(8세기 후반)	선왕(9세기 초)
• 연호: 인안 • 산둥 지방 공격, 만주와 연해주 지배 • 돌궐·일본과 연결하여 당·신라 견제	• 연호: 대흥 ➡ 보력 ➡ 대흥 • 수도 천도: 중경 ➡ 상경 ➡ 동경 • 중국 문화 수입(당과 교류, 발해 국왕으로 승격) • 주자감 설치 • 신라와 상설 교통로(신라도)	• 연호: 건흥 • 영토 확장: 요동 진출, 해동성국 • 지방 조직 정비: 5경 15부 62주

👍 대조영의 발해 건국

> 대조영은 본래 고구려의 별종이다. 고구려가 망하자 그는 그 무리를 이끌고 영주로 이사하였다. …… 그는 드디어 그 무리를 이끌고 동쪽 계루의 옛 땅으로 들어가 동모산을 거점으로 하여 성을 쌓고 거주하였다. 그는 용맹하고 병사 다루기를 잘하였으므로, 말갈의 무리와 고구려의 남은 무리가 점차 그에게 들어왔다.
>
> – 『구당서』

👍 발해의 중앙 관제

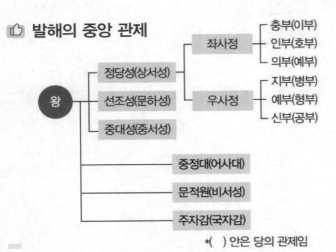

발해의 중앙 관제는 당의 중앙 관제를 모방하였으나 이원적(좌사정-우사정), 독자적 명칭을 사용하여 운영하였다.

*( ) 안은 당의 관제임

👍 발해의 상경용천부

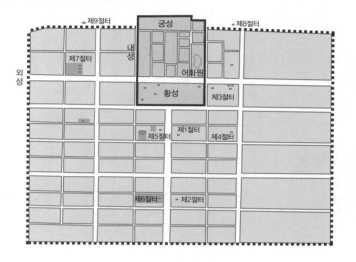

발해 상경 용천부 평면도

발해는 문왕때 상경 용천부로 도읍을 옮기고 중국의 장안성을 모방한 상경성을 건설했다. 상경 용천부는 평탄한 분지의 한가운데 위치하고 있는데 궁궐과 사원이 정연하게 배치되어 있다.

👍 발해의 영역

발해는 건국 당시 당과 사이가 좋지 않았지만, 두 나라는 당이 흑수말갈 및 신라를 이용한 압박 정책을 포기한 뒤 점차 교류를 확대하였다. 3대 문왕 때부터 발해는 친당 정책을 펼쳐 적극적으로 당의 선진 문화를 받아들였고, 선왕 때에 이르러 대외적으로 '해동성국'이라는 칭호를 얻게 되었다.

👍 발해사의 의미

부여씨가 망하고 고씨가 망한 다음, 김씨가 그 남쪽 땅을 차지하고, 대씨가 그 북쪽 땅을 차지하고는 발해라 하였으니, 이것을 남북국이라고 한다. 그러니 마땅히 남북국사가 있어야 할 것이다.

– 『발해고』

✚ 유득공은 발해사를 우리 역사의 일부로, 신라 삼국 통일 이후의 시기를 남북국 시대로 파악하고 있다.

1 발해의 건국과 발전

1. 건국: 698년, 고구려 출신 대조영이 고구려 유민과 말갈 집단을 규합하여 동모산에서 건국

2. 무왕(719~737)

   (1) '인안' 연호 사용

   (2) 당과 흑수부 말갈의 연결 ➡ 장문휴의 수군으로 당의 산둥 지방 선제 공격

3. 문왕(737~793)

   (1) '대흥, 보력' 연호 사용

   (2) 당과 친선, 문물 수용 ➡ 3성 6부제 정비

   (3) 상경 천도, 상경성 건설
       └▶장안성 모방

   (4) 신라도 개설: 신라와의 상설 교통로

4. 선왕(818~830)

   (1) '건흥' 연호 사용

   (2) 전성기(최대 영토): 당에서 발해를 '해동성국'이라 칭함.

   (3) 5경 15부 62주의 지방 제도 정비

5. 멸망: 선왕 이후 지배층 내분, 국력 약화 ➡ 거란의 공격에 의해 멸망(926)

2 발해의 통치 체제

1. 중앙 통치 조직: 당의 3성 6부 모방, 독자적 운영

   (1) 정당성 장관 대내상이 국정 총괄

   (2) 정당성 아래의 6부를 둘로 나누어 이원적 운영, 명칭에 유교 이념 반영

정당성	정책 입안·의결	중정대	관리 감찰
선조성	국왕 보좌, 자문	문적원	도서 관리, 문서 작성
중대성	정책 심의	주자감	귀족 자제 교육

2. 지방 행정 제도

   (1) 5경 15부 62주로 구성, 주 아래에 현을 두고 지방관을 파견

   (2) 말단 행정 구역인 촌락에는 지방관을 파견하지 않고 토착 세력인 수령이 통치

3 발해의 고구려 계승 의식

1. 건국 집단과 지배층이 고구려인으로 구성

2. 문왕이 일본에 보낸 국서에서 스스로를 '고려국왕'이라고 칭함. 무왕이 일본에 보낸 국서에서도 '고려국왕'이라고 칭한 것을 볼 수 있음.

3. 문왕의 딸 정혜 공주·정효 공주 묘에 쓰여진 '황상(皇上)' 표현

4. 발해인들이 당에 유학한 뒤, 외국인을 대상으로 하는 빈공과에 응시

5. 고구려 문화 양식 계승

   (1) 정혜 공주 묘: 모줄임 천장 구조, 굴식돌방무덤   cf 정효 공주 묘: 당나라 문화

   (2) 발해 집터 유적 및 건물에 사용된 온돌·치미 등

기출 맛보기

(가) 국가에 대한 설명으로 옳은 것은? 33회 초급 10번 [2점]

역사신문

제△△호   ○○○○년 ○○월 ○○일

새로운 국가가 세워지다

고구려 장수였던 대조영은 당에 저항하던 고구려 유민을 이끌고 동모산 부근에서   (가)   을/를 세웠다. 이 국가는 점차 고구려의 옛 땅을 대부분 차지하게 되었다.

동모산 일대

① 감은사를 지었다.
② 초조대장경을 제작하였다.
③ 소도라는 신성 지역이 있었다.
④ 전성기에 해동성국이라 불렸다.

고려의 후삼국 통일

900	901	918	935
후백제 건국	후고구려 건국	고려 건국	신라 멸망

▷ **출제방향**
- 후삼국의 분열기를 이해한다.
- 고려의 민족 재통일 과정을 이해한다.

🔍 한눈에 보기

👍 후백제의 성립

> 43회 중급 10번

> 견훤은 상주 가은현(경북 문경 가은) 사람으로, 본래의 성은 이씨였는데, 후에 견으로 성씨를 삼았다. 아버지는 이자개이니, 농사로 자활하다가 후에 가업을 일으켜 장군이 되었다. …… 드디어 후백제 왕이라 스스로 칭하고 관부를 설치하여 직책을 나누었다.
>
> – 『삼국사기』

견훤이 금산사에 유폐된 지 3개월 만에 탈출하였습니다. 나주로 피신한 견훤은 왕건에게 의탁할 뜻을 밝혔습니다.

견훤, 금산사에서 탈출

👍 후고구려의 성립

> 43회 고급 12번

> 궁예는 신라 사람으로, 성은 김씨이고, 아버지는 제47대 헌안왕 의정이며, 어머니는 헌안왕의 후궁이었다. …… 머리를 까고 승려가 되어 스스로 선종이라 이름하였다. …… 선종이 왕이라 자칭하고 사람들에게 이르기를 "이전에 신라가 당나라에 군사를 청하여 고구려를 격파하였기 때문에 옛 서울 평양은 오래 되어서 풀만 무성하게 되었으니 내가 반드시 그 원수를 갚겠다."라고 하였다.
>
> – 『삼국사기』

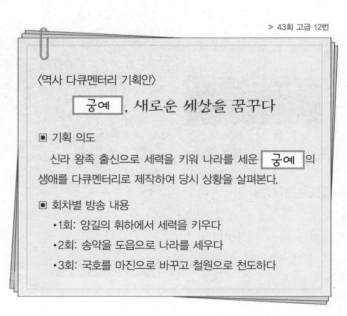

〈역사 다큐멘터리 기획안〉

궁예, 새로운 세상을 꿈꾸다

■ 기획 의도

신라 왕족 출신으로 세력을 키워 나라를 세운 **궁예** 의 생애를 다큐멘터리로 제작하여 당시 상황을 살펴본다.

■ 회차별 방송 내용
- 1회: 양길의 휘하에서 세력을 키우다
- 2회: 송악을 도읍으로 나라를 세우다
- 3회: 국호를 마진으로 바꾸고 철원으로 천도하다

👍 고려의 후삼국 재통일

고려의 민족 재통일

왕건은 서해안 해상 세력으로 궁예 밑에서 성장하였다. 918년 궁예를 몰아내고 고려를 세웠고, 전제 왕권을 추구하던 궁예와 견훤과는 달리 호족을 통합하고 민심을 얻기 위해 노력하였다. 태조 왕권은 935년 신라를 병합하고 936년 일리천 전투에서 후백제를 물리침으로써 후삼국을 통일하였다.

👍 공산 전투와 일리천 전투

○ 태조는 정예 기병 5천을 거느리고 공산(公山) 아래에서 견훤을 맞아서 크게 싸웠다. 태조의 장수 김락과 신숭겸이 죽고 모든 군사가 패했으며, 태조는 겨우 죽음을 면하였다.

– 『삼국유사』

○ 왕이 삼군을 통솔하여 천안부에 이르러 군대를 합치고 일선군으로 진격하였다. 신검이 군대로 막아서니, 일리천을 사이에 두고 진을 쳤다.

– 『고려사절요』

1 후삼국 성립

1. 후백제

(1) 견훤이 완산주(전주)에 도읍하여 건국(900)

(2) 중국과 외교 관계 형성, 과도한 수취로 불만 누적, 호족 포섭 실패

2. 후고구려

(1) 궁예가 송악(개성)에 도읍하여 건국(901)

(2) 철원 천도, 국호의 잦은 변경

(3) 새로운 관제 마련, 새 신분 제도 모색: 광평성, 9관등제

(4) 미륵 신앙을 이용한 전체 정치로 몰락

💡 미륵 신앙
미래의 부처인 미륵이 나타나 세상을
구원한다는 신앙이다.

2 고려의 후삼국 통일

1. 고려 건국

(1) 왕건

① 송악 지방 호족 출신, 궁예의 신하로 나주를 점령하여 후백제를 견제

② 궁예를 몰아내고 신하들의 추대를 받아 고려 건국(918)

(2) 국호 '고려', 연호 '천수', 송악 천도

2. 후삼국 통일

(1) 왕건의 민족 융합 정책: 신라에 우호적, 발해 유민 포용

(2) 발해 유민 포용: 거란족에 의해 발해 멸망, 왕자 대광현이 유민들을 이끌고 고려로 망명

(3) 후백제의 신라 공격 ➡ 경애왕 살해, 왕건의 신라 지원

(4) 후백제 내분 ➡ 견훤의 아들 신검이 견훤을 금산사에 유폐

(5) 고려의 신라 통합(935): 신라 경순왕의 투항

(6) 고려의 일리천 전투 승리, 후백제 정복(936)

💡 일리천 전투
936년에 지금의 경상북도 구미 지방
에서 고려와 후백제 사이에 있었던
전투이다.

기출 맛보기

(가)~(다)를 일어난 순서대로 옳게 나열한 것은? 28회 초급 11번

[2점]

후삼국의 통일 과정

(가)   (나)   (다)

고려 건국   후백제 멸망   신라 항복

① (가) - (나) - (다)
② (가) - (다) - (나)
③ (나) - (가) - (다)
④ (다) - (가) - (나)

정답 분석

궁예의 신하였던 왕건이 신하들의 추대를 받아 궁예를 몰아내고 918년 고려를 세웠다. 이후 935년 신라를 항복시키고 백제와의 일리천 전투에서 승리하며 936년 후백제를 멸망시켜 후삼국을 통일하였다.

정답   ②

MEMO

고대의 통치 체제

> ▷ **출제방향**
> - 삼국의 통치 체제를 이해한다.
> - 남북국의 통치 체제를 이해한다.

🔍 한눈에 보기

👍 삼국의 통치 체제

구분	고구려	백제	신라
재상	대대로(막리지)	상좌평	상대등
관등	14 관등	6좌평, 16관등	17관등
회의 기구	제가 회의	정사암 회의	화백 회의
지방 제도(수도/지방)	5부 / 5부	5부 / 5방	6부 / 5주
특수 행정 구역	3경	22담로	2소경

👍 정사암 회의

> (백제) 호암사에 정사암이라는 바위가 있다. 국가에서 재상을 뽑을 때 후보자 3~4명의 이름을 써서 상자에 넣어 바위 위에 두었다. 얼마 뒤에 열어 보아 이름 위에 도장이 찍혀 있는 자를 재상으로 삼았다. 이 때문에 정사암(正事嚴)이라는 이름이 생기게 되었다.
>
> – 『삼국유사』

👍 화백 회의

> (신라에서) 큰일이 있을 때에는 반드시 중의를 따른다. 이를 화백이라 부른다. 한 사람이라도 반대하면 통과하지 못하였다.
>
> – 『삼국유사』

👍 통일 신라의 지방 제도

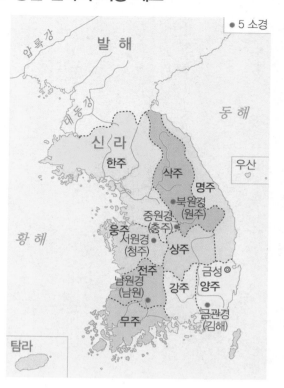

통일 신라의 지방 제도

통일 전 5주 2소경의 지방 행정 조직을 통일 신라 때에는 9주 5소경으로 재정비하여 중앙 집권을 강화 하였다. 또한 5소경은 오늘날 광역시와 같은 특별 행정 구역으로 한반도의 동남부에 치우치 수도 경주의 기능을 보완하는 한편 각 지방의 균형 있는 발전을 꾀하는 목적으로 마련되었다.

👍 고구려의 통치 체제

　　대대로는 토졸이라고도 하며 국정을 총괄한다. 3년에 한 번씩 바꾸는데 직책을 잘 수행하면 바꾸지 않기도 한다. 무릇 교체하는 날 복종하지 않는 자가 있으면 서로 싸우는데, 왕은 궁문을 닫고 지키기만 하면 이긴 자를 인정해 준다. 그 아래는 울절로 호적과 문서를 관장한다. 태대사자가 있고 그 다음에 조의두대형이 있는데, 조의는 선인을 말하는 것이다.

– 「삼국지 위서동이전」

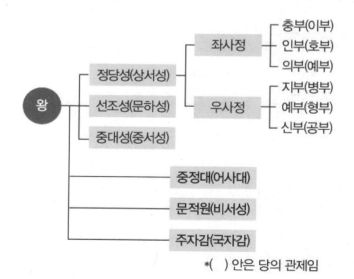

발해의 중앙 통치 조직

발해는 체제 정비 과정에서 당의 선진 문화를 받아들이면서도 독자성을 유지하였다. 당의 저치 조직에서 6부를 모방하였지만 6부를 둘로 나누어 운영하였고, 유교적 이념을 반영한 명칭을 사용하였다.

*(　) 안은 당의 관제임

1 삼국의 통치 체제

1. 고구려

(1) 재상: 대대로(막리지)

(2) 관등: 14 관등

(3) 회의 기구: 제가 회의

(4) 지방 제도(수도/지방): 5부/5부

(5) 특수 행정 구역: 3경

2. 백제

(1) 재상: 상좌평

(2) 관등: 6좌평, 16관등

(3) 회의 기구: 정사암 회의

(4) 지방 제도(수도/지방): 5부/5방

(5) 특수 행정 구역: 22담로

3. 신라

(1) 재상: 상대등

(2) 관등: 17관등

(3) 회의 기구: 화백 회의

(4) 지방 제도(수도/지방): 6부/5주

(5) 특수 행정 구역: 2소경

2 남북국의 통치 체제

1. 통일 신라

(1) 집사부: 품주를 개편, 왕명 출납·국가 기밀 사무 담당

(2) 사정부(관리 감찰), 외사정(지방 관리 감찰)

(3) 지방 제도: 9주 5소경

(4) 군사 조직: 9서당(중앙), 10정(지방)
→ 고구려, 백제, 말갈 포함

2. 발해

(1) 중앙 통치 조직: 3성 6부

①당 조직 모방, 독자적 운영

②정당성 장관 대내상이 국정 총괄

③6부: 좌·우사정으로 나누어 이원적 운영, 명칭에 유교 이념 반영

④중정대(관리 감찰), 문적원(서적 관리), 주자감(최고 교육 기관)

(2) 지방 제도: 5경 15부 62주

(3) 군사 조직: 10위(중앙군), 지방군은 지방관이 지휘

🏺 품주
신라 최고의 행정 기관인 집사부의 전신으로, 진흥왕 때 재정기관으로 설치되었다가 진덕 여왕 때 집사부와 창부로 개편되었다.

기출 맛보기

지도와 같이 행정 구역을 편제한 국가의 군사 제도에 대한 설명으로 옳은 것은? _{44회 중급 9번}

[2점]

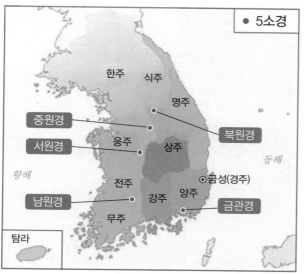

① 중앙군으로 9서당을 편성하였다.

② 왕의 친위 부대인 장용영을 설치하였다.

③ 국경 지대인 양계에 병마사를 파견하였다.

④ 삼수병으로 구성된 훈련도감을 운영하였다.

⑤ 좌·우별초와 신의군으로 삼별초를 조직하였다.

MEMO

조세를 수취하고 민정 문서를 작성하다

고대의 경제

▷ **출제방향**
- 각 국의 토지 제도와 수취 제도를 이해한다.
- 민정 문서를 이해한다.

한눈에 보기

👍 삼국의 수취 제도

◎ 고구려

> 세(인두세)는 포목 5필에 곡식 5섬이다. 조(租)는 상호가 1섬이고, 그 다음이 7말이며, 하호는 5말을 낸다.
>
> — 『수서』

◎ 백제

> ○ 세는 포목, 명주실과 삼, 쌀을 내었는데, 풍흉에 따라 차등을 두어받았다.
>
> — 『주서』
>
> ○ 2월 한수 북부 사람 가운데 15세 이상 된자를 징발하여 위례성을 수리하였다.
>
> — 『삼국사기』

✚ 삼국 시대에는 국가가 필요로 하는 재정을 대개 농민을 통해 충당하였다. 농민들은 토지세로 조(租), 각 개인마다 인두세로 베나 곡식을 바쳐야 했다. 또, 15세 이상의 남자들은 일정 기간 수도나 국경을 지키는 군역을 지니거나 왕궁, 저수지, 성곽을 만드는 요역에 동원되었다. 이 밖에 각 지방의 특산물을 바치기도 하였다.

👍 삼국의 대외 무역

- 고구려: 남북조·북방 유목 민족과 교류
- 백제: 남중국·왜와 무역 교류
- 신라
  - 한강 유역 확보 전: 고구려·백제를 통해 중국과 무역 교류
  - 한강 유역 확보 후: 당항성을 통해 중국과 무역 교류

👍 남북국의 무역로

통일 후 신라는 경주에서 가까운 울산항을 통해 국제 무역을 실시하였다. 그 후 중국의 산둥반도나 양쯔강 하류에 신라인들의 집단 거주지인 신라방이 생겼고, 신라소(관청), 신라관(여관), 신라원(원) 등도 설치되었다. 발해는 당과 친선 관계를 맺은 후 해로와 육로를 이용한 무역이 이루어져 당은 산둥성 덩저우에 발해관을 설치해 발해 사람들이 이용하게 하였다.

👍 통일 신라의 토지 제도

- 문무왕 8년(668) 김유신에게 태대각간의 관등을 내리고 식읍 500호를 주었다.
- 신문왕 7년(687) 문무 관리들에게 관료전을 차등 있게 주었다.
- 신문왕 9년(689) 내외 관료의 녹읍을 혁파하고 매년 조(租)를 주었다.
- 성덕왕 21년(722) 처음으로 백성에게 정전을 지급하였다.

– 『삼국사기』

👍 통일 신라의 민정 문서

이 고을의 사해점촌을 조사해 보았는데, 지형은 산과 평지로 이루어져 있으며, …… 민호는 11호가 된다. 이 가운데 중하연이 4호, 하상연이 2호, 하하연이 5호이다. 마을 사람들은 모두 합하면 145명이 된다. 정(丁)이 29명 조자(助子)가 7명 …… 여자의 경운 정년42명, 소여자8명, 3년간에 태어난 소여자 9명(비1명포함)등이다. 3년간에 다른 마을에서 이사온 사람들은 둘인데, 추자가 1명, 소자가 1명이다.

– 「민정 문서」

✚ 제시된 민정 문서는 1933년 일본 도다이사 쇼소인에서 발견된 통일 신라 때의 문서이다. 이는 3년 단위로 촌락 상황의 변화 내용을 기록한 것이다. 민정 문서는 노동력이나 생산 자원을 파악하여 세금 부과 등의 행정 운영을 효율적으로 하기 위해 작성되었던 것으로 추정된다. 신라장적, 신라 촌락 문서라고도 한다.

1 수취 제도와 토지 제도

1. 수취 제도

구분	삼국	통일 신라
조세	재산 정도에 따라 호를 나누어 곡물·포 징수	생산량의 1/10 징수
공납	지역 특산물 징수	촌락 단위로 특산물 징수
역	15세 이상의 남자를 대상으로 군역·요역 부과	16~60세의 남자를 대상으로 군역·요역 부과

2. 토지 제도

(1) 녹읍·식읍: 귀족들에게 관직 복무나 공로의 대가로 지급, 수조권 + 노동력 수취

(2) 관료전 지급, 녹읍 폐지: 수조권만 지급(신문왕)

(3) 정전 지급: 성덕왕, 농민들에게 토지 지급

(4) 녹읍 부활(경덕왕)

3. 통일 신라 민정 문서

(1) 일본 도다이사 쇼소인에서 발견

(2) 서원경 부근 4개 촌락의 인구·성비·촌락 크기·가축 수 등을 상세히 기록

(3) 3년마다 촌주가 작성, 조세 수취의 기본 자료로 활용

2 경제 생활

1. 농업: 휴경이 일반적, 우경 장려(6세기 지증왕)

2. 상공업

(1) 신라: 경주에 동시·서시·남시 설치, 감독 기관 동시전 설치

(2) 관청에 소속된 장인과 노비들이 왕실과 귀족 수요품을 생산·공급

3. 통일 신라의 대외 무역

(1) 대당 무역

  ① 당항성에서 산둥반도로 가는 직접 교역로 발달

  ② 수출품: 금·은, 인삼 등

  ③ 수입품: 비단, 책, 약재 등

  ④ 산둥 반도에 신라방·신라촌, 신라소, 신라원, 신라관 등 형성

    → 거주 지역 → 관청 → 절 → 숙박 업소

(2) 울산항이 국제 무역항으로 번성, 이슬람 상인 왕래

(3) 9세기 전반 장보고가 완도에 청해진 설치 ➡ 해상 무역 장악

♀ 당항성
현재의 경기도 화성시에 있던 산성이다.

♀ 법화원
신라인의 절로, 신라 시대 장보고가 당나라 산둥반도에 세웠다.

4. 발해의 대외 무역

(1) 밭농사 중심, 목축 발달

(2) 대당 무역

　① 산둥반도에 발해관 설치

　② 수출품: 모피, 인삼, 솔빈부의 말

　③ 수입품: 비단, 책 등

(3) 신라도 개설: 신라와의 상설 교통로

기출 맛보기

다음 설명에 해당하는 인물로 옳은 것은? 16회 초급 7번　　　　　　　[2점]

해상 무역을 주도하다!

- 당나라로 건너가 무관이 됨.

- 완도에 청해진을 설치함.

- 해적을 소탕하고 당·일본과의 무역을 주도함.

① 이순신

② 정중부

③ 강감찬

④ 장보고

정답 분석⁺

제시된 자료는 장보고에 대한 설명이다.

오답 풀이

① 이순신은 조선 시대 임진왜란 때 활약한 장군이다.

② 정중부는 고려 무신 정권 때의 무신이다.

③ 강감찬은 고려 시대 귀주 대첩에서 활약한 장군이다.

| 정답 | ④ |

골품제가 생활 전반을 규제하다

고대의 사회

▷ **출제방향**
- 골품 제도를 이해한다.
- 고대의 사회생활을 이해한다.

🔍 한눈에 보기

👍 백제의 형벌

이 나라 사람은 상무적인 기풍이 있어서 말 타기와 활쏘기를 좋아하고 형법의 적용이 엄격했다. 반역한 자나 전쟁터에서 퇴각한 군사 및 살인자는 목을 베었고, 도둑질한 자는 유배를 보냄과 동시에 2배를 물게 했다. 그리고 관리가 뇌물을 받거나 국가의 재물을 횡령했을 때에는 3배를 배상하고, 죽을 때까지 금고형에 처했다.

— 『주서』

👍 신라의 골품제와 관등제

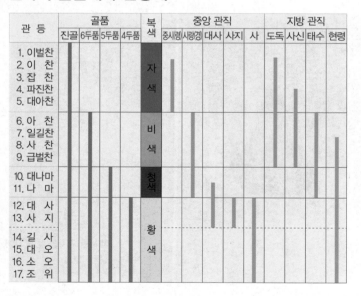

관 등	골품				복색	중앙 관직					지방 관직			
	진골	6두품	5두품	4두품		중시령	시랑경	대사	사지	사	도독	사신	태수	현령
1. 이벌찬 2. 이 찬 3. 잡 찬 4. 파진찬 5. 대아찬					자색									
6. 아 찬 7. 일길찬 8. 사 찬 9. 급벌찬					비색									
10. 대나마 11. 나 마					청색									
12. 대 사 13. 사 지					황색									
14. 길 사 15. 대 오 16. 소 오 17. 조 위														

신라는 골품에 따라 개인의 사회 활동과 정치 활동이 제한되었다. 6두품은 아무리 능력이 있어도 골품제의 제약으로 인해 6등급인 아찬까지 밖에 오를 수 없었다. 골품제는 개인의 생활도 규제하여, 가옥의 규모, 복색, 수레 등도 골품에 따라 정해졌다.

이 나라에서는 골품을 따져 사람을 쓰기 때문에 그 친족이 아니면 비록 뛰어난 재주와 큰 공이 있어도 처음 정해진 한도를 넘지 못하였다. 이 신분의 경우 두품 가운데 가장 높았지만 17관등 중 제6관등인 아찬까지만 오를 수 있었다. 하지만 성주사지 낭혜화상비에 '득난(得難)'이라고 표현되어 있듯이 매우 얻기 어려운 신분이었다.

— 『삼국사기』

> 4두품에서 백성에 이르기까지는 방의 길이와 너비가 15척을 넘지 못한다. 느릅나무를 쓰지 못하고, 우물 천장을 만들지 못하며, 당기와를 덮지 못하고, …… 섬돌로는 산의 돌을 쓰지 못한다. 담장은 6척을 넘지 못하고, 또 보를 가설하지 않으며 석회를 칠하지 못한다. 대문과 사방문을 만들지 못하고, 마구간에는 말 2마리를 둘 수 있다.
>
> — 『삼국사기』

👍 신라의 6두품

> ○ 설계두는 신라의 귀족 자손이다. 일찍이 친구 네 사람과 술을 마시며 각기 그 뜻을 말할 때, "신라는 사람을 쓰는데 골품을 따져서 그 족속이 아니면 비록 뛰어난 재주와 큰 공이 있어도 한도를 넘지 못한다. 나는 멀리 중국에 가서 출중한 지략을 발휘하고 비상한 공을 세워 영화를 누리며, 높은 관직에 어울리는 칼을 차고 천자 곁에 출입하기를 원한다."라고 하였다. 그는 621년 몰래 배를 타고 당으로 갔다. — 『삼국유사』
>
> ○ 김운경이 빈공과에 처음 합격한 이후로 매월 특별 시험을 보아 …… 박인범은 시, 김악은 예로 유명하여, 최치원, 최신지, 최승우 등은 특히 뛰어나다. — 『동사강목』

✚ 6두품은 진골 신분 다음의 귀족으로 지배층의 일부를 구성하고 있었으나, 골품 제도 하에서 대아찬 이상의 관등에는 오를 수 없었고, 관부의 장관도 될 수 없었다. 왕권이 강화된 신라 중대에는 학문적 실력을 바탕으로 국왕을 보좌하며 정치적 진출을 활발히 하기도 하였으나, 신라 하대에는 신분적 제약에 불만을 가져 골품 제도를 비판하고 반 신라적 입장에 서게 되었다.

👍 화랑의 세속오계

> • 사군이충(事君以忠): 충성으로써 임금을 섬기어야 한다.
> • 사친이효(事親以孝): 효로써 부모를 섬기어야 한다.
> • 교우이신(交友以信): 믿음으로써 벗을 사귀어야 한다.
> • 임전무퇴(臨戰無退): 싸움에 나가서 물러남이 없어야 한다.
> • 살생유택(殺生有擇): 살아있는 것을 죽일 때에는 가림이 있어야 한다.

✚ 화랑도가 진흥왕 대에 공인된 이후 그 출신은 국가를 이끌어 가는 인물들로 성장해 신라가 삼국 통일을 이룩하는 밑거름이 되었다. 또한 원광 법사는 이들 화랑도에게 세속 5계를 주어 높은 의기를 권장하고, 통일 신라의 사회 윤리와 국가 정신을 제시하였다.

👍 통일 신라 말기의 사회 혼란

> ○ 진성 여왕 3년(889) 나라 안의 여러 주·군에서 공부(貢賦)를 바치지 않으니, 창고가 비고 나라의 쓰임이 궁핍해졌다. 왕이 사신을 보내어 독촉하였지만, 이로 말미암아 곳곳에서 도적이 벌떼같이 일어났다. 이에 원종, 애노 등이 사벌주(상주)에 의거하여 반란을 일으키니, 왕이 나마 벼슬의 영기에게 명하여 잡게 하였다. 영기가 적진을 쳐다보고는 두려워하여 나아가지 못하였다. — 『삼국사기』
>
> ○ 당나라 19대 황제가 중흥을 이룰 때, 전쟁과 흉년 두 가지 재앙이 서쪽(당)에서 멈추어 동쪽(신라)으로 왔다. 어디고 이보다 더 나쁜 것이 없었고 굶어 죽고 싸우다 죽은 시체가 들판에 즐비하였다.
>
> — 『해인사 묘길상탑기』

✚ 9세기 말 진성 여왕 때는 사회 전반에 모순이 증폭되었다. 정치는 더욱 문란해졌고, 잇따른 천재지변과 귀족들의 가혹한 수탈로 민심은 흉흉하였다. 이러한 상황에서 중앙 정부가 강압적으로 조세를 징수하려 하자, 각지에서 농민들이 봉기(원종과 애노의 난 등)하였다.

1 삼국의 사회

1. 신분 제도

(1) 지배층인 귀족

(2) 피지배층인 평민·천민

2. 고구려

(1) 5부 출신 귀족이 국정 주도

(2) 진대법(고국천왕)

3. 백제

(1) 왕족인 부여씨와 8성의 귀족이 지배층 형성

(2) 반역·살인자 사형, 절도는 2배 배상

4. 신라

(1) 화백 회의: 상대등의 주재 아래 만장일치제로 국가 중대사 결정

(2) 골품제

① 혈연에 따라 사회적 제약이 가해지는 신분제

② 골품에 따라 관등 상한이 정해짐.

③ 가옥의 규모·복색 등 일상생활에도 제약

(3) 화랑도

① 원시 사회의 청소년 집단에서 기원

② 진흥왕 때 국가적 조직으로 정비

③ 진골 출신 화랑과 다양한 계층인 낭도로 구성되어 계층 간 대립을 조절

④ 원광의 세속 5계를 행동 규율로 삼음.

2 남북국의 사회

1. 통일 신라의 사회

(1) 민족 통합 정책

① 통일 후 고구려·백제 지배층에게 신라의 관등을 부여

② 중앙군인 9서당에 고구려·백제 유민을 편성

(2) 골품제의 변화

① 6두품: 신라 중대 국왕의 조언자로 활약

➡ 하대 진골 귀족을 비판하며 반신라적 경향

② 하급 지배층인 1~3두품은 평민화

등급	관등명	진골	6두품	5두품	4두품	복색
1	이벌찬					
2	이 찬					
3	잡 찬					자색
4	파진찬					
5	대아찬					
6	아 찬					
7	일길찬					비색
8	사 찬					
9	급벌찬					
10	대나마					청색
11	나 마					
12	대 사					
13	사 지					
14	길 사					황색
15	대 오					
16	소 오					
17	조 위					

△ 신라의 관등과 골품제

2. 발해의 사회

   (1) **지배층**: 대씨·고씨 등 고구려 계통

   (2) **피지배층**: 말갈인이 다수

📖 기출 맛보기

선생님의 질문에 대한 학생의 대답으로 가장 적절한 것은? 27회 초급 7번   [2점]

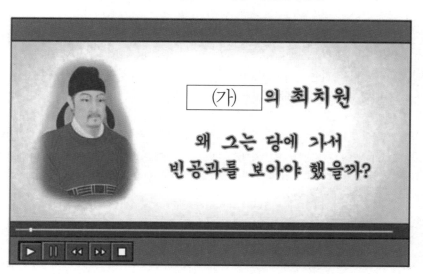

① 책화라는 풍습이 있었다.

② 민며느리제가 성행하였다.

③ 골품제라는 신분 제도가 있었다.

④ 권문세족들이 음서를 통해 관직에 진출하였다.

정답 분석⁺

(가)는 통일 신라 시대를 나타내며, 최치원은 6두품 출신으로 골품제 하의 신분 제도 속에서 관직의 제한을 받았다.

오답 풀이◐

① 책화는 동예의 사회 제도이다.

② 민며느리제는 옥저의 사회 제도이다.

④ 음서는 고려의 사회 제도이다.

정답   ③

고대의 문화 1 – 사상·종교

🔍 한눈에 보기

👍 고대의 교육 기관

고구려	수도 — 태학 / 지방 — 경당
백제	5경 박사
신라	화랑도
통일 신라	국학, 독서 삼품과
발해	주자감

👍 독서삼품과

> 모든 학생은 3품 출신으로서 춘추 좌씨전이나 예기, 문선을 읽어서 그 뜻에 능통하고 논어, 효경에 밝은 자는 상품(上品)이 되고, 곡례, 논어, 효경을 읽은 자는 중품(中品)이 되었으며, 곡례, 효경만을 읽은 자는 하품(下品)이 되었다. 만일 5경, 3사, 제자백가서를 전부 통달한 자는 순서에 관계하지 않고 발탁하였다.
>
> – 『삼국사기』

✚ 독서삼품과는 원성왕 4년(788)에 설치된 것으로, 국학의 졸업생을 대상으로 유교 경전을 시험하여 그 결과를 상중하의 3품으로 나누어 관리로 등용한 제도이다. 이는 신분이 아닌 유교적 수학 능력에 따라 관리로 임명함으로써 왕권을 강화하고자 하는 목적에서 실시되었지만 진골 세력의 반발로 큰 성과를 거두지 못하였다. 그러나 학문을 보다 널리 보급시키는 데 기여하였다.

👍 임신서기석

> 임신년 6월 16일에 두 사람이 함께 맹세하여 쓴다. 지금부터 3년 후에 충도(忠道)를 지키고 허물이 없게 할 것을 하늘 앞에 맹세한다. 만일 이 서약을 어기면 하늘에 큰 죄를 짓는 것이라고 맹세한다. 또한 신미년 7월 22일에 크게 맹세한 바 있다. 곧 『시경(詩經)』, 『상서(尙書)』, 『예기(禮記)』, 『춘추(春秋傳)』을 3년 안에 차례로 습득하겠다고 하였다.
>
> – 임신서기석 비문

👍 이차돈 순교비

> 참수할 때 목 가운데서 흰젖이 한길이나 솟구치니 하늘에서는 꽃비가 내리고 땅이
> 뒤 흔들렸다. …
>
> – 이차돈 순교비 비문

✚ 신라 법흥왕 때의 승려(506~527)로 성은 박(朴). 일명 거차돈(居次頓). 자는 염촉(厭觸). 신라 십성의 한 사람으로, 불교의 공인을 위해 순교를 자청하였는데, 그가 처형되자 피가 하얀 젖으로 변하는 이적을 보여 불교가 공인되었다고 한다.

👍 원효와 의상

원효
• '일심(一心)' 사상
• 아미타 신앙: '나무아미타불', 불교 대중화
• 『금강삼매경론』, 『십문화쟁론』

의상
• 당에 유학
• 화엄 사상: '일즉다 다즉일', 「화엄일승법계도」
• 부석사 건립
• 관음 신앙: 현세에서 고난을 구제 받기를 기원

👍 도교 유물

△ 금동대향로(백제)

△ 사택지적비(백제)

△ 산수무늬벽돌(백제)

1 유학과 역사서

1. 고구려: 태학·경당 설립, 『신집』 편찬
　　　↳수도 ↳지방

2. 백제: 박사 제도, 『서기』 편찬

3. 신라: 임신서기석, 『국사』 편찬

4. 통일 신라

(1) 국학 설치(신문왕), 독서삼품과(원성왕)

(2) 6두품 유학자의 활약

① 강수(외교 문서), 설총(이두 정리, 『화왕계』)

② 최치원: 빈공과 급제, 진성 여왕에 개혁안 건의, 『토황소격문』, 『계원필경』

(3) 역사서 편찬: 김대문의 『화랑세기』, 『고승전』 등

5. 발해

(1) 주자감 설치, 빈공과 급제

(2) 한문학 발전: 정혜 공주·정효 공주 묘비문

2 불교

1. 고구려: 소수림왕 때 전진으로부터 수용(372)

2. 백제: 침류왕 때 동진으로부터 수용(384)

3. 신라: 눌지왕 때 고구려로부터 전래
　➡ 법흥왕 때 이차돈의 순교를 계기로 공인

4. 통일 신라

(1) 원효

① '일심(一心)' 사상

② '무애(無碍)'를 강조, 종파 간 대립을 완화하기 위해 노력(화쟁 사상)

③ 아미타 신앙: '나무아미타불', 불교 대중화

④ 『금강삼매경론』, 『십문화쟁론』

(2) 의상

① 당에 유학

② 화엄 사상: '일즉다 다즉일', 『화엄일승법계도』

③ 부석사 건립

④ 관음 신앙: 현세에서 고난을 구제 받기를 기원

🏺 『신집』
고구려의 역사서 『유기』를 이문진이 5권으로 요약하여 정리한 역사서로, 현전하지는 않는다.

🏺 『서기』
백제 근초고왕 때 박사 고흥이 지은 역사서로, 현전하지는 않는다.

🏺 『국사』
신라 진흥왕 때 편찬된 신라의 역사서로, 현전하지는 않는다.

🏺 독서삼품과
신라 원성왕 때 시행된 제도로, 국학의 학생들을 독서능력에 따라 상·중·하로 구분하였으며 이를 관리 임용에 참고하였다.

(3) 혜초: 인도와 중앙아시아의 여러 나라를 돌아보고 『왕오천축국전』을 저술

(4) 선종

　① 삼국 통일 이전 전래, 신라 하대에 유행

　② 개인의 수양(참선)에 따른 깨달음 추구 ➡ 지방 호족의 사상적 기반

　③ 9산 선문 성립

5. 발해

(1) 고구려 불교 계승, 왕실·귀족 중심 불교

(2) 상경성 절터와 불상·석등

기출 맛보기

밑줄 그은 '그'로 옳은 것은? 36회 초급 10번　　　　　　　　　　　　　　　　　　[2점]

오늘 알아볼 승려에 대해 말씀해 주세요.

신라의 승려인 <u>그</u>는 '나무아미타불'만 외워도 누구나 극락정토에 갈 수 있다고 주장하여 불교의 대중화에 크게 기여했습니다.

① 원효　　　　　　　② 의천

③ 일연　　　　　　　④ 지눌

정답 분석

그림은 원효를 나타내고 있다. 원효는 아미타 신앙을 통해 불교의 대중화에 기여하였다.

정답 ①

고대의 문화 2 – 삼국의 유형 문화재

한눈에 보기

👍 고분

고구려

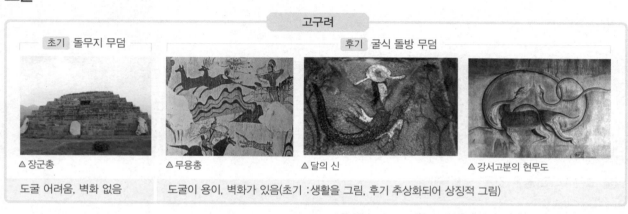

| 초기 돌무지 무덤 | 후기 굴식 돌방 무덤 |

△ 장군총　　△ 무용총　　△ 달의 신　　△ 강서고분의 현무도

도굴 어려움, 벽화 없음　　도굴이 용이, 벽화가 있음(초기 : 생활을 그림, 후기 추상화되어 상징적 그림)

백제

초기 돌무지 무덤　　후기 벽돌무덤

△ 서울 석촌동 고분　　△ 무령왕릉

고구려와 유사　　중국 남조의 영향

신라

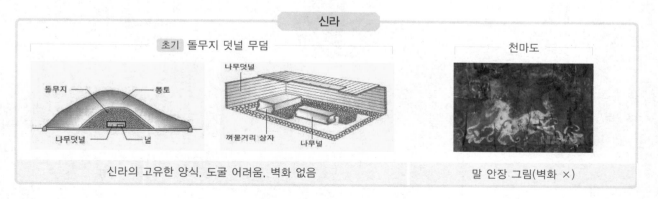

초기 돌무지 덧널 무덤　　천마도

돌무지　봉토　나무덧널　나무덧널　널　껴묻거리 상자　나무널

신라의 고유한 양식, 도굴 어려움, 벽화 없음　　말 안장 그림(벽화 ×)

👍 건축과 탑

백제

△ 미륵사지 석탑

현존 최고의 석탑, 목탑 양식

△ 정림사지 5층 석탑

수학적 지식 활용, 경쾌함 + 안정감

신라

△ 황룡사 9층 목탑(복원)

현존 X (몽고 침입 때 소실),
호국 불교의 전통 확인(자장)

△ 분황사 모전 석탑

석재를 벽돌 모양으로 만든 전탑

△ 첨성대

7C 제작,
왕의 권위를 하늘에 연결

👍 불상

고구려

△ 연가 7년명 금동 여래 입상

중국 북조의 영향,
인상과 미소에서 고구려 독자성 확인

백제

△ 서산 마애 삼존불

백제의 미소

신라

△ 금동 미륵 반가 사유상

삼국 공통 양식의 불상,
신라 불상의 일본 전파

△ 경주 배리 석불 입상

서역의 영향,
푸근한 자태와 부드러운 미소

👍 일본에 전해진 삼국 문화

△ 수산리 고분 벽화(고구려)

영향

△ 다카마쓰 고분 벽화

△ 호류사 금당 벽화(담징)

1 고분

1. 고구려: 돌무지무덤(장군총) ➡ 굴식 돌방무덤(강서 대묘, 안악 3호분)

2. 백제: 돌무지무덤(석촌동 고분) ➡ 굴식 돌방무덤, 벽돌무덤(무령왕릉)

3. 신라: 돌무지덧널무덤(천마총) ➡ 굴식 돌방무덤(통일 이후)

고구려
△ 무용총 수렵도 △ 각저총 씨름도 △ 현무도 △ 안악 3호분 벽화

고구려
△ 장군총

백제
△ 석촌동 고분 △ 무령왕릉

신라
△ 천마도

2 탑, 불상

고구려
△ 연가 7년명 금동 여래 입상

백제
△ 미륵사지 석탑 △ 정림사지 5층 석탑 △ 서산 마애 삼존불

신라
△ 분황사 모전 석탑 △ 황룡사 9층 목탑

➡ 아스카 문화 형성에 영향

3 삼국과 가야 문화의 일본 전파

1. 고구려: 담징(종이·먹 제조법), 혜자(쇼토쿠 태자 스승)

2. 백제

  (1) 아직기(한자), 왕인(『천자문』, 『논어』), 노리사치계(불경, 불상)

  (2) 오경박사·역박사·의박사 파견

3. 신라: 조선술·축제술 전파 ➡ 한인의 연못

4. 가야

    (1) 철 수출 ➡ 일본 철기 문화 발달

    (2) 토기 제작 기술 ➡ 스에키 토기에 영향

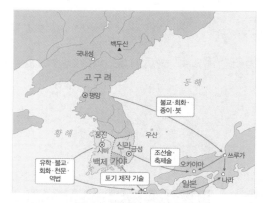

◁ 삼국 문화의 일본 전파

기출 맛보기

다음과 관련된 삼국 시대의 종교에 대한 설명으로 옳지 않은 것은? 14회 초급 4번   [3점]

① 삼국의 문화 발전에 기여하였다.

② 삼국 중 신라가 가장 먼저 받아들였다.

③ 왕권을 강화시켜 주는 데 큰 역할을 하였다.

④ 백성들의 마음을 하나로 모으는 역할을 하였다.

오답 풀이

제시된 그림은 불교와 관련된 문화재인 고구려의 연가 7연명 금동 여래 입상과 서산 마애 삼존불이다. 삼국 중 불교를 가장 먼저 수용한 나라는 고구려(4C)이다. 신라는 가장 늦게 수용하였다(6C).

정답   ②

다양한 유형의 탑과 승탑이 건립되다

고대의 문화 3 – 남북국의 유형 문화재

▶ 출제방향 • 통일 신라와 발해의 문화재를 비교하여 이해한다.

🔍 한눈에 보기

👍 통일 신라

📍 건축

△ 석굴암

△ 불국사

△ 안압지

| 수학적 지식 활용 | 불국토의 이상 반영 | 귀족의 사치와 향락 반영 |

📍 탑

통일 신라 전기(3층탑 초기 유행)

△ 감은사지 3층 석탑

△ 석가탑(불국사 3층 석탑)

△ 다보탑

목조 건축 양식, 쌍둥이 탑

무구정광대다라니경 발견 (현존 최고 목판물)

불국사

통일 신라 후기(선종 영향)

△ 진전사지 3층 석탑

△ 쌍봉사 철감 선사 승탑

기단과 탑신에 부조

8각 원당형(고려 승탑 영향), 지방 호족 역량 반영

◎ 종

△ 상원사종

현존하는 가장 오래된 종

△ 성덕 대왕 신종

봉덕사범종(에밀레종)

👍 발해

◎ 건축물

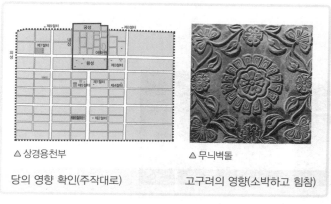

△ 상경용천부

당의 영향 확인(주작대로)

△ 무늬벽돌

고구려의 영향(소박하고 힘참)

◎ 고분

△ 돌사자상

정혜 공주 묘에서 발견

△ 정효 공주 묘

벽돌무덤, 당과 고구려 양식

👍 남북국의 석등 비교

신라

△ 법주사 쌍사자석등

발해

△ 발해의 석등

1 고분

1. **통일 신라**: 화장 유행, 둘레돌 + 12지신상 조각(김유신 묘)

2. **발해**

   (1) 정혜 공주 묘: 굴식 돌방무덤, 모줄임 천장 구조

   (2) 정효 공주 묘: 벽돌무덤, 당 + 고구려 양식

❀ 모줄임 천장 구조

2 탑·불상, 건축물 등

1. **통일 신라**

   (1) 탑: 다양한 양식 유행, 승탑 건립(선종의 영향)

   (2) 건축: 석굴암(인공 석굴, 유네스코 세계 문화 유산), 불국사

   (3) 인쇄술: 무구정광대다라니경

   (4) 성덕 대왕 신종

   ↳ '에밀레종'으로 널리 알려져 있다.

💡 **무구정광대다라니경**
세계에서 가장 오래된 목판 인쇄물로 불국사 3층 석탑 수리 도중 탑 내부에서 발견되었다.

통일 신라

△ 감은사지 3층 석탑 △ 불국사 3층 석탑 (석가탑) △ 다보탑 △ 진전사지 3층 석탑 △ 쌍봉사 철감 선사 승탑 △ 석굴암 본존불

2. **발해**

   (1) 탑: 지하에 무덤이 있는 벽돌 탑(영광탑)

   (2) 건축: 상경성(당 + 고구려 양식)

발해

△ 영광탑 △ 이불병좌상 △ 석등

기출 맛보기

(가)에 들어갈 문화유산으로 옳은 것은? 34회 초급 10번 [2점]

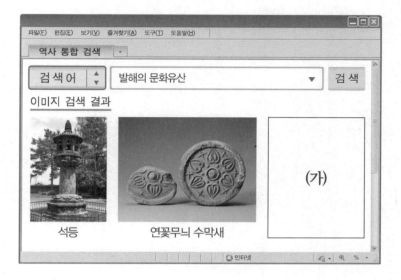

역사 통합 검색

검 색 어 | 발해의 문화유산 | 검 색

이미지 검색 결과

석등 　연꽃무늬 수막새 　(가)

①

정효 공주 무덤

②

광개토 대왕릉비

③

해인사 대장경판

④

관촉사 석조
미륵보살 입상

정답 분석

정효 공주 무덤은 발해의 대표적 고분이다.

오답 풀이

② 광개토 대왕릉비는 고구려 (장수왕)의 유물이다.
③ 해인사 대장경판은 고려 시대 유물이다.
④ 관촉사 석조 미륵보살 입상은 고려 시대 유물이다.

정답 　①

918
고려 건국

993
강동 6주 획득

1107
동북 9성 축조

1126
이자겸의 난

1135
묘청의 난

PART

02

고려 귀족 사회의
형성과 변천

유교 통치 이념이 확립되다

고려 초 통치 체제의 정비

호족　　문벌 귀족　　무신　　권문세족　　신진 사대부

▷ **출제방향**　　• 태조, 광종, 성종의 업적을 비교하여 이해한다.

🔍 한눈에 보기

👍 태조

📍 북진 정책

　거란에서 사신을 파견하여 낙타 50필을 보냈다. 왕은 거란이 일찍이 발해와 화목하다가 갑자기 의심하여 맹약을 어기고 멸망시켰으니, 매우 무도하여 친선 관계를 맺어 이웃으로 삼을 수는 없다고 생각하였다. 드디어 교빙을 끊고 사신 30인을 섬으로 유배 보냈으며, 낙타는 만부교 아래에 매어두니 모두 굶어 죽었다.

– 『고려사』

📍 훈요 10조

- 불교의 힘으로 나라를 세웠으므로, 사찰을 세우고 주지를 파견하여 불도를 닦도록 하라 → 숭불 정책
- 도선의 풍수 사상에 따라 사찰을 세우고 함부로 짓지 말 것 → 풍수지리설
- 우리 나라와 중국은 지역과 사람의 인성이 다르므로 중국 문화를 반드시 따를 필요가 없으며, 거란은 짐승과 같은 나라이므로 그들의 의관 제도는 따르지 말 것 → 북진 정책
- 서경을 중요시 할 것 → 북진 정책
- 연등회와 팔관회를 성대하게 열 것
- 관리들의 녹봉을 함부로 가감하지 말고, 농민들의 부담을 가볍게 할 것 → 민생 안정

📍 혼인·사성 정책

○ 명주의 순식이 무리를 이끌고 조회하러 오니, 왕씨 성을 내려주고 대광으로 임명하였으며, …… 관경에게도 왕씨 성을 내려주고 대승으로 임명하였다.

– 『고려사절요』

○ 가을 7월, 발해국의 세자 대광현이 무리 수만을 거느리고 와서, 항복하자, 성명을 하사하여 '왕계(王繼)'라 하고 종실의 족보에 넣었다.

– 『고려사』

👍 광종

📍 노비안검법

> 광종 병신 7년(956년)에 노비를 조사해서 옳고 그름을 분명히 밝히도록 명령하였다. 이 때문에 주인을 배반하는 노비들을 도저히 억누를 수 없었으므로, 주인을 업신여기는 풍속이 크게 유행하였다. 사람들이 다 수치스럽게 여기고 원망하였다. 왕비도 간절히 말렸지만 받아들이지 않았다.
>
> – 『고려사절요』

📍 승과 제도

이것은 과거제를 도입한 [광종]에게 대사(大師) 법계를 받고 금광선원 등에서 활동한 승려 지종(智宗)의 탑비이다.

[광종]은/는 승과를 통해 지종 등 여러 승려들을 선발하였는데, 그들 중 일부는 훗날 왕사 또는 국사의 지위에 올랐다.

➕ 노비 안검법은 후삼국 혼란기에 억울하게 노비가 된 양인을 풀어 준 것이었다. 이 법이 시행됨에 따라 국가 재정 기반과 왕권이 강화되었다. 해방된 노비들은 양인이 되어 조세와 부역의 의무를 지게 되었기 때문이다. 반면 공신이나 호족들은 경제적, 군사적 기반이 약화되었다. 이 자료는 노비 안검법을 비판하는 입장에서 기록한 것이다.

👍 성종

📍 최승로의 시무 28조

- 국왕이 백성을 다스림은 집집마다 가서 날마다 일을 보는 것이 아닙니다. 그런 까닭으로 수령을 나누어 보내어 가서 백성의 이익 되는 일과 손해되는 일을 살피게 하는 것입니다. 우리 태조께서 나라를 통일한 후에 수령을 두고자 하였으나, 대개 초창기임으로 인하여 일이 번거로워 시행할 겨를이 없습니다. 청컨대 외관을 두소서, 비록 한꺼번에 다 보낼 수는 없더라도 먼저 10여 곳의 주현에 1명의 외관을 두고, 그 아래에 각각 2~3명의 관원을 두어서 백성 다스리는 일을 맡기소서.

  ➕ 호족의 횡포를 막고 중앙 집권 체제를 강화하기 위해서 지방관을 파견할 것을 건의한 내용이다. 그에 성종은 전국의 주요 지역에 12목을 설치하고 목사를 파견하였으며, 지방의 중소 호족을 향리로 편입하여 통제하였다.

- 불교를 행하는 것은 수신의 근본이요, 유교를 행하는 것은 치국의 근원입니다. 수신은 내생의 복을 구하는 것이며, 치국은 금일의 임무입니다.

  ➕ 불교의 폐단을 지적하면서 유교 이념에 기초한 정치를 추구할 것을 강조하는 내용이다. 성종은 최승로의 주장을 받아들여 유교적 저치 사상에 입각한 정치를 추진하였고, 국자감을 정비하는 등 유학을 진흥시키기 위해 힘썼다.

- 광종 때에 노비를 안검하여 그 시비를 가리게 하니, 천한 노예들은 뜻을 얻은 듯... 주인을 모함하는 자가 많았습니다. 결국 광종은 스스로 화근을 만들어 놓고 그 폐해를 근절하지도 못하였습니다.

  ➕ 공신들의 경제적 기반을 약화시킨 광종의 노비안검법을 비판하고 있는 내용이다. 최승로는 광종의 호족 숙청과 전제 왕권을 비판하였다.

📍 경학박사·의학박사 파견

> 왕이 교서를 내려 말하기를, "······이제 경서에 통달하고 책을 두루 읽은 선비와 온고지신하는 무리를 가려서, 12목에 각각 경학박사 1명과 의학박사 1명을 뽑아 보낼 것이다. ······ 여러 주·군·현의 장리(長吏)와 백성 가운데 가르치고 배울만한 재주 있는 아이를 둔 자들은 이에 응해 마땅히 선생으로부터 열심히 수업을 받도록 훈계해야 한다."라고 하였다.
>
> – 『고려사』

1 태조(918~943)

1. 민생 안정: '취민유도'(1/10세), 흑창 설치

2. 호족 통합 정책

   (1) 관직·토지(역분전) 하사

   (2) 혼인·사성 정책

   (3) 사심관·기인 제도

3. 북진 정책

   (1) 고구려 계승 표방, 거란 적대시

   (2) 평양을 서경으로 승격시키고 북진 정책 추진

   ➡ 국경선을 청천강~영흥만까지 확대

4. 불교 국교화: 개태사 건립, 연등회·팔관회 개최 강조

5. 통치 방향 제시: 「훈요 10조」, 『정계』, 『계백료서』

💡 **사심관**
고려 시대 지방에 연고가 있는 고관에게 자기의 고장을 다스리도록 임명한 특수 관직이다.

💡 **기인 제도**
지방 호족의 자제를 중앙에 인질로 둔 제도이다.

💡 **「훈요 10조」**
태조 왕건이 후대 왕들에게 남긴 10가지 가르침이다.

2 광종(949~975)

1. 태조 사후 혜종~정종 시기에는 왕권이 불안정

2. 광종의 왕권 강화책

   (1) 노비안검법: 노비의 신분을 조사, 양인이었던 이들을 해방

   ➡ 호족들의 세력 기반 약화

   (2) 과거제: 중국 후주에서 귀화한 쌍기의 건의를 받아들여 과거 제도 시행

   (3) 공복 제정: 관리의 복색을 4가지 색으로 나누어 위계질서 확립

   (4) 칭제건원: 스스로 황제를 칭하고 '광덕'·'준풍' 연호 사용

3 성종(981~997)

1. 중앙 통치 체제 정비

   (1) 2성 6부제 마련

   (2) 국자감 정비

   (3) 지방에 경학박사·의학박사 파견

   (4) 향리 제도 시행

2. 최승로의 시무 28조

(1) 유교 정치 이념 채택

(2) 12목을 설치하고 지방관(외관) 파견

3. 사회 시책: 불교 행사 억제, 의창·상평창 설치, 건원중보 주조

의창
고려와 조선 시대에 농민 구제를 위하여 각 지방에 설치한 창고이다.

상평창
고려·조선 시대에 물가를 조절하던 기관이다.

기출 맛보기

(가)에 들어갈 내용으로 옳은 것은? 33회 초급 13번 [3점]

인물 탐구 보고서

○○ 모둠

왕권 강화를 위해 노력한 광종

▶ 시대: 고려

▶ 업적
- 광덕이라는 연호 사용
- 노비안검법 실시
- (가)
- 관리의 공복 제정

① 12목 설치
② 과거제 실시
③ 별무반 조직
④ 천리장성 축조

정답 분석

제시된 자료는 광종의 업적을 나타낸 것이다. (가)에 들어갈 내용은 '과거제 실시'이다.

오답 풀이

① 12목 설치는 성종의 업적이다.
③ 별무반 조직은 고려 숙종 때 여진의 침입을 막기 위해 만들어진 군사 조직이다.
④ 천리장성 고려 덕종 때 국경 지방에 쌓은 성이다.

정답 ②

2성 6부를 중심으로 정치가 운영되다

고려의 통치 제도

▷ **출제방향**
· 고려의 통치 체계를 이해한다.

🔍 한눈에 보기

👍 고려의 중앙 통치 조직

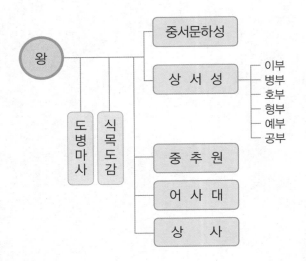

· 관리의 기능이 신라 시대보다 세분화되고 전문화 됨. 당·송의 제도를 모방·독자적으로 발전
· 당 – 2성 6부, 송 – 중추원·삼사
· 정치 운영에서 견제와 균형을 추구
· 귀족 정치

👍 고려의 지방 행정 조직

· 행정 구역인 5도와 군사 행정 구역인 양계로 이루어진 이원적인 조직
· 지방관이 파견된 주현보다 지방관이 파견되지 않은 속현이 다수 차지
· 향리의 영향력 강화

👍 고려의 과거제

> 제술업·명경업 두 업(業)과 의업·복업(卜業)·지리업·율 업·서업·산업(算業) ······ 등의 잡업이 있었는데, 각각 그 업으로 시험을 쳐서 벼슬길에 나아가게 하였다.
>
> – 『고려사』

👍 고려의 음서제

> 무릇 조상의 공로[蔭]로 벼슬길에 나아가는 자는 모두 나이 18세 이상으로 제한하였다.
>
> – 『고려사』

👍 고려의 공음전

> 문종 3년 5월에 공음 전시법을 제정하였는바, 1품은 문하시랑 평장사 이상에게 주되 전지 25결과 시지 15결을 주며, 2품은 참지정사 이상에게 주되 전지 22결과 시지 12결을 주고 이것을 자손에게 전해 내려가게 하였다.
>
> – 『고려사』

✚ 폐쇄적이었던 통혼권과 더불어 문벌 귀족 사회 유지에 있어서 중요한 제도가 음서 제도와 공음전이다. 음서 제도란 조상의 음덕으로 무시험으로 관리가 될 수 있었던, 순수하게 가문에 기준을 둔 관리 등용 제도이다. 아들, 손자는 물론 외손자, 사위, 아우까지 혜택을 볼 수 있었는데, 관직에 나가는 길뿐 아니라 관직에 조기 진출시키는 제도로서의 의미도 컸다. 음서의 혜택을 입은 이들이 관직에 일찍 진출하면 할수록 대부분이 5품 이상에 빨리 도달할 수 있다는 점에서(실제 과반수 이상이 재상까지 역임) 그리고 음서의 혜택이 다시 이어진다는 점에서 단순한 관리 등용법이 아니라 귀족의 특권을 세습적으로 유지할 수 있었던 것이다. 공음전은 귀족 관료의 신분 우대 정책으로 5품 이상의 관료에게 지급된 토지이다. 자손이 모반 대역죄가 아니면 비록 아들이 죄가 있어도 손자가 무죄면 1/3을 지급하는 등 귀족 중심으로 운영되었으며, 세습을 인정하였기에 귀족 관료의 특권적 생활을 세습적으로 누릴 수 있게 했던 것이다. 즉, 음서제를 통해서는 정치적 특권을, 공음전을 통해서는 경제적 특권을 세습할 수 있었기에 고려는 문벌 귀족을 중심으로 한 사회였다고 할 수 있다.

👍 고려의 중앙군

> 6위를 설치하였다. ······ 6위에 직원(職員)과 장수를 배치하였다. 그 후에 응양군과 용호군 2군을 설치하였는데, 2군은 6위보다 지위가 높았다.
>
> – 『고려사』

1 중앙 통치 조직

1. 2성 6부

(1) 중서문하성

① 최고 관서, 장관인 문하시중이 국정 총괄

② 재신이 정책 심의·의결, 낭사는 어사대와 함께 대간으로 언론 기능을 담당

(2) 상서성: 실무를 담당하는 6부를 거느리고 정책 집행

(3) 중추원: 국왕 비서 기관, 추밀 + 승선으로 구성

(4) 어사대: 정치의 잘잘못을 논하고 관리들의 비리 감찰·풍속 교정 담당

(5) 삼사: 화폐와 곡식의 출납 담당

2. 도병마사·식목도감: 고위 관리들이 모여 국가의 중요한 일을 결정하는 임시 기구

(1) 도병마사: 국방 문제 담당, 고려 후기에 국정 전반을 담당하는 최고 기구로 발전

(2) 식목도감: 법령·각종 시행 세칙 제정

2 지방 행정 조직

1. 5도 양계

(1) 5도

① 일반 행정 구역, 안찰사 파견

② 도 아래에는 군·현 설치, 지방관이 파견된 주현과 파견되지 않은 속현으로 구분

(2) 양계: 군사 행정 구역, 국경 지대에 동계·북계를 설치하고 병마사를 파견

2. 향·부곡·소

(1) 일반 군현에 비해 지위가 낮고 조세 부담이 큰 특수 행정 구역

(2) 향·부곡 주민은 주로 농업에, 소 주민은 주로 수공업에 종사

(3) 속현과 향·부곡·소에서는 향리가 조세·공물의 징수 등 행정 실무를 담당

3 군사 제도와 관리 등용 제도

1. 군사 제도

(1) 중앙군: 2군(국왕 호위), 6위(수도와 국경 방어)

(2) 지방군: 주현군(5도), 주진군(양계)

2. 관리 등용 제도

(1) 과거: 문과(제술업·명경업), 잡과(기술관), 승과

(2) 음서: 공신·5품 이상 고위 관리의 자손은 과거 합격 없이 관직에 진출

♀ 대간
관료를 감찰·탄핵하는 임무를 가진 대관과 국왕을 간쟁·봉박하는 임무를 가진 간관을 합쳐 부른 말. 고려에서는 중서문하성의 낭사와 어사대가 대간이라 불리며 서경·간쟁·봉박을 통해 권력의 독점과 부패를 막는 역할을 하였다.

♀ 제술업
고려 시대 문장에 능한 선비를 관료로 뽑는 과거 시험이다.

♀ 명경업
고려 시대 과거의 하나로, 유교 경전에 대한 이해도를 평가한다.

기출 맛보기

다음 주제에 대한 학생들의 대화로 옳지 않은 것은? 36회 초급 11번

[3점]

주제: 고려의 지방 행정 제도

① 5도와 양계를 두었어.

② 각 도에 안찰사를 보냈지.

③ 주요 지역에 5소경을 설치했어.

④ 특수 행정 구역으로 향·부곡·소가 있었지.

정답 분석

5소경은 신라 시대의 지방 행정 제도이다.

오답 풀이

① 고려는 지방 행정 조직을 5도 양계로 정비하였다.

② 고려는 각 도에 안찰사를 파견하여 중앙 집권을 강화하였다.

④ 고려에는 특수 행정 구역으로 향·소·부곡을 두었다.

정답	③

MEMO

이민족의 침입과 문벌 귀족 사회

▷ **출제방향**
- 고려 시대의 이민족의 침입을 이해한다.
- 문벌 귀족 사회의 성립과 동요를 이해한다.

한눈에 보기

고려 귀족 사회의 변화

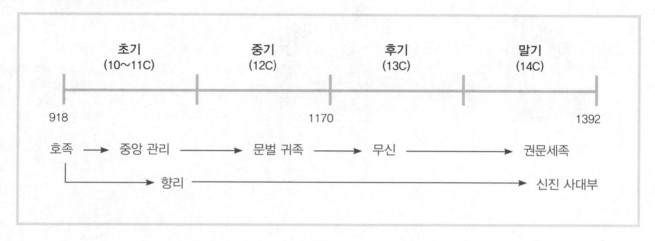

서희의 강동 6주 획득

> 서희가 말하였다. "우리나라는 고구려를 계승한 나라다. 그런 까닭에 나라 이름을 고려라 하고 평양에 도읍을 정하였던 것이다. 만약 땅의 경계를 논한다면 상국(거란)의 동경도 모두 우리 땅 안에 있다.…… 여진이 길을 막아 바다를 건너는 것보다 더 어렵게 되었다. 조빙을 하지 못함은 여진 탓이다.
>
> – 『고려사절요』

강감찬의 귀주 대첩

> 거란군이 귀주를 지날 때, 강감찬 등이 동쪽 교외에서 맞아 싸웠다. …… 고려군이 용기백배하여 맹렬하게 공격하니, 거란군이 북으로 도망치기 시작하였다. …… 거란군의 시신이 들판에 널렸고, 사로잡은 포로와 획득한 말, 낙타, 갑옷, 무기는 헤아릴 수 없이 많았다. 살아서 돌아간 자가 겨우 수천 명이었으니, 거란의 패배가 이토록 심한 적이 없었다.
>
> – 『고려사』

👍 여진 정벌과 동북 9성

○ (왕이) 선정전 남문에 거둥하여 (사신) 요불과 사현 등 6인을 접견하고 입조한 연유를 묻자 요불 등이 아뢰기를, "······ 만약 9성을 되돌려주어 우리의 생업을 편안하게 해주시면, 우리는 하늘에 맹세하여 자손대대에 이르기까지 공물을 정성껏 바칠 것이며 감히 기와 조각 하나라도 국경에 던지지 않겠습니다."라고 하였다.

– 『고려사』

○ (왕이) 선정전 남문에 거둥하여 요불 등을 접견하고 9성의 반환을 허락하자, 요불이 감격하여 울며 감사의 절을 올렸다. ······

– 『고려사』

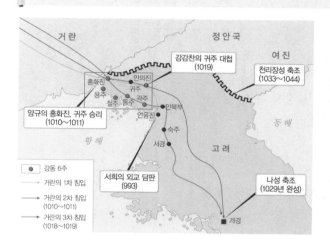

1차 침입 때 거란은 80만 대군을 이끌고 침략하여, 고려가 차지하고 있는 옛 고구려의 땅을 내놓고 송과의 교류를 끊을 것을 요구하였다. 그러나 서희는 거란과 교류할 것을 약속하는 대신, 강동 6주의 지배권을 인정받는 외교 담판을 통해 거란을 물리쳤다.

👍 서경 천도 운동

묘청의 천도 운동에 대하여 역사가들은 단지 왕사(王師)가 반란한 적을 친 것으로 알았을 뿐, 이는 근시안적인 관찰이다. 그 실상은 낭가와 불교 양가 대 유교의 싸움이며, 국풍파 대 한학파의 싸움이며, 독립당 대 사대당의 싸움이며, 진취 사상 대 보수 사상의 싸움이니, 묘청은 전자의 대표요 김부식은 후자의 대표였던 것이다. 묘청의 천도 운동에서 묘청 등이 패하고 김부식이 이겼으므로 조선사가 사대적, 보수적, 속박적 사상인 유교 사상에 정복되고 말았다. 만약 김부식이 패하고 묘청이 이겼더라면 조선사가 독립적, 진취적으로 진전하였을 것이니 이것이 어찌 일천년래 제일대사건이라 하지 아니하랴.

– 『조선사 연구초』

✚ 신채호는 묘청의 서경 천도 운동을 자주적 서경파와 사대적 개경파의 대립으로 평가하였다. 묘청의 서경 천도 운동은 문벌 귀족 사회 내부의 모순을 드러낸 사건이다.

👍 신채호의 서경 천도 운동 인식

개경파		서경파	
출신	보수적인 개경의 문벌 귀족(김부식)	출신	지방 출신의 신진 관료(묘청, 정지상)
정치·외교	사회 질서 확립, 민생 안정을 이유로 금의 사대 요구 수용	정치·외교	• 자주적 혁신 정치 추진 • 북진 정책 계승 : 칭제 건원, 금국 정벌
사상	보수적, 사대적 유교 정치사상	사상	풍수지리설과 결부된 자주적 전통 사상
역사의식	신라 계승 의식	역사의식	고구려 계승 의식

VS

1 거란의 침입과 격퇴

1. 배경: 고려의 친송·반거란 정책

2. 경과

1차 침입 (993)	고려가 차지한 고구려의 영토 및 송과의 단교 요구, 소손녕의 침입 ➡ 서희의 외교 담판으로 강동 6주 획득
2차 침입 (1010)	강조의 정변을 구실로 침입 ➡ 양규의 활약, 현종의 입조를 조건으로 강화
3차 침입 (1018)	고려의 강동 6주 반환 거부, 소배압의 침입 ➡ 강감찬, 귀주 대첩(1019)

3. 영향: 초조대장경 조판, 개경에 나성 축조, 국경 지대에 천리장성 축조

2 여진 정벌과 동북 9성

1. 배경: 12세기 초 여진의 부족 통일, 남하하여 고려와 충돌

2. 경과

여진 정벌	윤관의 건의, 별무반 편성 ➡ 여진 정벌, 동북 9성 축조(1107) ➡ 여진의 간청과 방어의 어려움으로 1년 만에 반환
금 건국	여진, 금(金) 건국 후 거란을 멸망 시키고 고려를 압박
금의 사대 요구	이자겸, 정권 유지를 위해 금의 사대 요구 수용

3 문벌 귀족 사회의 성립과 동요

1. 문벌 귀족 사회의 성립과 특징

   (1) 개국 공신 및 중앙 관료 중 대를 이어 고위 관료를 배출한 가문이 문벌 귀족으로 성장

   (2) 과거와 음서를 통해 관직을 독점하고 과전과 공음전을 지급 받음.

   (3) 비슷한 부류들끼리 혼인 관계를 맺거나 왕실과 혼인 관계를 맺어 외척으로서 정권 장악

2. 이자겸의 난(1126)

   (1) 배경: 경원 이씨의 세력 강화, 이자겸의 딸과 예종·인종의 혼인

   (2) 경과: 인종의 이자겸 제거 시도 실패 ➡ 이자겸의 권력 장악 ➡ 척준경의 이자겸 제거

   (3) 영향: 지배층 내부 분열 표면화, 문벌 귀족 사회 붕괴 촉진

3. 묘청의 서경 천도 운동(1135)

(1) 배경: 김부식 등 개경파 관리와 묘청·정지상 등 서경파 관리의 대립

(2) 경과

① 묘청 등 서경파의 서경 천도·칭제 건원·금 정벌 주장

② 서경에 짓던 궁궐(대화궁) 소실로 서경 천도 실패

③ 묘청의 반란: 국호 '대위국', 연호 '천개'

➡ 김부식이 이끈 관군의 진압

🏆 개경파 VS 서경파

구분	개경파	서경파
세력	개경의 문벌 귀족	지방 출신 신진 관료
사상	유학	풍수지리설, 불교
외교	사대적	칭제 건원, 금 정벌 주장
성향	보수적, 신라 계승 의식	진취적, 고구려 계승 의식

🏆 칭제 건원

황제를 칭하고 독자적인 연호를 세운다는 뜻이다.

📋 기출 맛보기

다음 다큐멘터리에서 볼 수 있는 장면으로 적절하지 않은 것은? 31회 초급 15번 　　　　[3점]

📺 역사 다큐멘터리 기획안

제목: 거란을 물리친 고려

1. 시대 배경: 고려 시대

2. 기획 의도

– 고려가 거란의 침입을 어떻게 극복하였는지 알아본다.

– 거란과의 전쟁에서 활약한 주요 인물들에 대해 알아본다.

① 곽주에서 싸우는 양규

② 외교 담판을 벌이는 서희

③ 동북 9성을 개척하는 윤관

④ 귀주에서 승리를 거두는 강감찬

⊕ 정답 분석

윤관의 동북 9성 개척은 여진 침입 때의 사건이다.

✓ 오답 풀이

① 거란의 1차 침입 때 서희의 외교 담판으로 강동 6주를 획득하였다.

② 거란의 2차 침입 때 개경이 함락되었으나 양규의 선전으로 거란과 강화를 수립하였다.

④ 거란의 3차 침입 때 강감찬 장군이 귀주 대첩을 승리로 이끌었다.

정답	③

무신들의 세상이 열리다

무신 정권

▷ **출제방향**
- 고려 시대 무신 정권의 변화를 이해한다.
- 고려 시대 무신 집권기의 사회 봉기를 이해한다.

🔍 **한눈에 보기**

👍 **무신 정변(1170년)**

> 　어느 날 왕이 보현원으로 가서 술을 마시다가 대장군 이소응에게 수박희를 시켰다. 이소응이 이기지 못하고 달아나려 하자 이때 갑자기 한뢰가 나서 이소응의 뺨을 때려 섬돌 아래로 떨어지게 하였다. 왕과 여러 신하들이 손뼉을 치며 크게 웃었다. …… 정중부가 한뢰를 꾸짖었다. "이소응이 무관이라고 하나 벼슬이 3품인데 어찌 이렇게 심한 모욕을 주는가." 왕이 정중부를 달래어 말렸다. 이고가 칼을 빼고 정중부에게 눈짓하였으나 정중부가 그만두게 하였다.
>
> – 『고려사』

✚ 무신 정변이 일어나던 무렵 고려 귀족 사회 분위기를 잘 보여주는 자료이다. 무신 정변이 일어난 직접적 배경이 무신에 대한 문신들의 멸시였고, 고려 시대 무신들은 문신에 비해 많은 차별을 받았다. 무과는 거의 실시되지 않았고 무관의 관직도 3품 이하로 한정되어 있었기 때문에 무신들의 불만이 컸다.

👍 **무신 정권의 변천**

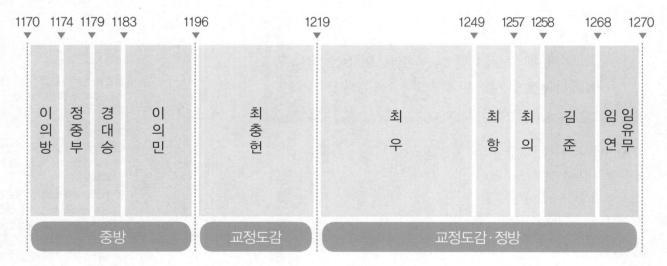

1170	1174	1179	1183	1196	1219	1249	1257	1258	1268	1270
이의방	정중부	경대승	이의민	최충헌		최우	최항	최의	김준	임연 · 임유무

중방 ｜ 교정도감 ｜ 교정도감 · 정방

👍 무신 집권기의 봉기

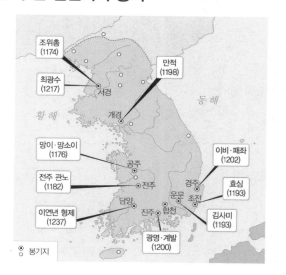

1170년	무신 정변
1174년	서경 유수 조위총의 난
1976년	공주 명학소 망이·망소이의 난
1193년	김사미(초전), 효심(운문)의 농민 봉기
1198년	만적의 난

👍 망이·망소이의 난

망이가 이르기를, "이미 우리 고향을 현(縣)으로 승격시키고 또 수령을 두어 위로하다가 다시 군대를 일으켜 토벌하러 오다니, 차라리 칼날 아래 죽을지언정 끝까지 굴복하지 않고 반드시 개경까지 간 후에야 그만둘 것이다."라고 하였다.

– 『고려사』

👍 김사미·효심의 난

남쪽에서 적(賊)들이 봉기하였다. 가장 심한 자들은 운문을 거점으로 한 김사미와 초전을 거점으로 한 효심이었다. 이들은 유랑민을 불러 모아 주현(州縣)을 습격하여 노략질하였다.

– 『고려사절요』

👍 만적의 난

신종 1년(1198) 사노 만적 등 6인이 북산에서 나무하다가 공·사노비들을 불러 모의하였다. "나라에서 경인·계사년 이후로 고관이 천민과 노비에서 많이 나왔다. 장수와 재상이 어찌 씨가 따로 있으랴, 때가 오면 누구나 할 수 있다. …… 우리가 성안에서 봉기하여 먼저 최충헌 등을 죽인다. 이어서 각각 그 주인을 쳐서 죽이고 천인호적을 불살라서 우리나라에 천인이 없게 하자. 그러면 공경장상을 우리가 모두 할 수 있다."

– 『고려사』

✚ 무신 정권 때 농민과 천민들은 크고 작은 민란을 일으켰다. 만적의 난 등 천민과 농민의 난이 이 시기에 집중적으로 일어난 것은 무신 정변으로 나타난 '하극상 풍조'라는 특수한 시대적 상황과 함께 무신 정권이 문벌 귀족 정권 못지않게 농민, 천민을 수탈하였기 때문이기도 하였다.

👍 최광수의 난

최광수가 마침내 서경에 웅거해 반란을 일으켜 고구려흥복 병마사(高句麗興復兵馬使) 금오위섭상장군(金吾衛攝上將軍)이라 자칭하고 막료들을 임명하여 배치한 후 정예군을 모았다.

– 『고려사』

1 무신 정권

1. 무신 정변

(1) 배경: 문벌 귀족 사회의 내부 모순, 의종의 실정, 무신에 대한 차별 대우

(2) 경과: 의종의 보현원 행차시 무신들이 문신을 살해하고 의종을 폐한 뒤 명종 옹립

2. 형성기

(1) 무신 내 권력 다툼으로 이의방–정중부–경대승–이의민이 차례로 집권 → 도방 설치 / → 천민 출신

(2) 무신 회의 기구인 중방을 중심으로 권력 행사

3. 최씨 정권기

(1) 최충헌: 사회 개혁안(봉사10조) 제시, 교정도감 설치, 도방 재설치

(2) 최우: 정방·서방 설치, 삼별초 설치, 몽골 침입시 강화 천도

4. 무신 정권의 붕괴

(1) 최씨 정권 붕괴 후 권력 약화 ➡ 몽골과 강화 ➡ 개경 환도

(2) 삼별초의 대몽 항쟁(강화도 ➡ 진도 ➡ 제주도)

1170	1174	1179	1183	1196		1219	1249	1257	1258	1268	1270	1270
이의방	정중부	경대승	이의민	최충헌		최우	최항	최의	김준	임연	임유무	
		도방	천민, 정중부 부하									
중방			교정도감				교정도감·정방					

2 무신 정권기의 봉기

1. 문신들의 봉기

(1) 동북면 병마사 김보당의 난: 의종 복위 운동

(2) 서경 유수 조위총의 난

(3) 교종 승려의 난(귀법사 승려의 난)

2. 농민·천민들의 봉기

(1) 김사미·효심의 난(운문·초전)

(2) 망이·망소이의 난(공주 명학소)

(3) 만적의 난: 최충헌의 노비 만적의 신분 해방 운동(개경)

(4) 최광수의 난(서경)

💡 **중방**
상장군·대장군으로 구성된 고려 시대 최고 무신 합좌 기구이다.

💡 **교정도감**
최충헌이 설치한 무신 정권의 최고 정치 기관이다.

💡 **도방**
경대승이 설치한 무신 정권의 사병 집단. 해체되었다가 최충헌이 재설치하였다.

💡 **정방**
최우가 자신의 집에 설치한 인사 행정 담당 기관이다.

💡 **삼별초**
최우가 설치한 최씨 정권의 사병 집단. 좌별초·우별초·신의군으로 구성되었다.

기출 맛보기

밑줄 그은 ㉠에 해당하는 사건으로 옳은 것은? 20회 초급 13번 　　　　　　　　　[2점]

학습 주제: 무신 정변과 사회 변화

1. 원인
   - 무신에 대한 차별
   - 문벌 귀족의 횡포
2. 결과 및 영향
   - 무신이 권력을 장악함
   - ㉠ 백성이 봉기함

① 임오군란 　　　　② 정유재란

③ 이자겸의 난 　　　④ 망이·망소이의 난

정답 분석⊕

무신 정변기의 하층민의 봉기는 공주 명학소에서 1176년에 발생한 망이·망소이의 난이다.

오답 풀이⊘

① 임오군란은 1882년에 일어난 구식 군대의 난이다.
② 정유재란은 임진왜란 중 화의 교섭의 결렬로 1597년(선조 30)에 일어난 재차의 왜란이다.
③ 이자겸의 난은 1126년(인종 4) 왕실의 외척이었던 이자겸이 왕위를 찬탈하려고 일으킨 반란이다.

정답 　④

MEMO✎

원의 간섭과 공민왕의 개혁 정책

▷ **출제방향**
- 원 간섭기의 원의 내정 간섭을 이해한다.
- 공민왕의 개혁 정책을 이해한다.

🔍 한눈에 보기

👍 원의 간섭

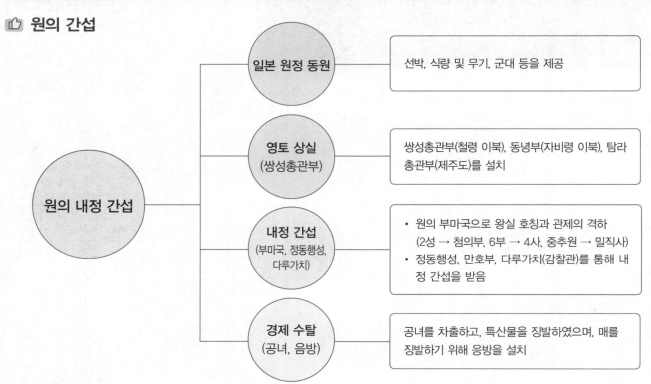

원의 내정 간섭

- **일본 원정 동원** → 선박, 식량 및 무기, 군대 등을 제공

- **영토 상실** (쌍성총관부) → 쌍성총관부(철령 이북), 동녕부(자비령 이북), 탐라 총관부(제주도)를 설치

- **내정 간섭** (부마국, 정동행성, 다루가치)
  - 원의 부마국으로 왕실 호칭과 관제의 격하 (2성 → 첨의부, 6부 → 4사, 중추원 → 밀직사)
  - 정동행성, 만호부, 다루가치(감찰관)를 통해 내정 간섭을 받음

- **경제 수탈** (공녀, 응방) → 공녀를 차출하고, 특산물을 징발하였으며, 매를 징발하기 위해 응방을 설치

📍 원 간섭기

○ 정치도감의 관원이 남의 땅을 빼앗고 불법을 자행한 기삼만을 잡아다가 죽게 한 일이 있었다. 정동행성 이문소에서 그 관원을 가두자, 왕후(王煦)와 김영돈이 첨의부에 글을 올려 관원들을 변호하였다.

– 『고려사』

○ 공주의 겁령구* 등에게 성과 이름을 하사하였는데 홀랄대는 인후로, 삼가는 장순룡으로, 차홀대는 차신으로 하고 관직은 모두 장군으로 하였다. …… 첨의부에서 아뢰기를, "제국 대장 공주의 겁령구와 관료들이 좋은 땅을 많이 차지하여 산천으로 경계를 정하고 사패(賜牌)를 받아 조세를 납입하지 않으니, 청컨대 사패를 도로 거두소서."라고 하였다.

*겁령구: 시종인

– 『고려사절요』

👍 공민왕

◎ 개혁 정치

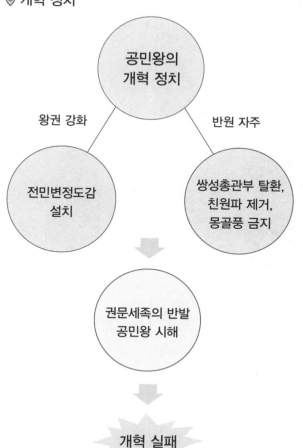

공민왕의 개혁 정치

왕권 강화 → 전민변정도감 설치

반원 자주 → 쌍성총관부 탈환, 친원파 제거, 몽골풍 금지

↓

권문세족의 반발 공민왕 시해

↓

개혁 실패

◎ 영토 회복

■ 수복한 지역

공민왕은 이성계의 아버지인 이자춘과 함께 원에게 빼앗겼던 쌍성총관부를 회복하였다.

◎ 반원 자주 정책

공민왕이 원의 제도를 따라 변발을 하고 호복(胡服 : 몽골의 옷차림)을 입고 전상(殿上)에 앉아 있었다. 이연종이 간하려고 문밖에서 기다리고 있었더니, 왕이 사람을 시켜 물었다. (이연종이)말하기를 "임금 앞에 나아가 직접 대면해서 말씀드리기를 바라나이다."라고 하였다. 이미 들어와서는 좌우(左右: 왕의 측근)를 물리치고 말하기를 "변발과 호복은 선왕(先王)의 제도가 아니오니 원컨대 전하께서는 본받지 마소서."라고 하니, 왕이 기뻐하면서 즉시 변발을 풀어버리고 그에게 옷과 요를 하사하였다.

－『고려사』

◎ 전민변정도감

신돈이 전민변정도감을 설치할 것을 청하고 스스로 판사(判事)가 되었다. 빼앗았던 토지와 노비를 그 주인에게 돌려주는 권세가와 부호가 많아, 온 나라 사람들이 기뻐하였다.

－『고려사』

1 몽골의 침입와 저항

1. 배경: 13세기 몽골과 고려가 연합하여 거란 토벌 ➡ 몽골의 공물 요구 ➡ 몽골 사신 귀국 중 살해

2. 과정

    (1) 1차 침입(1231): 박서의 항전(귀주성), 격퇴 후 장기 항전을 위해 강화 천도

    (2) 2차 침입(1232): 김윤후와 처인부곡민의 활약, 충주성 노비들의 항전, 초조대장경 소실

    (3) 3차 침입 이후(1235~1270)

    ① 황룡사 9층 목탑 소실, 재조대장경(팔만대장경) 조판

    ② 충주 다인철소민의 항전

    (4) 개경 환도: 최씨 정권 붕괴 후 정부의 강화 추진 ➡ 강화, 개경 환도

    (5) 삼별초의 항쟁: 강화도(배중손 지휘) ➡ 진도 ➡ 제주도(김통정 지휘)

2 원의 간섭과 공민왕의 반원 자주 정책

1. 원의 간섭

    (1) 관제·호칭 격하: 고려의 왕이 원 황제의 사위(부마)가 되어 지위 하락

    (2) 내정 간섭

    ① 일본 원정을 위해 정동행성 설치, 실패 후에도 남아 내정 간섭

    ② 감찰관 다루가치 파견

    (3) 영토 상실: 쌍성총관부(철령 이북 지역), 동녕부(서경), 탐라총관부(제주) 설치

    (4) 자원 징발: 공녀·환관 징발, 응방 설치
                              └─▶조혼 성행

    (5) 몽골풍: 몽골의 풍속이 고려에서 유행
        ▲└고려양

    (6) 권문세족 성장: 친원 세력·환관·역관 등이 원과의 관계를 통해 권력 장악

2. 공민왕의 정치

    (1) 반원 자주 정책

    ① 친원 세력 숙청, 관제 복구, 정동행성 폐지

    ② 쌍성총관부 공격, 무력으로 철령 이북의 땅 수복

    ③ 몽골풍 금지

    (2) 왕권 강화 정책

    ① 정방 폐지 ➡ 인사권 장악

    ② 신돈 등용, 전민변정도감 설치 ➡ 권문세족이 불법으로 차지한 땅을 주인에게 돌려주고 억울하게 노비가 된 자들을 양인으로 해방

    ③ 성균관 정비, 신진 사대부 성장

♀ 관제 호칭 격하
• 왕호 조, 종 ➡ 충ㅇ왕
• 짐 ➡ 고
• 중서문하성 + 상서성 ➡ 첨의부
• 6부 ➡ 4사
• 중추원 ➡ 밀직사

♀ 고려양
13세기 중엽 이후 중국 원나라에서 유행한 고려의 풍습이다.

기출 맛보기

다음 역사 다큐멘터리의 제목으로 적절한 것은? 36회 초급 17번   [3점]

① 태조, 북진 정책을 추진하다.
② 광종, 왕권 강화를 추구하다.
③ 성종, 유교적 정치 이념을 채택하다.
④ 공민왕, 반원 자주 정책을 실시하다.

MEMO

역성 혁명이 일어나다

신흥 세력의 성장과 고려의 멸망

호족 · 문벌 귀족 · 무신 · 권문세족 · 신진 사대부

▷ **출제방향**
- 신진 사대부와 권문세족을 비교하여 이해한다.
- 고려가 멸망하고 조선이 건국되는 과정을 이해한다.

🔍 한눈에 보기

👍 신흥 세력의 성장

◎ 신진 사대부

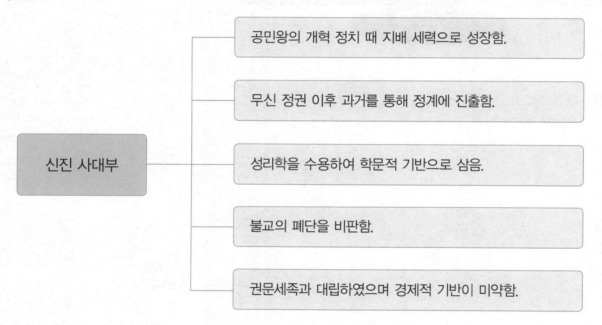

신진 사대부	공민왕의 개혁 정치 때 지배 세력으로 성장함.
	무신 정권 이후 과거를 통해 정계에 진출함.
	성리학을 수용하여 학문적 기반으로 삼음.
	불교의 폐단을 비판함.
	권문세족과 대립하였으며 경제적 기반이 미약함.

◎ 권문세족과의 비교

권문세족		신진 사대부
• 대농장 경영 • 음서 출신 • 친원적 • 불교와의 연결	VS	• 중소 지주 • 과거 출신 • 친명적 • 성리학 수용, 불교 비판

👍 최무선 >41회 중급 15번

최무선 에 대해 알려 줄래?

화통도감의 설치를 건의하였어.

진포 싸움에서 왜구를 격퇴하였어.

화약 제조법을 습득하고 화포를 제작하였어.

👍 요동 정벌

최영이 백관(百官)과 함께 철령 이북의 땅을 떼어 줄지 여부를 논의하자 관리들이 모두 반대하였다. 우왕은 홀로 최영과 비밀리에 요동을 공격할 것을 의논하였는데, 최영이 이를 권하였다.

— 『고려사』

👍 조선의 건국

배극렴 등이 왕위에 오르기를 권고하자 태조는 "예로부터 제왕의 흥기(興起)는 천명이 있지 않으면 불가하다. 나는 실로 부덕한 사람인데 어찌 감히 왕위를 감당하겠는가?"라며 결국 불응하였다. 신하들이 왕위에 오르기를 거듭 권하니 마침내 태조가 즉위하였다.

— 『태조실록』

👍 정도전 >32회 초급 21번

이 력 서

인적 사항

이름	정도전
호	삼봉
출생 연도	1342년

주요 경력

연도	내용
1362년	과거에 급제함
1392년	조선 건국을 주도함
1395년	새 궁궐의 이름을 경복궁으로 지음

1 신흥 세력의 성장

1. 신진 사대부의 성장

(1) 무신 집권기 서방을 통해 등용, 공민왕의 개혁 정치를 주도하며 성장

(2) 이색, 정몽주, 정도전 등

(3) 대부분 지방 향리 출신, 성리학을 사상 기반으로 수용하여 왕도 정치와 민본주의 강조

(4) 불교의 폐단 시정 주장, 권문세족의 비리와 불법을 견제하며 친명 반원 정책 추진

2. 신흥 무인

(1) 북쪽의 홍건적과 해안 지역의 왜구를 격퇴하는 과정에서 성장

(2) 최영: 홍산(부여)에서 왜구 격퇴

(3) 최무선: 화약 제조법을 익혀 화포 제작, 진포 싸움에서 왜구 격퇴

(4) 이성계: 황산(남원)에서 왜구 격퇴

(5) 박위: 왜구의 근거지인 대마도 정벌

2 고려의 멸망과 조선의 건국

1. 신진 사대부의 분화: 고려 사회 개혁의 방향을 두고 두 세력으로 분화

(1) 온건 개혁파
① 이색, 정몽주, 길재 등
② 고려 왕조 유지, 점진적 개혁 추구

(2) 급진 개혁파(혁명파)
① 조준, 정도전 등
② 역성혁명 주장, 전면적 토지 개혁을 비롯한 급진적 개혁 주장

2. 위화도 회군과 급진 개혁파의 집권

(1) 배경: 명의 철령 이북의 땅 요구

(2) 과정: 최영의 요동 정벌 시도 ➡ 이성계가 '4불가론'을 내세우며 요동 출병에 반대 ➡ 압록강 중앙 위화도에서 회군 ➡ 최영 제거 ➡ 우왕·창왕을 폐하고 공양왕 옹립 ➡ 온건파 사대부 제거

(3) 결과: 급진 개혁파의 집권, 과전법 실시(1391), 조선 건국(1392)

💡 사대부
사(士, 학자)와 대부(大夫, 관료)가 합쳐진 말로, 학문적 소양을 갖춘 관료층을 일컫는다.

💡 성리학
남송의 주희가 집대성한 신유학이다.

💡 과전법
고려 말(1391) 전·현직 관리에게 경기 지역 토지의 수조권을 지급한 제도이다.

기출 맛보기

다음 사건이 일어난 시기를 연표에서 옳게 고른 것은? 31회 초급 22번　　　　　　　　　　　[2점]

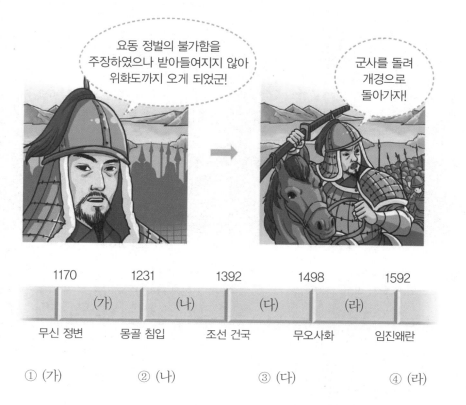

1170		1231		1392		1498		1592
	(가)		(나)		(다)		(라)	
무신 정변		몽골 침입		조선 건국		무오사화		임진왜란

① (가)　　　　　② (나)　　　　　③ (다)　　　　　④ (라)

정답 분석

그림에 나타난 사건은 위화도 회군(1388년)으로 이를 계기로 이성계가 조선을 건국하였다.

| 정답 | ② |

MEMO

전시과 제도가 시행되다

고려의 경제

▷ 출제방향
- 고려 시대의 토지 제도를 이해한다.
- 고려 시대의 경제 체제를 이해한다.

한눈에 보기

👍 전시과

시정 전시과	개정 전시과	경정 전시과
• 경종(976) • 전·현직 관리, 관직·인품 기준	• 목종(998) • 전·현직 관리, 관직 기준	• 문종(1076) • 현직 관리, 관직 기준

👍 토지의 종류

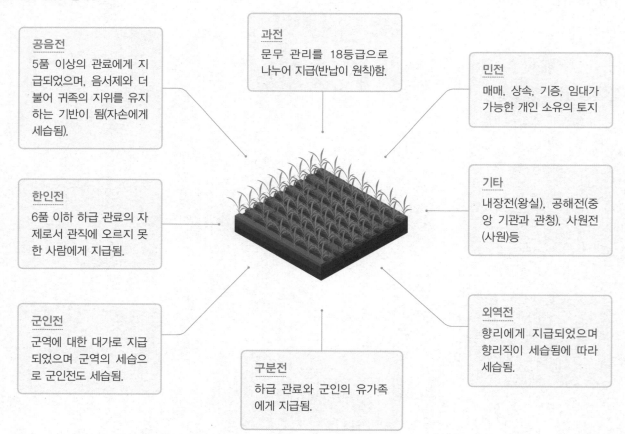

공음전
5품 이상의 관료에게 지급되었으며, 음서제와 더불어 귀족의 지위를 유지하는 기반이 됨(자손에게 세습됨).

과전
문무 관리를 18등급으로 나누어 지급(반납이 원칙)함.

민전
매매, 상속, 기증, 임대가 가능한 개인 소유의 토지

한인전
6품 이하 하급 관료의 자제로서 관직에 오르지 못한 사람에게 지급됨.

기타
내장전(왕실), 공해전(중앙 기관과 관청), 사원전(사원)등

군인전
군역에 대한 대가로 지급되었으며 군역의 세습으로 군인전도 세습됨.

구분전
하급 관료와 군인의 유가족에게 지급됨.

외역전
향리에게 지급되었으며 향리직이 세습됨에 따라 세습됨.

👍 전시과의 토지 지급 액수

시기		등급	1	2	3	4	5	6	7	8	9	10	11	12	13	14	15	16	17	18
경종 (976)	시정 전시과	전지	110	105	100	95	90	85	80	75	70	65	60	55	50	45	42	39	36	33
		시지	110	105	100	95	90	85	80	75	70	65	60	55	50	45	40	35	30	25
목종 (998)	개정 전시과	전지	100	95	90	85	80	75	70	65	60	55	50	45	40	35	30	27	23	20
		시지	70	65	60	55	50	45	40	35	33	30	25	22	20	15	10			
문종 (1076)	경정 전시과	전지	100	90	85	80	75	70	65	60	55	50	45	40	35	30	25	22	20	17
		시지	50	45	40	35	30	27	24	21	19	15	12	10	8	5				

※단위: 결

👍 은병(활구)

　왕이 이르기를, "금과 은은 천지(天地)의 정수(精髓)이자 국가의 보물인데, 근래에 간악한 백성들이 구리를 섞어 몰래 주조하고 있다. 지금부터 활구에 모두 표지를 새겨 이로써 영구한 법식으로 삼도록 하라. 어기는 자는 엄중히 논하겠다."라고 하였다. 이때에 비로소 활구를 화폐로 쓰기 시작하였다. 그 제도는 은 1근으로 만들어 본국의 지형을 본뜨도록 하였으니, 속칭 활구라고 하였다.

－『고려사』

👍 고려의 대외 무역

고려는 송, 거란(요) 일본과 교류하였고 벽란도를 통해 아라비아 상인들과도 교역하였으며 이때의 활발한 무역으로 고려(Korea)라는 이름을 널리 알렸다.

1 토지 제도

1. 역분전(태조): 건국 공신들에게 인품과 공로를 고려하여 토지 지급

2. 전시과: 관리들을 18등급으로 나누어 전지와 시지에 대한 수조권 지급

   (1) 시정 전시과(경종): 전현직 관리 모두에게 관직·인품을 반영하여 토지 지급

   (2) 개정 전시과(목종): 전현직 관리 모두에게 관직만을 반영하여 토지 지급

   (3) 경정 전시과(문종): 현직 관리에게만, 관직만을 반영하여 토지 지급

   (4) 토지의 종류

   ① 공음전: 5품 이상 관리에 지급, 세습 가능

   ② 한인전: 6품 이하 관리의 자제 중 관직이 없는 사람에게 지급(관인 신분 세습 목적)

   ③ 군인전: 중앙군에 지급, 군역과 함께 자손에 세습

   ④ 구분전: 하급 관료·군인의 유가족에 지급

   ⑤ 내장전(왕실 경비 마련), 공해전(관청), 사원전(사원) 등

   ⑥ 외역전: 향리에게 지급, 향리직과 함께 자손에 세습

2 산업 발달

1. 농업

   (1) 12세기 이후부터는 간척 사업으로 경작지 확대 ➡ 강화 천도 시기 강화도 간척 사업

   (2) 수리 시설 확충(벽골제, 수산제), 소를 이용한 깊이갈이(심경법) 발달

   (3) 밭농사에서 2년 3작의 윤작법 보급, 논농사에서 원 간섭기에 모내기법(이앙법) 전래
      └➤ 남부 일부 지방에 전래, 국가에서 금지하여 확산되지 않음.

   (4) 『농상집요』 소개, 문익점의 목화 전래

2. 수공업·상업

   (1) 수공업: 관청·소(所) 중심 ➡ 사원·민간 수공업 발달

   (2) 상업: 개경에 시전·경시서 설치, 대도시에 관영 상점 설치, 소금 전매제 실시

3. 화폐

   (1) 성종 때 건원중보(철전) 주조

   (2) 숙종 때 삼한통보·해동통보(동전), 활구(은병, 고액 화폐) 제작

   (3) 유통 부진, 민간의 일반적인 거래에서는 곡식·베 사용
      └➤ 의천의 건의, 주전도감 설치

💡 경시서
고려 시대 개경의 시전(市廛)을 관리·감독하는 관청이다.

4. 대외 무역

(1) 대송 무역: 가장 큰 비중, 금·은·인삼·화문석 수출, 비단·약재·서적 수입

(2) 벽란도가 국제 무역항으로 번성, 아라비아 상인들 왕래

(3) 대거란·여진 무역: 식량·농기구·문방구 수출, 은·모피·말 수입

(4) 대일 무역: 식량·인삼·서적 수출, 수은·유황 수입

기출 맛보기

다음 가상 대화가 이루어진 시기의 경제 활동으로 옳은 것은? 21회 초급 16번 　　　　[3점]

① 상평통보가 널리 유통되었다.

② 지방 곳곳에 정기적으로 장시가 열렸다.

③ 청해진을 중심으로 해상 무역이 전개되었다.

④ 절에서 질 좋은 종이와 기와를 만들어 팔았다.

정답 분석

고려 시대에는 절에서 수공품을 생산하는 사원 수공업이 발달하였다.

오답 풀이

① 조선 시대에는 상평통보가 널리 유통되었다.

② 조선 시대에는 지방 곳곳에 정기적으로 장시가 열렸다.

③ 청해진은 장보고가 설치한 통일 신라의 무역항이자 군사 기지였다.

정답　　④

주제 **25**

고려의 사회

🔍 **한눈에 보기**

👍 **고려의 신분 제도**

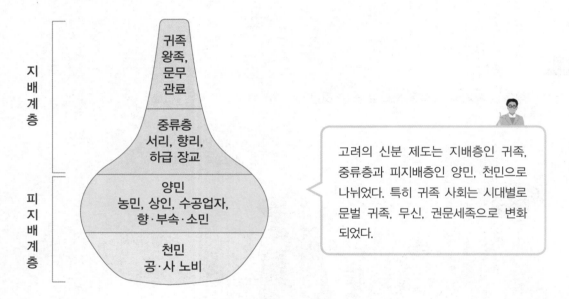

지 배 계 층

귀족
왕족,
문무
관료

중류층
서리, 향리,
하급 장교

피 지 배 계 층

양민
농민, 상인, 수공업자,
향·부속·소민

천민
공·사 노비

고려의 신분 제도는 지배층인 귀족, 중류층과 피지배층인 양민, 천민으로 나뉘었다. 특히 귀족 사회는 시대별로 문벌 귀족, 무신, 권문세족으로 변화되었다.

👍 **고려 시대 지배층의 변화**

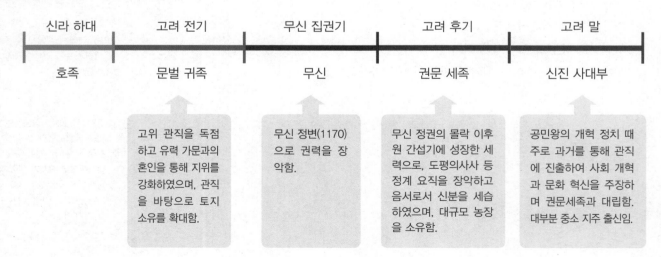

신라 하대	고려 전기	무신 집권기	고려 후기	고려 말
호족	문벌 귀족	무신	권문 세족	신진 사대부

| | 고위 관직을 독점하고 유력 가문과의 혼인을 통해 지위를 강화하였으며, 관직을 바탕으로 토지 소유를 확대함. | 무신 정변(1170)으로 권력을 장악함. | 무신 정권의 몰락 이후 원 간섭기에 성장한 세력으로, 도평의사사 등 정계 요직을 장악하고 음서로서 신분을 세습하였으며, 대규모 농장을 소유함. | 공민왕의 개혁 정치 때 주로 과거를 통해 관직에 진출하여 사회 개혁과 문화 혁신을 주장하며 권문세족과 대립함. 대부분 중소 지주 출신임. |

👍 고려의 노비

> 노비가 아무리 천하다 하여도 역시 사람인데 보통 재물과 같이 취급하여 공공연히 이를 사고 판다. 혹은 말과 소와 교환하는데 말 한 필에 2, 3명씩 주고도 오히려 말 값에 모자라니, 이는 말과 소를 사람의 생명보다 중하게 여기는 것이 된다
>
> – 『고려사』

👍 고려 시대의 여성의 지위

> ○ 어머니가 일찍이 재산을 나누어 줄 때 나익희에게는 따로 노비 40구를 물려주었다. 나익희는 "제가 6남매 가운데 외아들이라 해서 어찌 사소한 것을 더 차지하여 여러 자녀들로 하여금 화목하게 살게 하려 한 어머니의 거룩한 뜻을 더럽히겠습니까?"라고 하면서 사양하자 어머니가 옳게 여기고 그 말을 따랐다.
>
> – 『고려사』

> ○ 박유가 "청컨대 신하와 관료들에게 첩을 두게 하되 품위에 따라 그 수를 줄여 보통 사람에 이르러서는 1처 1첩을 둘 수 있도록 하십시오. ……"라고 말하였다. …… 때마침 연등회에 박유가 왕의 행차를 호위했는데, 어떤 노파가 박유를 손가락질하면서 "첩을 두자고 요청한 자가 바로 저 빌어먹을 놈의 늙은이다!"라고 하였더니, 듣는 사람들이 서로 손가락질을 하였다.
>
> – 『태조실록』

👍 매향

고려의 민간에서 조직된 신앙 공동체인 향도에서 시행한 행사로 내세의 복을 위해 향을 강이나 바닷가에 묻는 행위이다. 이들은 신앙 활동뿐만 아니라 지역에 필요한 각종 토목 공사, 군대 동원 등과 같은 공동체 유지를 위한 조직으로 발전해 갔다.

1 신분 제도

1. 귀족

(1) 왕족과 5품 이상의 고위 관료로, 음서·공음전 등의 혜택을 받는 특권층

(2) 고위 관직 장악·토지 소유 확대

(3) 혼인 관계를 통해 권력 유지

2. 중류층

(1) 남반·군반·역리·향리 등, 지배층과 피지배층의 중간 역할

(2) 직역 세습, 복무에 대한 대가로 국가로부터 토지(외역전)를 지급 받음.

(3) 수령이 파견되지 않은 속현의 향리는 지방의 실질적인 지배자

3. 양민

(1) 대다수는 일반 농민인 백정으로 조세·공납·역 부담

(2) 향·부곡·소 거주민은 이주가 금지되고 더 많은 세금 부담

4. 천민

(1) 대다수는 노비로, 재산으로 취급되어 매매·증여·상속의 대상

(2) 부모 중 한 쪽이 노비이면 자식도 노비(일천즉천)

(3) 공노비(입역 노비, 외거 노비)와 사노비(솔거 노비, 외거 노비)로 구분

2 농민 조직과 사회 시책

1. 향도

(1) 매향 활동, 상(喪)·석탑·절 건축시 주도적 역할을 하는 불교 신앙 조직

(2) 고려 후기에는 노역·혼례 등 공동체 생활을 주도하는 농민 조직으로 발전

💡 매향

마래불인 미륵 신앙을 기반으로 한, 내세의 복을 위해 향을 강이나 바닷가에 묻는 행위를 일컫는다.

2. 사회 제도

(1) 의창(흉년에 빈민 구제), 상평창(풍년에 곡식을 사들이고 흉년에 팔아 물가를 조절)

(2) 동·서 대비원(환자 치료·빈민 구휼 담당), 혜민국(의약)

(3) 구제도감·구급도감(재해 발생시 백성 구제), 제위보(기금 이자로 빈민 구제)

3. 법률

(1) 당의 법률을 참고한 법률이 있었으나 대부분 관습법 적용

(2) 반역죄와 불효죄는 중죄로 처벌, 귀향형(귀족)

4. 혼인과 가족 생활

   (1) 일부일처제가 일반적, 여성 재가 허용

   (2) 성별 구분 없이 태어난 순서대로 호적에 기재

   (3) 재산은 균분 상속

   (4) 아들이 없는 경우 딸이 제사를 담당

   (5) 사위와 외손자에게까지 음서 혜택 적용

기출 맛보기

다음 재판이 이루어진 시기의 사회 모습으로 옳지 않은 것은? 21회 초급 18번   [3점]

① 재혼한 여성은 사회적으로 차별받았다.

② 아들과 딸이 돌아가면서 제사를 지냈다.

③ 사위가 처가에서 생활하는 경우가 많았다.

④ 자녀는 태어난 순서대로 족보에 기록되었다.

정답 분석

고려 시대의 여성의 지위는 조선 시대보다 높아 관직 등만 제외하고 모든 것이 사회적으로 남성과 동등하였다. 조선 시대에 여성의 재가는 사회적으로 차별받았다.

정답   ①

지눌이 선·교 일치를 위해 노력하다

고려의 문화 1 – 사상·종교

🔍 한눈에 보기

👍 최충의 9재 학당

> 문종 때 대사 중서령 최충이 후진을 모아 교육하기를 게을리 하지 아니하니 선비와 평민의 자제가 최충의 집과 마을에 가득하였다. 마침내 9재로 나누어 낙성, 대중, 성명, 경업, 조도, 솔성, 진덕, 대화, 대방이라 하였다. 이를 일컬어 시중 최공도라 하였으며 양반 자제들로 과거에 응시하려는 자는 반드시 도중에 속하여 공부하였다. 도중에 급제하여 학문이 우수하고 재능이 많으나 관직에 나아가지 않는 자를 골라 교도로 삼와 9경과 3사를 학습하였다. ······ 그 후부터 과거에 나아가려는 이는 9재에 이름을 올리니 문헌공도라 이름하였다.
>
> – 『고려사』

✚ 최충은 관직에서 물러난 후 문헌공도(9재 학당)라는 사학을 설립하고 많은 인재를 양성하여 '해동공자'라는 칭송을 듣게 되었다. 사학의 융성으로 학생들이 국자감보다 12도로 몰리면서 관학이 쇠퇴하자 국가에서는 여러 가지 관학 진흥책을 실시하게 되었다.

👍 『삼국사기』와 『삼국유사』 비교

- 편찬 시기: 고려 중기
- 저자: 김부식(유학자)
- 서술 방식: 기전체
- 사관: 유교적 사관
- 특징: 신라 계승 의식

> 성상 폐하께서 ······ "사건의 기록이 빠진 것이 있으므로, 이로써 군주의 착하고 악함, 신하의 충성됨과 사특함, 나랏일의 안전함과 위태로움, 백성의 다스려짐과 어지러움을 모두 펴서 드러내어 권하거나 징계할 수 없다. 그러므로 마땅히 재능과 학문과 식견을 겸비한 인재를 찾아 권위 있는 역사서를 완성하여 만대에 전하여 빛내기를 해와 별처럼 하고자 한다."라고 하셨습니다.
>
> – 『삼국사기』

✚ 『삼국사기』는 인종23년(1145)에 김부식이 왕명을 받아 편찬하였고, 기전체로 서술되었다. 고려 문벌 귀족 사회가 보수화되던 시기에 편찬된 『삼국사기』는 유교적 합리주의 사관을 바탕으로 고대 설화나 신화를 배제하고 객관성을 중시하고 있으며, 우리 역사를 제대로 알려 정치적 교훈으로 삼고자 하였다.

• 편찬 시기: 고려 후기
• 저자: 일연(불교 승려)
• 서술 방식: 야사체
• 사관: 자주적 사관
• 특징: 고구려 계승 의식

제왕이 장차 일어날 때에는 하늘의 명과 은밀한 기록을 받게 되므로 반드시 남보다 다른 일이 있었다. …… 그런 즉 삼국의 시조가 모두 신비스러운 데서 나왔다는 것이 어찌 기이할 것이 있으랴?

– 『삼국유사』

✚ 『삼국유사』는 충렬왕 때 일연이 쓴 역사서로, 원 간섭기에 우리 고유의 문화와 전통을 중시하며 불교사를 중심으로 서술되었다. 고구려, 백제, 신라의 옛 이야기를 모아 쓴 이른바 야사로서 고대의 설화, 신화, 향가 등의 자료를 전하고 있으며, 특히 단군의 건국 이야기를 수록하여 자주적 역사의식을 담고 있다.

👍 의천과 지눌

의천

• 종파: 천태종(교관겸수)
• 발전 시기: 고려 전기(문벌 귀족 집권기)
• 성격: 교종 중심의 선종 통합

지눌

• 종파: 조계종(정혜쌍수, 돈오점수)
• 발전 시기: 무신 집권기
• 성격: 선종 중심의 교종 포용

1️⃣ 유학

1. 초기

(1) 최승로의 시무 28조: 유교 정치 이념 확립

(2) 역사서: 7대 실록(현전하지 않음.)

2. 중기: 문벌 귀족 사회의 발달로 보수적 성격

(1) 9재 학당(최충) 등 사학 12도 융성

➡ 관학 진흥책(7재, 서적포, 양현고)

(2) 역사서:『삼국사기』

① 김부식 저, 현존 최고(最古)의 역사서

② 유교적 합리주의 사관, 기전체, 신라 계승 의식

3. 무신 집권기: 이규보『동명왕편』, 각훈『해동고승전』

4. 원 간섭기

(1) 원으로부터 성리학 전래(안향)

➡ 만권당 설립, 고려와 원의 학자들의 교류

(2) 역사서: 일연『삼국유사』, 이승휴『제왕운기』

5. 고려 말: 신진 사대부의 성리학 수용,『소학』·『주자가례』강조, 이제현『사략』

2️⃣ 불교

1. 건국 초

(1) 태조:「훈요 10조」에서 연등회·팔관회 강조

(2) 광종: 승과 실시, 국사·왕사 제도

2. 의천

(1) 문종의 아들, 원효의 화쟁 사상 계승

(2) 흥왕사에서 화엄종을 중심으로 교종 통합

(3) 국청사를 창건하고 천태종을 개창, 교종 중심 선종 통합 노력

➡ 교관겸수

(4) 대장도감 설치,『신편제종교장총록』,『교장(속장경)』편찬

💡 **7재**

고려 예종 때 관학 진흥을 위해 국학(국자감)에 설치한 7종의 전문 강좌이다.

💡 **양현고**

고려 예종 때 관학 진흥을 위해 설치한 장학 재단이다.

💡 **만권당**

충선왕이 원의 수도에 세운 독서당이다.

💡 **교관겸수**

교리[教]와 참선과 수양[觀]을 둘 다 수양해야 한다는 주장이다.

3. 지눌

   (1) 무신 정권의 후원

   (2) 선종 중심 교종 통합

     ➡ 조계종 창시, 정혜쌍수·돈오점수

   (3) 수선사 결사(정혜결사) 제창, 불교 정화 운동 전개

4. 혜심: 심성의 도야를 강조, 유불 일치설

5. 요세: 강진의 만덕사를 중심으로 백련 결사 제창

                    ➤자신의 행동을 진정으로 참회하는 법화 신앙에 중점

💡 **정혜쌍수(定慧雙修)**

마음을 한곳에 집중하는 선정(禪定)과 사물을 있는 그대로 보고 판단하여 일체의 분별 작용을 없애는 지혜(智慧)를 함께 닦아야 한다는 주장이다.

💡 **돈오점수(頓悟漸修)**

마음이 곧 부처임을 단번에 깨우치고(돈오) 깨달은 후 꾸준히 수행(점수)해야 한다는 주장이다.

📑 기출 맛보기

(가) 인물에 대한 설명으로 옳은 것은? 31회 초급 21번   [3점]

역사 인물을 찾아서

대각국사 (가)
(1055~1101)

고려 문종의 아들로 출가하여 승려가 되었다. 송에서 유학하고 돌아와 불교 발전을 위해 노력하였고, 화폐를 만들어 유통시킬 것을 주장하였다.

① 세속 5계를 지었다.

② 무애가를 지어 불렀다.

③ 삼국유사를 저술하였다.

④ 해동 천태종을 창시하였다.

정답 분석 ✚

(가)는 대각국사 의천이다. 의천은 해동 천태종을 창시하여 교종을 통한 선종의 통합을 주장하였다.

오답 풀이 ✔

① 세속 5계는 원광이 화랑에게 준 가르침이다.

② 무애가는 원효에 의해 통일 신라 시대 때 만들어졌다.

③ 『삼국유사』는 일연에 의해 고려 시대에 만들어졌다.

정답   ④

개성 강한 거대 불상이 건립되다

고려의 문화 2 – 과학 기술과 유형 문화재

▷ **출제방향** ・ 고려 시대의 유형 문화재를 이해한다.

🔍 **한눈에 보기**

👍 **건축**

주심포 양식

△ 수덕사 대웅전   △ 부석사 무량수전   △ 봉정사 극락전

다포 양식

△ 성불사 응진전

부석사 무량수전은 주심포 양식, 성불사 응진전은 다포 양식이다. 주심포 양식과 다포 양식은 지붕의 무게를 나누어서 기둥에 전달하는 장치인 공포의 설치 양식이다. 주심포 양식은 기둥위에만 공포를 설치하고, 다포는 기둥과 기둥사이에도 일정한 간격으로 공포를 두는 것이다.

👍 **탑**

고려의 석탑

△ 불일사 5층 석탑   △ 무량사 5층 석탑   △ 월정사 팔각 9층 석탑   △ 경천사 10층 석탑

고려 초기 양식

다각 다층 석탑. 송나라의 영향. 안정감은 없으나 자연미가 나타남.

원의 석탑을 본뜸. 원나라의 영향. 조선 원각사지 석탑에 영향

고려 시대의 석탑은 전국적으로 고루 분포하고, 모양이 다양해졌다는 특징을 지닌다. 이는 고려 시대 불교가 대중화되면서 나타났다. 또한 월정사 석탑과 경천사 석탑은 송과 원의 영향을 받았다.

👍 부도(승탑)

부도 (승탑)
△ 고달사지 승탑
신라 양식을 계승한 팔각원당형

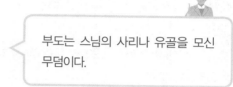

부도는 스님의 사리나 유골을 모신 무덤이다.

👍 불상

불상
△ 광주 춘궁리 철불   △ 부석사 소조 아미타여래 좌상   △ 관촉사 석조 미륵보살 입상
지방 호족 세력의 참여, 대형 철불(나말여초)   전통 양식 계승   자유분방한 미, 대형 석불(나말여초)

철불은 대부분 나말 여초에 만들어 졌다. 호족들의 경제적 기반이 약했기 때문에 금동불보다 손쉽게 만들 수 있었기 때문이다.

1 과학 기술 발달

→ 천문 관측과 역법 담당

1. **천문학**: 사천대(서운관)를 설치

2. **역법**: 초기에는 당의 선명력 사용 ➡ 원 간섭기에 원의 수시력 도입

3. **의학**: 우리나라 최고(最古)의 의서 『향약구급방』 편찬

4. **인쇄술**

   (1) 13세기 『상정고금예문』(1234)을 금속 활자로 인쇄

   (2) 팔만대장경(재조대장경)

   ① 몽골의 침입 당시 강화도에서 부처의 힘으로 몽골을 물리치고자 제작

   ② 유네스코 세계 기록 유산 등재

   (3) 『직지심체요절』

   ① 14세기 청주 흥덕사에서 세계 최고(最古)의 금속 활자본인 『직지심체요절』 제작

   ② 유네스코 세계 기록 유산 등재, 전 주한 프랑스 공사가 프랑스로 반출

5. **화약·무기 제조**: 화통도감을 설치, 화약·화포를 제작하여 왜구 격퇴에 이용(최무선)

2 건축·조각·음악

1. **건축**

   (1) **전기**: 주심포 양식 유행(봉정사 극락전, 수덕사 대웅전, 부석사 무량수전)

   (2) **후기**: 다포 양식 등장(성불사 응진전 등)

2. **탑**

   (1) 개성 불일사 5층 석탑

   (2) 평창 월정사 8각 9층 석탑: 송의 양식

   (3) 개성 경천사지 10층 석탑: 원의 양식, 현재 국립 중앙 박물관 소장

3. **승탑**: 여주 고달사지 승탑, 법천사 지광국사 현묘탑

4. **불상**

   (1) **철불**: 하남 하사창동 철불(광주 춘궁리 철불)

   (2) **거대 석불**: 논산 관촉사 석조 미륵보살 입상, 파주 용미리 마애 이불 입상, 안동 이천동 마애 여래 입상

   (3) **부석사 소조 아미타여래 좌상**

5. **청자**: 11세기 순청자 ➡ 12세기 이후 상감청자 ➡ 고려 말 분청사기

🔍 **주심포 양식**
지붕의 무게를 전달하는 공포를 기둥 위에만 배열하는 양식이다.

🔍 **다포 양식**
지붕의 무게를 전달하는 공포를 기둥 위에만 배열하지 않고 대량으로 설치하는 양식이다.

✿ 청자 상감 운학무늬 매병
고려자기가 중국과 다른 독특한 선을 가지고 있음을 보여주는 대표적인 작품이다.

6. 글씨: 전기 구양순체(탄연) ➡ 후기 송설체 유행

7. 그림: 공민왕 '천산대렵도', 혜허 '관음보살도(수월관음도)'

△ 월정사 8각 9층 석탑　　△ 경천사지 10층 석탑　　△ 하남 하사창동 철불　　△ 논산 관촉사 석조 미륵보살 입상　　△ 파주 용미리 마애 이불 입상　　△ 부석사 소조 아미타여래 좌상

❀ 수월관음도

고려 시대 불화의 양식을 충실히 따른 불화로 관음보살의 하나인 수월관음의 모습을 표현한 것이다.

기출 맛보기

다음 주제에 해당하는 문화유산으로 옳지 않은 것은? 34회 초급 17번　　　[2점]

주제 사진으로 보는 **고려의 불교 예술**

(가)　　(나)　　(다)　　(라)

금동 미륵보살 반가 사유상　　진관사 동종　　월정사 팔각 구층 석탑　　수월관음도

① (가)　　② (나)　　③ (다)　　④ (라)

정답 분석 ✛

(가) 금동 미륵보살 반가 사유상은 삼국 시대의 유물이다.

| 정답 | ① |

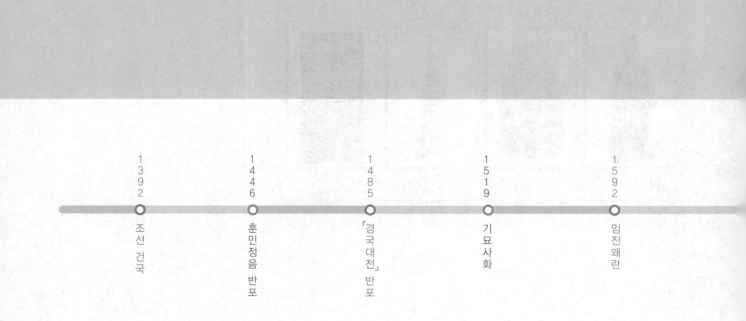

1392	1446	1485	1519	1592
조선 건국	훈민정음 반포	『경국대전』 반포	기묘사화	임진왜란

PART

조선 유교 사회의
성립과 변화

1623	1659	1694	1776	1811
인조반정	기해예송	갑술환국	규장각 설치	홍경래의 난

주제 28

조선 초 통치 체제의 정비

▷ **출제방향**
- 조선 초기 왕들의 업적을 이해한다.
- 6조 직계제와 의정부 서사제의 의미를 이해한다.
- 세조의 왕위 찬탈(계유정난) 이해한다.

한눈에 보기

👍 국왕 중심의 통치 체제 정비와 유교 정치의 실현

태조	• 교통과 국방의 중심지인 한양으로 도읍을 옮겼다. • 정도전의 정치: 민본적 통치 규범을 마련하고 재상 중심의 정치를 주장하였다. 또, 불교를 비판하고 성리학을 통치 이념으로 확립하였다.
태종	• 왕권 강화: 6조 직계제를 채택하고, 언론 기관인 사간원을 독립시켰으며, 사병을 없애 군사 지휘권을 장악하였다. • 재정 기반 확립: 양전 사업과 호구 파악에 노력을 기울였으며, 호패법을 실시하였고 사원의 토지를 몰수하고 억울한 노비를 해방시켰다.
세종	• 왕권과 신권의 조화: 정책 연구 기관으로 집현전을 설치하였고, 의정부 서사제를 실시하여 왕의 권한을 의정부에 많이 넘겨주면서도 인사와 군사에 관한 일은 직접 처리하였다. • 유교 정치 추구: 국가의 행사를 오례에 따라 유교식으로 거행하였으며, 사대부에게도 주자가례의 시행을 장려하였다. 또한, 왕도 정치를 내세워 유능한 인재를 등용하였다.
세조	왕권 강화 정책: 6조 직계제를 시행하고, 집현전을 없앴으며, 경연도 열지 않았다.
성종	• 경연 확대: 홍문관을 두어 관원 모두에게 경연관을 겸하게 하여 집현전을 계승하였다. • 『경국대전』 편찬: 조선의 기본 통치 방향과 이념을 제시하였다.

👍 의정부 서사제와 6조 직계제

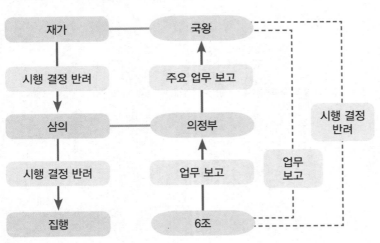

의정부 서사제는 6조에서 의정부에 업무를 보고하면 의정부의 재상들이 이를 심의한 후 국왕의 재가를 얻어 시행하게 하는 제도이다. 이 제도는 재상의 주도권을 높이는 반면 왕권을 제한할 수 있었다.

6조 직계제는 6조가 의정부를 거치지 않고 자신들의 정무를 곧바로 왕에게 보고하고 재가를 받아 시행하는 제도이다.

◎ 6조 직계제

> 앞으로 의정부는 사대문서를 작성하는 일과 중죄수를 심의하는 일만 하도록 하라. 그리고 의정부의 행정 업무는 6조가 나누어 처리하되 먼저 나에게 보고하도록 하라. 내가 직접 보고를 받아 결정하겠노라.
>
> – 『태종실록』

◎ 의정부 서사제

> 6조는 각기 모든 직무를 의정부에 품의하고, 의정부는 가부(可否)를 헤아린 뒤 왕에게 아뢰어 전지를 받아 6조에 내려 보내어 시행한다. 다만 이조·병조의 제수, 병조의 군사 업무, 형조의 사형수를 제외한 판결 등은 종래와 같이 각 조에서 직접 아뢰어 시행하고 곧바로 의정부에 보고한다.
>
> – 『세종실록』

➕ 태종과 세조는 6조 직계제를 실시하여 왕권을 강화하였고 세종은 의정부 서사제를 실시하여 왕권과 신권의 조화를 꾀하였다. 세종은 왕의 권한을 의정부에 많이 넘겨주고 의정부의 정책 심의 기능을 강화하였지만, 인사와 군사에 관한 일은 왕이 직접 처리함으로써 왕권과 신권의 조화를 이루고자 하였다.

28
→
46

👍 4군 6진

조선 초 여진족이 국경을 넘어 약탈을 하자 세종은 압록강 상류에 최윤덕을 파견하여 4군을 설치하고 두만강에 김종서를 파견하여 6진을 설치하여 여진족을 몰아냈다.
4군 6진의 설치로 현재의 국경선이 이루어졌다.

👍 계유정난

> 1453년 수양 대군(세조)이 단종을 몰아내고 왕이 되는 사건이다. 세종의 아들 문종이 일찍 죽고 문종의 어린 아들 이 단종으로 즉위한 뒤 김종서 등 신하들이 권력을 장악하였다. 이에 수양 대군은 김종서 등을 죽이고 단종을 영월로 귀양 보낸 후 사약을 내려 죽이고 왕이 되었다.

이것은 조카인 단종을 몰아내고 즉위한 왕의 초상화로 알려져 있습니다. 그는 왕권을 강화하기 위해 경연을 폐지하고 6조 직계제를 부활하였습니다.

≫43회 중급 18번

합천 해인사에 보관된 초상화

1 태조(1392~1398)

1. 위화도 회군으로 권력 장악 ➡ 과전법 실시(1391) ➡ 조선 건국 ➡ 한양 천도

2. 정도전: 재상 중심 정치 주장, 『불씨잡변』, 『조선경국전』

2 태종(1400~1418)

1. 왕자의 난: 2차례의 왕자의 난을 통해 정도전과 형제들을 제거하고 집권

2. 왕권 강화

   (1) 사병 혁파, 호패법: 군사·경제권 장악

   (2) 사간원 독립, 6조 직계제

3. 민생 안정: 신문고 설치

👑 **6조 직계제**
6조 직계제는 6조가 의정부를 거치지 않고 자신들의 정무를 곧바로 왕에게 보고하고 재가를 받아 시행하는 제도이다.

3 세종(1418~1450)

1. 유교 정치 실현: 집현전 설치, 의정부 서사제 실시 ➡ 왕권과 신권의 조화

2. 정복 활동: 4군 6진 개척(최윤덕·김종서), 쓰시마 정벌(이종무)

3. 민족 문화의 발달

   (1) 훈민정음 창제·반포: 『용비어천가』, 『월인천강지곡』

   (2) 서적 편찬: 『삼강행실도』(의례서), 『농사직설』(우리나라 농부들의 경험을 집대성)

   (3) 과학 기술: 자격루·측우기·앙부일구 등, 『칠정산』(한양 기준 역법), 『총통등록』

   (4) 음악: 박연의 정간보 창안

   (5) 인쇄술: 갑인자 주조, 조지서 설치

4. 수취 제도 개편: 전분 6등법, 연분 9등법(공법)

👑 **의정부 서사제**
의정부 서사제는 6조에서 의정부에 업무를 보고하면 의정부의 재상들이 이를 심의한 후 국왕의 재가를 얻어 시행하게 하는 제도이다. 이 제도는 재상의 주도권을 높이는 반면 왕권을 제한될 수 있었다.

4 세조(1455~1468)

1. 계유정난: 수양 대군의 김종서·황보인 등을 제거하고 권력 장악

2. 왕권 강화

   (1) 6조 직계제 부활, 집현전 폐지, 경연 폐지

   (2) 직전법 실시, 『경국대전』 편찬 시작

👑 **경연**
왕과 신하가 모여 유교 경전과 역사를 공부하고, 학문과 정책 등을 토론하는 제도이다.

5 성종(1469~1495)

1. 홍문관 설치, 경연 부활

2. 『경국대전』 완성·반포 ➡ 조선의 기본 통치 이념 확립

기출 맛보기

다음 왕의 업적으로 옳은 것은? 32회 초급 22번   [2점]

새로 만든 글자를 훈민정음이라 하고, 널리 보급하도록 하시오.

① 훈요 10조를 남겼다.

② 측우기를 제작하였다.

③ 균역법을 실시하였다.

④ 백두산 정계비를 세웠다.

정답 분석

그림에서 설명하는 왕은 세종 대왕이다. 세종 대왕은 측우기를 제작하였다.

오답 풀이

① 훈요 10조는 고려 태조의 업적이다.

③ 균역법은 조선 시대 영조의 업적이다.

④ 백두산정계비는 조선 시대 숙종 때 세워졌다.

정답   ②

조선의 통치 체제

> ▷ **출제방향**
> - 조선의 중앙 정치 체제와 지방 행정 조직을 이해한다.
> - 조선의 관료 선발 제도와 군사 제도를 이해한다.

🔍 한눈에 보기

👍 조선의 중앙 통치 조직

👍 조선의 지방 행정 제도

조선의 지방 제도는 8도 밑에 부·목·군·현을 두고 군현에는 면·리·통을 두었다. 도에는 관찰사를 파견하고 모든 군현에는 수령이라 불린 지방관을 파견했다. 또한 수령 밑에는 향리를 두어 수령을 보좌하였다.

👍 조선의 교육과 과거 제도

📍 교육

📍 과거 제도

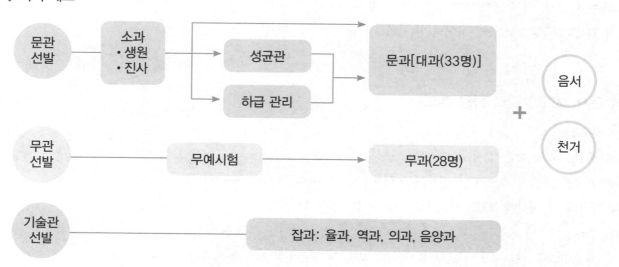

✚ 문과에 응시하기 위해서는 소과에 합격하여 생원이나 진사가 되어야 했으나, 후에는 큰 제한이 없었다. 소과 합격자는 성균관에 입학하거나 문과에 응시할 수 있었으며, 하급 관리가 되기도 하였다.

1️⃣ 중앙 통치 조직

1. **의정부**: 최고 정책 결정 기구로 국정 총괄, 3정승의 재상 합의제로 운영

2. **6조**: 정책 집행 기구로 행정 실무 담당

3. **승정원**(국왕 비서 기관), **의금부**(중죄인 담당, 국왕 직속 사법 기구)

4. **3사**: 서경·간쟁·봉박을 통해 권력의 독점과 부패 방지

   (1) **사헌부**: 관리의 비리 감찰

   (2) **사간원**: 국왕에 대한 간쟁과 논박

   (3) **홍문관**: 왕의 자문, 경연·서연

5. **춘추관**(역사서 편찬), **예문관**(승문원과 교지 작성), **한성부**(수도의 치안·행정)
   └▶ 국왕이 신하에게 관직, 자격, 노비 등을 내려주는 문서

2️⃣ 지방 행정 제도

1. **8도**: 관찰사 파견

2. **부·목·군·현**

   (1) **수령 파견** ➡ 행정·사법·군사권 장악, 모든 군현에 수령 파견(속현 소멸)

   (2) 고려의 특수 행정 구역인 향·부곡·소를 폐지하고 일반 군현으로 승격

   (3) 향리는 세습적 아전으로 격하

3. **유향소**

   (1) 지방 양반들로 구성, 좌수·별감의 주도로 향회 구성

   (2) 여론 형성, 백성 교화, 수령 보좌, 향리 감찰

   (3) **경재소**: 유향소와 중앙 사이의 연락 업무 담당

3️⃣ 군사 제도와 관리 등용 제도

1. **군사 제도**

   (1) **중앙군(5위)**: 정군·갑사·특수병으로 구성

   (2) **지방군**: 국방상 요지인 영·진에 소속되어 근무 ➡ 세조 때 진관 체제 실시

   (3) **잡색군**: 평상시에 생업에 종사하다가 유사시에 병력으로 활용

2. **과거 제도**

   (1) **문과**: 양인 이상 응시 가능, 서얼·재가녀 자손·탐관오리 자손은 응시 금지

   (2) **무과**(무관 선발), **잡과**(기술관 선발: 해당 관청에서 실시)

   (3) 음서는 2품 이상 관료를 대상으로 축소

3. 교육 기관

(1) 국립

① 성균관: 소과에 합격한 생원·진사가 입학하여 대과를 준비하는 최고 학부

② 4부학당(4학): 중앙의 중등 교육 기관

③ 향교: 지방의 중등 교육 기관. 부·목·군·현에 하나씩, 중앙에서 교수·훈도 파견

(2) 사립

① 서원: 선현에 대한 제사와 교육 기능, 향촌 사회 교화 담당

② 서당: 초등 교육 담당, 평민 자제도 교육

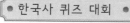 기출 맛보기

(가)에 들어갈 기관으로 옳은 것은? 29회 초급 23번 [2점]

한국사 퀴즈 대회

(가)

영의정, 좌의정, 우의정의 3정승이 합의를 통해 여러 방면의 나랏일을 총괄한 조선 전기의 국정 최고 기관은?

① 승정원

② 의금부

③ 의정부

④ 춘추관

정답 분석

3정승이 나랏일을 총괄한 기관은 의정부이다.

오답 풀이

① 승정원은 왕명을 출납하는 비서 기관이다.
② 의금부는 나라의 중죄인을 담당하는 기관이다.
④ 춘추관은 역사서를 편찬하는 기관이다.

정답	③

주제 30

훈구와 사림의 대립과 사화

▷ 출제방향
- 훈구와 사림의 성격을 이해한다.
- 사화에 대해 이해한다.

🔍 한눈에 보기

👍 훈구와 사림

구분	훈구파	사림파
성립	• 조선 초기 관학파의 학풍을 계승 • 세조 집권 시기 공신으로 실권을 장악	• 고려 말 온건 개혁파 사대부를 계승 • 지방을 중심으로 성장하여 성종 때 중앙 정계 진출
학풍	사장(시나 문장)을 중시	경학(유교 경전)을 중시
주장	중앙 집권, 부국강병 추구	향촌 자치, 왕도 정치 추구
역할	• 15세기 문물 제도 정비에 기여 • 성리학 이외의 사상도 포용	• 16세기 사상계를 주도 • 성리학 이외의 사상 배격
경제적 배경	대지주층	지방 중소 지주층

👍 사림의 성장

성종	연산군	중종	명종
• 사림의 중앙 정계 진출 • 주로 3사에서 언관직 담당 • 훈구 세력 비판	• 사림의 언론 활동 억제 • 훈구와 사림의 대립으로 사화 발생(무오사화, 갑자사화) • 대부분의 영남사림 몰락	• 중종반정 이후 사림이 정계에 다시 등장 • 조광조의 개혁 정책 지지 • 공신(훈구파)들의 반발 • 기묘사화 • 사림의 몰락	• 을사사화(외척간의 대립)로 사림 타격 • 향촌에서 서원과 향약을 기반으로 세력 확대

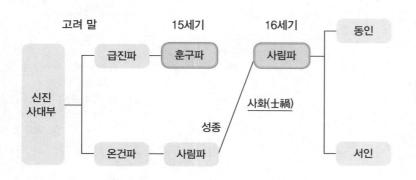

15세기 훈구파가 성장하고 16세기 성종 때 사림이 중앙 정계로 진출하면서 훈구와 사림은 대립하였고 이는 사화(사림의 화)로 이어졌다.

👍 사화

무오사화	갑자사화	기묘사화	을사사화
• 연산군(1498) • 김종직의 조의제문	• 연산군(1504) • 폐비 윤씨 사건	• 중종(1519) • 조광조의 급진적 개혁 정치	• 명종(1545) • 외척 세력들의 대립 대윤(인종) VS 소윤(명종)

👍 무오사화

[임금이] 전지하기를, "······ 지금 김일손이 찬수한 사초에 부도한 말로써 선대의 일을 거짓으로 기록하고 또한 그의 스승 김종직의 조의제문을 실었도다. ······ 대간, 홍문관으로 하여금 형을 의논하여 아뢰도록 하라."라고 하였다.

– 『연산군 일기』

👍 붕당의 형성

김효원이 알성 과거에 장원으로 합격하여 (이조) 전랑의 물망에 올랐으나, 그가 윤원형의 문객이었다 하여 심의겸이 반대하였다. 그 후에 (심의겸의 동생) 심충겸이 장원 급제하여 전랑으로 천거되었으나, 외척이라 하여 효원이 반대하였다. 이 때, 양편 친지들이 각기 다른 주장을 내세우면서 서로 배척하여 동인, 서인의 말이 여기서 비롯하였다. 효원의 집이 동쪽 건천동에 있고 의겸의 집이 서쪽 정동에 있었기 때문이었다. 동인의 생각은 결코 외척을 등용할 수 없다는 것이었고, 서인의 생각은 의겸의 공로가 많은 선비인데 어찌 앞길을 막느냐는 것이었다.

– 『연려실기술』

👍 사림의 계보

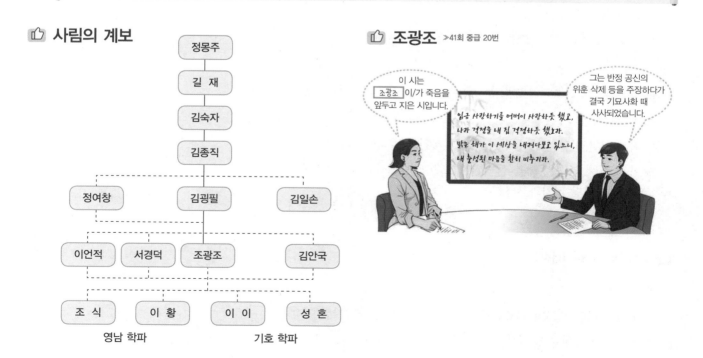

👍 조광조 ≫41회 중급 20번

1 훈구와 사림

1. 훈구

(1) 건국 공신·세조 즉위 공신으로 막대한 토지를 소유한 대지주층, 중앙 집권 추구

(2) 조선 초 관학파의 학풍을 계승하여 문물 제도 정비에 기여, 성리학 이외 사상에 관용적

2. 사림

(1) 조선 건국에 협력하지 않고 지방에 머물렀던 온건 개화파의 후예

(2) 영남·기호 지방의 중소 지주

(3) 성리학 이외 학문 배격, 의리·도덕을 중요시하며 향촌 자치와 왕도 정치를 추구

(4) 성종 때 김종직을 시작으로 중앙 정계에 등장 ➡ 주로 언론직을 차지하여 훈구파를 비판하고 정치 개혁을 주장

2 사화(훈구와 사림의 대립)

1. **무오사화(1498, 연산군)**: 김종직의 제자 김일손이 사초에 김종직의 「조의제문」을 실은 것이 문제가 되어 김종직이 부관참시되고 사림이 큰 피해를 입음.

2. **갑자사화(1504, 연산군)**: 연산군이 생모 폐비 윤씨 죽음의 원인을 알게 되면서 사림이 큰 피해를 입음.

3. **중종반정(1506)**: 연산군의 폭정이 원인이 되어 연산군이 축출되고 중종이 즉위함.

4. **기묘사화(1519, 중종)**

(1) 중종 즉위 후 훈구 견제를 위해 조광조 등 젊은 사림 등용

(2) 조광조의 개혁 정책: 현량과 실시, 위훈 삭제, 소격서 폐지, 향약 보급

(3) 주초위왕(走肖爲王) 사건으로 조광조 제거

5. **을사사화(1545, 명종)**: 인종과 명종의 외척 간 다툼으로 사화 발생
└▶대윤 vs 소윤

6. **붕당의 형성(선조)**

(1) 척신 정치 청산 문제와 정여립 모반 사건을 둘러싼 사림 내부의 분열

(2) 이조 전랑 임명 문제를 둘러싼 김효원과 심의겸을 대립을 계기로 동인과 서인으로 분열 ➡ 붕당 정치의 시작

3 사림의 성장 배경

1. 서원

(1) 선현에 대한 제사와 교육을 담당, 향촌에서의 사림의 지위를 강화

(2) 주세붕이 안향을 기리기 위해 설립한 백운동 서원이 최초의 서원

♀ 현량과
유능하고 뛰어난 인재를 천거하여 간단한 시험을 통해 관리로 등용하는 제도이다.

♀ 주초위왕
훈구 세력이 궁중의 나뭇잎에다가 꿀로 '주초위왕(走肖爲王:조씨가 왕이 된다)'이라고 써서 벌레가 갉아먹게 한 뒤, 그 흔적을 왕에게 보여 마음을 움직이게 하여 조광조 일파를 제거하였다.

♀ 이조 전랑
이조의 정5품 정랑과 정6품 좌랑을 일컫는 말. 홍문관, 사헌부, 사간원 관리 임명권을 가지고 있었고, 자신의 후임자를 천거할 수 있는 권한이 있었었다.

2. 향약

(1) 지역 구성원들의 자치를 위한 규약

(2) 도약정·부약정 등의 임원을 두고 운영

(3) 중국의 향약을 번역해 보급하고 우리 실정에 맞는 향약을 만들어 군·현 단위로 시행 ➡ 유교 윤리를 일반 백성에 침투시켜 향촌 사회에 대한 영향력을 행사

기출 맛보기

다음 자료를 활용한 탐구 활동으로 가장 적절한 것은? 43회 중급 16번 [2점]

> 조광조가 귀양 간 지 한 달 남짓 되어도 왕의 노여움은 아직 풀리지 않았으나, 그를 죽이자고 청하는 사람이 없으므로 흔쾌히 결단하지 못하였다. 생원 황이옥 등이 상소하여 조광조를 헐뜯었다. 왕이 상소를 보고 곧 조광조 등에게 사약을 내리고, 황이옥 등을 칭찬하며 술을 내려 주라고 명하였다.

① 기해 예송의 결과를 조사한다.
② 기묘사화의 전개 과정을 살펴본다.
③ 훈련도감의 설치 목적을 알아본다.
④ 임술 농민 봉기의 배경을 분석한다.
⑤ 진골 귀족의 경제 기반을 파악한다.

정답 분석

연산군 재위기 두 차례의 사화로 사림의 세력이 크게 위축되었으나 중종 즉위 후 조광조를 비롯한 사림이 다시 등용되었다. 조광조는 현량과를 실시하고 소격서를 폐지하는 등 개혁을 추진하였고, 나아가 위훈(과대 평가된 공훈)을 삭제하고자 하였으나 공신들의 반발에 부딪혀 제거되었다(기묘사화).

정답 ②

주제 **31**

조선 전기의 경제

한눈에 보기

👍 최충의 9재 학당

> (중종 11년 11월 임인) 집의 성세창이 아뢰었다. "임금이 나라를 다스리는 데 백성을 교화하는 게 중요합니다. 그러나 먼저 잘 살게 한 뒤 교화하는 것이 옳습니다. 세종 임금이 농상에 적극 힘쓴 까닭에 수령들이 사방을 돌면서 살피고, 농상을 권하여 경작하지 않는 땅이 없었습니다. 요즘에는 백성들이 힘써 농사짓는 사람이 없고 수령도 들에 나가 농상을 권하지 않습니다. 감사 또한 검거할 수 없습니다. 특별히 외방에 타일러 농상에 힘쓰게 하십시오." 왕이 팔도 관찰사에게 농상을 권하는 글을 내렸다.
>
> – 『중종실록』

✚ 조선 시대 경제 정책의 기본 방향은 중농 정책이었다. 농민 생활의 안정과 함께 국가 재정을 안정적으로 확보하기 위해 필요하였기 때문이다. 국가는 개간 사업을 장려하고 양전 사업에 관심을 기울였다. 또한 농업 기술의 개발과 보급에도 힘썼다. 상공업은 국가에서 자유로운 활동을 막고 적극적으로 통제하는 정책을 폈다. 이로 인해 상공업의 발달은 다소 부진하였다.

👍 토지 제도

과전법		직전법 실시		관수 관급제 실시		직전법 폐지
• 공양왕(1391) • 경기도, 전·현직 관리 • 사망시 국가에 반납이 원칙 • 예외: 수신전·휼양전	토지 부족	• 세조(1466) • 현직 관리 대상 • 수신전·휼양전 폐지	관리의 과도한 수취	• 성종(1470) • 국가의 수조권 대행 • 국가의 토지 지배권 강화		• 명종(1556) • 수조권 지급 소멸, 녹봉 지급 • 이후 지주 전호제 확대

👍 직전법 ≫33회 중급 23번

역사신문

제△△호　　　　　　　　○○○○년 ○○월 ○○일

수신전과 휼양전 부활 주장 대두

직전법

수신전과 휼양전의 지급이 중단되고 이 법이 실시되면서 죽은 남편과의 의리를 지키려고 하는 여자들이나 부모의 제사를 모시려는 자손들이 때때로 경제적으로 어려운 처지에 놓이게 되었다. 이에 따라 일각에서는 수신전과 휼양전을 부활시키자는 주장이 대두되고 있다.

👍 『농사직설』 ≫39회 중급 17번

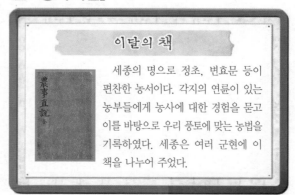

이달의 책

세종의 명으로 정초, 변효문 등이 편찬한 농서이다. 각지의 연륜이 있는 농부들에게 농사에 대한 경험을 묻고 이를 바탕으로 우리 풍토에 맞는 농법을 기록하였다. 세종은 여러 군현에 이 책을 나누어 주었다.

👍 조운 제도

조선 시대의 조운로

조선은 중앙 집권 체제를 강화하면서 교통·통신, 그리고 운수 조직을 정비하였다. 운수 조직은 조운제가 운영되었는데, 조운이란 국가 재정의 근원인 세곡을 선박을 이용해 수로로 운송하는 것을 말한다. 육상 교통의 미발달로 조문 수로와 바닷길을 이용하였는데, 군현에서 거두어들인 조세를 전라도, 충청도, 황해도 바닷길로, 강원도는 한강, 경상도는 낙동강과 남한강을 통하여 경창으로 운송하였다. 또 이들이 합류하는 지점에는 조창이 있는데, 가흥창은 남한강에 위치한 대표적 조창이었다. 그러나 평안도와 함경도는 국경과 가깝고, 특히 평안도는 사신의 내왕이 잦은 곳이라 그 지역의 조세는 군사비와 사신 접대비로 사용하게 하였다. 또 제주도의 조세는 조세 운반이 어려웠기 때문에 목마장의 경비로 사용되었다.

👍 조선의 수취 제도

> 각 도의 수전, 한전의 소출 다소를 알 수가 없으니, 공법에서의 수세액을 규정하기가 어렵습니다. 지금부터는 진척으로 측량한 매 1결에 대하여, 상상의 수전에는 몇 석을 파종하고 한전에서는 무슨 곡종 몇 두를 파종하여, 상상년에는 수전은 몇 석, 한전은 몇 두를 파종하고 한전에서는 무슨 곡종을 몇 두를 파종하여 상상년에는 수·한전 각기의 수확이 얼마며, 하하년에는 수·한전 각기의 수확이 얼마인지를 ······ 각 관의 관둔전에 대해서도 과거 5년간의 파종 및 수확의 다소를 위와 같이 조사하여 보고토록 합시다.
>
> – 『세종실록』

✚ 세종 때 실시했던 전분 6등, 연분 9등의 공법은 토지의 비옥도에 따라 논밭을 6등급으로 구분하여 1결의 면적을 다르게 정하고(전분 6등법), 매년 수확량을 조사하여 풍흉에 따라 상상년에서 하하년까지 9등급으로 구분하여(연분 9등법) 1결당 수세액을 다르게 정하였다.

🔲 토지 제도

1. **과전법(1391)**: 신진 사대부의 경제적 기반 마련

   (1) 전·현직 관리에게 경기 지역 토지에 대한 수조권 지급

   (2) 사망 시 반납하는 것이 원칙이나, 수신전·휼양전 등의 형태로 자손에 세습 가능

2. **직전법(세조)**: 수신전·휼양전 폐지, 현직 관리에게만 수조권 지급

3. **관수관급제(성종)**: 지방 관청에서 조세를 거두어 관리들에게 나누어주는 방식 도입

4. **직전법 폐지(명종)**: 직전법 폐지, 녹봉만 지급

💡 **수신전**
과전을 지급받은 관리가 죽은 뒤에 재혼하지 않은 그 부인에게 지급한 토지이다.

💡 **휼양전**
과전을 받은 관료들 중 부모가 다 죽고 자손이 어린 경우 지급되는 토지이다.

🔲 조세 제도

1. **조세**

   (1) 수확량의 1/10 납부

   (2) **전분 6등법(세종)**: 토지 비옥도에 따라 토지를 6등급으로 구분

   (3) **연분 9등법(세종)**: 풍흉의 정도에 따라 토지 1결당 조세를 4~20두 징수

2. **공납**: 각 군현에 할당된 토산물을 다시 각 가호에 할당하여 징수

3. **역**: 16세 이상 60세 미만의 정남에게 군역과 요역 부과

🔲 산업 발달

1. **농업**

   (1) 남부 지방 일부 모내기 보급, 시비법 발달로 연작 상경 가능

   (2) 『농사직설』, 『금양잡록』 등 농서 보급

2. **수공업**

   (1) 장인들을 공장안에 등록하여 생산에 종사하게 하는 관영 수공업 발달

   (2) 16세기 이후 부역제가 해이해지고 상업이 발전하면서 관영 수공업은 점차 쇠퇴

3. **상업**

   (1) 상업 통제, 육의전 번성, 경시서 설치

   (2) **장시 발달**: 16세기 중엽 전국적으로 확대, 보부상 성장

4. **화폐**: 유통 부진

   (1) **저화**: 태종 때 발행된 최초의 지폐

   (2) 조선통보(세종), 팔방통보(세조) 등 발행

5. **대외 무역**: 명(공무역 + 사무역), 여진(무역소 설치), 일본(왜관 설치)

💡 **육의전**
조선 시대 독점적 상업권을 부여받고 국가 수요품을 조달한 시전 중 여섯 종류의 큰 상점이다.

💡 **보부상**
봇짐이나 등짐을 지고 행상을 하면서 교환 경제가 이루어지도록 중간자 역할을 했던 전문적인 상인이다.

기출 맛보기

밑줄 그은 '이 법'에 대한 설명으로 옳은 것은? 33회 중급 23번

[3점]

역사신문

제△△호 　　　　　　　　　○○○○년 ○○월 ○○일

수신전과 휼양전 부활 주장 대두

　수신전과 휼양전의 지급이 중단되고 <u>이 법</u>이 실시되면서 죽은 남편과의 의리를 지키려고 하는 여자들이나 부모의 제사를 모시려는 자손들이 때때로 경제적으로 어려운 처지에 놓이게 되었다. 이에 따라 일각에서는 수신전과 휼양전을 부활시키자는 주장이 대두되고 있다.

---

① 현직 관리에게만 수조권을 지급하였다.

② 노동력의 징발을 법적으로 보장하였다.

③ 인품과 공로를 토지 지급 기준으로 삼았다.

④ 부족한 재정을 보충하기 위해 결작을 부과하였다.

⑤ 선혜법이라는 이름으로 경기도에서 처음시행되었다.

정답 분석⊕

수신전과 휼양전의 부활시키자는 주장을 통해 직전법에 대한 기사임을 알 수 있다.

오답 풀이✓

② 직전법에는 수조권만 있을 뿐 노동력 징발권이 없다.

③ 인품과 공로를 토지 지급 기준으로 삼은 것은 고려 시대 시정 전시과이다.

④ 결작을 부과한 것은 균역법 이다.

⑤ 대동법에 대한 설명이다.

정답 | ①

MEMO✎

32

반상제가 운영되다

조선 전기의 사회

▷ **출제방향**
- 조선의 신분 제도를 이해한다.
- 조선의 사회 제도와 정책을 이해한다.

🔍 **한눈에 보기**

👍 **조선의 신분 제도**

양반
문·무관

중인
기술관, 향리, 서얼

상민
농민, 상인, 수공업자

천민
노비, 백정, 무당,
광대, 창기

> 조선 시대에는 법적으로 양천 제도가
> 실시되었으나 실제로는 반상제가
> 나타났다.

📍 **중인**

성종 13년 4월 신해, 사헌부 대사헌 채수가 아뢰었다. "어제 전지를 보니 통역관, 의관을 권장하고 장려하고자 능통하고 재주가 있는 자는 양반에 발탁하여 쓰라고 특별히 명령하셨다니 듣고 놀랐습니다. 무릇 벼슬에는 높고 낮은 것이 있고, 직책에는 가볍고 무거운 것이 있습니다. 약사, 통역관은 사대부의 반열에 낄 수 없습니다. …… 의관, 역관의 무리는 모두 미천한 계급 출신으로서 사족이 아닙니다."

– 『성종실록』

≫45회 고급 22번

📍 **조선의 노비**

무릇 노비의 매매는 관청에 신고해야 하며 사사로이 몰래 사고팔았을 때는 관청에서 노비와 그 대가로 받은 물건을 모두 몰수한다. 나이 16세 이상 50세 이하는 값이 저화 4천 장이고, 15세 이하 50세 이상은 3천 장이다.

– 『경국대전』

👍 오가작통법과 호패법

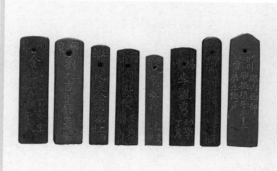

3년에 한 번씩 호적을 개편하여 호조와 한성부, 본도와 본고을에 둔다. 서울과 지방은 5호로써 1통을 삼고 통주가 있다. 지방에는 5통마다 이정(里正)이 있고 1면마다 권농관이 있다. 서울에는 1방마다 관령이 있다. 사대부와 서민은 모두 집이 있는 곳에 따라 통을 만든다. 남자 장정으로서 16세 이상이면 호패를 찬다. 서울에서는 한성부, 지방에서는 각 고을의 해당 관리가 도장을 찍어 발급한다.

– 『경국대전』

✚ 오가작통법은 다섯 집을 하나의 통으로 묶어 농민이 토지에서 이탈할 경우 연대 책임을 묻는 제도이다. 도망간 농민의 세금을 이웃에게서 대신 받아내는 인징의 근거가 되었다. 호패는 오늘날의 주민등록증과 같은 것이다. 신분에 따라 만드는 재료가 달랐다. 이 두 가지 제도는 인구를 정확하게 파악하여 노동력을 효율적으로 징발하고 농민이 도망치는 것을 막기 위한 대표적 통제책이었다.

👍 한자로 보는 사회 제도

춘대 추납	春	貸	秋	納
	봄 춘	빌릴 대	가을 추	바칠 납

: 봄에 곡식을 빌려 가을에 추수하여 돌려주는 빈민 구제 제도로 조선 시대에는 국가의 환곡제와 향촌의 사창이 있었다.

제생원	濟	生	院
	구제할 제	날 생	집 원

: 백성을 구제하여 살게 하는 집. 빈민 치료와 미아 보호를 위해 설치한 기관

활인서	活	人	署
	살 활	사람 인	관청 서

: 사람을 살리는 관청. 빈민의 의료 및 의식 제공을 알아보던 관청

👍 신문고

1401년(조선 태종 1) 백성들의 억울한 일을 직접 해결하여 줄 목적으로 대궐 밖 문루(門樓) 위에 달았던 북인 신문고는 실제로 신문고의 이용은 주로 서울의 관리들에게만 사용되었으며, 신문고 제도의 본래 취지와는 달리, 일반 상인(常人)이나 노비, 또 지방에 거주하는 관민(官民)은 사용할 수 없었다.

1 신분 제도

1. **양천제**: 법제적 신분, 신분을 자유민인 양인과 천인으로 구분

2. **반상제**: 실제적 신분. 양반·중인·상민·천민으로 구분

(1) 양반
   ① 본래 문반·무반을 일컫는 말이었으나 시간이 흐르면서 양반의 가족들도 양반으로 불림.
   ② 고위 관직을 독점하고 각종 국역을 면제받으며 조선 사회를 주도

(2) 중인
   ① 넓은 의미로는 양반과 상민의 중간 계층, 좁은 의미로는 기술관만을 의미
   ② 서리·향리·남반·기술관 등, 직역을 세습하며 하위 지배층을 구성
   ③ 서얼은 중인과 같은 대우

(3) 상민
   ① 백성의 대부분을 차지하는 농민·수공업자·상인, 조세·공납·역의 의무
   ② **신량역천**: 신분은 양인이나 천역 담당

(4) 천민
   ① **백정**: 도살업·유기 제조업·육류 판매업 등을 주로 하는 천민층으로 변화
   ② 대다수는 노비로, 재산으로 취급되어 매매·증여·상속의 대상이 됨.
   ③ 부모 중 한쪽이 노비이면 자식도 노비(일천즉천)
   ④ 공노비(입역 노비, 외거 노비)와 사노비(솔거 노비, 외거 노비)로 구분

2 사회 시책과 법률

1. **빈민 구제**: 의창·상평창, 사창제, 환곡제

2. **의료**: 혜민국, 동서대비원(약재 판매), 활인서(유랑민 수용)

3. **법률**
   (1) 『경국대전』과 『대명률』에 의거
   (2) 반역죄와 강상죄를 엄히 처벌, 연좌제 적용

🏆 **서얼**
양반 출신 아버지와 첩인 어머니 사이에 태어난 자손을 가리키는 말로, 양인 첩에게서 태어난 자식 '서자'와 천인 첩에게서 태어난 자식 '얼자'를 함께 부르는 명칭이다.

🏆 **신량역천**
조선 시대 일곱 가지 천대받는 역이라는 용어로, 수군, 조례, 나장, 일수, 봉수군, 역졸, 조졸 등 힘든 업무에 종사한 부류의 사람들을 말한다.

🗒 기출 맛보기

(가)에 들어갈 내용으로 옳은 것은? 36회 초급 22번   [2점]

조선 시대 의관, 역관, 서리, 향리 등이 포함된 신분을 이르는 말은?

① 양반   ② 중인

③ 상민   ④ 천민

28
~
46

정답 분석 ⊕

조선 시대 의관, 역관, 서리, 향리 등이 포함된 신분은 중인이다. 이들은 직역을 세습하였으며, 하위 지배층을 구성하였다.

정답   ②

MEMO 🖊

이황과 이이가 성리학 발전을 이끌다

조선 전기의 문화 1 – 사상·종교

> ▷ **출제방향**
> - 성리학을 이해한다.
> - 조선 전기의 사상집들을 이해한다.

🔍 한눈에 보기

👍 성리학의 발달

◉ 성리학의 의미

성리학은 고려 말 신진 사대부들이 현실 개혁의 원리로 받아들여 실천적 성격이 강했지만, 원리는 인간의 심성과 우주의 원리를 연구하는 철학적 학문을 의미한다. 인간의 심성의 '성'자와 우주 원리의 '리'를 따서 '성리학'이라고 하는 것이다.

그리고 성리학은 우주의 근원을 이루는 것을 '이'와 '기'로 나누는데, '이'와 '기'의 뜻을 살펴보면 모든 사물을 지배하는 원리를 '이', 그 성질을 '기'라고 한다. 서양 철학에서 관념론(이)과 유물론(기)로 연관지을 수 있다. '이'를 중요시 여기냐 '기'를 중요시 하느냐가 곧 학파를 나누는 기준이 된다.

◉ 성리학에 따른 붕당

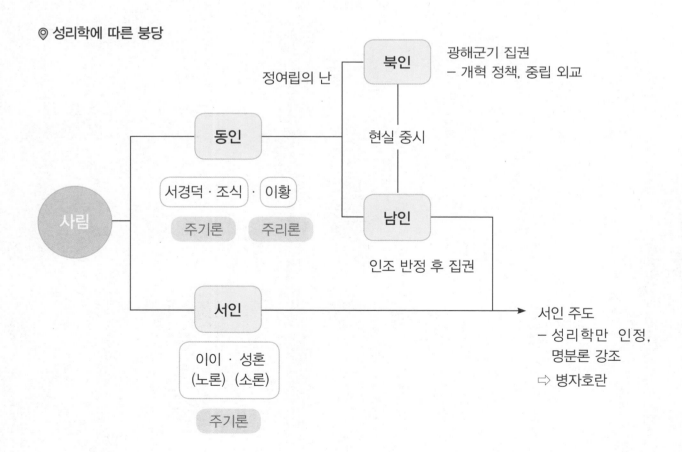

👍 이황

- 대표적 표현: 이존기비
- 이기의 관계: 이 > 기
- 관심: 도덕적 원리 문제
- 붕당: 남인
- 저서: 『주자서절요』, 『성학십도』
- 기타: 일본 성리학에 영향

△ 『성학십도』

> 40회 중급 17번

우주 만물의 근원이 되는 이는 절대적으로 선한 것이고, 만물을 구성하는 기는 선과 악이 함께 섞여 있는 것이다. 따라서 순선한 이는 존귀하고 선악이 함께 내재한 기는 비천한 것이다.

– 『퇴계집』

탐구 활동 계획서

이름 ○○○

1. **주제**: 조선 성리학의 발전에 기여한 이황
2. **탐구 방법**: 문헌 조사, 인터넷 검색 등
3. **탐구 내용**
4. 가. 『성학십도』의 저술 목적
5. 나. 기대승과의 사단 칠정 논쟁
6. 다. 일본에서 '동방의 주자'로 불린 이유
7. **결과**: 보고서 작성

👍 이이

- 대표적 표현: 이통기국
- 이기의 관계: 이 ≒ 기
- 관심: 도덕적 원리 문제 + 경험적 현실 세계
- 붕당: 노론
- 저서: 『성학집요』, 『동호문답』
- 기타: 사회 개혁론 제시

△ 『성학집요』

이와 기는 서로 떨어지지 아니하여 일물인 것 같지만 다른 점은 이는 형체가 없고 기는 형체가 있으며, 이는 작용이 없고 기는 작용이 있는 것으로 구별됩니다. 형체가 없고 작용이 없으면서 형체가 있고 작용이 있는 것의 주재가 되는 것은 이이고, 형체가 있고 작용이 있으면서 형체가 없고 작용이 없는 것의 기가 되는 것은 기입니다. 이는 형체가 없고 기는 형체가 있기 때문에 이는 두루 통하고 기는 국한되며, 이는 작용이 없고 기는 작용이 있어 기가 발하며 이가 타는 것입니다. 이와 기는 이미 두 가지 물건이 아니요, 또한 한가지 물건도 아니기 때문에 둘이면서 하나입니다.

– 『율곡집』

1 성리학 발달

1. 이기론: 우주의 원리와 인간의 심성을 '이(理)'와 '기(氣)'로 나누어 이해

주리론	주기론
• 절대적이고 이론적인 이(理)를 중시 • 이언적, 이황, 유성룡 등	• 경험적이고 현실적인 기(氣)를 중시 • 서경덕, 조식, 이이 등

2. 이황과 이이

이황	이이
• 주리론 • 『주자서절요』, 『성학십도』 • 군주가 스스로 성학을 따를 것을 주장 • 일본 성리학 발전에 영향 • 영남학파 형성	• 주기론 • 이황에 비해 현실적·개혁적 성격 • 『동호문답』, 『성학집요』 • 현명한 신하가 군주에게 성학을 가르쳐 기질을 변화시켜야 한다고 주장 • 기호학파 형성

3. 역사서

(1) 15세기: 자주적 사관

① 『고려사』: 김종서, 정인지 등이 편찬한 기전체 역사서

② 『고려사절요』: 『고려사』를 보충한 편년체 역사서

③ 『동국통감』: 서거정 등이 단군~고려 말까지의 역사를 정리하여 편찬한 편년체 역사서

(2) 16세기: 사대적, 기자 강조

① 『기자실기』: 이이

② 『동국사략』: 『동국통감』 비판

(3) 『조선왕조실록』

① 태조~철종까지 25대왕에 걸친 역사를 편년체로 정리

② 유네스코 세계 기록 유산 등재

2 종교

1. 불교: 억불 정책

(1) 태종: 사찰의 토지와 노비를 몰수하고 사원을 통폐합

(2) 세종: 교단 정리, 선종·교종 각각 18개씩 36개의 사찰만 인정

(3) 세조: 일시적인 불교 진흥

① 간경도감 설치: 불교 경전 번역

② 원각사지 10층 석탑 건립

(4) 성종: 간경도감·도첩제·승과 폐지

(5) 명종: 승과 제도 일시 부활, 보우·유정 등의 승려 배출

2. 도교: 소격서 설치, 초제 시행

3. 풍수지리설: 한양 천도에 영향, 묘지 선정에 영향을 주어 산송 문제 대두

💡 『성학십도』

이황이 국왕인 선조가 성리학의 원리를 쉽게 이해할 수 있도록 그림과 함께 설명한 책이다. 군주 스스로가 성학을 따를 것을 제시하였다.

💡 『성학집요』

사서와 육경에 쓰여 있는 도(道)의 개략을 추출하여 간략하게 정리한 책이다. 현명한 신하가 성학을 군주에게 가르쳐 기질을 변화시켜야 한다고 주장하였다.

기출 맛보기

(가)에 해당하는 책으로 옳은 것은? 36회 초급 24번 　　　　　　　[2점]

> 임금님의 명으로 백성들이 유교의 가르침을 잘 실천할 수 있도록 책을 만들었다는군.

> (가) 말인가? 나도 보았네. 우리나라와 중국의 충신, 효자, 열녀 이야기를 글과 그림으로 소개하고 있었네.

①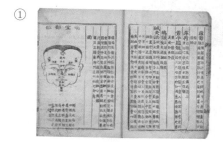
동의보감

②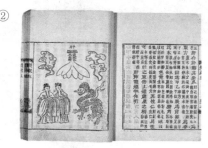
의방유취

③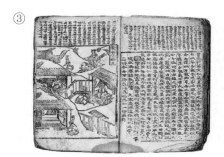
삼강행실도

④
화성성역의궤

농업 발달을 위한 과학 기술 연구가 활발해지다

조선 전기의 문화 2 - 예술·과학 기술

▷ 출제방향   • 조선 전기 예술과 과학 기술의 발전 양상을 알아본다.

🔍 한눈에 보기

👍 회화

△ 몽유도원도

△ 고사관수도

👍 과학 기술

△ 해시계(앙부일구)
정밀 기계 장치

△ 물시계(자격루)
자동 시보 장치

△ 측우기
세계 최초, 강우량 측정

👍 천문

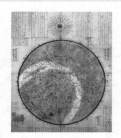
△ 천상열차분야지도
태조, 고구려의 천문도를 바탕으로 제작

△ 칠정산
중국의 수시력과 아라비아의 회회력 참조, 최초로 서울 기준의 천체 운동 계산

👍 건축

△ 평양 보통문

△ 해인사 장경판전

△ 무위사 극락전

△ 원각사지 10층석탑

현존 최고 성문 중 하나,
성종 대에 새로 지어짐.

왕실의 비호를 받은 불교 관련 예술품

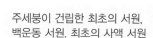
△ 소수 서원

△ 도산 서원

△ 덕천 서원

주세붕이 건립한 최초의 서원,
백운동 서원, 최초의 사액 서원

이황 배향

남명 조식 배향

👍 분청사기

15세기

△ 분청사기 조화 어문 편병

△ 분청사기 철화 어문 병

16세기

△ 순백자병

전국의 도기소와 자기소에서 제작
안정된 그릇 모양과 소박하고 천진스러운 무늬

고려 백자의 전통과 명 백자의 영향
깨끗하고 담백한 순백의 고상함
⇨ 선비의 취향

1 예술

1. 도자기: 초기에는 분청사기 유행 ➡ 16세기 이후 순백자가 널리 생산

2. 회화
   (1) 15세기: 안견 '몽유도원도', 강희안 '고사관수도'
   (2) 16세기: 사군자 유행, 이상좌 '송하보월도', 신사임당의 초충화

3. 음악
   (1) 세종 때 정간보 창안·아악 체계화
   (2) 성종 때 『악학궤범』 편찬

△ 몽유도원도

△ 고사관수도

2 과학 기술·서적

1. 천문학
   (1) 혼의·간의·앙부일구·자격루(시간 측정), 인지의·규형(토지 측량)
   (2) 측우기(강우량 측정), '천상열차분야지도'(천문도) ▶ 고구려 천문도 참고
   (3) 역법: 『칠정산』(『수시력』·『회회력』 참고, 한양 기준 역법)

2. 인쇄술
   (1) 태종 때 주자소 설치 ➡ 계미자를 주조
   (2) 세종 때 경자자 주조(계미자 개량) ➡ 갑인자로 개량, 조지서 설치(종이 제작)

3. 병서·무기
   (1) 『총통등록』 편찬, 신기전·화차 개발(세종)
   (2) 『동국병감』, 『병장도설』 편찬(문종)

4. 의학
   (1) 혜민국·동서대비원(질병 치료)·제생원 ▶ 질병 치료
   (2) 『향약집성방』·『의방유취』 편찬(세종)

5. 지리서·지도 편찬
   (1) 지도: '혼일강리역대국도지도'(태종), '팔도도'(세종), '동국지도'(세조)
   (2) 지리서: 『신찬팔도지리지』(세종), 『동국여지승람』(성종), 『신증동국여지승람』(중종)

❀ 측우기

❀ 자격루

❀ 앙부일구

기출 맛보기

다음을 창제한 왕 때에 편찬된 책으로 옳은 것은? 14회 초급 21번 　　　　　　　　[3점]

> 　　우리나라 말과 글이 중국과 달라서 한자로 서로 통하지 못한다. 이에 백성들이 말하고 싶은 바가 있어도 그 뜻을 펼치지 못하는 이가 많다. 내가 이것을 딱하게 여겨 28자를 만들었으니 백성들이 쉽게 익혀 편리하게 사용할 수 있도록 하려고 한다.
>
> 　　　　　　　　　　　　　　　　　　　　　　　　　　　　－「훈민정음」

①

경국대전

②
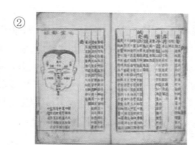
동의보감

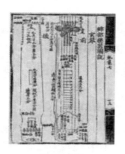
악학궤범

④

삼강행실도

조·명 연합군이 왜군을 물리치다

임진왜란

▷ **출제방향**
- 조선 초기의 대외 관계를 이해한다.
- 임진왜란을 이해한다.

🔍 한눈에 보기

👍 조선 초기의 대외 관계

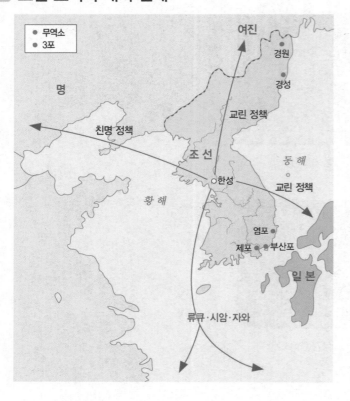

명
- **사대 외교**: 매년 정기적·부정기적으로 사절 교환, 문화·경제적 교류 활발
- **성격**: 왕권 안정과 국제적 지위 확보를 위한 자주적 실리 외교, 선진 문물을 수용하려는 문화 외교인 동시에 일종의 공무역적인 성격

여진
- **강경책**: 세종 때 4군 6진을 설치하여 압록강과 두만강을 경계로 하는 국경선을 확보
- **회유책**: 무역소(국경 무역)를 설치하고, 귀순을 장려하여 관직 수여
- **사민 정책**: 삼남 지방의 일부 주민을 북방으로 이주시켜 압록강과 두만강 이남 지역 개발
- **토관 제도**: 토착민을 토관으로 임명하여 민심을 수습

일본
- **강경책**: 세종 때 이종무가 쓰시마 섬을 토벌
- **회유책**: 3포(부산포·염포·제포)를 개항, 계해약조를 체결, 제한된 범위 내에서 교역을 허락

동남아시아
- 조공이나 진상의 형식으로 물자를 교류
- 류큐(오키나와), 시암(타이), 자와(인도네시아)와 교역

👍 4군 6진

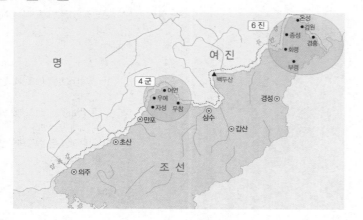

조선은 국경을 침범하여 약탈을 일삼는 여진을 내쫓고 4군(최윤덕) 6진(김종서)을 개척하였다.

👍 임진왜란

왜군의 침략
- **조선의 정세**: 3포 왜란(1510), 을묘왜변(1555) 등이 일어나자 비변사를 설치 ➡ 붕당으로 인해 국론 분열
- **일본의 정세**: 도요토미 히데요시가 전국 시대의 혼란을 수습하고 조선을 침략

조선의 반격
- **이순신의 활약**: 해전에서의 승리로 남해의 제해권을 장악하고, 전라도 곡창 지대를 수호하여 왜군의 침략 작전을 좌절시킴.
- **의병**: 향토 지리에 맞는 전술을 구사하여 적은 병력으로 적에게 큰 타격을 줌.

전란의 극복
- **군제 개편**: 훈련도감을 설치하고, 속오법을 실시하였으며, 무기의 약점도 보완
- 명량·노량 해전으로 7년 간의 전란이 끝남.

왜란의 영향
- **대내**: 인구 감소, 양안과 호적 소실, 민란 발생(이몽학의 난), 문화재 소실, 공명첩 남발로 인한 신분제 동요 등
- **대외**: 명의 쇠퇴, 여진족의 성장, 일본의 문화적 발전(성리학, 도자기)

👍 진주성 전투 ≫38회 중급 21번

시 속의 세 장수는 임진왜란 당시 이 전투에서 최후를 맞이하였습니다. 비록 패배하였지만 이 전투는 왜군의 호남 진출을 좌절시켰다는 평가를 받기도 합니다.

> 촉석루에 오른 세 장수는
> 한잔 술을 들고 웃으며 강물을 가리키네.
> 긴 강물이 도도히 흐르나니
> 물결은 마르지 않으며 혼 또한 죽지 않으리.

논개가 순절한 곳으로 알려진 촉석루와 의암

👍 훈련도감 ≫40회 중급 22번

역사신문

제△△호   1594년 ○○월 ○○일

훈련도감, 왜군을 무찌를 첨병으로 기대감 높아

조정은 유성룡의 건의에 따라 훈련도감을/를 편제하기로 하였다. 신분에 관계없이 병사를 모집하여 매월 쌀로 급료를 지급할 예정이다. 또한 우수한 병사에게는 양인의 경우 국왕의 친위군인 금군으로 발탁될 기회가, 천인의 경우 면천의 혜택이 주어진다고 한다. 한 관계자는 "모집에 응하는 자가 사방에서 모여들 것"이라고 기대감을 드러내었다.

👍 평양성 전투

> 명 제독 이여송이 많은 군대를 거느리고 평양성 밖에 이르러 여러 장군에게 부대를 나누어 성을 포위하게 하였다. 이에 왜적들이 성 북쪽의 모란봉으로 올라가 함성을 지르며 총포를 쏘았다. 명군의 한 부대는 조선의 관군과 함께 함구문으로 들어가고, 한 부대는 보통문으로 들어가고, 또 다른 한 부대는 밀덕의 적성에 올라가 사방에서 공격하여 왜적들을 무너뜨렸다.
> — 『선조실록』

👍 비변사 ≫43회 중급 23번

이 기구는 외적의 침입에 대응하기 위해 설치되었다가 임진왜란을 거치면서 기능이 확대되어 국정 전반을 총괄하게 되었습니다. 비국, 주사라고도 불린 이 기구는 무엇일까요?

1 임진왜란과 정유재란

1. 조선 전기 대일본 관계

(1) 세종 때 이종무, 쓰시마 정벌 ➡ 3포 개항, 제한된 범위의 무역 허용

(2) 3포 왜란(중종, 1510) 이후 3포 폐쇄 ➡ 을묘왜변(1555)을 계기로 비변사를 상설화

(3) 16세기 말 도요토미 히데요시, 일본 통일 ➡ 내부 불만 해결을 위해 조선 침략

2. 임진왜란(1592)

(1) 전쟁 발발과 육상전 패배: 부산진·동래성 전투에서 패배 ➡ 충주 방어선 함락(신립) ➡ 선조 의주 피란, 명에 원군 요청 ➡ 일본 평양 점령

(2) 의병의 활약

① 의병장: 곽재우·조헌·고경명 등

② 향토 지리에 익숙한 이점을 살려 일본군에 큰 타격

③ 휴정·유정 등 승병의 활약

(3) 수군의 활약

① 이순신이 이끄는 수군, 옥포·사천·한산도에서 일본군에 승리

② 일본군 보급 차단, 전라도 곡창 지대와 해안 지대 방위

(4) 조·명 연합군: 평양성 탈환, 진주성(김시민)·행주산성(권율) 전투 승리

(5) 휴전 회담

① 명—일본 사이의 휴전 회담

② 휴전 회담 중 훈련도감 설치, 속오법 실시, 화포 개량·조총 제작

3. 정유재란(1597)

(1) 직산 전투 승리, 이순신의 명량 해전 승리

(2) 도요토미 히데요시 사망, 일본군 철수
└─➡ 노량 해전(이순신 전사)

💡 **훈련도감**
류성룡의 건의로 임진왜란 도중 설치된 부대로, 급료를 받는 직업 군인이었다. 포수·사수·살수의 삼수병으로 구성되었다.

2 왜란의 결과

1. 국내

(1) 인명 살상, 기근·질병 ➡ 인구 대폭 감소

(2) 토지 황폐화, 토지 대장·호적 소실 ➡ 국가 재정 악화

(3) 불국사·경복궁·사고(史庫) 소실, 활자·그림·서적·도자기 등이 소실·약탈

(4) 신분제 동요

① 무능한 정부와 양반에 대한 실망감

② 노비 문서 소실, 재정 확충을 위한 납속

2. 국외

　　(1) 일본: 정권 교체

　　(2) 명: 국력 쇠퇴

　　(3) 여진: 급속한 성장, 명과 조선을 위협

기출 맛보기

밑줄 그은 '전쟁' 때 있었던 사실로 옳은 것은? 20회 초급 26번　　　　　[3점]

> 이 책은 내가 겪은 전쟁 당시 상황을 기록한 것입니다.

유성룡

징비록

① 강감찬이 귀주에서 거란군을 물리쳤다.

② 김유신이 황산벌에서 백제군과 싸웠다.

③ 곽재우가 의병을 일으켜 일본군을 무찔렀다.

④ 최영이 군대를 거느리고 홍건적을 격퇴하였다.

정답 분석

유성룡이 쓴 『징비록』은 임진왜란을 기록한 책이다. 곽재우가 의병을 일으킨 때는 임진왜란이다.

오답 풀이

① 강감찬의 귀주 대첩은 고려 초의 일이다.

② 김유신의 황산벌 싸움은 신라의 통일 전쟁이다.

④ 최영이 홍건적을 격퇴한 것은 고려 말의 일이다.

정답　③

청에 대한 복수를 준비하다

조선 후기의 정치 1

태조　　성종　연산군　　명종　선조　　정조　순조　　정종
체제 정비　　　사화　　　붕당 정치　　　세도 정치

▷ 출제방향

· 광해군의 중립 외교를 이해한다.
· 호란과 북벌 운동을 이해한다.

🔍 한눈에 보기

👍 광해군의 중립 외교　≫24회 중급 20번

조선은 왜 명을 도와 우리 후금을 공격하였는가?

우리는 명의 요청을 받아 이곳에 왔지만, 우리 임금께서는 후금과 싸우기를 원치 않소.

강홍립

➕ 임진왜란 이후 여진이 후금을 건국하고 세력을 확장하면서 쇠락한 명과 대립을 하게 되었다. 이에 명은 후금을 공격하면서 조선에 원군을 요청하였다. 당시 조선은 광해군이 대외적으로 명과 후금사이에서 신중한 외교 정책을 펴고 있었으나, 임진왜란 때 명의 도움을 받은 조선은 명의 후금 공격 요구를 거절할 수 없었고, 새롭게 성장한 후금과도 적대 관계를 맺을 수도 없었다. 어쩔 수 없이 명의 요청으로 강홍립과 군대를 파견하였지만, 후금에게는 조선의 출병이 불가피함을 알리고 항복하였다. 이후에도 명의 원군 요청이 계속되었지만, 광해군은 적절히 거절하면서 후금과 친선을 꾀하는 중립적인 외교 정책을 펼쳤다.

👍 인조와 광해군

　　우리나라가 중국 조정을 섬겨온 것이 2백여 년이라. 의리로는 곧 군신이며 은혜로는 부자와 같다. 그리고 임진년에 재조해 준 그 은혜는 만세토록 잊을 수 없는 것이다. …… 광해는 배은망덕하여 천명을 두려워하지 않고 속으로 다른 뜻을 품고 오랑캐에게 성의를 베풀었으며, 기미년 오랑캐를 정벌할 때에는 음밀히 수신시켜 동태를 보아 행동하게 하여 ……

– 『인조실록』

➕ 광해군과 북인 정권은 명과 후금 사이에서 실리적 외교 정책을 취해서 전쟁의 위기를 잘 넘길 수 있었다. 그러나 명분을 중시하는 서인은 이런 광해군의 정책에 반발하여 인조반정을 일으켜서 광해군과 북인 정권을 몰아 냈다. 결국 이들의 친명 배금 정책은 뒤에 두 차례의 호란을 불러들였다.

광해군 은/는 이곳 덕수궁 석어당에 인목 대비를 유폐하였습니다. 이 사건은 서인 세력이 인조반정을 일으키는 명분이 되기도 하였습니다.

≫43회 중급 21번

👍 호란과 북벌 운동

정묘호란
- 서인 정권의 친명 배금 정책이 원인이 되어 후금이 침입
- 정봉수, 이립이 의병을 일으켜 항전
- 후금과 조선 사이에 화의(형제 관계)가 이루어져 후금이 철수

병자호란
- 청의 군신 관계 요구를 조선이 거절(주전론 우세)
- 청의 침입
- 청에 굴복하여 군신 관계 체결(삼전도의 굴욕)

북벌 운동
- 청에 대한 적개심과 복수심으로 북벌 운동 전개
- 북벌 운동은 효종이 송시열, 송준길, 이완 등을 등용하면서 추진
- 북벌 운동은 서인들의 정권 유지 수단으로 이용되면서 시행되지 못함.

👍 주화론과 주전론

○ 최명길의 주화론

    주화 두 글자는 신의 일평생에 누가 될 줄로 압니다. 그러하오나 신의 마음은 아직도 화친하려는 일이 그르다고 생각하지는 않습니다. 화친을 맺어 국가를 보존하는 것보다 차라리 의를 지켜 망하는 것이 옳다고 하였으나, 이것은 신하가 절개를 지키는 데 쓰는 말입니다. …… 자기의 힘을 헤아리지 아니하고 경망하게 큰소리를 쳐서 오랑캐들의 노여움을 도발, 마침내 백성이 도탄에 빠지고 종묘와 사직에 제사 지내지 못하게 된다면 그 허물이 이보다 클 수 있겠습니까?

– 『지천집』

○ 윤집의 척화론

    화의로 백성과 나라를 망치기가 …… 오늘날과 같이 심한 적이 없습니다. 중국(명)은 우리나라에 있어서 곧 부모요, 오랑캐(청)는 우리나라에 있어서 곧 부모의 원수입니다. 신하 된 자로서 부모의 원수와 형제가 되어서 부모를 저버리겠습니까? 하물며 임진왜란의 일은 터럭만 한 것도 황제의 힘이어서 우리나라가 살아 숨 쉬는 한 은혜를 잊기 어렵습니다.

– 『인조실록』

✚ 주화론은 임진왜란으로 조선의 국방력이 약화되었으므로 일단 청의 요구를 받아들여 후일을 기약하자는 실리적 주장이었다. 반면 척화론(주전론)은 청의 군신 관계 요구를 거부하고 명에 대한 의리와 명분을 지키자는 주장으로, 후에 북벌 운동으로 이어졌다.

1️⃣ 광해군의 중립 외교와 인조반정

1. 광해군의 전후 복구 사업: 양안·호적 재작성, 『동의보감』 편찬, 사고 건립

2. 중립 외교: 누르하치의 여진족 통일, 명 압박 ➡ 명의 출병 요청 ➡ 광해군, 강홍립을 도원수로 삼아 출병은 하되 적극적으로 싸우지 말 것을 명령 ➡ 조·명 연합군 후금에 패배

3. 폐모살제: 서자 출신 국왕 광해군이 정권 안정을 위해 계비 인목 대비를 유폐시키고 인목 대비의 아들 영창 대군을 제거

4. 인조 반정

   (1) 중립 외교와 폐모살제를 구실로 한 서인들의 반정

   (2) 광해군 축출, 유폐되었던 인목 대비가 돌아오고 인조 즉위 ➡ 서인 집권

2️⃣ 친명배금 정책과 호란

1. 광해군의 중립 외교를 구실로 반정을 일으킨 서인 정권의 친명배금 정책 추진

2. 정묘호란(1627)

   (1) 후금, 광해군 폐위에 대한 보복을 명분으로 조선 침략

   (2) 관군과 정봉수(용골산성)·이립(의주) 등이 일으킨 의병의 저항

   (3) 형제 관계를 맺고 강화

3. 병자호란(1636)

   (1) 후금이 국호를 '청'으로 바꾸고 조선에 군신 관계 체결 요구 ➡ 조선이 거절하자 침략

   (2) 임경업(백마산성) 등이 분전하였으나 패배 ➡ 청 한양 점령, 인조 남한산성에서 항전

   (3) 주전론(김상헌) vs 주화론(최명길) ➡ 주화론 우세, 군신 관계 체결
                                          ➡ 삼전도의 굴욕

3️⃣ 북벌 운동과 나선 정벌

1. 북벌 운동

   (1) 청에 당한 치욕에 대한 복수 준비

   (2) 송시열·이완 등, 북한산성 수축 및 군대 양성 ➡ 실패

2. 나선 정벌: 러시아의 만주 공격 ➡ 청의 원병 요청 ➡ 조선 조총 부대 파견

💡 삼전도비

병자호란 때 승리한 청 태종이 자신의 공덕을 새긴 기념비를 세우도록 조선에 강요하여 세워진 비석이다.

기출 맛보기

다음 대화가 이루어진 시기의 대외 정책으로 옳은 것은? 26회 초급 23번 　　　　[3점]

출정하더라도
명과 후금 사이에서
상황에 맞게 신중하게
대처하시오.

전하의 분부를
받들겠나이다.

광해군　　　　　　　　　　　강홍립

① 북벌 정책을 추진하였다.
② 개화 정책을 실시하였다.
③ 중립 외교 정책을 펼쳤다.
④ 통상 수교 거부 정책을 전개하였다.

정답 분석

제시된 그림은 광해군의 중립 외교를 설명하고 있다.

오답 풀이

① 북벌 정책은 효종의 정책으로 청나라를 정벌하려는 움직임이었으나, 청나라의 성장으로 추진되지 못했다.
② 개화 정책은 고종의 정책이다.
④ 통상 수교 거부 정책은 고종 때 흥선 대원군의 정책이다.

정답　③

MEMO

왕실 의례를 둘러싼 논쟁이 벌어지다

조선 후기의 정치 2

▷ **출제방향**　　• 붕당 정치를 이해한다.

🔍 한눈에 보기

👍 **붕당 정치의 흐름도**

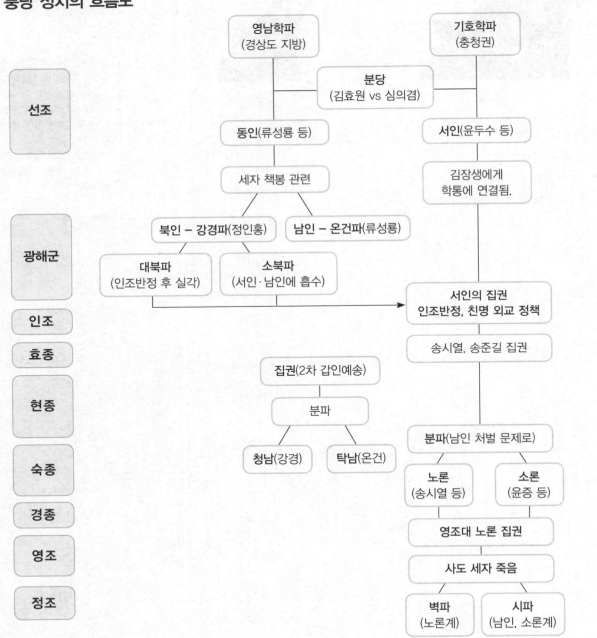

붕당의 형성	
선조	광해군
• 이조전랑 선임 문제로 동인(김효원, 신진 사림)과 서인(심의겸, 기성 사림)으로 분리 • 정여립 모반 사건(기축옥사) 이후 정철의 건저 문제를 놓고 북인(강경파), 남인(온건파)로 나눔.	• 중립 외교(북인): 강홍립(후금 항복) • 폐모살제(인목 대비와 영창 대군) • 인조반정(서인 주도, 남인 동조): 광해군과 북인 제거 ⇩ 북인 out

상호 비판적 공존 체제 서인 주도, 남인 연합		
인조	효종(봉림 대군)	현종
• 이괄(인조반정의 공신)의 난 • 정묘호란(후금): 형제 관계 • 병자호란(청): 군신 관계	• 북벌론 • 나선 정벌	• 예송 논쟁 • 기해예송(효종 국장 기간 문제): 서인(1년) vs 남인(3년) ➡ 서인 win • 갑인예송(효종비 국장 기간 문제): 서인(9개월) vs 남인(1년) ➡ 남인 win

일당전제화		
숙종	경종	영조
• 명목상 탕평: 편당적 조치 • 경신환국(붕당 정치의 변질) – 대규모의 사사 : 서인의 일당전제화 • 기사환국 – 남인 장희빈 집권, 경종 세자 책봉 – 서인 숙청(인현 왕후 폐위) • 갑술환국 – 장희빈 죽음, 남인 재기 불능 – 인현 왕후 복귀 • 백두산정계비 • 윤휴의 북벌론	• 신임사화(소론) – 신축 + 임인 ➡ 노론 탄압 • 노론 + 영조의 반격	• 이인좌의 난(소론) • 완론 탕평 • 탕평파 육성 ➡ 탕평비 세움. • 산림 부정 • 서원 정리 • 이조전랑 권한 약화 (후임자 천거·삼사 관원 선발 관행 폐지 ➡ 정조 때 완전 폐지) • 균역법 시행 • 훈련도감·금위영·어영청 세 군영이 도성을 나누어 방위하는 체제 정비 • 『속대전』 편찬 • 신문고 부활 • 삼심제 실시, 가혹한 형벌 폐지 • 사도 세자의 죽음으로 벽파(노론)와 시파(노론 일부 + 소론 + 남인)로 나눔.

1 예송(현종)

1. 배경

(1) 인조의 장남 소현 세자 사망으로 둘째 아들 봉림 대군이 왕위에 오름(효종).

(2) 효종 사후 인조의 계비 자의 대비가 상복을 입는 기간을 놓고 논쟁 발생

2. 기해예송(1659)

(1) 효종 국장 기간에 자의 대비 상복에 대한 서인과 남인의 논쟁

(2) 남인 3년 주장 vs 서인 1년 주장 ➡ 서인 승리

　　　　┗▶ 왕자례부동사서　　┗▶ 천하동례

3. 갑인예송(1674)

(1) 효종비 국장 기간에 자의 대비 상복에 대한 서인과 남인의 논쟁

(2) 남인 1년 주장 vs 서인 9개월 주장 ➡ 남인 승리

2 환국(숙종)

1. 배경: 붕당 간 대립 격화, 숙종의 탕평론 제기

2. 전개: 실제로는 번갈아가며 한 당파가 권력을 쥐며 경쟁 심화

(1) 경신환국(1680)

① 배경: 남인의 영수 허적이 국왕의 허락 없이 유악을 가져다가 사용

② 결과: 남인 몰락, 서인이 노론과 소론으로 분화

(2) 기사환국(1689)

① 배경: 숙종이 희빈 장씨 아들을 원자로 책봉하려 하자 서인이 반대

② 결과: 서인 몰락·남인 집권, 인현 왕후가 폐비되고 희빈 장씨 왕비 책봉

　　　　┗▶ 송시열 사사

(3) 갑술환국(1694)

① 배경: 서인의 인현 왕후 복위 운동에 대한 남인의 탄압

② 결과: 남인 몰락·서인 집권, 인현 왕후 복위·희빈 장씨 사사

3 붕당의 출현과 붕당 정치의 전개

1. 선조

(1) 이조 전랑직을 둘러싼 대립 ➡ 사림이 동인과 서인으로 분화

(2) 정여립 모반 사건과 세자 책봉 문제 ➡ 동인이 남인과 북인으로 분화

2. 광해군

(1) 임진왜란 극복 과정에서 광해군과 함께 한 북인 집권

(2) 인조반정으로 서인 집권

💡 **예송**

'예절에 관한 논란'이란 의미로, 효종과 효종 비가 죽자 효종의 계모인 자의 대비가 상복을 얼마 동안 입을 것인가의 문제를 둘러싸고 발생한 서인과 남인 간의 논쟁이다. 차남으로 왕위에 오른 효종의 정통성 문제와도 관련이 있어 정치적 논란이 되었다.

💡 **노론과 소론**

노론(송시열 계열)은 대의명분을 강조하고 숙종의 후계자로서 숙빈 최씨의 아들이었던 영조를 지지하였다. 반면, 소론(윤증 계열)은 실리를 중시하고 후계자로서 희빈 장씨의 아들이었던 경종을 지지하였다.

3. 인조 ～ 효종: 서인이 주도하는 가운데 남인이 참여하는 양상

4. 현종

    ⑴ 기해예송: 서인 승리

    ⑵ 갑인예송: 남인 승리 ➡ 남인 집권

5. 숙종

    ⑴ 경신환국: 서인 집권, 서인이 노론과 소론으로 분화

    ⑵ 기사환국: 남인 집권

    ⑶ 갑술환국: 서인 집권

기출 맛보기

다음 사건이 일어난 시기를 연표에서 옳게 고른 것은? 41회 중급 25번   [3점]

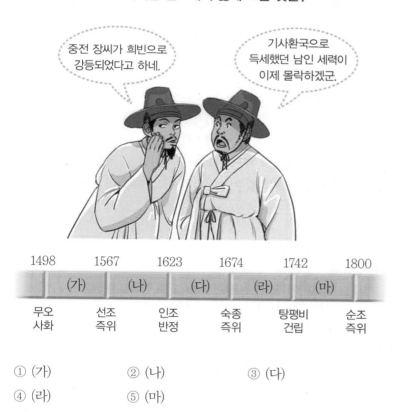

중전 장씨가 희빈으로 강등되었다고 하네.

기사환국으로 득세했던 남인 세력이 이제 몰락하겠군.

1498	1567	1623	1674	1742	1800
(가)	(나)	(다)	(라)	(마)	
무오사화	선조즉위	인조반정	숙종즉위	탕평비건립	순조즉위

① (가)   ② (나)   ③ (다)

④ (라)   ⑤ (마)

정답 분석

그림에서 설명하는 갑술환국 (1694)은 숙종 때의 일이다. 갑술환국은 서인의 인현 왕후 복위 운동에 대한 남인의 탄압이 배경이 되어 일어난 사건으로 남인이 몰락하고 서인이 집권하는 결과를 낳았다.

정답   ④

주제 **38**

영조와 정조가 붕당 간 대립을 완화시키려 노력하다

탕평 정치

▷ **출제방향**　　• 영조와 정조의 정책을 이해한다.

한눈에 보기

👍 붕당 정치의 폐해

> 신축·임인년(1721,1722) 이래로 조정에서 노론, 소론, 남인의 삼색이 갈수록 더욱 사이가 나빠져 서로 역적이라는 이름으로 모함하니, 이 영향이 시골에까지 미치게 되어 하나의 싸움터를 만들었다.……근래에 와서는 사색이 모두 진출하여 오직 벼슬만 할 뿐, 예부터 저마다 지켜온 의리는 쓸모 없는 물건처럼 되었고, 사문(유학)을 위한 시비와 국가에 대한 충역은 모두 과거의 일로 돌려버리니 …….
>
> – 『고려사』

✚ 붕당 정치는 상호 비판을 통한 견제와 균형의 원리를 토대로 하는 정치 형태로, 17세기 인조에서 현종에 이르기까지는 서인과 남인의 공존이 지속되었다. 그러나 숙종 때의 경신환국 이후 붕당 정치가 변질되었는데, 상대 붕당의 존재를 부정하고 나아가 정치적 재기를 막기 위한 숙청과 사사가 단행되면서 일당 전제화의 추세가 나타났다. 공론보다는 자기 당파의 이익을 우선시하면서 폐해가 드러났고, 조선 후기에 경제·사회·문화의 각 분야에서 태동한 근대 사회로의 움직임을 수렴하지 못하고 국가 발전에 장애가 되기도 하였다.

👍 탕평 정치의 성격

탕평 정치는 왕이 중심이 되어 붕당 정치에서 나타난 문제점을 극복하려는 것이었다. 그것은 붕당 사이의 대립을 조정하고, 사회·경제적 변화 위에서 지배층에게 부분적인 양보를 요구하는 정책을 추진하는 등 개혁적인 측면이 있었다. 그러나 탕평 정치는 근본적으로 왕권을 중심으로 권력의 집중과 정치 세력의 균형을 꾀하면서 기존 사회 체제를 재정비하여 안정시키려는 것이었다. 따라서 여러 정책들이 보수적인 성격을 띠고 있었고, 정치 운영에서 왕의 개인적인 역량에 크게 의존하는 것이어서 탕평 정치가 구조적인 틀을 갖추어 안정적으로 유지되기는 어려웠다.

👍 영조와 정조의 탕평책

📍 영조의 탕평 정치

△ 영조 어진

왕권 강화책

• 붕당을 없애자는 논리에 동의하는 탕평파를 중심으로 정국을 운영
• 공론의 주재자로 인식되던 산림의 존재를 부정하고 서원을 정리
• 이조 전랑의 권한을 약화시키기 위해 그들이 자신의 후임자를 천거하고 3사의 관리를 선발할 수 있게 해 주던 관행을 없앰.

개혁 정책

균역법 실시, 『속대전』 편찬

한계

왕권에 의해 붕당을 일시적으로 억누른 것에 불과함.

◎ 탕평비

탕평이라는 말은 '서경' 홍범조의 '무편무당왕도탕탕(無偏無黨王道蕩蕩) 무당무편 왕도평평(無黨無偏王道平平)'이라는 글에서 유래하였다. 신임옥사의 와중에서 왕위에 올라 붕당의 폐단을 뼈저리게 겪은 영조는 1724년 즉위하자 당쟁의 폐단을 지적하고 탕평의 필요성을 역설하는 교서를 내려 탕평 정책의 의지를 밝혔다. 그러나 영조의 탕평책은 붕당 정치의 폐단을 근본적으로 해결한 것이 아니라 강력한 왕권을 바탕으로 붕당 간의 대립을 일시적으로 억누른 것에 불과 하였다.

◎ 정조의 탕평 정치

△ 정조 어진

왕권 강화책

- 척신 · 환관 제거, 소론과 남인 계열 중용
- 장용영(국왕 친위 부대)를 설치하여 왕권을 뒷받침하는 군사적 기반 갖춤.
- 규장각을 강력한 정치 기구로 육성
- 수원 화성을 세워 자신의 정치적 이상을 실현하는 상징적 도시로 육성하고자 함.
- 초계문신 제도 실시

개혁 정책

금난전권 폐지(신해통공), 서얼 출신 등용, 수령의 권한 강화 등

한계

붕당 간의 융화나 해체에는 실패

◎ 수원 화성

정조는 화성을 통해 자신의 정치적 이상을 실현 하고자 하였다. 수원 화성으로 아버지인 사도 세자의 묘를 옮기고 상공인들을 이주시켜 자신이 원하는 이상도시를 건설하였다.

1 영조

1. 이인좌의 난(1728)

→ 경종의 이복 동생, 영조

(1) 경종 즉위 후 노론의 연잉군 세제 책봉 요구 ➡ 소론의 노론 제거

(2) 영조 즉위 후 소론이 경종의 사망에 영조가 관여되어 있다는 이유로 반란

2. 탕평 정치

(1) **완론(소극적) 탕평**: 강력한 왕권으로 붕당 간 대립을 억누른 것에 불과

(2) **탕평파 육성**: 탕평 정책에 동의하는 온건하고 타협적인 인물을 등용하여 정국 운영

(3) 산림의 존재를 부정, 서원을 대폭 정리

(4) 이조 전랑의 후임자 천거권·3사 관리 선발권 폐지

(5) 성균관 앞에 탕평비를 세워 탕평 의지를 천명

3. 민생 안정책

(1) **균역법**: 군포 부담 경감

(2) 신문고 제도 부활

(3) 가혹한 형벌 폐지, 사형수에 대한 삼심제 실시

4. 문물 제도 정비: 『속대전』, 『속오례의』, 『동국문헌비고』 편찬

💡 **완론 탕평과 준론 탕평**

영조의 탕평책을 노론을 중심으로 하는 온건한 탕평책이라는 의미에서 '완론 탕평'이라 하고, 정조의 탕평책을 적극적인 탕평책이라는 의미에서 '준론 탕평'이라고 한다.

2 정조

1. 탕평 정치

(1) **준론(적극적) 탕평**: 권력에서 배제되었던 소론·남인 계열 중용

(2) 규장각 설치
 ① 정책 연구·인재 양성: 서얼 출신 규장각 검서관 등용
 ② 초계문신제: 규장각 소속 인재들에 대한 재교육

(3) 장용영 설치
 ① 국왕 친위 부대
 ② 군사권 장악

(4) 지방 사림이 주관하던 향약을 수령이 주관하게 하여 지방 사족의 향촌 지배력 억제

(5) 화성 건설: 왕권 강화의 거점으로 삼음.

2. 민생 안정책

　(1) 서얼과 노비에 대한 차별 완화

　(2) 신해통공: 육의전을 제외한 시전 상인들의 금난전권 폐지

3. 문물 제도 정비

　(1) 『대전통편』 편찬: 통치 규범 재정리

　(2) 『일성록』, 『동문휘고』, 『탁지지』, 『무예도보통지』 편찬

기출 맛보기

(가)에 들어갈 내용으로 옳은 것은? 36회 초급 28번　　　　　　　　　　[3점]

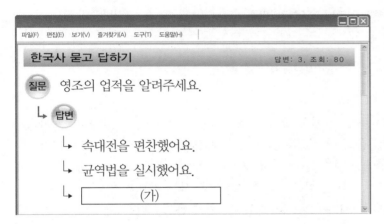

① 탕평비를 건립했어요.

② 영선사를 파견했어요.

③ 집현전을 설치했어요.

④ 별기군을 창설했어요.

정답 분석

영조는 탕평책을 널리 알리기 위해 탕평비를 건립했다.

오답 풀이

② 고종은 청에 영선사를 파견해 선진문물을 배우도록 하였다.

③ 세종은 집현전을 설치하여 왕도 정치를 실현하려고 했다.

④ 고종은 신식 군대인 별기군을 창설하였다.

| 정답 | ① |

세도 정치

한눈에 보기

세도정치의 전개

순조	헌종	철종
1800 ~ 1834	1834 ~ 1849	1849 ~ 1863
안동 김씨 순원 왕후 (김조순의 딸)	풍양 조씨 신정 왕후 (헌종의 어머니, 조만영의 딸)	안동 김씨 명순 왕후 (김문근의 딸)

세도 정치의 폐단

　가을에 한 늙은 아전이 대궐에서 돌아와 처와 자식에게 "요즘 이름 있는 관리들이 모여서 하루 종일 이야기를 하여도 나랏일에 대한 계획이나 백성을 위한 걱정은 전혀 하지 않는다. 오로지 각 고을에서 보내오는 뇌물의 많고 적음과 좋고 나쁨에만 관심을 가지고, 어느 고을의 사령이 보낸 물건이 극히 정묘하고, 또 어느 수령이 보낸 물건은 매우 넉넉하다고 말한다. 이름 있는 관리들이 말하는 것이 이러하다면, 지방에서 거둬들이는 것이 반드시 늘어날 것이다. 나라가 어찌 망하지 않겠는가?" 하고 한탄하면서 눈물을 흘려 마지않았다.

－『목민심서』

✚ 세도 정권은 부정부패가 심각하였으며, 지방 사회에서 성장하던 상인과 부농들을 통치 집단 속으로 포섭하지 못하고 그들의 수탈의 대상으로 삼는 등 사회 전반을 인식하거나 새로운 질서를 만들어 가려는 능력을 지니지 못하였다.

비변사

　변방의 일은 병조가 주관하는 것입니다. …… 그런데 근래 변방 일을 위해 비변사를 설치했고, 변방에 관계되는 모든 일을 실제로 다 장악하고 있습니다. …… 혹 병조 판서가 참여하는 경우가 있기는 하지만 도리어 지엽적인 입장이 되어버렸고, 참판 이하의 당상관은 전혀 일의 내용을 모르고 있습니다. …… 청컨대 혁파하소서.

－『효종실록』

👍 농민들의 저항

19세기 세도 정치로 국가 기강이 해이해진 틈을 타 탐관오리의 부정과 탐학은 끝이 없었다. 삼정의 문란으로 극도에 달한 수령의 부정으로 인해 농촌 사회가 피폐하여 가는 가운데 농민의 사회 의식은 오히려 더욱 강해져 갔고, 농민은 지배층의 압제에 대하여 종래의 소극적인 자세에서 벗어나 적극적으로 그들과 대결하였다. 이러한 항거는 점차 농민 봉기로 변화되어 갔다. 농민의 항거 중에 가장 규모가 큰 것은 평안도에서 일어난 홍경래의 난과 단성에서 시작되고 진주로 파급되어 전국으로 확산된 임술 농민 봉기였다. 이러한 저항 속에 농민들의 사회 의식은 성장하였고, 양반 중심의 통치 체제도 점차 무너져 갔다.

배경

세도 정치기의 정치 기강 문란, 삼정의 문란으로 농촌 사회가 피폐해짐.

저항

소청, 벽서, 괘서 등 소극적 저항에서 적극적인 농민 봉기로 변화

홍경래의 난

몰락 양반 홍경래의 주도하에 영세농·중소 상인·광산 노동자 등이 가세

임술 농민 봉기

단성에서 시작되어 진주로 파급된 후 전국적으로 확산

✚ 홍경래의 난은 조선 후기의 사회·경제적 변화에 따라 생겨난 광범위한 유민층과 광산 노동자, 세도 정치에 반감을 가지고 있던 몰락 양반층이 가담한 대규모 농민 봉기였다. 평안도 지방에 대한 정부의 차별 정책과 가뭄으로 인한 흉년도 봉기의 규모를 확대시킨 요인이 되었다.

👍 홍경래의 난 ≫41회 중급 28번

이 그림은 순무영진도입니다. 1811년 평안도 지역에서 일어난 [홍경래의 난]을/를 진압하기 위해 파견된 순무영군이 정주성을 포위하고 있는 모습을 그린 것입니다.

👍 임술 농민 봉기

금번 진주의 난민들이 소란을 일으킨 것은 오로지 전 경상 우병사 백낙신이 탐욕스러워 백성을 침학했기 때문입니다. 경상 우병영의 환곡 결손[還逋] 및 도결(都結)*에 대해 시기를 틈타 한꺼번에 6만 냥의 돈을 가호(家戶)에 배정하여 억지로 부과하려고 하니, 민심이 크게 들끓고 백성들의 분노가 폭발하여 전에 듣지 못했던 소란이 발생하기에 이른 것입니다.

– 『철종실록』

*도결: 각종 명목의 조세를 토지에 부과하여 징수함.

1 세도 정치의 전개

1. 세도 정치

(1) 순조~철종 때까지의 3대왕 60여 년간

(2) 정조 사후 어린 왕들이 즉위하면서 국왕의 외척 가문에 권력이 집중
　　　　　　　　　　　　　　　└▶안동 김씨, 풍양 조씨

2. 정치 기강 문란

(1) 비변사가 핵심 기구로 성장

(2) 매관매직·과거 시험에서의 부정 성행

(3) 삼정의 문란

　　① 전정: 과도한 소작료, 지주들이 조세를 소작농에게 전가

　　② 군정: 인징·족징, 죽은 사람·어린이에게 군포를 부과
　　　　　　　　　　└▶백골징포　　└▶황구첨정

　　③ 환곡: 과도한 이자, 강제 대여 등으로 농민층에 극심한 고통

💡 세도 정치
- 안동 김씨: 순조가 11살의 어린 나이로 즉위하자, 왕의 장인이었던 김조순이 정치적 실권을 장악하였다.
- 풍양 조씨: 헌종이 8살의 나이로 즉위하자 왕의 외조부인 조만영이 권력을 잡았다.

2 농민들의 저항

1. 소극적 저항(탐관오리 비방, 괘서 등) ➡ 적극적 저항(납세 거부, 시위, 관아 습격 등)

2. 홍경래의 난(1811)

(1) 배경: 부정부패와 서북 지역(평안도) 차별

(2) 경과

　　① 몰락 양반 출신 홍경래의 주도로 봉기

　　② 농민·상인·광산업자 가세, 청천강 이북 지역 장악

　　③ 정주성 전투 패배로 진압

홍경래의 격문

평서 대원수는 급히 격문을 띄우노라. 무릇 관서 지방은 단군 조선의 터전으로 예부터 문물이 융성한 곳이다. 임진왜란 때는 나라를 지키는 데 공을 세웠다. 그러나 조정에서는 서쪽 땅을 더러운 흙처럼 버렸다. 심지어 권세 있는 가문의 노비들조차 서쪽 땅 사람들을 보면 반드시 평안도놈이라 일컫는다. 어찌 억울하고 원통하지 않겠는가?

3. 임술 농민 봉기(1862)

(1) 배경: 경상 우병사 백낙신의 과도한 수탈

(2) 경과

　① 진주 지역 몰락 양반 유계춘의 주도로 봉기

　② 삼남 지방을 비롯, 함흥 및 제주도까지 전국적으로 확산

(3) 정부의 대응

　① 안핵사·암행어사 파견

　② 삼정이정청 설치
　　　└▶ 별다른 성과를 거두지 못함.

🗒️기출 맛보기

(가)에 들어갈 사건으로 옳은 것은? 32회 초급 28번

[2점]

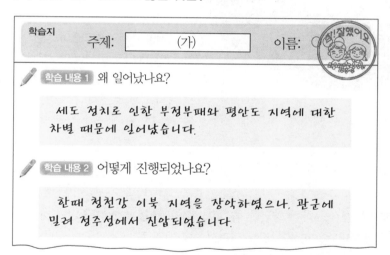

① 만적의 난

② 이자겸의 난

③ 홍경래의 난

④ 망이·망소이의 난

대동법을 실시하다

조선 후기 수취 체제의 개편

▷ 출제방향
• 수취 체제의 문란을 이해한다.
• 변화된 수취 체제를 이해한다.

🔍 한눈에 보기

👍 수취 체제의 문란

군역
군역의 요역화와 군역 기피에 따른 방군수포와 대립이 성행하여 군포 징수제가 확산

공납
방납의 폐단과 인징·족징으로 유망 농민이 급증하자, 이이와 유성룡이 수미법(공물을 현물 대신 쌀로 납부하도록 한 제도)을 주장함.

환곡
지방 수령과 향리들이 정한 이자보다 많이 거두어 사적으로 사용하는 폐단이 나타나 고리대로 전락

○ 백성으로 농지를 가진 자가 없고, 농지를 가진 자는 오직 부유한 상인과 사족의 집뿐입니다.

– 「중종실록」

○ 근래 도적이 벌 떼처럼 일어나 공공연하게 노략질을 하며 양민을 죽이고 방자한 행동을 거리낌 없이 하여도 주현에서 막지 못하고 병사도 잡지 못하니, 그 형세가 점점 커져서 여러 곳으로 퍼지고 있습니다. 심지어 서울에서도 떼로 일어나 빈집에 진을 치고 밤이면 모였다가 새벽이면 흩어지고 칼로 사람을 다치게 합니다.

– 「명종실록」

○ 지방에서 토산물을 공물로 바칠 때, (중앙 관청의 서리가) 공납을 일체 막고 본래 값의 백배가 되지 않으면 받지도 않습니다. 백성이 견디지 못하여 세금을 못 내고 도망하는 자가 줄을 이었습니다.

– 「명종실록」

✚ 16세기 이후 수조권만으로 양반의 특권을 보장받지 못하자, 양반들은 토지에 대한 소유권을 강화시켜 자신의 토지를 늘리고 넓어진 토지를 농민에게 소작을 주기 시작하였다. 이러한 지주 전호제의 발달로 생산량의 2분의 1을 지주에게 바쳐야 하는 농민들의 생활은 더욱 어려운 처지에 놓이게 되었다. 게다가 수취 체제의 문란으로 공납의 경우에는 방납이, 군역에서는 방군수포와 대립이, 환곡은 지방 수령과 향리에 의해 고리대처럼 변질되어 농민의 생활은 더욱 악화되었다. 결국 많은 농민들이 유민이 되고 그중 일부는 도적이 되었다.

👍 수취 체제의 변천 과정

📍 전세의 변천 과정

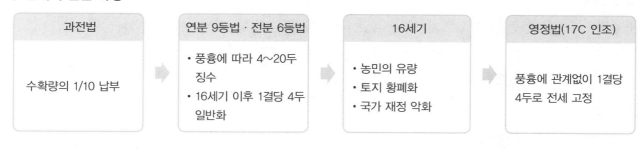

과전법	연분 9등법·전분 6등법	16세기	영정법(17C 인조)
수확량의 1/10 납부	• 풍흉에 따라 4~20두 징수 • 16세기 이후 1결당 4두 일반화	• 농민의 유량 • 토지 황폐화 • 국가 재정 악화	풍흉에 관계없이 1결당 4두로 전세 고정

📍 군역의 변천 과정

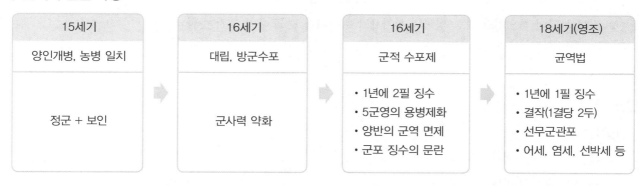

15세기	16세기	16세기	18세기(영조)
양인개병, 농병 일치	대립, 방군수포	군적 수포제	균역법
정군 + 보인	군사력 약화	• 1년에 2필 징수 • 5군영의 용병제화 • 양반의 군역 면제 • 군포 징수의 문란	• 1년에 1필 징수 • 결작(1결당 2두) • 선무군관포 • 어세, 염세, 선박세 등

👍 대동법

> 좌의정 이원익의 건의로 이 법을 비로소 시행하여 백성의 토지에서 미곡을 거두어 서울로 옮기게 했는데, 먼저 경기에서 시작하고 드디어 선혜청을 설치하였다. …… 우의정 김육의 건의로 충청도에도 시행하게 되었으며 …… 황해도 관찰사 이언경의 상소로 황해도에도 시행하게 되었다.
>
> – 『만기요람』

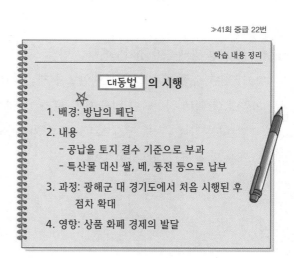

≫41회 중급 22번

학습 내용 정리

대동법 의 시행
✦
1. 배경: 방납의 폐단
2. 내용
   - 공납을 토지 결수 기준으로 부과
   - 특산물 대신 쌀, 베, 동전 등으로 납부
3. 과정: 광해군 대 경기도에서 처음 시행된 후 점차 확대
4. 영향: 상품 화폐 경제의 발달

👍 균역법

> 50만 호가 져야 할 양역을 10여만 호가 감당해야 하니 한 집안에 남자가 4, 5명이 있어도 모두 군역에서 벗어나지 못합니다. 그리고 한 사람의 신포(身布) 값이 4, 5냥이니 한 집안의 4, 5명에 모두 소용되는 비용은 20여 냥이나 됩니다. …… 비록 날마다 매질을 하여도 그것을 마련할 수 없어 마침내는 죽지 않으면 도망을 가게 됩니다.
>
> – 『영조실록』

1 전세

1. 배경

(1) 전분 6등법·연분 9등법 체제에서 매년 세율을 계산하는 것에 어려움을 느낌.

(2) 관리들의 과도한 수취로 인한 농민들의 고통

2. 영정법

(1) 1635년 인조 때 제정됨.

(2) 전세를 풍흉에 관계없이 토지 1결당 미곡 4두로 고정

(3) 전세 부담이 줄었지만 각종 명목의 부가세가 징수되어 큰 도움이 되지 못함.

2 공납

1. 배경

(1) 특산물 품목 선정과 조달 과정에서 어려움을 느낌.

(2) 16세기 이후 관리들이 특정 상인과 결탁하여 이득을 취하는 방납의 폐단 발생

2. 대동법

(1) 1608년 광해군이 경기도에서 시범적으로 시행

(2) 1708년 숙종 때 함경도와 평안도를 제외한 전국에서 실시

(3) 가호 단위로 징수하던 현물 대신 토지 1결당 미곡 12두 징수(공납의 전세화)

(4) 쌀 대신 삼베·무명·동전으로도 납부 가능(조세의 금납화)

(5) 현물은 공인을 고용하여 구매

➡ 상품 화폐 경제의 발전

📖 공인

조선 후기 중앙의 각 관부에 필요한 물자의 조달을 맡았던 상인으로, 이들 중 일부는 자본을 축적하여 독점적 도매 상인인 도고로 성장하였다.

3 역

1. 배경

(1) 5군영 성립으로 모병제 일반화

➡ 1년에 2필의 군포를 납부하는 것으로 군역 대체

(2) 군포 이중·삼중 징수, 도망자 증가로 인한 농민의 부담 증가

2. 균역법

(1) 1750년 영조가 균역청을 설치하고 균역법을 제정

(2) 군포 납부량을 1년 1필로 경감

(3) 재정 부족분 보충

   ① 결작 징수: 지주들에게 토지 1결당 미곡 2두 징수

   ② **선무군관포**: 일부 부유한 상민에게 선무군관이라는 칭호를 주고 군포를 부과

   ③ 어장세, 선박세, 어염세 등 징수

(4) 결작의 부담이 소작농에 전가, 군적 문란으로 농민 고통

♀ 선무군관포

지방의 토호나 부유한 집안의 자제 중에서 선발한 무관을 선무군관이라고 하는데, 이들은 해마다 국가에 베 1필을 납부하였다.

28
~
46

📋 기출 맛보기

(가)에 해당하는 제도로 옳은 것은? 41회 중급 22번　　　　　　　　　　[1점]

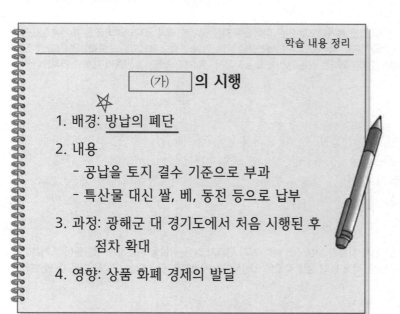

학습 내용 정리

(가) 의 시행

☆

1. 배경: 방납의 폐단

2. 내용
 - 공납을 토지 결수 기준으로 부과
 - 특산물 대신 쌀, 베, 동전 등으로 납부

3. 과정: 광해군 대 경기도에서 처음 시행된 후
　　점차 확대

4. 영향: 상품 화폐 경제의 발달

① 균역법　　　② 대동법　　　③ 영정법

④ 직전법　　　⑤ 호포법

정답 분석

(가)는 대동법이다. 대동법은 농민들의 공납의 부담을 줄여주고 방납의 폐단을 없애기 위해 광해군 때 실시했던 조세 정책이다.

오답 풀이

① 균역법은 영조 때 군역의 폐단을 시정하기 위해 실시한 정책이다.

③ 영정법은 조선 후기 영조 때 실시한 전세 제도이다.

④ 직전법은 세조 때 현직 관리에게만 수조권을 지급하는 제도이다.

⑤ 호포법은 흥선 대원군 때 실시한 정책이다.

정답　②

이앙법이 널리 보급되다

조선 후기의 경제

▷ **출제방향**
- 이앙법의 보급으로 인한 사회 변화를 이해한다.
- 조선 후기의 경제 체제를 이해한다.

한눈에 보기

👍 모내기법(이앙법)의 보급

> - 직파는 가뭄을 당해도 한 번 비가 오면 뿌리를 내리고 잘 자라나 이앙은 비를 기다리다가 조금만 가뭄을 만나도 마침내 속수무책으로 농사지을 때를 놓친다.
> - 이앙은 본래 그 금령이 지극히 엄한데, 근래 소민이 농사를 게을리하고 이익을 탐하여 광작을 하면, 그 형세가 매해 늘어나 지금은 여러 도에 두루 퍼져 있으니 모두 금지하기 어렵다.
>
> – 『비변사등록』

➕ 고려 말부터 남부 지방의 일부 지역에서 시행되었던 모내기법은 봄가뭄으로 인한 피해를 우려한 정부에 의해 금지되었다. 조선 후기에 농민들의 수리 시설 복구 및 개선 노력을 바탕으로 모내기법이 전국적으로 확산되었다. 모내기법을 통해 단위 면적당 투입되는 노동력을 절감할 수 있어 1인당 경작 면적이 확대되어 광작이 가능해졌다. 그러나 광작의 확대는 많은 농민들을 토지에서 이탈시킴으로써 농민층의 분화를 가져왔다.

👍 상품 작물의 재배

> 농민이 밭에 심는 것은 곡물만이 아니다. 모시, 오이, 배추, 도라지 등의 농사도 잘 지으면 그 이익이 헤아릴 수 없이 크다. 도회지 주변에는 파밭, 마늘밭, 배추밭, 오이밭 등이 많다. 특히, 서도 지방의 담배밭, 북도 지방의 삼밭, 한산의 모시밭, 전주의 생강밭, 강진의 고구마밭, 황주의 지황밭에서의 수확은 모두 상상등전의 논에서 나는 수확보다 그 이익이 10배에 이른다.
>
> – 『경세유표』

➕ 조선 후기에 장시가 확대되고 상품의 유통이 활발해지면서 시장의 상품으로 내다 팔기 위해서 상품 작물을 재배하는 사람들이 증가하였다. 주로 경영형 부농들의 의해 확산된 채소, 약재, 담배, 인삼, 목화 등의 상품 작물은 일반적인 농사보다도 훨씬 많은 이익을 얻을 수 있었다.

👍 조선 후기의 광산촌

> 황해도 관찰사의 보고에 의하면, 수안에는 본래 금광이 다섯 곳이 있었다. …… 지난해 장마가 심해 작업이 중지되어 광꾼들 대부분이 흩어졌다. 금년(1799) 여름에 새로이 39개소의 금혈을 팠는데, 550여 명의 광꾼이 모여들었다. 이들은 일부가 도적의 무뢰배들이었지만, 대부분은 사방에서 이득을 좇아 몰려온 무리들이다. 그리하여 금점 앞에는 700여 채의 초막이 세워졌고, 광꾼과 그 가족, 좌고, 행상, 객주 등 인구도 1,500여 명에 이른다. 갑자기 많은 사람들이 모여들어 그곳에서는 생필품의 값이 폭등하는 사태가 종종 일어나고 있었다.
>
> – 『비변사등록』

➕ 조선 후기에는 민간인에 의한 광산 개발이 활발하였는데, 이앙법과 광작으로 인해 농촌으로부터 유리된 농민들이 광산촌으로 몰려들었다. 이들은 임노동자가 되어 생계를 유지하였다.

👍 포구에서의 상업 활동

우리나라는 동·서·남의 3면이 모두 바다이므로, 배가 통하지 않는 곳이 거의 없다. 배에 물건을 싣고 오가면서 장사하는 장사꾼은 반드시 강과 바다가 이어지는 곳에서 이득을 얻는다. 전라도 나주의 영산포, 영광의 법성포, 흥덕의 사진포, 전주의 사탄은 비록 작은 강이나, 모두 바닷물이 통하므로 장삿배가 모인다. 충청도 은진의 강경포는 육지와 바다 사이에 위치하여 바닷가 사람과 내륙 사람이 모두 여기에서 서로의 물건을 교역한다. 매년 봄, 여름에 생선을 잡고 해초를 뜰 때에는 비린내가 마을에 넘치고, 큰 배와 작은 배가 밤낮으로 포구에 줄을 서고 있다.

－『택리지』

➕ 조선 시대에는 도로가 발달하지 않았기 때문에 물자의 운송은 대개 수로를 이용하여 이루어졌다. 이로 인해 강이나 바다의 포구가 교역의 중심지로 성장하였으며, 상품의 매매를 중개하고 부수적으로 운송·보관·숙박·금융 등의 영업을 하는 객주와 여각 등 새로운 형태의 상인들도 출현하게 되었다.

28
－
46

👍 조선 후기의 무역

17세기 중엽부터 청과의 무역이 활발해지면서 국경 지대를 중심으로 공적 무역인 개시와 사적 무역인 후시가 형성되었다. 또한, 17세기 이후 일본과의 관계 정상화로 왜관 개시를 통한 대일 무역도 활기를 띠기 시작하였다. 대청 무역에서는 의주의 만상, 대일 무역에서는 동래의 내상이 활발히 활동하였고, 개성의 송상은 양자를 중계하면서 큰 이득을 남기기도 하였다.

👍 도고의 활동

그(허생)는(은) 안성의 한 주막에 자리잡고서 밤, 대추, 감, 배, 귤 등의 과일을 모두 사들였다. 허생이 과일을 도거리로 사 두자, 온 나라가 잔치나 제사를 치르지 못할 지경에 이르렀다. 따라서 과일값은 크게 폭등하였다. 허생은 이에 10배의 값으로 과일을 되팔았다. 이어서 허생은 그 돈으로 곧 칼, 호미, 삼베, 명주 등을 사 가지고 제주도로 들어가 말총을 모두 사들였다. 말총은 망건의 재료였다. 얼마 되지 않아 망건값이 10배나 올랐다. 이렇게 하여 허생은 50만 냥에 이르는 큰돈을 벌었다.

－『연암집』, 「허생전」

➕ 조선 후기 상품 화폐 경제가 발달하면서 공인이나 사상들 가운데 일부는 재산을 축적하여 독점적인 도매 상인으로 성장하기도 하였다. 이들을 도고라고 하는데, 이들은 자본력을 바탕으로 매점매석을 통해 독점 판매함으로써 많은 이득을 올렸다. 조선 후기에는 도고들이 쌀을 매점매석하여 쌀값이 폭등하자 도시 빈민들이 폭동을 일으키기도 하였다.

① 농업의 발전과 변화

1. 이앙법 확산

(1) 벼·보리의 이모작

(2) 이앙법 확산 ➡ 노동력 절감·수확량 증가로 생산성 증대 ➡ 부농층 성장, 광작 현상

2. 상품 작물 재배

(1) 장시 발달, 인삼·목화·담배·채소 등 상품 작물 재배 증가

(2) 쌀의 상품화 ➡ 밭을 논으로 바꾸는 현상이 나타남.

3. 농업 경영의 변화

(1) 수조권 제도 소멸로 지주전호제 확산, 소작 쟁의 빈발

(2) 소작료 수취 방식 변화
　　① 타조법(비율제) ➡ 도조법(정액제)
　　② 지주와 소작인의 관계가 사회적·종속 관계에서 경제적·계약적 관계로 전환

4. 농민층의 분화

(1) 광작과 지주 전호제 일반화로 소수의 지주가 경작지 독점, 경제·사회적 성장

(2) 토지가 없는 농민들은 노동자로 전환 ➡ 상공업 종사, 광산·포구의 임노동자로 종사

② 산업 발달

1. 수공업

(1) 민영 수공업 발전: 장인세를 납부하고 자유롭게 제품을 생산하여 판매

(2) 선대제 수공업: 제품 생산 전 자본과 원료를 받아 제품을 생산하는 방식

2. 상업

(1) 상품 화폐 경제의 발달

(2) 사상의 성장
　　① 객주·여각: 포구에서 매매 중개·금융업·숙박업 등에 종사
　　② 경강상인(한강), 송상(개성), 만상(의주), 유상(평양), 내상(동래) 등이 유명함.
　　③ 일부는 독점적 도매 상인인 도고로 성장, 매점매석 행위로 이윤 확보

(3) 통공 정책(신해통공): 육의전을 제외한 시전 상인의 금난전권 폐지

3. 민영 광산의 증가

(1) 설점수세제: 민간에 채굴을 허용하고 세금 징수

(2) 청과의 무역 증가로 은 수요 증가 ➡ 은광 개발 활발, 잠채 성행

(3) 덕대가 물주로부터 자본을 조달받아 노동자를 고용하여 운영

💡 **선대제**
상인이 농민이나 수공업자에게 생산에 필요한 자금이나 원료를 미리 빌려주고 생산하게 하는 체제이다.

💡 **설점수세제**
17세기 중엽 정부가 민간인에게 광산 경영을 허용하고 그 대가로 세금을 거두었던 제도이다.

💡 **잠채**
광물을 몰래 채굴하거나 채취하는 것을 뜻한다.

💡 **덕대**
광산 주인과 계약을 맺고 광물을 채굴하는 광산 경영 전문가를 뜻한다.

4. 화폐: 동전 수요 급증, 상평통보 전국 유통, 전황 발생

5. 대외 무역

   (1) 대청 무역: 개시(공무역)와 후시(사무역)

   (2) 대일 무역: 동래에 설치된 왜관에서 거래

기출 맛보기

다음 자료에 나타난 시기의 경제 상황으로 옳지 않은 것은? 44회 중급 25번   [2점]

> 모시, 삼, 오이, 참외 등 온갖 채소와 약재 농사도 잘 지으면 밭 한 고랑에서 얻는 이익이 헤아릴 수 없이 크다. 한성 내외 및 번화한 도시의 파 밭, 마늘 밭, 배추 밭, 오이 밭 10무(畝) 넓이에서 거두는 수입이 수만 전(錢,) 즉 수백 냥을 헤아린다. 황해도·평안도의 담배 밭, 함경도의 삼 밭, 한산의 모시 밭, 전주의 생강 밭, 강진의 고구마 밭, 황주의 지황 밭에서 얻는 이익은 상상(上上) 등급의 논에 비해 10배에 달한다.
>
> — 『경세유표』

① 덕대가 광산을 경영하였다.

② 모내기법이 전국적으로 확산되었다.

③ 벽란도에서 송과의 교역이 성행하였다.

④ 독점적 도매상인인 도고가 활동하였다.

⑤ 정기 시장인 장시가 전국 각지에서 열렸다.

정답 분석 ⊕

자료는 조선 후기 실학자 정약용의 저서인 『경세유표』의 일부로, 상품 작물 재배가 확대된 상황을 보여주고 있다. 조선 후기에는 모내기법의 전국 보급으로 농업 생산성이 크게 향상되었고, 수공업 생산과 광산 개발 역시 발달하여 상품 화폐 경제가 발달하였다. 전문적으로 광산을 경영하는 덕대가 나타났고, 장시가 전국적으로 확산되어 사상들의 활동이 활발해졌다. 사상들 중 일부는 독점적 도매상인인 도고로 발전하기도 하였다.

오답 풀이 ⊘

③ 벽란도는 고려 시대 최대 무역항으로, 이곳을 통해 송·아라비아 상인들과 교역하였다.

정답   ③

주제

42

조선 후기의 사회

▷ **출제방향**
- 조선 후기 신분제의 변화를 이해한다.
- 부계 중심의 사회 제도를 이해한다.

한눈에 보기

👍 조선 후기의 신분제 동요

> ○ 옷차림은 신분의 귀천을 나타내는 것이다. 그런데 어찌 된 까닭인지 근래 이것이 문란해져 상민과 천민이 갓을 쓰고 도포를 입는 것이 마치 조정의 관리나 선비같이 한다. 진실로 한심스럽기 짝이 없다. 심지어, 시전 상인이나 군역을 지는 상민까지도 서로 양반이라 부른다.
>
> – 『일성록』
>
> ○ 근래 아전의 풍속이 나날이 변하여 하찮은 아전이 길에서 양반을 만나도 절을 하지 않으려 한다. 아전의 아들, 손자로서 아전의 역을 맡지 않은 자가 고을 안의 양반을 대할 때, 맞먹듯이 너나하며 자(子)를 부르고 예의를 차리지 않는다.
>
> – 『목민심서』

✚ 조선 후기 부를 축적한 농민들은 재력을 바탕으로 공명첩을 사거나 족보를 위조하여 신분을 상승시켰으며, 노비는 군공과 납속으로 신분을 상승시켰다. 중인 계층도 신분 상승 운동을 활발히 전개하여 사회적 지위를 향상시키기 위하여 노력하였다. 제시된 자료는 상민들이 서로 '양반'이라는 호칭을 쓰는 것이 일반화되고, 중인들이 양반에게도 굳이 예를 취하지 않는 등 신분제가 동요하고 있음을 보여주고 있다.

👍 중간 계층의 신분 상승 운동

> 우리나라에서는 서얼을 금고시킨 지 300여 년이나 되었습니다. …… 조정에서는 오로지 문벌만을 숭상하여 인재를 버린다는 탄식이 있게 되었으며, 사가에서는 지나치게 명분을 엄격히 하여 마침내 인륜을 파괴하는 단서가 되고 말았습니다.
>
> – 『연암집』

✚ 서얼은 양반의 자손으로 첩의 소생을 말하는데, 이들은 관직 진출에 많은 제약을 받았다. 조선 후기에는 서얼이 신분 상승을 위해 상소 운동을 전개하여 정조 때에는 규장각 검서관으로 진출하기도 하였다.

👍 재가 금지

경전에 이르기를 "믿음은 부인의 덕이다. 한번 남편과 혼인하면 종신토록 고치지 않는다."라고 하였다. 이 때문에 삼종의 의가 있고, 한번이라도 어기는 예가 없는 것이다. 세상의 도덕이 날로 나빠진 뒤로부터 여자의 덕이 정숙하지 못하여 사족의 딸이 예의를 생각지 아니해서 혹은 부모 때문에 절개를 잃고, 혹은 자지해서 재가하니, 한갓 자기의 가풍을 파괴할 뿐만 아니라, 실로 성현의 가르침에 누를 끼친다. 만일, 엄하게 금령을 세우지 않는다면, 음란한 행동을 막기 어렵다. 이제부터 재가한 여자의 자손은 관료가 되지 못하게 하여 풍속을 바르게 하라.

－『성종실록』

✚ 고려 시대에는 과부의 재가가 비교적 자유로웠고, 그 자손도 차별을 받지 않았다. 그러나 조선 중기 이후 성리학적 명분론에 바탕을 둔 가부장적 가족 질서가 확립되면서 과부의 재가 금지를 비롯한 남존 여비 사상이 확대되었다. 삼종지도의 덕목처럼 여성은 어려서 아버지를 따르고, 혼인 후에는 남편을 따르며, 남편이 죽은 후에는 아들을 따라야 했다. 이는 여성을 독립된 인격으로 보지 않았던 당시의 인식을 반영한 것이다.

28
46

👍 서얼 허통 운동

영조 45년 이수득이 상소를 올려 서얼 허통을 청하였다. "옛날에는 융숭한 예와 폐백으로 이웃나라 선비를 대우하였습니다. 그러고도 그들이 오지 않을까 걱정하였습니다. 지금은 법으로 나라 안 인재를 묶었습니다. 그런데도 그들이 등용되면 어떻게 할까 염려합니다. …… 시골 천인의 자식은 때때로 훌륭한 벼슬을 하는데 세족, 명가의 서얼들은 자자손손 영원히 묶여 있습니다. 인재를 버리고 등용하는 것이 너무나 앞뒤가 맞지 않습니다.

－『규사』

✚ 서얼은 관직 진출의 제한을 없애 줄 것과 청 요직으로의 진출 허용을 요구하는 상소 운동을 전개하였다. 청요직은 홍문관, 사간원, 사헌부 등의 관직을 말하는데, 조선 시대 관리들이 선망하는 자리였다. 이 청요직을 거쳐야만 판서나 정승으로 진출하는 데 유리하였다. 그리하여 정조 때에는 유득공, 박제가, 이덕무 등이 규장각 검서관으로 등용되기도 하였다.

👍 공노비 해방

임금이 백성을 대할 때는 귀천이 없고 내외 없이 균등하게 적자(赤子)로 여겨야 하는데, 노(奴)라고 하고 비(婢)라고 하여 구분하는 것이 어찌 똑같이 동포로 여기는 뜻이겠는가. 내노비(內奴婢) 36,974명과 사노비(寺奴婢) 29,093명을 모두 양민으로 삼도록 허락하고 승정원에 명을 내려 노비 문서를 모아 돈화문 밖에서 불태우도록 하라.

－『순조실록』

1 신분제의 변동

1. 양반 몰락

(1) 특정 붕당의 권력 독점 현상으로 다수의 양반이 정권에서 멀어짐.

(2) 밀려난 양반들은 향촌에서 겨우 위세를 유지하거나 평민과 비슷한 처지가 됨.

2. 양반 수의 증가

(1) 농업 발달과 상품 화폐 경제 발달로 부를 축적한 부농과 상인 증가

(2) 납속·공명첩 등 합법적 신분 상승과 족보 매입·위조 등으로 양반 수 증가

3. 중간 계층의 신분 상승

(1) 서얼 허통 운동 　→조선 시대 서얼들에게 금고법을 풀어 과거에 응시하도록 허락한 제도

　　① 꾸준한 상소로 허통 주장

　　② 정조 때 유득공·이덕무·박제가 등이 규장각 검서관으로 등용

(2) 중인들의 신분 상승 운동

　　① 시사(詩社)를 결성하여 양반과 비슷한 인문 교양 함양

　　② 철종 때 중인들의 대규모 소청 운동

4. 노비 해방

(1) 양반 증가로 인한 국가 재정 악화 ➡ 상민 수 증가 필요

(2) 노비종모법(영조), 공노비 해방(순조)

💡 공명첩

국가의 재정을 보충하기 위해 부유층에게 팔았던 명예직 임명장으로 이름 쓰는 부분이 비어있어서 공명첩이라고 하였다

2 가족 제도와 향촌 사회의 변화

1. 부계 중심 가족 제도 확립

(1) 혼인 후 남자 집에서 생활, 과부 재가 금지, 부계 위주 족보 편찬

(2) 장자가 제사 전담·재산 상속에서도 유리, 아들이 없으면 양자를 들이는 것이 일반적

2. 향촌 질서의 변화

(1) 양반층 분화와 부농층 성장으로 양반(사족)의 권위 약화

(2) 향전: 새롭게 양반층으로 성장한 부농층(신향)과 기존의 양반들(구향)의 대립

(3) 신향은 수령과 결탁하여 기존 양반 세력을 약화시키고 향촌 사회를 장악

(4) 향회는 부세 자문 기구로 전락

💡 향전

사족 중심의 향촌 지배 질서가 무너지고 지방관에 의한 통제가 강화되던 18세기 이후에 벌어진 구향과 신향의 대립을 뜻한다.

기출 맛보기

다음 대화가 이루어진 시기에 볼 수 있는 모습으로 적절하지 않은 것은? 42회 중급 23번   [2점]

요즘 향회 소식 들었는가?
양반도 아니었던 자들이
향회 운영에 참여하고 있다네.

들었네. 수령에게
돈을 주고 향안에 오른 자들이
향촌의 일을 결정하니
참 한심한 일이로군.

① 팔만대장경 조판에 참여하는 승리

② 나루터에서 탈춤 공연을 벌이는 광대

③ 시사(詩社)를 조직하여 활동하는 중인

④ 고추, 인삼을 상품 작물로 재배하는 농민

⑤ 저잣거리에서 이야기책을 읽어주는 전기수

정답 분석 ✚

양반이 아닌 사람이 향회에서 영향력을 행사하고 있다는 것을 통해 조선 후기의 모습임을 알 수 있다. 조선 후기에는 이앙법 확산과 상품 작물 재배로 인한 서민들의 경제·사회적 지위 향상으로 서민들도 문화생활을 즐기는 이들이 늘었다. 한글 소설과 판소리, 탈춤이 유행하고 전문 이야기꾼이 나타났으며, 수많은 민화가 남겨졌다. 한편 중인들은 시사를 조직하여 활동하기도 하였다.

오답 풀이 ✔

① 팔만대장경은 고려 시대 몽골의 침입 당시 강화도에서 제작되었다.

정답   ①

MEMO ✏

주제 43 실학의 발달

▷ 출제방향
- 실학의 두 학파를 이해한다.
- 실학자 정약용, 박지원 등을 이해한다.

🔍 한눈에 보기

👍 성리학의 변화

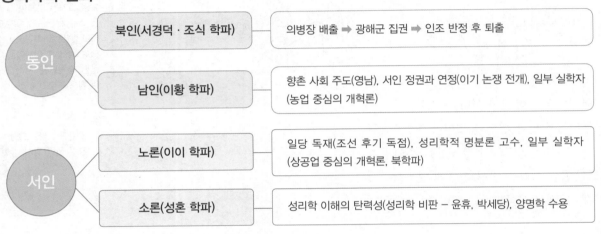

동인

- **북인(서경덕 · 조식 학파)** → 의병장 배출 ➡ 광해군 집권 ➡ 인조 반정 후 퇴출
- **남인(이황 학파)** → 향촌 사회 주도(영남), 서인 정권과 연정(이기 논쟁 전개), 일부 실학자 (농업 중심의 개혁론)

서인

- **노론(이이 학파)** → 일당 독재(조선 후기 독점), 성리학적 명분론 고수, 일부 실학자 (상공업 중심의 개혁론, 북학파)
- **소론(성혼 학파)** → 성리학 이해의 탄력성(성리학 비판 – 윤휴, 박세당), 양명학 수용

👍 실학의 두 학파

경세치용	VS	이용후생
유형원, 이익, 정약용		유수원, 홍대용, 박지원, 박제가
농업 중시의 개혁론 주장		상공업 중심의 개혁론 주장
토지 제도 개혁		상공업 진흥, 기술 혁신

📍 **유형원** ≫34회 중급 23번

조선 후기 실학자인 이 인물은 농민 생활의 안정을 중시하여 자신의 저서인 반계수록에서 균전론을 주장하였습니다. 이 인물은 누구일까요?

📍 **박지원** ≫40회 중급 27번

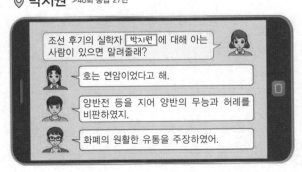

조선 후기의 실학자 박지원 에 대해 아는 사람이 있으면 알려줄래?

호는 연암이었다고 해.

양반전 등을 지어 양반의 무능과 허례를 비판하였지.

화폐의 원활한 유통을 주장하였어.

👍 정약용의 토지 개혁론

이제 농사짓는 사람은 토지를 갖게 하고 농사짓지 않는 사람은 토지를 갖지 못하게 하려면 여전제를 실시하여야 한다. 산골짜기와 시냇물의 지세를 기준으로 구역을 획정하여 경계를 삼고, 그 경계선 안에 포괄되어 있는 지역을 1여로 한다. …… 1여마다. 여장을 두며 무릇 1여의 인민이 공동으로 경작하도록 한다. …… 여민들이 농경하는 경우 여장은 매인 개개인의 노동량을 장부에 기록하여 두었다가, 가을이 되면 오곡의 수확물을 모두 여장의 집에 가져온 다음 분배한다. 이때 국가에 바치는 세와 여장의 봉급을 제하며, 그 나머지를 가지고 노동 일수에 따라 여민에게 분배한다

– 『여유당전서』

✚ 정약용은 농가 30호를 1여라고 하고 여장의 지휘아래 공동 경작하여 세금을 공제한 후, 노동량에 따라 수확량을 분배하는 일종의 공동 농장 제도를 실시하여 이를 통해 토지의 사유화와 빈부 격차 문제를 해소하려고 했다. 이는 토지의 겸병과 봉건적 관리들의 수탈을 제도적으로 막을 수 있다는 점에서 혁신적인 토지 개혁안이었으며, 또한 효과적인 군사 조직으로 활용할 수 있어 병농일치를 구현할 수도 있는 방안이었다. 하지만 당시 많은 땅을 소유한 집권층에게 이 제도는 도저히 수용될 수 없는 것이었다. 따라서 정약용은 여전론의 실현이 당장은 어렵다고 보고 후에 중국 고대의 정전제를 현실에 맞게 실시할 것을 주장하였다.

👍 상공업 중심의 개혁론

지금 양반이 명분상으로는 상공업에 종사하는 것을 부끄러워하지만 그들의 비루한 행동은 상공업자보다 심하다. 상공업은 말업이라 하지만 본래 부정하거나 비루한 일은 아니다. 상공업은 재간 없고 덕망 없음을 안 사람이 관직에 나가지 않고 스스로의 노력으로 물품 교역에 종사하며 남에게서 얻지 않고 자기 힘으로 먹고사는 것인데 어찌 천하거나 더러운 일이겠는가?

– 『우서』

✚ 유수원은 우서에서 상공업의 진흥과 기술의 혁신을 강조하면서 상업을 가볍게 여기는 것에 대해 비판하고 사농공상의 직업적 평등화와 전문화를 이룸으로써 상공업에 종사하는 풍토를 만들 것을 주장하였다. 또한 상점 개설, 우마차 이용, 광업, 수공업, 과수업, 목축업 등을 통한 증산, 소상인의 합자에 의한 자본 확대 방안 등을 거론하기도 하였다. 이러한 내용을 주장한 유수원은 이용후생 학파의 선구자로 평가되고 있다.

비유하건대, 재물은 대체로 샘과 같은 것이다. 퍼내면 차고, 버려두면 말라버린다. 그러므로 비단옷을 입지 않아서 나라에 비단 짜는 사람이 없게 되면 여공이 쇠퇴하고, 쭈그러진 그릇을 싫어하지 않고 기교를 숭상하지 않아서 공장하는 일이 없게 되면 기예가 망하게 되며, 농사가 황폐해져서 그 법을 잃게 되므로, 사농공상의 사민이 모두 곤궁하여 서로 구제할 수 없게 된다.

– 『북학의』

✚ 적극적인 상공업 진흥론자이자 기술 도입론자였던 박제가는 청나라에 다녀온 후 저술한 『북학의』에서 당시 유학자들이 미덕이라고 생각해 왔던 검소와 절약 정신이 생산을 위축시키고 경제 발전의 저해 요소가 된다고 비판하며 생산과 소비를 우물물에 비교하였다. 이는 생산을 자극하기 위해서는 절약보다 소비를 권장해야 한다는 것으로, 유통 경제의 중요성을 지적하고 당시 발전하고 있던 도시 상공업의 흐름을 반영한 것이다. 또한 박제가는 부국강병을 위해서는 선진국인 청의 문물을 받아들여야 한다는 북학론을 주장하기도 하였는데, 이러한 북학파의 실학사상은 19세기 후반에 개화사상으로 이어졌다.

1 실학의 등장

1. **성리학의 교조화**: 성리학이 조선 후기 사회 모순에 대한 해결책을 제시하지 못함.

2. 성리학의 한계를 극복하고 현실 문제를 해결하려는 <u>유학자들</u> 등장
   ↳ 이수광, 김육, 한백겸 등

2 농업 중심 개혁론

1. **농업 중심 개혁론(경세치용 학파)**: 토지 제도 개혁을 통한 자영농 육성 주장

2. **유형원**: 『반계수록』
   (1) 신분에 따라 차등을 둔 토지 재분배 주장
   (2) 양반 문벌 제도·과거 제도·노비 제도의 모순 비판

3. **이익**: 『성호사설』
   (1) **한전론**: 영업전 설정, 영업전 매매 금지로 농민들의 생계 안정 추구
   (2) 6좀(양반 문벌 제도, 과거 제도, 노비 제도, 사치와 미신, 게으름, 승려) 규정

4. **정약용**: 『목민심서』, 『경세유표』, 『흠흠신서』
      ↳지방 행정 ↳중앙 행정 ↳형벌
   (1) 신유박해에 연루, 전남 강진에서 18년간 유배 생활
   (2) 여전론: 토지 공동 소유·공동 경작·공동 분배 방식의 공동 농장 제도 주장
   (3) 정전제: 토지를 9등분하여 8곳을 농민에게 나누어 주고 한 곳의 수확물은 조세로 납부
   (4) 거중기 설계 ➡ 화성 건설에 이용, 배다리 설계 ➡ 정조의 화성 행차 시 이용

> 💡 **한전론과 영업전**
> 한전론이란 한 가정의 생활을 유지하는 데 필요한 규모의 토지를 영업전으로 정하고 영업전의 매매는 금지하되, 영업전 이외의 토지 매매는 허용하도록 하자는 주장이었다.

3 상공업 중심 개혁론

1. **상공업 중심 개혁론(북학파, 이용후생 학파)**: 청 문물 수용과 상공업 발전·기술 혁신 주장

2. **유수원**: 『우서』
   (1) 상공업 진흥과 기술 혁신을 통한 생산성 증대 주장
   (2) 사농공상의 직업적 평등·전문화 주장

3. **홍대용**: 『의산문답』
   (1) 기술 혁신·문벌 제도 철폐·성리학 극복 강조
   (2) 지전설·무한 우주론 주장, 중국 중심 세계관 비판

4. 박지원: 『열하일기』, 「호질」, 「허생전」, 「양반전」

    (1) 청에 다녀온 뒤 저술한 『열하일기』를 통해 수레·선박의 이용과 화폐 유통 주장

    (2) 양반 문벌 제도의 비생산성 비판

    (3) 토지 소유의 상한선을 설정하는 한전론 주장

5. 박제가: 『북학의』

    (1) 청 문물 수용 주장

    (2) 생산 자극을 위해 소비 권장(우물론)

📋 기출 맛보기

(가)에 들어갈 문화유산으로 옳은 것은? 36회 초급 27번 [2점]

문화유산카드

(가)

- 지은이: 박제가
- 지은 연도: 1778년
- 소개: 청에 다녀와서 보고 들은 것을 정리한 책으로 수레, 벽돌, 수차 등의 사용을 장려하고 생산을 늘리기 위해 소비의 중요성을 강조함.

①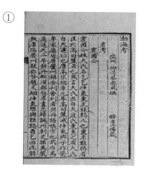
발해고

②
북학의

③
목민심서

④
자산어보

정답 분석 ⊕

(가)에 들어갈 책은 조선 후기 실학자 박제가가 쓴 『북학의』다. 『북학의』는 청나라의 선진 문물을 수용하고 상업을 진흥하고자 하는 내용이 담겨 있다.

오답 풀이 ✓

① 『발해고』는 유득공이 쓴 남북국 시대의 역사서이다.

③ 『목민심서』는 정약용이 쓴 수령이 지켜야 할 지침을 적은 책이다.

④ 『자산어보』는 정약전이 글로 쓴 어류도감이다.

정답   ②

국학 연구의 확대

▷ **출제방향**
- 조선 후기 역사서와 의서를 이해한다.
- 대동여지도 등을 이해한다.

한눈에 보기

역사서		
안정복	『동사강목』	고조선 ~ 고려 말까지의 역사를 체계적으로 정리함.
유득공	『발해고』	발해와 통일신라의 남북국의 역사 정리함.
이긍익	『연려실기술』	조선의 정치와 문화를 실증적으로 정리함.

지리서		
정약용	『아방강역고』	우리나라의 국경 · 변방의 역사를 고증한 역사 지리지
이중환	『택리지』	각 지방의 환경과 인심, 풍속 등을 기록한 인문 지리서

지도		
정상기	동국지도	최초로 100리 척 사용함.
김정호	대동여지도	산맥 · 하천 · 포구 등을 자세히 표시함.

👍 한글 및 한자음 관계 연구서

한자의 음으로 다른 한자음을 표현하면 정확히 전달되지 않는데 한글을 가지고 음을 기록하면 바르게 전해지니 올바른 음을 제대로 유지할 수 있다. 또 한문은 간결하게 뜻을 전하는 것을 중시하니 정확한 의미를 전달하기 어려우나 한글은 뜻을 그대로 전하여 조금도 의심나는 곳이 없으니 부녀자들이 쓰는 글이라고 해서 소홀히 해서는 안 된다.

– 『언문지』

👍 대동여지도

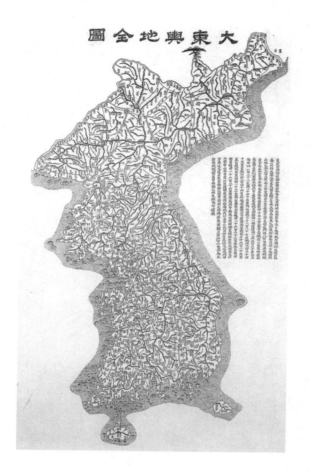

대동여지도

- 김정호
- 22개로 지도를 나누어 보관
- 목탁본으로, 대량 생산이 가능
- 10리마다 점을 찍어 거리를 계산
- 1:162000의 축척을 사용
- 지도표를 통해 손쉽게 지도를 읽는 것이 가능
- 산맥·하천·포구 등을 상세하게 표시

👍 조선 역사서의 변천

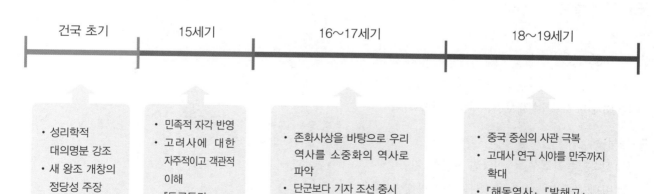

건국 초기	15세기	16~17세기	18~19세기
• 성리학적 대의명분 강조 • 새 왕조 개창의 정당성 주장 • 『고려국사』	• 민족적 자각 반영 • 고려사에 대한 자주적이고 객관적 이해 • 『동국통감』, 『고려사절요』	• 존화사상을 바탕으로 우리 역사를 소중화의 역사로 파악 • 단군보다 기자 조선 중시 • 『동국사략』, 『기자실기』	• 중국 중심의 사관 극복 • 고대사 연구 시야를 만주까지 확대 • 『해동역사』, 『발해고』, 『동사강목』

1 국사

1. 안정복:『동사강목』

   (1) 고조선~고려 말까지의 역사를 체계적으로 정리

   (2) 단군-기자-삼한으로 이어지는 독자적 정통론 제시

2. 이긍익:『연려실기술』 – 조선의 정치와 문화를 실증적으로 정리

3. 한치윤:『해동역사』 – 중국과 일본의 자료 500여 종을 참고하여 편찬

4. 유득공:『발해고』 – 남북국사 정리

5. 이종휘:『동사』 – 고구려 중심 역사 서술

2 지리

1. 한백겸:『동국지리지』 – 고대 지명 고증

2. 정약용:『아방강역고』 – 우리나라 강역 고증

3. 이중환:『택리지』 – 인문 지리서, 각 지방의 환경과 인심·풍속 등을 기록

4. 정상기: 동국지도 – 최초로 100리 척 사용

5. 김정호: 대동여지도 – 산맥·하천·포구 등을 자세히 표시

3 기타 서적

1. 의서

   (1) 허준:『동의보감』 – 전통 한의학 체계 정리

   (2) 정약용:『마과회통』 – 서양의 종두법 소개

   (3) 이제마:『동의수세보원』 – 사상의학 확립

2. 농서

   (1) 신속:『농가집성』 – 이앙법 보급에 기여

   (2) 박세당:『색경』 – 상품 작물 재배 확대에 기여

3. 언어

   (1) 신경준:『훈민정음운해』 – 국어 음운 연구서

   (2) 유희:『언문지』 – 한글 및 한자음 관계 연구서

4. 백과사전

   (1) 이수광:『지봉유설』 – 조선과 중국의 문물 정리

   (2) 홍봉한(관찬):『동국문헌비고』 – 왕명으로 국가에서 편찬, 문물 정리

   (3) 서유구:『임원경제지』 – 농촌 생활 백과사전

5. 금석문

   김정희:『금석과안록』 – 북한산비가 진흥왕 순수비임을 밝힘.

28
~
46

기출 맛보기

(가)에 들어갈 내용으로 옳은 것은? 16회 초급 22번   [2점]

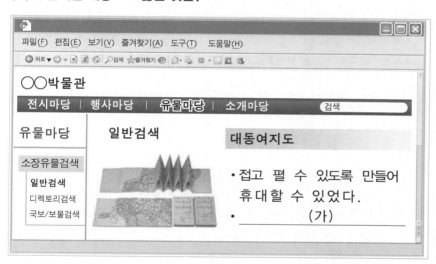

① 조선 후기에 정약용이 만들었다.

② 우리나라 최초의 세계 지도이다.

③ 목판으로 제작하여 찍어낸 지도이다.

④ 고을의 유래, 특산물 등이 자세히 기록되어 있다.

정답 분석

제시된 자료는 대동여지도로 목판으로 제작된 분첩절첩식의 조선 후기 지도이다.

오답 풀이

① 대동여지도는 김정호가 만들었다.

② 대동여지도는 정상기의 동국지도를 기반으로 만들어진 우리나라 전도이다.

④ 고을의 유래, 특산물 등이 적혀 있는 것은 지도가 아닌 지리지이다.

정답   ③

사상계의 변화

> ▷ **출제방향**
> • 동학과 서학을 이해한다.
> • 양명학을 이해한다.

🔍 한눈에 보기

👍 새로운 사상의 등장

예언 사상	천주교	동학
• 유교적 명분론이 쇠퇴하면서 각종 비기와 도참설(정감록) 유행 • 미륵 신앙, 무격 신앙의 유행	• 전래: 17세기 학문(서학)으로 소개 ➡ 18세기 남인 계열의 실학자들에 의해 신앙으로 수용 • 박해: 유교적 질서를 부정하고 제사 의식을 무시한다는 이유로 탄압 (신유박해, 1801)	• 창시: 경주의 몰락 양반 최제우가 창시(1860) • 정부의 탄압: 혹세무민을 이유로 최제우를 처형

👍 천주교와 동학

> 거듭 말씀드리거니와 천주교를 믿음으로써 양반의 칭호를 빼앗긴다 해도 저는 천주께 죄를 짓기는 원치 않습니다. 그리고 신주를 모시지 않는 서민들이 정부를 반대하는 것이 아니라는 것과, 가난하기 때문에 모든 제사를 규정대로 지내지 못하는 양반들도 엄한 책망을 당하지 않는다는 점을 고려하여 주십시오.
>
> – 『정조실록』

✚ 조선 후기에는 지배 이념이었던 성리학과는 다른 새로운 사상들이 등장하였다. 천주교는 서학이라 불리며 학문으로 수용되었다가 신앙으로 받아들여졌는데, 인간 평등 사상과 현실을 부정하는 내세 사상, 조상에 대한 유교의 제사 의식 거부 때문에 정부의 탄압을 받았다.

> 사람이 곧 하늘이라. 그러므로 사람은 평등하며 차별이 없나니, 삼림이 마음대로 귀천을 나눔은 하늘을 거스르는 것이다. 우리 도인은 차별을 없애고 선사의 뜻을 받들어 생활하기를 바라노라.
>
> – 최시형의 최초 설법

✚ 동학은 지배 체제의 모순이 심화되던 상황에서 경주의 몰락 양반인 최제우에 의해서 창시되었다. 동학의 기본 사상인 인내천은 인간의 존엄성과 평등을 강조한 사상이었다. 또한, 동학은 보국안민을 통해 반외세를 주장하였고, 후천개벽 사상을 통해 사회 모순을 극복하자는 반봉건적 성격을 가지고 있었다. 이로 인해 정부의 탄압을 받았고, 세상을 어지럽히고 백성을 현혹한다는 죄로 교조 최제우가 처형되었다.

👍 양명학

> 옳고 그름을 가리는 마음은 생각을 기다려서 아는 것이 아니고 배움을 기다려서 아는 것이 아니다. 그러므로 양지(良知)라 한다 ……. 심(心)이 없는 곳에 이(理)가 존재할 수 없다. (중략) 지(知)는 행(行)의 시작이고 행은 지의 완성이다.
>
> – 왕수인, 『전습록』

✛ 양명학은 먼저 알고 나중에 행동하는 성리학과 달리 아는 것과 행동하는 것이 분리되거나 선후(先後)가 있는 것이 아니라 앎은 행함을 통해서 성립한다는 '지행합일'의 실천성을 강조하였다.

👍 서학

> 근일에 요사스럽고도 흉패한 서학이 열화(烈火)같이 치열해져서 형세의 위급함이 하늘을 뒤덮고 있으니, 진실로 국가의 화급한 근심이 되었습니다. …… 그런데 아! 저 정약전·정약용 형제는 정약종의 동기(同氣)로서, 몰래 이승훈에게 요사스러운 책을 받아 밤낮으로 탐혹하여 유교를 어지럽히고 윤리를 멸절시켰다고 세상에서 지목받은 지 여러 해가 되었습니다.
>
> – 『순조실록』

👍 동학

동경대전
최제우가 지은 순한문제의 동학 경전

용담유사
최제우가 지은 포교용 한글 가사집

역사신문

제△△호   ○○○○년 ○○월 ○○일

　동학　, 농민 사이에서 급속도로 확산

교조 최제우의 처형 이후에도　동학　은/는 교세가 줄지 않고 있다. 제2대 교주 최시형이 교리와 교단을 정비하고 '사람이 곧 하늘'임을 강조하면서, 지배층의 폭정에 시달리는 농민들 사이에서 급속히 확산되고 있다.

➤41회 중급 29번

1 성리학의 변화

1. 성리학의 교조화

(1) 성리학 절대화, 타 학문 배척 경향 심화

(2) 윤휴·박세당

　　① 6경과 제자백가 등 원시 유학에서 조선 후기의 문제 해결 방안을 찾으려 노력

　　② 사문난적으로 몰려 비판받음.

2. 양명학의 수용

(1) 16세기 중반 명으로부터 양명학 수용

(2) 명분보다는 지행합일(知行合一)의 실천성을 강조

(3) 18세기 정제두가 양명학을 본격적으로 연구하면서 강화학파를 형성

3. 호락 논쟁: 인간과 사물의 본성에 대한 노론 내부의 논쟁

호론(인물성이론)	낙론(인물성동론)
· 주로 충청도 지방의 노론이 주장 · 인간과 사물의 본성이 다르다는 입장	· 서울 지역의 노론이 주장 · 인간과 사물의 본성이 같다는 주장 · 개화파의 사상으로 계승

💡 강화학파

정제두가 1709년 강화도로 이주하면서 정제두의 후손과 인척에게 가학(家學)의 형태로 양명학이 계승되면서 강화학파가 형성되었다. 정제두의 문하에서 이긍익·정동유 등이 배출되었고, 박은식·정인보에게까지 이어졌다.

2 새로운 사상의 유행

1. 예언 사상의 유행: 비기·도참 사상 유행, 미륵 신앙 확산

2. 서학(천주교)

(1) 17세기 청에 다녀온 사신들에 의해 전래

(2) 초기에는 학문의 형태로 전래

　　➡ 18세기 후반 신앙으로 발전

(3) 평등 사상으로 큰 호응을 얻으며 확산, 유교 제사 의례 거부

　　➡ 사교로 규정, 탄압

(4) 서적 수입 금지, 신해박해, 신유박해, 황사영 백서사건

3. 동학

(1) 경주 지역의 잔반 출신 최제우가 창시(1860)

(2) 유·불·선에 민간 신앙을 절충, '시천주', '인내천' 사상을 내세워 신분 질서 부정

(3) 평등 사상으로 큰 호응

　　➡ 백성을 현혹한다는 이유로 최제우 처형

(4) 2대 교주 최시형에 의해 교리가 정리되며 세력 확대

📋 기출 맛보기

(가)에 들어갈 책으로 옳은 것은? 32회 초급 27번

[2점]

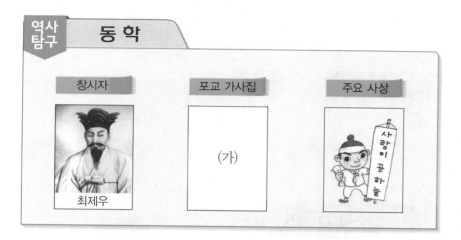

역사 탐구

동 학

창시자	포교 가사집	주요 사상
최제우	(가)	사람이 곧 하늘

① 농사직설

② 용담유사

③ 목민심서

④ 천주실의

정답 분석 ⊕

동학의 창시자인 최제우가 쓴 책은 『용담유사』이다.

오답 풀이 ✔

① 『농사직설』은 세종 때 우리 농업 실정에 맞추어 쓴 농서이다.
③ 『목민심서』는 조선 후기 정약용이 쓴 수령이 지켜야 할 지침을 쓴 책이다.
④ 『천주실의』는 이탈리아 신부 마테오 리치가 한문으로 쓴 천주교 교리집이다.

정답 ②

서민 문화가 발달하다

문화의 새 경향

▶ **출제방향**
- 조선 후기 발달한 서민 문화를 이해한다.
- 예술 작품과 건축물을 이해한다.

🔍 한눈에 보기

👍 건축

△ 화엄사 각황전

△ 금산사 미륵전

△ 법주사 팔상전

- 건물의 규모가 큰 다층 건물
- 양반 지주의 경제력 향상과 불교의 사회적 지위 향상을 반영

👍 정조와 화성

△ 수원 화성 팔달문

△ 시흥환어행렬도

△ 화성능행도(배다리)

- 유네스코 지정 세계 문화유산
- 방어와 공격이 가능한 성과 시설
- 주변 환경과 조화 + 평상시 생활 + 경제적 터전의 조화

👍 김정희

△ 죽로지실

△ 세한도

- 고금의 필법을 연구하여 굳센 기운과 다양한 조형성을 가진 추사체 창안
- 19세기 김정희에 의한 문인화의 부활

👍 정선

△ 인왕제색도

△ 금강전도

- 우리의 자연을 사실적으로 그려 회화의 토착화 이룩
- 서울 근교와 강원도의 명승지 두루 답사, 사실적 묘사
- 중국 남종과 북종의 화법을 고루 수용, 우리 고유의 자연과 풍속에 맞춘 화법 창안

👍 김홍도

△ 무동

△ 논갈이

△ 씨름도

- 당시 사람들의 생활 정경과 일상적인 모습을 생동감 있게 묘사
- 사람의 특징을 소탈하고 익살스러운 필치로 묘사

👍 신윤복

△ 단오풍정

△ 봄나들이

주로 양반들과 부녀자들의 생활과 유흥, 남녀 사이의 애정 등을 감각적이고 해학적으로 묘사

👍 민화

△ 운룡도

△ 호랑이

△ 문자도

- 민중의 소원을 기원하고 생활 공간을 장식
- 소박한 우리 정서를 반영

1 과학 기술

1. 서양 문물의 전래

(1) 17세기 청에 다녀온 사신들에 의해 화포·천리경·자명종 등 전래

(2) 효종 때 김육에 의해 시헌력 도입

2. 세계관 확대

(1) 마테오 리치의 세계 지도 '곤여만국전도' 전래로 세계관 확대

(2) 김석문·홍대용: 지전설 주장, 중국 중심 세계관 비판

2 서민 문화의 발전

1. 배경: 상공업 발달·농업 생산력 증대 ➡ 서민들의 경제·사회적 지위 향상

2. 특징: 감정을 솔직하게 표현, 양반들의 위선·사회적 모순 비판

분야	작품
한글 소설	• 「홍길동전」(허균): 서얼에 대한 차별 철폐와 탐관오리 응징 표현 • 「춘향전」(작자 미상)
사설 시조	격식에 구애받지 않고 감정을 자유롭게 표현
한문학	「허생전」, 「양반전」(박지원): 양반 사회의 허구성 비판
판소리	12마당 중 '춘향가'·'심청가' 등 5마당이 전해짐.
탈놀이	장시·포구 등에서 공연되어 서민 의식 성장에 기여

3 예술·건축

1. 회화

(1) 진경 산수화

① 중국의 화풍에서 벗어나 우리나라의 자연을 사실적으로 묘사

② 정선의 '인왕제색도'·'금강전도'가 유명

(2) 풍속화

① 서민들의 실제 생활 모습을 사실적으로 표현

② 김홍도의 '서당'·'무동', 신윤복의 '월야밀회'·'단오풍정' 등이 유명

(3) 강세황: '영통동구' 등에서 서양화 기법 사용

(4) 민화: 서민들의 기복적 염원을 표현함. '호랑이와 까치'·'어해도' 등

2. 서예: 추사 김정희의 추사체

3. 자기: 다양한 형태의 안료로 무늬를 넣은 청화 백자 유행

❀ 씨름도

❀ 무동

❀ 단오풍정

❀ 인왕제색도

4. 건축

(1) 부농과 상공업 계층의 지원 아래 대규모 다층 불교 사원 건립

  ① 17세기: 금산사 미륵전, 화엄사 각황전, 법주사 팔상전 등

  ② 18세기: 논산 쌍계사, 부안 개암사, 안성 석남사 등

(2) 수원 화성 축조: 거중기 이용

기출 맛보기

다음 전시회에서 볼 수 있는 문화유산으로 적절하지 않은 것은? 27회 초급 28번 　　　　[2점]

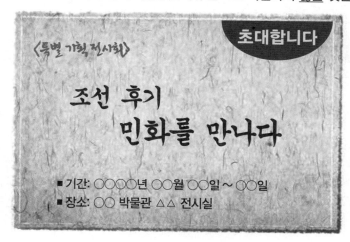

초대합니다

〈특별 기획 전시회〉

조선 후기 민화를 만나다

■ 기간: ○○○○년 ○○월 ○○일 ~ ○○일
■ 장소: ○○ 박물관 △△ 전시실

①

문자도

②

작호도

③

백수백복도

④

몽유도원도

오답 풀이

조선 후기에는 문자를 그림으로 그린 문자도나 동물을 희화화한 민화가 발달하였다. 몽유도원도는 조선 전기(세종) 화가였던 안견이 안평 대군의 꿈 이야기를 듣고 그린 그림이다.

정답　　④

PART
04

근대 국민 국가
수립 운동

흥선 대원군과 양요

▷ 출제방향
- 흥선 대원군의 왕권 강화 정책을 이해한다.
- 통상 수교 거부 정책과 양요를 이해한다.

한눈에 보기

흥선 대원군 집권기 사건 정리

병인박해 (1866. 5.) ▶ 제너럴셔먼호 사건 (1866. 7.) ▶ 병인양요 (1866. 9.) ▶ 오페르트 도굴 사건 (1868) ▶ 신미양요 (1871) ▶ 척화비 (1871)

경복궁 중건

> 에-에헤이야 얼널널 거리고 방에 흥애로다
> 을축년 4월 초 3일에 경복궁 새 대궐 짓는데 헛방아 찧는 소리다
> 조선의 여덟 도 좋다는 나무는 경복궁 짓노라 다 들어간다
> 도편수란 놈의 거동 보소 먹통 메고 갈팡질팡한다
> 남문밖에 막걸리 장수야 한 잔을 걸러도 큰애기 솜씨로 걸러라
> 에-나 떠난다고 네가 통곡 말고 나 다녀올 동안 네가 수절을 하여라
> 에-인생을 살면 몇 백 년 사나 생전 시절에 맘대로 노세
> 남문 열고 바라 둥당 치니 계명 산천에 달이 살짝 밝았네
> 경복궁 역사가 언제나 끝나 그리던 가족을 만나 볼까
>
> - 「경복궁타령」

✚ 고종 2년(1865) 조 대비는 왕실의 권위를 되찾고 국가 면모를 새롭게 하기 위해 경복궁 중건을 지시하였다. 흥선 대원군은 공식 직함이 없이 실질적으로 영건도감을 관장하면서 실권을 행사하였다. 경복궁 중건은 왕실 권위를 되찾는다는 면에서 처음에는 많은 지지를 받았다. 하지만 경복궁 중건에 필요한 막대한 비용을 조달하면서 점차 문제가 커져 갔다. 비용 조달을 위해 자발적으로 기부하도록 한 원납전(願納錢)은 실질적으로 각 고을에 할당량이 부과되어 강제로 걷었으므로 원납전(怨納錢)이 되어 갔다. 한양 4대문 출입자에게 걷은 문세는 한 지게에 장작·과일 등은 1푼, 미곡·포목은 2푼이었다. 또한, 상평통보 백 배 가치에 해당하는 당백전을 발행하였다. 당백전은 실제 가치가 1/2도 못 미쳐 물가만 올렸다. 게다가 엄청난 목재와 노동력을 징발하여 양반과 백성들로부터 많은 원성을 들었다.

병인박해

> 이때 나라 안을 샅샅이 뒤지니 포승에 묶여 끌려가는 모습을 어느 길에서나 볼 수 있었다. 포도청 감옥은 넘쳐나 제때 재판을 받을 수 없었다. 대부분 어리석은 백성과 어린아이들이었다. 포도대장이 가슴이 아파 배교(背敎)하기를 간절히 일렀지만 듣지 않자 곤장을 쳤다. …… 교수형을 할 때마다 배교할 것인가를 물었다. 하지만 작은 어린아이도 부모를 따라 하늘나라로 가기를 바랐다. 대원군이 듣고 어린아이를 빼고 모두 죽여라 하였다.
>
> - 이능화, 『조선 기독교 및 외교사』

✚ 병인년(1866년) 대원군이 베르뇌 주교를 비롯한 프랑스 선교사 9명과 (3명은 중국으로 도주) 남종삼, 홍봉주를 비롯한 천주교도 수천 명을 체포하여 처형하였다. 프랑스는 이 박해를 빌미로 병인양요를 일으켰다. 이때 박해를 피해 도망간 선교사와 천주교 신자들이 침략에 앞장을 서기도 하였다.

👍 제너럴 셔먼호 사건

> 2년 전 한 이양선이 대동강에 도착하였다. 그 지방 관리들이 배에 올라 외국인 관리에게 정중하게 말을 건네었다. 그들은 '돌아보고 가서 잠이나 자라'는 태도로 조선 관리들을 싹 무시하였다. 그 가운데 한 사람은 자기들끼리는 '프랑스인 토니'라고 부르는 사람이었다.(선교사 토마스인 듯하다. 그는 조선 관리들을 매우 거칠고 무례하게 대하였다. 조선 관리들은 선원들에게 친절하게 대하였다. …… 그럼에도 불구하고 미국인들은 강을 거슬러 평양까지 올라갔다. '고위 부완'이 탄 배를 납치하고 부관을 사슬로 묶어 놓았다. 다른 배도 훔쳐 승무원들을 잡으려 하였다. 이에 격분한 평양 주민들은 화승총과 대포로 이양선을 공격하였다. 주민들은 강 상류에서 불이 붙은 뗏목을 떠내려 보내고 칼과 창으로 육박전을 벌였다. 양인들은 죽을 힘을 다하여 싸웠지만 끝내 짓눌려 버렸다. 드디어 불이 붙은 배는 꽝 소리와 함께 폭발하였다.
>
> – 그리피스, 『은자의 나라 조선』

✚ 1866년 평양 군민(감사 박규수)들은 대동강을 거슬러 올라와 통상을 요구하던 미국 상선(商船) 제너럴셔먼호를 불태워 버렸다. 제너럴셔먼호는 상선이었지만 대포와 장총으로 무장을 하고 있었다. 미국은 몇 년 뒤 사건의 진상을 알고 신미양요를 일으키는 구실로 삼았다.

👍 병인양요

> "병인년(1866년) 9월, 구미 열강은 얼마 전에 중국이 화평을 허락한 뒤로 마구 설치고 날뛰는 방자함이 몇 갑절로 헤아릴 길이 없다. 곳곳에서 못된 짓을 하여 모두 해를 입었다. 오직 우리나라만 해를 입지 않고 있다. …… 괴로움을 참지 못하여 화친함은 곧 나라를 팔아먹는 것이다. 독을 참지 못하여 교역을 허락함은 곧 나라를 망하게 하는 것이다. 적이 도성 가까이 닥쳤을 때 도성을 떠남은 바로 나라를 위태롭게 하는 것이다.
>
> – 『고종 실록』

✚ 조선 조정은 프랑스의 위협에 맞서 끝까지 싸우겠다고 천명하였다. 이항로를 비롯한 유생은 물론 일반 백성들도 여기에 호응하여 죽음을 두려워하지 않고 맞서 싸웠다.

👍 오페르트 도굴사건

> 그들의 유물(남연군의 유골을 가리킴)을 잠깐이나마 점유한다는 것은 그것을 가진 자에게 절대적 권한을 부여할 것이며, 서울을 점령하는 것과 다름없는 의의를 가질 것이다. 대원군은 그것을 돌려받기 위해서 누구에게든 두말할 것이 없이 어떤 일에도 찬성할 것이다. 그러면 그를 강요하여 제안된 조건을 수락하도록 할 수 있을 것이다. 그러면 대원군과 그의 정부에 강요하여 문호 개방의 요청에 응하게 하고, 또 이러한 조약을 외국과 체결하도록 하는 …… 대원군을 강요하여 문호 개방의 요구를 듣게 하는 유일한 방법은 지금으로서는 이것뿐이라는 것입니다.
>
> – 오페르트, 『금단의 나라, 조선 기행』

✚ 오페르트 도굴 사건을 일으킨 목적은 부장품이 아니었다. 남연군 유골을 이용하여 통상 요구를 관철시키는 데 있었다. 미국인 젠킨스가 돈을 대고 병인양요 때 탈출한 프랑스 선교사 페롱이 아이디어를 내었다고 한다. 조선인 천주교도가 페롱에게 귀띔을 하였다고도 한다. 도굴에 실패하고 돌아가는 길에 오페르트는 영종 첨사에게 통상 교섭을 하자는 편지를 대원군에게 전달하라고 요구하였다.

👍 신미양요

> 조선군은 용감했다. 그들은 항복 같은 것은 아예 몰랐다. 무기를 잃은 자들은 돌과 흙을 집어 던졌다. 전세가 결정적으로 불리하게 되자 살아남은 조선군 1백여 명은 포대 언덕을 내려가 한강 물에 투신자살했고 일부는 스스로 목을 찔러 자결했다.
>
> – 『미국 군인 앨버트 가스텔의 참전 기록』

✚ 앨버트 가스텔은 신미양요에 참전한 미군이다.

1 흥선 대원군의 개혁 정치

1. 왕권 강화책

(1) 비변사 기능 축소, 의정부·삼군부 기능 부활

(2) 『대전회통』·『육전조례』 편찬

2. 경복궁 중건

(1) 왕실의 권위 회복 목적

(2) 원납전 징수, 당백전 발행

➡ 화폐 가치 하락, 물가 폭등

(3) 백성들에 대한 무리한 부역 동원으로 불만 증가

3. 민생 안정·재정 확충 정책

(1) 삼정의 문란 시정: 양전 실시, 은결 색출

(2) 호포법: 양반에게도 군포 징수

(3) 환곡제를 사창제로 대체

(4) 만동묘 철폐, 서원 정리

➡ 서원의 토지와 노비를 환수하여 재정 확보

💡 은결
탈세를 목적으로 전세의 부과 대상에서 부정·불법으로 누락시킨 토지를 뜻한다.

💡 사창제
환곡이 관청에서 주관하여 강제력이 강했던 것에 비해 사창은 지역의 사족들이 주관하게 하여 농민들의 부담을 덜어주었다.

2 통상 수교 거부 정책

1. 병인양요(1866)

(1) 배경: 병인박해

① 프랑스 선교사를 이용, 프랑스군을 끌어들여 러시아 견제 시도

② 교섭 실패 후 프랑스 선교사와 조선인 신자 처형

(2) 병인양요

① 병인박해를 구실로 프랑스가 통상을 요구하며 강화도로 침입

② 양헌수(정족산성)·한성근(문수산성) 등의 활약으로 프랑스군 격퇴

③ 프랑스군 퇴각 과정에서 외규장각에 보관 중이던 문화재와 서적 약탈

2. 오페르트 도굴 사건(1868): 독일 상인 오페르트의 남연군 무덤 도굴 시도 실패

┗▶흥선 대원군의 아버지

3. 신미양요(1871)

(1) 배경: 제너럴셔먼호 사건(1866)

① 미국 상선 제너럴셔먼호가 평양에 나타나 통상 요구

② 교섭 실패 후 선원들이 관리를 살해하고 민가 약탈

➡ 평양 관민들의 공격으로 제너럴셔먼호 침몰

(2) 신미양요

① 제너럴셔먼호 사건을 구실로 로저스 제독이 이끄는 미국 함대가 강화도 침입

② 어재연(광성보 전투)의 활약 등 조선 군민의 저항으로 퇴각

4. 척화비 건립(1871): 신미양요 후 전국 각지에 척화비 건립, 통상 수교 거부 의지 천명

기출 맛보기

국립 중앙 박물관에서 열리고 있는 다음 특별전과 관련된 역사적 사건으로 옳은 것은? 12회 초급 30번 [2점]

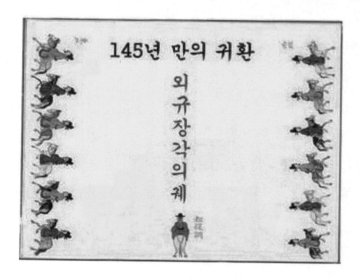

① 병인양요

② 신미양요

③ 임오군란

④ 운요호 사건

정답 분석

외규장각의궤는 병인양요 때 프랑스가 약탈한 문화재이다. 2011년 5년 임대 갱신 방식으로 우리나라에 반환되었다.

정답 ①

불평등 조약이 체결되다

개항과 불평등 조약 체제

▷ **출제방향**
- 강화도 조약의 불평등성을 이해한다.
- 조·미 수호 통상 조약의 최혜국 대우를 이해한다.

🔍 **한눈에 보기**

👍 **강화도 조약**

제1관　조선국은 자주의 나라이며, 일본과는 평등한 권리를 갖는다.
　　→조선 침략을 쉽게 하기 위해 청의 종주권을 인정하지 않은 것이다.

제4관　조선국은 부산 외에 두 개 항구를 개항하고, 일본인이 왕래 통상함을 허가한다.
　　→일본은 지금까지 제한된 무역에서 벗어나 자신들에게 유리한 조건으로 통상을 할 수 있게 되었다.

제7관　조선국은 일본국의 항해자가 자유로이 해안을 측량하도록 허가한다.
　　→연안 자원과 항로 확보 및 유사시 효과적인 군사 작전을 펼칠 수 있게 하였다.

제10관 일본인이 조선국 지정의 각 항구에 머무는 동안에 죄를 범한 것이 조선인에 관계되는 사건일 때에도 모두 일본국 관원이 심판할 것이다.
　　→영사 재판권을 규정한 것으로 외교관만 아니라 상인들까지 치외 법권을 갖게 되었다.

👍 『**조선 책략**』

○ 영남의 유생 이만손 등 만 명이 올린 연명 상소의 대략에, "방금 수신사 김홍집이 가지고 온 황준헌의 『조선책략』이 유포된 것을 보니, 저도 모르게 머리털이 곤두서고 가슴이 떨렸으며 이어서 통곡하면서 눈물을 흘렸습니다."라고 하였다.

－『고종실록』

○ 그렇다면 오늘날 조선의 책략은 러시아를 막는 일보다 더 급한 것이 없을 것이다. 러시아를 막는 책략은 무엇인가? 중국과 친하고(親中國), 일본과 맺고(結日本), 미국과 이어짐(聯未邦)으로써 자강을 도모해야 한다. …… 미국을 끌어들여 우방으로 하면 도움을 얻고 화를 풀 수 있을 것이다. 이것이 바로 미국과 이어져야 하는 까닭이다.

－ 황쭌셴, 『조선책략』

✚ 『조선책략』은 일본에 파견된 중국 외교관 황쭌셴이 조선이 당면한 외교 방책을 설명한 책이다. 그는 러시아의 남하를 저지하기 위해 조선은 중국, 일본, 미국과 우호 관계를 맺을 것을 제안하였다. 2차 수신사로 간 김홍집이 가져온 『조선책략』은 정부 개화 정책에 상당한 영향을 주었고, 위정척사 운동을 확대시키는 계기도 되었다.

👍 서구 열강과의 조약

연 도	체결 국가
1882. 5.	미국
1883. 11.	영국, 독일
1884. 6.	이탈리아
1884. 7.	러시아
1886. 6.	프랑스
1892. 6.	오스트리아

👍 조·미 수호 통상 조약

『조선은 서구 열강 가운데 가장 먼저 미국과 수호 조약을 맺었다. 미국은 일본과 청에 수교를 주선해줄 것을 부탁하였다. 일본은 미적미적한 태도를 보인 반면 청은 적극적으로 나섰다. 청이 러시아와 국경 분쟁(1879), 일본의 류큐 병합(1879)등으로 조선에 대한 영향력이 약화되는 것을 막기 위해 미국을 끌어들여 두 나라를 견제하려고 하였기 때문이다. 구미 열강과 수호 조약도 강화도 조약과 마찬가지로 영사 재판권 등을 인정한 불평등한 조약이었다. 조불 수호 통상 조약이 다른 나라보다 늦은 것은 크리스트교 선교의 자유와 관련이 있었다. 프랑스는 9조의 의미를 확대하여 선교의 자유를 인정하였다고 해석하였다.

제1관 사후 대조선국 군주와 대미국 대통령과 아울러 그 인민은 각각 모두 영원히 화평하고 우호를 다진다. 만약 타국이 어떤 불공평하게 하고 경시하는 일이 있으면 통지를 거쳐 반드시 서로 도와주며 중간에서 잘 조정해 두터운 우의와 관심을 보여준다.

⋮

제14관 현재 양국이 의논해 정한 이후 대조선국 군주가 어떤 혜택·은전의 이익을 타국 혹은 그 나라 상인에게 베풀면 …… 미국과 그 상인이 종래 점유하지 않고 이 조약에 없는 것 또한 미국 관민이 일체 균점하도록 승인한다.

1 조·일 수호 조규

1. 배경

  (1) 열강의 문호 개방 요구, 고종의 친정과 민씨 가문의 집권

  (2) 운요호 사건(1875)

    ① 일본의 운요호가 강화도 연안에서 무력 시위 ➡ 조선의 관군과 충돌

    ② 일본의 요구로 통상 조약 체결

2. 조·일 수호 조규(강화도 조약, 1876)

  (1) 조선에 대한 청의 종주권 부인

  (2) 3개 항구 개항(부산, 원산, 인천)

  (3) 해안 측량권 규정

  (4) 치외 법권(영사 재판권) 규정

3. 조·일 수호 조규 부록

  (1) 일본 외교관의 여행 자유, 개항장 10리 이내 무역 허가(거류지 무역)

  (2) 개항장 내 일본 화폐의 유통 허용

4. 조·일 무역 규칙

  (1) 무관세 조항

  (2) 양곡의 무제한 유출을 허용

포함 외교
자신들의 요구를 관철하기 위하여 다른 나라에 함대를 파견하고 압력을 가해 유리한 조건을 끌어내려는 외교 수단이다.

영사 재판권
타국에 파견된 영사가 자국민에 관계된 소송을 자기 나라 법률에 의해 재판하는 권리이다.

2 열강과의 조약 체결

1. 조·미 수호 통상 조약(1882)

  (1) 배경: 『조선책략』의 유포, 청의 알선

  (2) 내용

    ① 거중 조정

    ② 치외 법권과 최혜국 대우 규정

  (3) 조·미 수호 통상 조약 체결 이후 미국에 보빙사 파견

2. 각국과의 조약

  (1) 영국·독일(1883), 러시아(1884), 프랑스(1886) 등과 조약 체결

  (2) 프랑스와의 조약 체결로 천주교 포교권 인정

『조선책략』
수신사로 일본에 갔던 김홍집이 귀국할 때 들여온 책으로, 청 외교관인 황쭌셴이 저술한 책이다. 이 책에서 러시아의 남하를 막기 위해 조선은 중국과 더욱 친하고 일본과 결속하고, 미국과 연결해야 한다는 외교 방침을 제시하고 있다.

거중 조정
양국 중 한 나라가 다른 나라의 핍박을 받을 경우 서로 돕고 분쟁을 원만히 해결하도록 주선한다는 내용이다.

기출 맛보기

다음 조약에 대한 설명으로 옳지 않은 것은? 18회 초급 33번

[2점]

> 4조 조선은 부산 이외의 다른 두 곳을 개항하고 일본인이 오고
>   가며 통상을 하도록 허가한다.
>
> 7조 조선 해안을 일본의 항해자가 자유로이 측량하는 것을 허가
>   한다.

① 일본에게 외교권을 빼앗긴 조약이다.
② 운요호 사건을 계기로 맺은 조약이다.
③ 외국과 맺은 최초의 근대적 조약이다.
④ 조선의 권익이 지켜지지 못한 불평등 조약이다.

정답 분석

제시된 조약은 강화도 조약의 일부이다. 운요호 사건을 계기로 강화도 조약이 체결되었다. 강화도 조약은 외국과 맺은 최초의 근대적 조약이나 일본의 조선 해안 측량권 허용, 일본인 치외법권 등 조선에 불평등한 조항이 다수 포함되어 있었다.

오답 풀이

일본에게 외교권을 빼앗긴 조약은 1905년에 맺어진 을사늑약(제2차 한·일 협약)이다.

47
–
62

정답 | ①

MEMO

개화 정책 추진과 반발

▷ **출제방향**
- 개화파와 위정척사파를 이해한다.
- 외국으로 보낸 사절단의 성격을 이해한다.

🔍 한눈에 보기

👍 **초기 개화파**

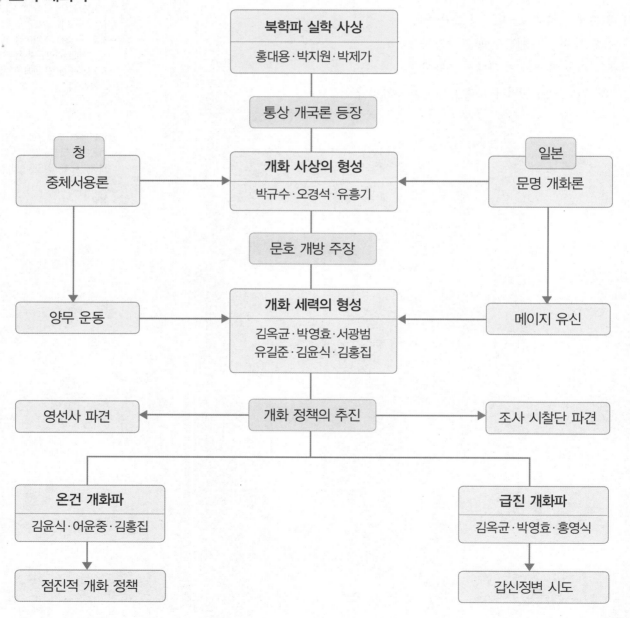

북학파 실학 사상
홍대용·박지원·박제가

↓

통상 개국론 등장

청
중체서용론

개화 사상의 형성
박규수·오경석·유흥기

일본
문명 개화론

문호 개방 주장

양무 운동

개화 세력의 형성
김옥균·박영효·서광범
유길준·김윤식·김홍집

메이지 유신

영선사 파견 ← **개화 정책의 추진** → 조사 시찰단 파견

온건 개화파
김윤식·어윤중·김홍집

급진 개화파
김옥균·박영효·홍영식

점진적 개화 정책

갑신정변 시도

👍 개화파의 분화

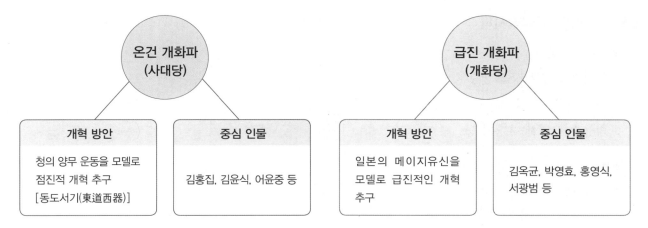

👍 개화 정책의 추진과 반발

○ 병인박해를 구실로 한 프랑스의 군사적 위협에 직면하여 동부승지 이항로는 서양 오랑캐와의 화친을 거부하고 끝까지 싸워야 한다는 상소를 올렸다.

○ 미국과 수교하여 러시아를 견제해야 한다는 주장이 담긴 『조선책략』이 유포되자 경상도 유생 이만손 등은 미국과의 수교에 반대하는 상소를 올렸다.

👍 위정 척사 운동

👍 영선사

통리기무아문에서 아뢰기를, "무기 제조법을 배워 오는 일과 관련하여 …… 사신의 호칭은 영선사라고 부르고, 무기 제조는 먼저 공도(工徒)들을 파견하여 만드는 법을 배우고, 기술은 교사를 초청해서 연습하며, 군사들을 정해서 보내기로 한 일은 당분간 보류한다는 내용으로 상세히 말을 구성해서 보내도록 하는 것이 어떻겠습니까?"라고 하니, 모두 윤허하였다.

– 『고종실록』

1 개화파와 위정척사파

1. 개화 사상의 형성

(1) 북학파 실학 사상을 계승

(2) 청의 양무운동과 일본의 문명개화론의 영향

(3) 박규수·오경석·유홍기 등

2. 개화파의 분화

(1) 온건 개화파(수구당, 사대당)

① 김홍집·김윤식·어윤중 등

② 양무운동 모방, 동도서기론에 입각한 점진적 개혁 추구

③ 과학 기술 수용에 적극적, 정치·사상은 전통적 질서 유지

(2) 급진 개화파(개화당, 독립당)

① 김옥균·박영효·홍영식·서광범 등

② 청의 내정 간섭과 정부의 사대 정책에 반발

③ 메이지 유신 모방, 제도·사상 전반에 걸친 급진적 개혁 추구

💡 **동도서기(東道西器)**
동양의 도를 지키며 서양의 그릇(껍데기) 을 받아들인다는 뜻이다. 청의 '중체서용', 일본의 '화혼양재'와 맥을 같이 한다.

3. 위정척사 운동

💡 **위정척사(衛正斥邪)**
성리학적 질서인 정(正: 전제군주제, 지주제, 신분제, 성리학)을 지키고 서학의 사 (邪: 서학, 평등사상)를 배척한다는 의미이다.

시기	주장	인물
1860년대	• 통상반대론 • 척화주전론	• 이항로 • 기정진
1870년대	• 개항불가론 • 왜양일체론	최익현
1880년대	• 개화 반대 운동 • 『조선책략』 반대	• 이만손(영남만인소) • 홍재학(만언척사소)
1890년대	항일 의병 운동	• 유인석 • 이소응

2 개화 정책의 추진

1. 체제 정비

(1) 개화 전담 기구로 통리기무아문과 12사 설치(1880)

(2) 중앙군 5군영을 2영으로 정비

(3) 일본인 교관을 초빙해 훈련하는 신식 군대 별기군 창설(1881)

2. 사절단 파견

　(1) 영선사(청, 1881): 귀국 후 기기창 설립, 박문국·전환국 설치

　(2) 조사시찰단(일, 1881): 비공식, 비밀리 추진(신사 유람단)

　(3) 수신사(일)

　　① 1차(1876), 2차(김홍집, 1880), 3차(1882)

　　② 황쭌셴의 『조선책략』 유포

　(4) 보빙사절단(미, 1883): 미국의 공사 파견에 대한 답례(민영익, 유길준)

❁ 보빙사

기출 맛보기

(가), (나) 사이의 시기에 있었던 사실로 옳은 것은? 43회 중급 31번　　　　[2점]

> (가) 병인박해를 구실로 한 프랑스의 군사적 위협에 직면하여 동부승지 이항로는 서양 오랑캐와의 화친을 거부하고 끝까지 싸워야 한다는 상소를 올렸다.
>
> (나) 미국과 수교하여 러시아를 견제해야 한다는 주장이 담긴 조선책략이 유포되자 경상도 유생 이만손 등은 미국과의 수교에 반대하는 상소를 올렸다.

① 송시열이 북벌론을 내세웠다.

② 박은식이 유교 구신론을 주장하였다.

③ 박중빈이 새생활 운동을 전개하였다.

④ 유인석이 단발령에 반발하여 의병을 일으켰다.

⑤ 최익현이 왜양일체론을 주장하며 개항에 반대하였다.

정답 분석❋

(가)와 (나)모두 위정척사 운동이다. (가)는 1860년대의 위정척사 운동인 통상 반대(척화주전론)이고, (나)는 1880년대의 위정척사 운동인 개화 반대 운동(영남 만인소)이다. 최익현은 1870년대 왜양일체론을 주장하며 개항에 대해 반발하였다.

정답　⑤

임오군란

한눈에 보기

임오군란

배경

> 1874년 이래 대궐에서 쓰이는 비용은 끝이 없었다. 호조나 선혜청에 저축해 온 것은 모두 비어서 경관(京官)의 월급도 주지 못했으며, 5영 군사들도 왕왕 급식을 걸하였다. 5영을 파하고 2영을 세우니 또한 노약자는 쫓겨나게 되어 갈 곳이 없었다. 그래서 완력으로 난을 일으킬 것을 생각하게 되었다.

✚ 신식 군대를 양성하는 별기군(別技軍)이 급료와 보급에서 좋은 대우를 받는 데 비해 구식 군대인 무위영(武衛營)·장어영(壯禦營) 2영의 군졸들은 13달 동안 봉급미를 받지 못해 불만이 높았다. 그러던 차에 겨우 한달치의 급료를 받게 되었으나, 그것마저 선혜청(宣惠廳) 고지기의 농간으로 그 양이 턱없이 부족한데다 모래가 반 넘어 섞여 있었다. 이에 격분한 구식 군졸들이 고지기를 때려 부상을 입히고 선혜청 당상(堂上) 민겸호(閔謙鎬)의 집으로 몰려가 저택을 파괴하고 폭동을 일으켰다.

결과

> 대원군에게 군국사무를 처리하라는 명이 내려지자 대원군은 궐내에서 거처하며 기무아문과 무위·장어 2영을 폐지하고 5영의 군제를 복구하라는 명령을 내려 군량을 지급하도록 하였다. 그리고 난병(亂兵)은 물러가라는 명을 내렸다. …… 이때 별안간 마건충 등은 호통을 치면서 대원군을 포박하여 교자(轎子) 안으로 밀어 넣어 그 교자를 들고 후문으로 나가 마산포로 가서 배를 타고 훌쩍 떠나버렸다.

✚ 청나라는 이 난의 책임을 물어 대원군을 톈진(天津)으로 납치해갔으며, 일본은 조선 정부에 강력한 위협을 가해 주모자 처벌과 손해 배상을 내용으로 하는 제물포 조약을 맺게 했다. 군변으로 시작된 이 난은 결국 대외적으로는 청나라와 일본의 조선에 대한 권한을 확대시켜주는 결과가 되었고, 대내적으로는 개화 세력과 보수 세력의 갈등을 노출시켜 갑신정변의 바탕을 마련해주었다.

1. 청국 상인의 보호와 무역 증대
2. 여행권의 취득
3. 청의 종주권 주장
4. 일본의 경제적 침략 억제

✚ 조·청 상민 수륙 무역 장정의 체결로 청의 내정 간섭이 심해졌고, 청의 내지 무역권을 인정하여 이 조약 이후에 체결된 통상 조약에도 영향을 미쳐 경제적 불평등 조약의 체계 확립에 결정적 역할을 하였다.

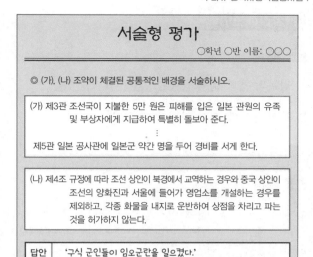

👍 제물포 조약

제1항 지금으로부터 20일을 기하여 조선국은 흉도를 체포하고 수괴를 가려내 중벌로 다스릴 것

제2항 일본국 관리로 피해를 입은 자는 조선국이 융숭한 예로 장사를 지낼 것

제3항 조선국은 5만 원을 지불하여 일본국 관리 피해자의 유족 및 부상자에 지급할 것

제4항 흉도의 폭거로 인하여 일본국이 받은 손해 그리고 공사(公使)를 호위한 육·해군의 군비 중에서 50만 원을 조선이 부담하되, 매년 10만 원씩 5년에 걸쳐 완납 청산할 것

제5항 일본 공사관에 군인 약간명을 두어 경비하게 하며, 병영의 설치·수선은 조선국이 책임을 지고, 만약 조선국의 병·민이 법률을 지킨 지 1년 후에 일본 공사가 경비가 필요하지 않다고 인정할 때에는 철병을 해도 무방함.

제6항 조선국은 일본에 대관(大官)을 특파하고 국서를 보내어 일본국에 사죄할 것

✚ 제물포 조약은 임오군란으로 인해 공사관이 불타고 10여 명의 사상자에 대한 보상으로 조선 측의 50만 원 배상, 일본 공사관에 일본 경비병 주둔, 공식사과를 위한 수신사 파견 등의 내용을 적은 조약이다. 청나라의 마젠창의 중재로 이루어졌으며 이때부터 우리나라에 일본군이 주둔하기 시작했다.

👍 개항과 불평등 체제의 성립

배경	주요 조약	내용
통상 개화론 대두 운요호 사건	강화도 조약(1876)	• 해안 측량권 • 치외 법권
연미론 대두 청의 알선	조·미 수호 통상 조약(1882)	• 거중 조정 • 관세 부과 • 최혜국 대우 인정 • 치외 법권
임오군란 이후 청의 내정 간섭	조·청 상민 수륙 무역 장정(1882)	• 청 상인의 서울 진출 허용 • 치외 법권

1 배경

1. 정부의 개화 정책에 대한 반발

2. 구식 군인에 대한 차별, 빈민의 생계 곤란

2 경과

1. 구식 군인들의 급여 미지급, 민겸호의 청지기의 농간
   └▶당시 군인들의 급여 지급을 담당하던 선혜청 당상

2. 군인들 봉기, 빈민층 합세
   ➡ 고관 살해 및 일본 공사관 습격

3. 명성 황후 도피, 흥선 대원군 재집권
   (1) 통리기무아문·12사 폐지
   (2) 별기군 폐지, 5군영 체제 부활

4. 명성 황후, 청에 파병 요청
   ➡ 청군에 의해 군란 진압, 흥선 대원군 청 압송

3 결과

1. 청의 내정 간섭: 고문 파견(묄렌도르프·마젠창), 청군 주둔

2. 민씨 정권의 친청 보수화: 개화 정책 추진 지연 ➡ 개화파 분화

3. 조·청 상민 수륙 무역 장정(1882)
   (1) 조선이 청의 속방임을 명시
   (2) 청 상인의 내륙 침투 허용 ➡ 일본 상인과 상권 경쟁

4. 제물포 조약: 일본에 배상금 지급, 일본 공사관 경비병 주둔

💡 선혜청
대동법 체제에서 대동미를 관리하는 관청으로 설치되었다가, 임오군란 당시 군인들의 급여를 담당하고 있었다.

기출 맛보기

가상 뉴스와 관련된 사건으로 옳은 것은? 13회 초급 26번

[3점]

개회 정책이 추진되는 가운데
구식 군인들은 신식 군대인 별기군에 비해
상대적으로 낮은 대우를 받고 있었습니다.
이에 분노한 그들은 일본 공사관을 습격하고,
정부의 높은 관리를 죽였습니다.

별기군

① 갑신정변

② 임오군란

③ 신미양요

④ 을미사변

정답 분석

구식 군인들에 대한 차별 대우로 일어난 사건은 임오군란이다.

오답 풀이

① 갑신정변은 1884년 김옥균 등 개화당이 일으킨 사건이다.
③ 신미양요는 1871년 제너럴 셔먼호 사건을 빌미로 일어난 미국과의 싸움이다.
④ 을미사변은 1895년 명성 황후 시해 사건이다.

정답 ②

47
~
62

MEMO

급진 개화파가 개혁 정강을 발표하다

갑신정변

▷ **출제방향**
- 갑신정변과 14개조 정강을 이해한다.
- 한성 조약과 톈진 조약을 이해한다.

🔍 **한눈에 보기**

👍 **갑신정변의 배경**

> 갑신(1884) 9월, '다케조에 신이치'가 다시 조선에 돌아왔다. 이때 중국과 프랑스 사이에 안남전(安南戰)이 전개되고 있었다. 일본 공사가 김옥균 등을 꾀어 말하였다. "청나라는 이제 조선을 돌아볼 틈이 없다. 청나라 세력을 물리치고 독립할 기회는 바로 이때이다. 기회를 놓치지 말라." 밤마다 은밀히 모여 논의를 하였다. 일본군의 힘을 빌려 청국인을 방어하고 자객을 길러 청당(淸黨)을 제거하려 하였다. 일본 정부로부터 군함을 보내 후원해 준다는 밀약까지 받게 되었다.
>
> – 박은식, 『한국 통사』

✚ 임오군란 후 청의 내정 간섭과 정부의 친청 사대 정책으로 급진 개화를 추구하던 개화당의 입지는 좁아졌다. 특히 1883년 급진 개화파들이 본격적으로 개화 정책을 추진하기 위해 일본에서 들어오려고 계획한 300만 원 차관 교섭이 실패하고, 개화당에 동조하던 민영익이 등을 돌리면서 개화당의 개화 정책 추진은 더 큰 어려움에 봉착하고 이들의 위기의식은 커져 갔다. 급진 개화파들은 1884년 5월 청나라가 안남 전쟁으로 서울에 주둔하던 병력 가운데 절반인 1,500명을 빼내가자 이를 좋은 기회로 보고 정변을 일으키기로 결심하였다. 이들은 미국 공사, 영국 총영사 등에게 도움을 청했으나 협조를 얻지 못하였다. 이때 일본 공사 다케조에가 갑자기 태도를 바꾸어 개화당을 돕겠다며 나섰다.

👍 **갑신정변의 경과**

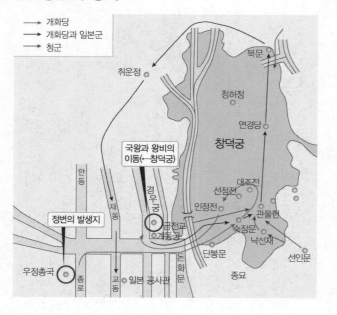

첫째 날
우정국 개국 축하 잔치를 틈타 사건이 일어났다.

둘째 날
김옥균 등 개화파가 여러 가지 제도를 고치기 위한 정책을 발표하였다.

셋째 날
청군이 공격하여 실패하였다.

👍 14개조 정강

1. 청에 잡혀간 흥선대원군을 조속히 귀국하게 하고 청에 대한 조공의 허례를 폐지한다.
   → 중국에 대한 전통적 사대관계의 극복 → 자주 국권 천명

2. 문벌을 폐지하고 …… 능력에 따라 관리를 임명한다. → 양반 중심의 신분·정치 제도 혁파

3. 지조법을 개혁하여 관리의 부정을 막고 백성을 구제하며 국가 재정을 충실케 한다.
   → 조세 제도 개혁, 국가 재정 확보 노력

7. 규장각을 폐지한다. → 국왕의 권한 축소

8. 급히 순사를 두어 도둑을 방지한다. → 근대적 경찰 제도의 도입

9. 혜상공국을 폐지한다. → 보부상의 특권 폐지

12. 모든 재정은 호조에서 관할한다. → 국가 재정의 일원화

13. 대신과 참찬은 의정부에 모여 정령을 논의·결정하고 반포한다. → 전제 왕권을 축소하고 내각의 권한을 강화

✚ 급진 개화파는 갑신정변으로 정권을 장악하자 10월 19일 80여 개조 정령을 발표하여 근대적 개혁을 실시하려 하였다. 새 정부는 정치적으로 청에 대한 사대 외교를 폐지하였다. 경제에서는 지조법(地租法)을 개혁하고 재정 기관을 일원화하여 국가 재정을 충실히 하려고 하였으며, 전국 보부상을 총괄하던 혜상공국(惠商公局)을 폐지하고 자유로운 상업의 발전을 꾀하였다. 사회적으로는 인민 평등권과 능력에 따른 인재 등용으로 정치 참여의 기회를 확대하고자 하였다.

👍 한성 조약(조−일)과 텐진 조약(청−일)

한성 조약(1884년)
제1조 조선국은 국서를 보내 일본에 사의를 표명할 것
제2조 해를 입은 일본인 유족과 부상자에게 보상금을 지불하고, 또 상인의 재물이 훼손 약탈된 것을 변상하기 위해 조선국은 11만 원을 지불할 것

— 『고종 실록』, 고종 21년(1884년) 11월 24일

텐진 조약(1885년)
제1조 청국은 조선에 주둔한 군대를 철수한다. 일본국은 공사관 호위를 위해 조선에 주재한 병력을 철수한다.
제2조 양국은 함께 조선 국왕에게 권하여 병사를 교련하여 치안을 유지할 수 있게 한다. 제3국 무관 1명에서 수명을 선발 고용하여 군사 교련을 위임한다. 이후 청, 일 양국은 사람을 파견하여 조선에 주재하면서 교련하는 일이 없도록 한다.
제3조 앞으로 만약 조선에 변란이나 중대 사건이 일어나 청, 일 두 나라나 어떤 한 국가가 파병을 하려고 할 때에는 마땅히 그에 앞서 쌍방이 문서로서 알려야 한다. 그 사건이 진정된 뒤에는 즉시 병력을 전부 철수시키며 잔류시키지 못한다.

— 국회 도서관 입법 조사국, 『구한말 조약 휘찬』, 1965

✚ 갑신정변은 급진 개화파들이 자신들을 지지할 사회 계층을 충분히 끌어들이지 못한 가운데 외세에 의존하여 개혁을 시도하다 실패로 끝났다. 갑신정변 실패 후 우리나라는 일본에 다시 막대한 배상금을 지불해야 했고, 청의 내정 간섭을 더욱 심하게 받게 되었다. 이 점에서 본다면 갑신정변은 윤치호가 말한 것처럼 자주적 근대화를 더욱 어렵게 하였다고 할 수 있다. 갑신정변 당시 서로 전쟁 직전까지 갔던 청일 양국군은 텐진 조약을 체결하고 조선에서 철수하였다. 아직 청에 대적할 만큼 군사력을 충분히 키우지 못한 일본의 입장과 프랑스와 전쟁을 치르느라 일본과 마찰을 가급적 피하려 한 청의 입장이 서로 맞아떨어졌기 때문이었다. 10년 후 갑오 농민 전쟁이 일어났을 때 일본은 텐진 조약을 빌미로 군대를 파견하고 청·일 전쟁을 일으켰다.

1️⃣ 배경

1. 임오군란 이후 청의 내정 간섭으로 인한 개화 정책 추진 지연

2. 재정 악화 해결을 위한 일본으로부터의 차관 도입 실패

3. 청·프 전쟁으로 국내에 주둔하던 청군의 일부 철수

2️⃣ 경과

┌─▶개화당
1. 급진 개화파, 우정총국 개국 축하연에서 정변

2. 민씨 고관을 살해, 개화당 정부 수립 후 14개조 개혁 정강 발표

3. 청에 파병 요청
➡ 청군의 개입으로 3일 만에 개화당 정권 붕괴

📍 우정총국
1884년에 설치된 우리나라 최초의 우편 업무 관청이다.

3️⃣ 결과

1. 청의 내정 간섭 강화

2. 한성 조약: 배상금 지불, 일본 공사관 신축 비용 부담

3. 톈진 조약(청·일): 양국 군대 동시 철수와 조선 파병 시 통고 약속

4️⃣ 거문도 사건과 한반도 중립화론

1. 거문도 사건
   (1) 갑신정변 이후 청의 내정 간섭 심화
      ➡ 조·러 비밀 협약 추진
   (2) 러시아의 남하를 견제한다는 명분으로 영국이 거문도를 불법 점령
   (3) 청의 중재로 영국군 철수
      ➡ 청의 내정 간섭 강화

2. 한반도 중립화론
   (1) 부들러, 유길준
   (2) 조선이 열강의 각축장이 된 상황에서 긴장 관계 해소를 위해 제시

기출 맛보기

다음과 같이 전개된 역사적 사건으로 옳은 것은? 14회 초급 31번

[3점]

첫째 날: 우정국 개국 축하 잔치를 틈타
사건이 일어남.

둘째 날: 김옥균 등 개화파가 여러 가지 제도를
고치기 위한 정책을 발표함.

셋째 날: 청군이 공격하여 실패함.

① 갑신정변

② 갑오개혁

③ 을미사변

④ 임오군란

정답 분석 ⊕

그림에서 전개된 역사적 사건은 3일 천하로 끝난 개화당의 갑신정변(1884)이다.

오답 풀이 ✓

② 갑오개혁은 1894년부터 1896년까지 일어났던 개혁 운동이다.

③ 을미사변은 1895년에 일어났던 명성 황후 시해 사건이다.

④ 임오군란은 1882년에 구식 군대에 대한 차별로 일어났던 군란이다.

47
~
62

정답 ①

MEMO ✏️

농민들이 전주성을 점령하다

동학 농민 운동

▷ **출제방향**
- 동학 농민 운동의 배경과 과정을 이해한다.
- 폐정 개혁 12개조를 이해한다.

🔍 **한눈에 보기**

👍 **동학 농민 운동**

>43회 중급 33번

[고종 29년(1892) 1월 27일] 요즘 수령들이 관직을 여관과 같이 생각하여 장부는 모두 아전들에 위임하고 오직 뇌물 받는 것만 일삼는다. 심한 자는 백성에게 괜히 억지를 부려 돈을 빼앗는다. 집과 토지에 거두는 세금을 늘리고 장시와 포구에 세를 신설하여 마침내 백성이 살 수 없게 한다. 요즘 백성들이 입에 풀칠하기도 어려워진 것은 토지와 집에 거두는 세금이 해마다 늘어나는 때문이다.…… 민란이 곳곳에서 일어나는 까닭은 모두 이 때문이며 삼남이 가장 심하다.

– 『비변사등록』

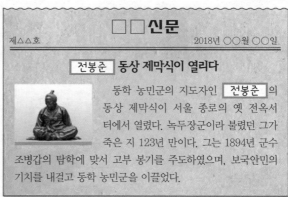

□□신문

제△△호   2018년 ○○월 ○○일

전봉준 **동상 제막식이 열리다**

동학 농민군의 지도자인 전봉준 의 동상 제막식이 서울 종로의 옛 전옥서 터에서 열렸다. 녹두장군이라 불렸던 그가 죽은 지 123년 만이다. 그는 1894년 군수 조병갑의 탐학에 맞서 고부 봉기를 주도하였으며, 보국안민의 기치를 내걸고 동학 농민군을 이끌었다.

✚ 개항을 한 뒤 지배층의 사치에 개화 비용과 외국에 대한 배상금 지불 등으로 국가 재정이 바닥났다. 무능한 지배층은 현실을 개혁할 능력도 방향도 잡지 못하고 농민에 대한 수탈만 강화하였다. 수탈이 가장 심했던 삼남에는 민란이 끊이지 않았다.

👍 **사발통문**

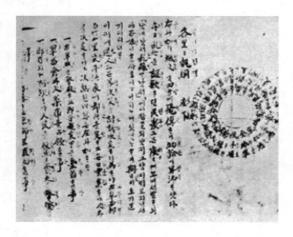

사발통문은 1893년 11월에 만들어졌다. 1894년 1월에 일어난 고부 농민 봉기가 갑자기 일어난 것이 아님을 알 수 있다. 사발통문이란 주모자가 드러나지 않도록 참여한 사람들의 이름을 빙 둘러가며 적은 통지문을 말한다.

👍 지도로 보는 동학 농민 운동

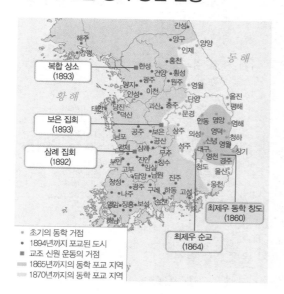

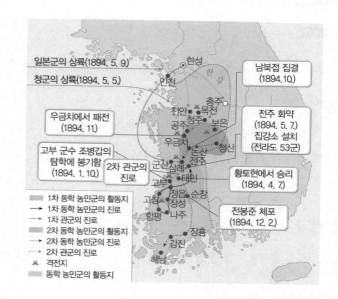

👍 폐정 개혁 12조

1. 도인과 정부 사이에 묵은 혐오감을 씻어 버리고 모든 행정에 협력할 것 → 정부와 휴전, 협조

2. 탐관오리는 그 죄목을 조사해내어 엄징할 것 → 봉건 지배층 타파

3. 횡포한 부호들을 엄징할 것 → 봉건 지배층 타파

4. 불량한 유림과 양반의 못된 버릇을 징벌할 것 → 봉건 지배층 타파

5. 노비 문서는 불태워 버릴 것 → 봉건적 신분 제도 폐지

6. 칠반천인의 대우를 개선하고, 백정이 쓰는 평량갓은 벗겨 버릴 것 → 봉건적 신분 제도 폐지

7. 청춘 과부의 재가를 허락할 것 → 봉건적 폐습 폐지

8. 무명잡세의 일체 거두어들이지 말 것 → 봉건적 수탈 반대

9. 관리의 채용은 지벌을 타파하고 인재를 등용할 것 → 능력에 따른 인재 등용

10. 외적과 통하는 자는 엄징할 것 → 외세의 침탈 반대

11. 공사채는 물론하고 기왕의 것은 무효로 돌릴 것 → 농가 부채 탕감으로 농민 생활 안정

12. 토지는 평균으로 분작하게 할 것 → 농민의 경작 토지 불균등 해소

전봉준은 부하의 집에 숨어 있다가 부하가 밀고하는 바람에 잡히고 말았는데 이 때 담을 넘어 달아나려다 육모 방망이에 맞아 정강이가 부러져 들것에 실려 잡혀갔다. 날카로운 눈빛에 뜻을 이루지 못한 안타까움이 배어 있는 듯하다.

1 배경

1. 경제 악화: 외국 상인의 내륙 침투 심화, 부정부패, 배상금 지불로 국가 재정 악화

2. 동학의 확산

   (1) 2대 교주 최시형의 교단 정비: 『동경대전』·『용담유사』

   (2) 포접제 조직을 통한 동학 교도 규합

💡『동경대전』
최제우가 지은 동학의 경전

💡『용담유사』
최제우가 지은 포교 가사집

2 경과

1. 교조 신원 운동: 신앙 운동 ➡ 삼례, 서울, 보은 집회를 거치며 정치 운동으로 발전

   ➡ '보국안민', '척양척왜' 구호

2. 고부 농민 봉기(1894. 1.)

   (1) 배경: 고부 군수 조병갑의 가혹한 수탈

   (2) 경과

   ① 전봉준이 이끄는 농민들이 봉기, 고부 관아를 점령

   ② 정부의 시정 약속으로 해산

   ③ 안핵사 이용태의 농민 탄압

💡 만석보 사건
고부 군수 조병갑이 농민들을 동원해 보를 짓고 농민들에게 수세를 징수하여 농민들의 분노를 샀다.

3. 1차 봉기(1894. 3.)

   (1) 농민군 백산에 집결, 격문과 4대 강령 발표

   (2) 황토현·황룡촌에서 관군에 승리를 거둔 후 전주성 점령

4. 전주 화약(1894. 5.)

   (1) 농민군의 전주 점령 후 정부는 화의를 제의하는 한편 청에 파병 요청

   (2) 청이 파병 사실을 일본에 알리자 일본도 파병

   (3) 청·일 양국 파병 소식에 농민들은 전주에서 정부와 화약 체결

   ① 농민: 집강소 설치, 폐정 개혁 실시

   ② 정부: 교정청 설치, 개혁 추진

💡 집강소
동학 농민 운동 때 농민군이 호남 지방의 각 군현에 설치하였던 농민 자치 기구

5. 일본의 경복궁 점령: 일본의 경복궁 무력 점령과 청·일 전쟁 도발, 군국기무처 설치

6. 2차 봉기(1894. 9.)

   (1) 일본의 침략을 물리치기 위해 다시 봉기

   (2) 공주 우금치에서 관군과 일본군의 연합 부대에 패배

3 의의

1. 반봉건·반외세적 민족 운동

2. 아래로부터의 개혁 운동

3. 농민들의 주장 내용이 갑오개혁에 반영

기출 맛보기

다음 인물의 활동에 대한 설명으로 옳은 것은? 17회 초급 32번   [3점]

나는 녹두 장군이라 불리며 동학 농민 운동을 이끌었어.

① 집강소를 설치하여 개혁을 추진하였다.

② 도량형을 통일하고 과거제를 폐지하였다.

③ 독립신문을 창간하고 독립 협회를 만들었다.

④ 우정총국 개국 축하 잔치를 틈타 정변을 일으켰다.

정답 분석 ➕

'녹두 장군'은 전봉준을 의미한다. 집강소는 동학 농민 운동 당시 전주 화약 후 폐정 개혁안을 실천하기 위해 농민군이 호남 지방의 각 군현에 설치했던 농민 자치 기구이다.

오답 풀이 ✔

② 도량형을 통일하고 과거제를 폐지한 것은 갑오개혁에 관한 내용이다.

③ 독립신문을 창간하고 독립 협회를 만든 인물은 서재필이다.

④ 우정총국 개국 축하 잔치를 틈타 갑신정변을 일으킨 사람은 김옥균이다.

정답	①

갑오개혁

▷ **출제방향**
- 갑오·을미개혁의 개혁 내용을 이해한다.
- 을미사변과 단발령을 이해한다.

🔍 한눈에 보기

👍 근대적 개혁의 과정

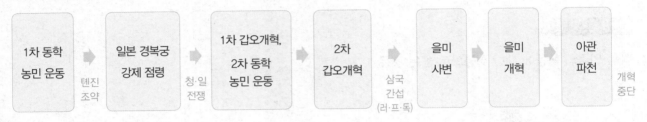

1차 동학 농민 운동 → (톈진 조약) → 일본 경복궁 강제 점령 → (청·일 전쟁) → 1차 갑오개혁, 2차 동학 농민 운동 → 2차 갑오개혁 → (삼국 간섭 (러·프·독)) → 을미 사변 → 을미 개혁 → 아관 파천 → (개혁 중단)

👍 홍범 14조(제2차 갑오개혁)

1. 청국에 의탁하는 생각을 끊어버리고 확실히 자주 독립하는 기초를 확고히 세울 것
2. 왕실 전범(典範)을 제정하여 대통력 계승과 종실, 외척의 구별을 밝힐 것
3. 대군주가 정전에서 일을 보되, 정사를 친히 각 대신에게 물어 재결하며 왕후와 비빈, 종실, 외척이 간여함을 용납하지 않을 것
4. 왕실 사무와 국정 사무를 모름지기 나누어 서로 혼합하지 아니할 것
5. 의정부와 각 아문(衙門)의 직무 권한의 제정을 밝혀 행할 것
6. 인민이 부세를 냄을 다 법령으로 정하고 망령되게 명목을 더해 함부로 거두지 아니할 것
7. 조세 과징과 경비 지출은 모두 탁지아문이 관할할 것
8. 왕실 비용을 솔선 절감하여 각 아문 및 지방관의 모범이 되게 할 것
9. 왕실 비용 및 각 관부 비용은 일년 회계를 예정하여 재정의 기초를 세울 것
10. 지방 관제를 속히 개정하여 지방 관리의 직권을 제한할 것
11. 나라 안의 총명한 자제를 널리 파견하여 외국의 학술과 기예를 견습할 것
12. 장관을 교육하고 징병하는 법을 사용하여 군제의 기초를 확정할 것
13. 민법과 형법을 엄격하고 명확하게 제정하고 함부로 사람을 가두거나 징벌하지 말게 하여 인민의 생명과 재산을 보전할 것
14. 사람을 쓰는 데 문벌에 구애받지 아니하고 선비를 구함에 두루 조야에 미쳐 인재의 등용을 넓힐 것

– 박은식, 『관보 1894년 12월』

✦ 1, 2차 개혁은 조금씩 차이가 있지만 먼저 정치적으로 조선이 자주 독립국임을 선언하였다. 왕실 사무와 국정 사무를 나눠 의정부와 내각이 행정을 담당하게 하였다. 과거 제도를 폐지하고 의정부 총리대신 및 각 아문 대신들에게 인사권을 부여하였다. 사법부를 독립시키는 한편 지방 행정 조직을 23부 337군으로 개편하였다. 사회면에서는 봉건적 사회 제도 및 관습을 크게 개혁했다. 문벌 제도, 양반 제도, 공사 노비 제도 등 봉건적 신분 제도가 폐지되었다. 죄인 연좌제, 조혼, 과부 재가 금지 등 봉건적 악습도 폐지되었다. 이들 내용은 농민군의 요구가 크게 반영된 것이다. 경제면에서는 모든 재정 사무를 탁지아문으로 일원화하고, 조세 금납제를 실시하였으며, 도량형을 통일시켰다. 이밖에도 경찰 제도를 실시하고 교육 입국 조직의 반포와 함께 근대적 교육 제도를 마련하였다.

👍 을미사변

　　관계를 단절시키는 수밖에 다른 방법이 없었다. 즉 러시아의 조선 왕실이 굳게 손잡고 온갖 음모를 추진하고 있는데 대해서는 문자 그대로 일도양단, 한쪽의 손을 잘라내어 양쪽이 서로 손을 잡지 못하게 하는 것 외에는 수가 없었다. 바꾸어 말하면 왕실의 중심인물인 민비를 제거함으로써 러시아와 조선의 결탁을 근본적으로 파괴하는 수밖에 다른 좋은 방법이 없었다.

- 고바야키와 히데오, 『민비 시해 사건의 진상』

👍 단발령

　　1895년 11월 15일, 고종은 비로소 머리를 깎고 내외 신민에게 모두 머리를 깎도록 하였다. 삭발한다는 말이 점차 일어나더니 10월 중에 일본 공사가 왕을 위협하여 빨리 머리를 깎게 하였다. 왕은 인산을 치른 뒤로 미루었다. 마침내 그때가 되자 유길준과 조회연 등이 일본군을 인도하여 궁성을 포위하고 대포를 설치한 후 머리를 깎지 않는 자는 죽이겠다고 선언하였다. 고종은 긴 한숨을 들이쉬며 정병하에게 말하였다. '경이 짐의 머리를 깎는 것이 좋겠소.' 이에 정병하가 가위를 가지고 왕의 머리를 깎고 유길준은 왕태자의 머리를 깎았다.

△ 단발한 고종

머리를 깎으라는 명령이 내려지니 곡성이 하늘을 진동하고 사람들은 분노하여 목숨을 끊으려 하였다. 형세가 바야흐로 격변하여 일본인들은 군대를 엄히 하여 대기시켰다. 경무사 허진은 순검들을 인솔하고 칼을 들고 길을 막으며 만나는 사람마다 머리를 깎았다. 또한 인가에 들어가 조사해서 찾아 헤매니 깊숙이 숨지 않고서는 머리를 깎이지 않을 수 없었다. 서울에 손님으로 왔다가 상투를 잘리니 모두 상투를 집어서 주머니 속에 감추고 통곡을 하며 성을 나갔다. 무릇 머리를 깎인 자는 빡빡 깎지 아니하고 상투만 자르고 머리털은 남겨놓아 장발승 같았다. 오직 부인네와 어린아이들만 깎지 않았다. 학부대신 이도재는 반박하고 벼슬을 버리고 돌아갔다.

- 황현, 『매천야록』

1 제1차 갑오개혁(1894. 7. ~ 12.)

1. 군국기무처 주도(제1차 김홍집 내각)

2. 개혁 내용

정치	• 6조 ➡ 8아문, '개국' 연호 사용, 왕실·정부 사무 분리 • 과거제 폐지, 경무청 설치
경제	• 재정 일원화(탁지아문), 조세 금납화, 도량형 통일 • 왕실·국가 재정 분리, 은 본위제
사회	• 신분제 폐지(공·사노비법 타파) • 조혼 금지, 과부 재가 허용 • 고문·연좌제 폐지

2 제2차 갑오개혁(1894. 12. ~ 1895. 7.)

1. 군국기무처 폐지, 김홍집·박영효 연립 내각 주도

2. 「독립 서고문」 발표, 「홍범 14조」 발표

3. 개혁 내용

정치	• 8아문을 7부(중앙)로 개편 • 8도의 행정 구역을 23부(지방)로 개편 • 사법권 독립, 지방관 권한 축소
교육	교육 입국 조서 반포: 관립 학교 설립, 근대적 교과서 제도 마련, 근대적 교육 제도 (한성 사범 학교, 소학교 관제 등)

3 삼국 간섭과 을미사변

1. 삼국 간섭

(1) 청·일 전쟁에서 승리한 일본이 청으로부터 랴오둥 반도 등을 얻어냄.

(2) 러시아·독일·프랑스 3국의 압박으로 랴오둥 반도 청에 반환

2. 을미사변

(1) 삼국 간섭 이후 친러적 성격의 제3차 김홍집 내각 수립

(2) 일본이 명성 황후를 시해

💡 군국기무처
갑오개혁 추진을 위해 설치된 초입법 기구로, 1894년 6월 25일부터 12월 17일까지 존속하며 210여 개의 개혁안을 처리하였다.

💡 「홍범 14조」
갑오개혁 당시 추진된 일련의 정치 혁신을 위한 기본 강령이다.

4 제3차 갑오개혁(을미개혁, 1895. 8. ~)

1. 친일적 성격의 제4차 김홍집 내각 수립

2. 개혁 내용

정치	'건양' 연호 사용, 태양력 사용
사회	단발령 실시, 종두법 실시, 우편 업무 재개
군사	친위대(중앙)·진위대(지방) 설치

3. 아관파천(1896)으로 개혁 중단

💡 아관파천
을미사변 이후 신변에 위협을 느낀 고종과 왕세자가 러시아 공사관으로 도피한 사건

47
62

📋 기출 맛보기

밑줄 그은 '개혁'의 내용으로 옳은 것은? 45회 중급 33번 　　　　[2점]

군국기무처는 오늘 과거제 폐지를 의결하였습니다. 이 기구는 출범 이후 조혼 금지, 과부 재가 허용 등의 개혁을 추진해 왔습니다.

군국기무처, 과거제 폐지 의결

① 신분제를 폐지하였다.
② 비변사를 혁파하였다.
③ 단발령을 시행하였다.
④ 당백전을 발행하였다.
⑤ 원수부를 설치하였다.

정답 분석 ✚

군국기무처와 과거제 폐지를 통해 '개혁'은 1차 갑오개혁 (1894)임을 알 수 있다. 1차 개혁에서는 김홍집을 총리대신으로 하는 내각이 군국기무처를 중심으로 왕실과 정부 사무의 분리, 재정 일원화, 은본위 화폐 제도 실시, 신분제 폐지, 과부의 재가 허용 등의 개혁을 추진하였다.

오답 풀이 ✓

② 흥선 대원군은 왕권 강화를 위해 비변사를 혁파하였다.
③ 고종은 을미개혁 때 단발령을 시행하였다.
④ 흥선 대원군은 경복궁 중건을 위해 당백전을 발행하였다.
⑤ 고종은 황제권의 강화를 위해 원수부를 설치하였다.

정답	①

1896	1897	1904	1905	1907
아관파천 독립 협회	대한 제국	러·일 전쟁	을사조약	고종 강제 퇴위

▷ **출제방향**
- 아관파천 이후의 정세를 이해한다.
- 독립 협회의 활동을 이해한다.

🔍 한눈에 보기

👍 삼국 간섭

> 랴오둥 반도를 일본이 소유하면 청국 수도를 위태롭게 한다. 뿐만 아니라 조선국 독립까지도 유명무실하게 만들고, 동아시아의 영구적인 평화를 가로막을 것이다. 이에 일본 정부에게 랴오둥 반도를 차지하는 것을 포기하기를 권고한다.
>
> – 일본 외무성, 「일본 외교 문서」, 1895년 4월 23일

➕ 청·일 전쟁 기간, 러시아는 "만약 러시아가 중국을 돕는다면 영국은 일본을 도울 것이다"라는 경고를 받고 중국을 돕지 못하였다. 그러나 일본이 시모노세키 조약으로 랴오둥 반도를 얻게 되자, 랴오둥 반도 남쪽 끝에 위치한 대련과 여순항에 관심을 가지고 있던 러시아는 독일, 프랑스와 함께 일본에 압력을 넣어 랴오둥 반도를 돌려주게 하였다. 이 사건을 계기로 러시아와 미국의 힘을 빌려 일본 세력을 몰아내려고 하는 움직임이 본격화되었다. 수세에 몰린 일제는 왕비를 시해하는 만행을 저질렀다.

👍 아관파천

> 지난해 9월부터 반역 도배들이 집요하게 나를 압박해 오고 있다. 최근에는 단발령으로 일어난 전국적 시위의 혼란을 틈타 나와 내 아들을 살해할지 모른다는 두려움에 떨고 있다. 나는 내 아들과 함께 이러한 위급한 상황에서 벗어나 러시아 공관에서 보호받기를 바란다. 나를 구출할 수 있는 다른 수단은 없다. 나는 두 공사가 나에게 피신처를 마련해 줄 것을 간곡히 당부한다.
>
> –『러시아와 한국』, 「러시아 공사관 이동을 요청하는 고종 친서」, 1979

👍 독립 협회

> 우리나라가 한쪽에 치우쳐 있어 땅이 적고 오랫동안 남의 아래에 있어 그 문을 영은이라 이름하고 그 관을 모화라 이름함은 뜻있는 선비의 비분 탄식하는 바이었으나 천운이 돌아 이제 대조선국이 독립국이 되어 세계만방으로 어깨를 겨누니 이는 우리 군주 폐하의 위덕(威德)이 떨침이요, 우리 대 조선국의 유사 이래의 광명이요, 우리 동포 형제 2천만 인구의 행복이다. 그러나 아직까지 기념할 실적이 없으므로 이에 공공의 의견으로 독립 협회를 발기하여 전 영은문 유지에 독립문을 새로이 세우고 전 모화관을 새로 고쳐 독립관이라 하여 옛날의 치욕을 씻고 후인의 표준을 만들고자 함이요, 그 부근의 땅에 독립 공원을 이루어 그 문과 관을 보관코자 하니 성대한 일이라 아니할 수 없는지라. 돌아보건대, 그 공역이 커서 큰 비용이 될 것이니 합치지 않으며 서취하기를 기약치 못할 것이요, 이에 알리니 밝게 헤아려 보조금을 다소간에 뜻에 따라 보내고 본회 참여할 뜻이 있으면 그것을 나타내 주기를 바란다.
>
> –『대한 조선 독립 협회 회보』 제1호, 1896년 11월 30일

△ 독립문

△ 영은문

➕ 1896년 7월 2일 서재필, 윤치호 등은 민중의 힘으로 완전한 자주 독립 국가를 만들기 위하여 독립 협회를 창립하였다. 이들은 민중 계몽을 위한 첫 사업으로 국민들의 성금을 모아 독립문을 건설하고 독립 공원을 조성하였다.

👍 독립신문

  우리가 독립신문을 오늘 처음으로 출판하는데, 조선 속에 있는 내외국 인민에게 우리의 주의를 미리 말씀하여 아시게 하노라.

  우리는 첫째 편벽되지 아니한 고로 무슨 당에도 상관이 없고, 상하 귀천을 달리 대접 아니하고, 모두 조선 사람으로만 알고, 조선만을 위하며, 공평이 인민에게 말할 터인데, 우리가 서울 백성만 위할 것이 아니라 조선 전국 인민을 위하여 무슨 일이든지 대언(代言)하여 주려 함.

  정부에서 하시는 일을 백성에게 전할 터이요, 백성의 정세를 정부에 전할 터이니 만일 백성이 정부 일을 자세히 알고, 정부에서 백성의 일을 자세히 아시면, 피차에 유익한 일만 있을 터이요, 불평한 마음과 의심하는 생각이 없어질 터이옴.…… 또 한쪽에 영문으로 기록하기는, 외국 인민이 조선 사정을 자세히 모른 즉 혹 편벽된 말만 듣고 조선을 잘못 생각할까 보아 실상 사정을 알게 하고자 하여 영문으로 조금 기록함.

  그러한 즉 이 신문은 조선만 위함을 가히 알 터이요, 이 신문을 인연하여 내외 남녀 상하 귀천이 모두 조선 일을 서로 알 터이옴. 우리가 또 외국 사정도 조선 인민을 위하여 간간이 기록할 터이니 그것을 인연하여 외국은 가지 못하더라도 조선 인민이 외국 사정도 알 터이옴. 오늘은 처음인고로 대강 우리 주의만 세상에 고하고, 우리 신문을 보면 조선 인민이 소견과 지혜가 진보함을 믿노라.

− 「독립신문 창간사」

✚ 독립신문은 서재필과 국내 개화파들이 민중을 계몽할 목적으로 창간한 우리나라 최초의 민간 신문이었다. 당시 정부는 신문 설립을 위한 자금을 지원하고 정부 소유의 건물을 독립신문사의 사옥으로 빌려주었다. 독립신문은 4면으로, 제3면까지는 국문판으로 제4면은 영문판으로 편집하여 주 3회의 격일간지로 출발하였다.

👍 헌의 6조

1. 외국인에게 기대지 아니하고 관민이 동심협력하여 전제 황권을 견고케 할 것
2. 광산, 철도, 석탄, 산림 및 차관, 차병(借兵)과 정부가 외국인과 체결하는 모든 조약 건은 정부 대신과 중추원 의장이 합동 날인하지 않으면 시행하지 못하게 할 것
3. 전국의 재정은 어떠한 조세를 막론하고 모두 탁지부에서 관장하되 다른 부처와 사회사(私會社)는 간섭할 수 없으며, 예산과 결산을 인민에게 공표할 것
4. 앞으로 모든 중대 범죄는 공개 재판을 시행하되, 피고가 끝까지 설명하여 마침내 자복(自服)한 후에 시행할 것
5. 칙임관(勅任官)은 대황제 폐하가 정부에 자문을 구하여 그 과반수에 따라 임명할 것
6. 장정(章程)을 실천할 것

− 『주본존안』

✚ 독립 협회는 1898년 3월부터 11월까지 만민 공동회를 잇달아 열어 제국주의, 특히 러시아의 정치 경제적 침략에 대한 반대, 부패 관료 퇴진 운동 등을 전개하였다. 1898년 10월 29일에 정부 대신 10여 명이 참여한 관민 공동회는 최대 규모로 열렸다. 개막 연설을 한 사람은 당시 가장 천대받던 계층인 백정 출신 박성춘이었다. 그의 연설에 군중들은 뜨거운 박수를 보냈다. 이날 대회에서는 이권 양도 반대, 부패한 관리의 처벌, 장정 실천 등 헌의 6조를 결의하였다. 정부도 만민 공동회의 요구를 들어주기로 약속하였다.

1 조직

1. 아관파천: 을미사변 이후 신변에 위협을 받은 고종이 러시아 공사관으로 피신

2. 아관파천 이후 열강의 이권 침탈 본격화

3. 서재필 등의 개화 지식층과 개화 관료들을 중심으로 독립 협회 조직(1896)

2 활동

1. 계몽 운동
   (1) 독립 협회 창설 이전 독립신문 창간, 계몽 활동에 주력
   (2) 독립관·독립문 건립
   (3) 토론회·강연회 개최

> **독립 협회**
>
> 11월 4일 밤, 조병식 등은 건의소청 및 도약소의 잡배들로 하여금 광화문 밖의 내국 조방 및 큰길가에 익명서를 붙이도록 하였다. …… 익명서는 "독립 협회가 11월 5일 본관에서 대회를 열고, 박정양을 대통령으로, 윤치호를 부통령으로, 이상재를 내부대신으로 …… 임명하여 나라의 체제를 공화정치 체제로 바꾸려 한다."라고 꾸며서 폐하께 모함하고자 한 것이다.
>
> — 『대한계년사』

2. 자주 국권 운동
   (1) 만민 공동회, 관민 공동회 개최
   (2) 러시아의 침략 정책과 이권 요구 규탄, 헌의 6조 결의(의회 설립 운동)

3. 자유 민권 운동: 국민의 신체 자유, 재산권, 언론·출판·집회·결사의 자유 등 주장

3 해산

1. 보수파 관료와 황실 측근 세력의 모함

2. 황국 협회와의 충돌 후 고종의 해산 명령

황국 협회
정부에서 보부상들을 중심으로 조직한 어용 단체이다.

기출 맛보기

(가) 단체의 활동으로 옳은 것은? 36회 초급 37번

[2점]

서재필   독립신문

① 항일 의병을 일으켰다.

② 태극 서관을 운영하였다.

③ 만민 공동회를 개최하였다.

④ 국채 보상 운동을 주도하였다.

정답 분석⊕

서재필과 독립 협회와 관련 있는 단체인 (가)는 독립 협회이다. 독립 협회는 만민 공동회를 통해 민중 계몽 운동을 펼쳤다.

오답 풀이✓

① 항일 의병 운동은 동학 농민군, 유생 등 다양한 계층이 참여하였다.
② 태극 서관보 신민회 산하 기관으로 서적 출판·보급 목적의 서점이다. 1905년 이승훈 등이 설립하였다.
④ 1907년 대구에서 서상돈의 제안으로 국채 보상 운동이 시작되었다.

정답   ③

47
62

MEMO ✎

대한 제국 수립과 광무개혁

▶ **출제방향** | 광무개혁을 이해한다.

한눈에 보기

👍 아관파천

이 사진은 옛 러시아 공사관의 모습이야.

아관파천 → 고종이 일본의 위협을 피해 거처를 옮긴 이 사건과 관련된 곳이지.

≫41회 중급 36번

며칠 전 폐하께서 먼저 단발을 하셨으니 백성들도 이를 따라야 하지 않겠는가?

아관파천이 단행 되었다.

국호를 대한이라 하고 올해를 광무 원년으로 삼노라.

≫39회 중급 36번

👍 대한 제국

고종 34년(1897) 10월 13일. 오직 내가 덕이 없다 보니 어려운 시기를 만났으나, 하늘이 도와 위기를 모면하고 안정되었으며, 독립의 터전을 세우고 자주의 권리를 행사하게 되었다. 여러 신하들과 백성들, 군사들과 장사치들이 한결같은 소리로 수십 차례나 글을 올려 반드시 황제의 칭호를 올리라고 일제 제의하였다. 내가 끝내 사양할 수 없어서, 올해 9월 17일 백악산(白嶽山) 남쪽에서 하늘과 땅에 제사를 지내고, 황제의 자리에 올랐다. 나라 이름은 '대한(大韓)'이라고 정한다. 이 해를 광무 원년(光武元年)으로 삼고, 종묘(宗廟)와 사직(社稷)의 신위판(神位版)을 고쳐 쓰며, 왕후(王后) 민씨(閔氏)를 황후(皇后)로 책봉하고, 왕태자(王太子)를 황태자(皇太子)로 책봉한다. 이제 밝은 운명을 크게 가다음어 의식을 성대하게 진행하려고 한다. 역대의 옛 관례를 상고하여 특별히 대사령(大赦令)을 내린다.

― 『고종실록』

✛ 러시아의 견제로 일본의 간섭이 주춤해지자, 관료와 유생들 사이에 고종의 위상을 황제로 격상시켜야 한다는 여론이 들끓었다. 고종은 왕권을 강화할 수 있는 좋은 기회라고 여겨 아관파천 1년만인 1897년에 경운궁으로 돌아왔다. 나라 이름을 대한 제국으로 바꾸고 황제가 되었다. 경복궁이나 창덕궁 대신 이 곳을 고른 이유는 미국, 러시아 등 서양 여러 나라 공사관이 가까이 있어 일본을 견제하는데 유리하다고 판단하였기 때문이었다.

환구단(원구단)

고종은 1897년 원구단을 세우고 천자가 되었음을 알리는 제천 의식을 행하였다. 왼쪽에 신위를 보관하던 황궁우가 보인다.

👍 광무개혁

대한국 국제

제1조 대한국은 세계 만국이 공인한 자주 독립 제국이다.

제2조 대한 제국의 정치는 만세 불변의 전제 정치이다.

제3조 대한국 대황제는 무한한 군권을 지니고 있다.

제4조 대한국 신하와 백성들은 대황제가 지니고 있는 군권을 침해하거나 훼손하는 행위가 있으면 신하와 백성들의 도리를 어긴 자로 인정한다.

제5조 대한국 대황제는 육군과 해군을 통솔하고 편제를 정하며 계엄령과 해엄령을 내린다.

제6조 대한국 대황제는 법률을 제정하며 반포와 집행을 명령한다. 만국 공통의 법률을 본받아 국내 법률도 개정하여 대사령, 특사령 및 형벌을 감해주고 권한을 회복시키는 명령을 내린다.

제7조 대한국 대황제는 행정에 관한 각 부서의 관제와 문관과 무관의 봉급을 제정 또는 개정하며 행정상 필요한 각 항목의 칙령을 내린다.

제8조 대한국 대황제는 문관과 무관의 버슬을 올리고 떨구며 임명하고 파면할 수 있다. 작위, 훈장과 기타 특전을 수여하거나 박탈한다.

제9조 대한국 대황제는 조약을 맺은 각국에 사신을 파견 주재하게 하며 전쟁을 선포하고 강화를 하며 여러 가지 조약을 체결한다.

— 『고종실록』

✚ 고종은 김병시, 정범조 등 동도 개화파들을 등용하고, '구본신참(舊本新參)'을 국가 통치 이념으로 삼아 정치 개혁에 착수하였다. 구본신참은 동도서기와 마찬가지로 옛것을 근본으로 하고 서양 문명을 참작한다는 뜻이다. 고종이 개항부터 일관되게 추진해 온 개화 노선이었다. 1899년에 제정된 대한국 국제는 대한 제국이 자주 독립 국가이며 전제 군주 국가임을 천명하였다.

👍 양전 사업과 지계 발급

전국의 지방을 나누어 구역을 정하고 구역의 지질을 측량하여 조리를 분명하게 하는 것은 나라의 큰 정치이다. 우리나라는 구역이 크지 않은 바가 없고 토지가 아름답지 아니한 바가 없다. 그러나 경계의 구분만 있고 토지의 측량이 상세하지 아니하다. …… 지금 정치를 유신할 때에 어찌 일대의 결함이 아니리오. 지금 토지 측량은 하루 빨리 해야 할 일이므로 이를 회의에 부쳐야 한다.

— 〈양전사업청의서〉 광무 2년 6월

✚ 양전 사업은 1898년(광무2)에 시작되어 1904년까지 실시되었다. 내부대신 박정양, 농상공부대신 이도재가 토지 측량의 필요성을 제기하여 의정부의 토의를 거쳐 국왕의 재가를 받았다. 양전의 원칙 및 방법은 종래의 것을 그대로 따랐으나 정확한 측량을 위해 서구의 근대적인 측량법에 정통한 미국인 기사 크롬(Krumm)을 초빙하고 측량술을 배운 학도들을 배속하였다. 그들은 양무 위원들이 행한 조사 사항을 검토하고 착오가 있으면 정정하였다. 양전의 결과는 양안에 수록하였다. 양안에 기록된 토지 소유자에게는 소유권 증서를 발행하였다. 그것을 대한 전토지계(대한 제국 전답 관계라고도 함)라고 하였다. 양안에 소유권자를 기입해 두는 것만으로는 토지 매매 때의 부정이나 폐단을 막을 수가 없다는 이유에서였다. 지금까지의 소유권은 토지 소유자가 매매 문기를 작성하고 증인이 보증하여 넘기면 이전되었다. 이러한 제도로는 개인 재산을 제대로 보호하기 어려워, 정부는 지계 발행에 관한 법규를 세우고 양전이 끝난 지역에 지계를 발행하였다.

1 대한 제국 수립

1. 배경: 독립 협회와 시민들의 환궁 요구, 유생들의 상소

2. 고종은 궁궐을 떠난 지 1년 만에 경운궁(덕수궁)으로 환궁

3. 국호는 '대한 제국', 연호는 '광무'로 정하고 환구단에서 황제 즉위식 거행

🏛 환구단
천자가 하늘에 제사를 드리는 제천단을 뜻한다.

2 광무 개혁

1. 개혁 원칙: '구본신참(舊本新參)'을 내세워 점진적인 개혁 표방

2. 개혁 내용
 (1) 군사
  ① 원수부 설치: 황제가 국방과 군사에 관한 지휘권 직접 장악
  ② 시위대 재조직, 진위대 증설
 (2) 경제
  ① 양전·지계 사업: 전국적 양전 시행 후 지계 발급
  ② 식산흥업 정책: 근대적 공장·회사 설립
  ③ 상공 학교, 광무 학교 등 설립
  ④ 전화 가설, 전차·철도 부설 등
 (3) 외교: 이범윤을 간도 관리사로 파견, 간도 주민들에 대한 통치권 행사

🏛 지계

3. 대한국 국제 반포
 (1) 대한국 국제: 1899년 제정한 일종의 헌법
 (2) 황제의 무한한 권한을 규정

기출 맛보기

(가)에 들어갈 내용으로 옳은 것은? 33회 초급 31번

[3점]

□□ 방송 특별 기획

(가)

- 고종, 환구단에서 황제 즉위식을 거행하다 -

① 위화도 회군

② 집현전 설치

③ 통신사 파견

④ 대한 제국 선포

47
~
62

MEMO

을사조약으로 외교권을 빼앗기다

국권 피탈 과정

▷ **출제방향**
- 국권 피탈 과정을 이해한다.
- 을사늑약에 대한 우리의 저항을 이해한다.

🔍 한눈에 보기

👍 **국권 피탈 과정**

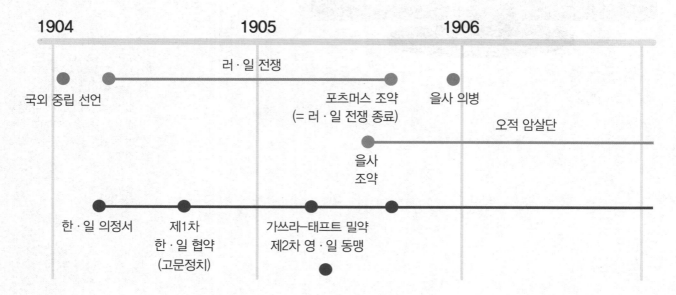

1904 · · · · · · · · · · · · · 1905 · · · · · · · · · · · · · 1906

러·일 전쟁

국외 중립 선언   포츠머스 조약 을사 의병
(= 러·일 전쟁 종료)

오적 암살단

을사
조약

한·일 의정서   제1차   가쓰라―태프트 밀약
한·일 협약   제2차 영·일 동맹
(고문정치)

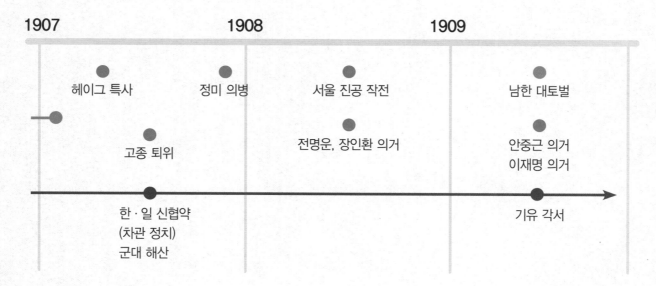

1907 · · · · · · · · · · · · · 1908 · · · · · · · · · · · · · 1909

헤이그 특사   정미 의병   서울 진공 작전   남한 대토벌

고종 퇴위   전명운, 장인환 의거   안중근 의거
이재명 의거

한·일 신협약   기유 각서
(차관 정치)
군대 해산

러·일 전쟁 발발 (1904. 2.)	한·일 의정서 (1904. 2.)	제1차 한·일 협약 (1904. 8.)
대한 제국의 중립 선언	일본의 군사적 요지·시설 점령, 외교 간섭	고문 정치(외교–스티븐스, 재정–메가타) ➡ 내정 간섭 강화

가쓰라·태프트 밀약 (1905. 7.)	제2차 영·일 동맹 (1905. 8.)	포츠머스 조약 (1905. 9.)
미국, 일본이 필리핀, 조선의 상호 독립 지배권 확인	영국, 일본이 인도, 조선의 상호 독립 지배권 확인	러시아가 일본의 한반도 독점적 지배 인정

을사 조약 (제2차 한·일 협약) (1905. 11.)	고종 강제 퇴위 (1907. 6.)	한·일 신협약 (정미 7조약) (1907. 7.)
이토 히로부미 고종 협박 ➡ 외교권 박탈, 통감부 설치, 내정 간섭 강화	헤이그 특사 파견(을사조약의 무효 선언) 구실, 순종 즉위	• 차관 정치: 각 부 대신 밑에 일본인 차관 임명 • 군대 해산: 해산 군인의 항일 의병 운동 참여 • 신문지법(1907), 보안법(1907), 학회령(1908), 출판법(1909)

기유각서 (1909. 7.)	한·일 합병 조인 (1910. 8.)
사법권 박탈, 남한 대토벌 작전 단행	• 일진회 등의 친일 단체를 통해 합방 여론 조성 • 경찰권 박탈 • 총리 대신 이완용과 통감 데라우치 사이에 병합 조약 체결

47
–
62

1 러·일 전쟁(1904)

1. 아관 파천 이후에는 러시아의 영향력 확대

2. 1904년 2월 일본 함대가 러시아 함대를 공격하면서 전쟁 시작
   ➡ 일본의 승리

2 국권 피탈 과정

1. 한·일 의정서(1904): 군용지 약탈

2. 제1차 한·일 협약(1904): 외국인 고문 파견 ➡ 재정 고문 메가타, 외교 고문 스티븐스

3. 열강의 한반도에 대한 일본의 우위권 인정
   (1) 미국: 가쓰라-태프트 밀약(1905)
   (2) 영국: 제2차 영·일 동맹(1905)
   (3) 러시아: 포츠머스 조약(1905)

4. 제2차 한·일 협약(을사조약, 1905)
   (1) 외교권 박탈, 통감부 설치
   (2) 궁성을 포위한 채 조약 체결 강요 ➡ 일본의 일방적 체결 발표
   (3) 저항
      ① 자결: 민영환, 조병세
      ② 외교: 헤이그 특사 파견
      ③ 언론: 황성신문에 「시일야방성대곡」(장지연) 게재
      ④ 무력
         • 을사의병, 오적 암살단 조직
         • 장인환·전명운: 스티븐스 사살(샌프란시스코, 1908)
         • 이재명: 이완용 습격, 실패(명동성당 앞, 1909)
         • 안중근: 이토 히로부미 사살(하얼빈, 1909), 『동양평화론』

5. 고종 강제 퇴위(1907)

6. 한·일 신협약(정미 7조약, 1907): 차관 정치, 부속 조약으로 군대 해산

7. 기유각서(1909): 사법권·경찰권 박탈

8. 국권 피탈(1910)

💡 헤이그 특사 파견
고종은 이준 등의 특사를 네덜란드의 헤이그에서 열리는 만국 평화회의에 보내 을사조약 체결이 한국 황제의 뜻에 반하여 일본의 강압에 의한 것임을 폭로하고자 하였다.

기출 맛보기

다음 인물에 대한 설명으로 옳은 것은? 33회 초급 34번

[3점]

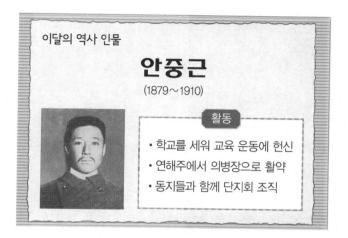

이달의 역사 인물

안중근
(1879~1910)

활동

- 학교를 세워 교육 운동에 헌신
- 연해주에서 의병장으로 활약
- 동지들과 함께 단지회 조직

① 하얼빈에서 이토 히로부미를 처단하였다.

② 샌프란시스코에서 스티븐스를 저격하였다.

③ 청산리 전투에서 일본군을 크게 무찔렀다.

④ 도쿄에서 일본 국왕을 향해 폭탄을 던졌다.

정답 분석

안중근 의사는 하얼빈에서 이토 히로부미를 처단하였다.

오답 풀이

② 샌프란시스코에서 스티븐스를 저격한 인물은 전명운 장인환 의사이다.

③ 청산리 전투에서 일본군을 크게 무찌른 인물은 김좌진 장군이다.

④ 도쿄에서 일본 국왕을 향해 폭탄을 던진 인물은 이봉창 의사이다.

정답 ①

MEMO

57 항일 의병 전쟁

1896	1897	1904	1905	1907
아관파천, 독립 협회	대한 제국	러·일 전쟁	을사조약	고종 강제 퇴위

▷ **출제방향**   항일 의병 전쟁의 내용을 이해한다.

🔍 한눈에 보기

👍 을미의병

> 아! 왜놈들의 소위 신의나 법리는 말할 것조차 없거니와 저 국적놈들의 몸뚱이는 뉘를 힘입어 살아왔
> 던가. 원통함을 어찌하리. 국모의 원수를 생각하며 이를 갈았는데, 참혹함이 더욱 심해져 임금께서 또
> 머리를 깎으시는 지경에 이르렀다. 의관을 찢긴데다가 또 이런 망극한 화를 만났으니, 천지가 뒤집어져
> 우리 고유의 이성을 보전할 길이 없다. 우리 부모에게 받은 몸을 금수로 만드니 무슨 일이며, 우리 부모
> 에게 받은 머리카락을 풀 베듯이 베어버리니 이 무슨 변고란 말인가. …… 무릇 우리 각도 충의의 인사
> 들은 모두가 임금의 보살핌을 받은 몸이니 환난을 회피하기란 죽음보다 더 괴로우며 앉아서 기다릴진대
> 싸워보는 것만 같지 못하다.
>
> – 『독립 운동사 자료집』

✚ 유인석(1842~1915)은 명성 황후 시해와 단발령을 계기로, 무력 항쟁을 촉구하는 격문을 발표하고 제천에서 의병을 일으켰다. 원주와
춘천의 의병 부대가 가담하여 4천 명의 병력으로 관군과 일본군을 공격하여 충주부를 점거하고 관찰사 김규식을 처치하였다.

👍 을사의병

> 오호라. 난신적자(亂臣賊子)의 변란이 어느 대에 없었으리요마는 누가 오늘날의 역적 같은 자가 있으
> 며, 오랑캐의 화란이 어느 나라에 없었으리요마는 어디에 오늘날의 왜적 같은 자가 있는가. 곧 의거를
> 맞이하여 여러 말이 필요하지 않은 것이다. …… 오호라. 작년 10월에 저들이 한 행위는 만고에 일찍이
> 없던 일로서, 억압으로 한 조각의 종이에 조인하여 5백 년 전해오던 종묘사직이 드디어 하룻밤 사이에
> 망하였으니, 천지 신명도 놀라고 조종의 영혼도 슬퍼하였다. 나라를 들어 적국에 넘겨 준 이지용 등은
> 실로 우리나라 만대의 변할 수 없는 원수요, 자기 나라 임금을 죽이고 다른 나라 임금까지 침범한 이등
> 박문은 마땅히 세계 여러 나라가 함께 토벌해야 할 역적이다. …… 우리 의병 군사의 올바름을 믿고, 적
> 의 강대함을 두려워하지 말자. 이에 격문을 돌리니 도와 일어나라.
>
> – 최익현, 『면암집』

✚ 러·일 전쟁에서 승리한 일본은 본격적으로 조선의 식민지화를 추진하였다. 일본 전권 대사 이토 히로부미는 친일파를 앞세워 고종을 협
박하여 1905년 11월 17일 외교권 박탈과 통감 정치를 주 내용으로 하는 을사조약을 강제로 체결하였다. 이 조약을 계기로 전 민족적인 저항
이 전개되었다. 을사조약이 체결되자, 최익현(1883~1906)은 을사조약의 무효와 을사오적의 처단을 주장하였고, 다음 해에 전북 태안에서 의
병을 일으켰다. 그는 순창을 점령하였으나 관군과 싸울 수 없다고 하면서 포로가 되었다. 일본군에게 쓰시마섬에 끌려가서 순절하였다.

> ### 평민 의병장 신돌석
>
> 신돌석은 경상도 영덕 사람인데 사납고 날쌔어 날아다니는 것 같았다. 필마단창으로 적을 무수히 죽이니, 일병들이 온갖 계책을 써서 생포하려 하였으나 잡지 못하였다. 이리하여 많은 현상금을 붙였더니 그 부하의 속임수에 빠져 죽었다.
>
> – 『한국 독립 운동 지혈사』

✚ 신돌석(1878~1908)은 경북 영덕 출신이다. 대표적인 평민 출신 의병장으로 평해, 영덕, 영해, 영양, 청송, 의성, 봉화, 삼척, 정선, 강릉, 원주 등 경상, 강원도 등지에서 유격전을 전개하였다.

👍 정미의병

> ### 13도 창의군의 서울 진공 작전
>
> 1909년 7월 30일 군사장(허위)은 미리 군비를 신속히 정돈하여 철통과 같이 함에 한 방울의 물도 샐 틈이 없는지라. 이에 전군에 명령을 내려 일제히 진군을 재촉하여 동대문 밖으로 진군하였다. 대군은 장사(長蛇)의 세(勢)로 천천히 전진하게 하고, 씨가 3백 명을 인솔하고 선두에 서서 동대문 밖 삼십 리 부근에 나아가고, 전군이 오기를 기다려 일거에 서울을 공격하여 들어오기로 계획하였다. 전군이 모여드는 시기가 어긋나고 일본군이 갑자기 진격하는지라. 여러 시간을 격렬히 사격하다가 후원이 이르지 않으므로 할 수 없이 마침내 퇴진하였더라. 이때에 사기를 고무하여 서울 진공의 영을 발하니, 그 목적은 서울로 들어가 통감부를 쳐부수고 성하(城下)의 맹(盟)을 이루어 저들의 소위 신협약 등을 파기하여 대대적 활동을 기도함이라.
>
> – 대한매일신보

✚ 의병 전쟁이 본격화되면서 전국의 의병 부대가 서울 진공을 위한 연합 전선을 형성하였다. 13도 창의 대장으로 이인영이 추대되고 군사장으로는 허위가 추대되었다. 이때 신돌석, 홍범도 등은 양반이 아니라는 이유로 제외되었다. 전국에서 모인 의병 1만여 명은 교통이 편리한 양주에 집결하여 서울 진공 작전을 전개하였다. 의병의 대다수는 화승총을 소지하였으나 신식 소총을 가진 3천여 명의 해산 군인이 포함되어 있었다. 정병 300명으로 구성된 선발대는 동대문 밖 30리까지 진격하여 일본군과 교전을 벌였다.

≫36회 중급 34번

이 사진은 군대 해산 이후 전국 각지에서 의병이 일어났을 때 그들을 취재한 영국 기자 매켄지가 찍은 것이다. 이때 그가 만난 한 사람은 다음과 같이 말하였다.

"우리는 죽을 수밖에 없을 것입니다. 그러나 그것으로 좋습니다. 일본의 노예로 살기보다는 자유로운 인간으로서 죽는 편이 훨씬 낫습니다."

① 을미의병(1895)

1. 배경: 을미사변, 단발령

2. 의병장: 유인석(제천), 이소응(춘천) 등 양반 출신 유생층 중심

3. 특징

　(1) 동학 농민군 출신 대거 가담

　(2) 아관 파천 이후 고종의 해산 권고 조칙에 따라 해산

　(3) 해산 후 **활빈당** 활동

> **을미의병**
>
> 원통함을 어찌하리오. 국모의 원수를 생각하며 이를 갈았는데 참혹함이 더욱 심해져 임금께서 또 머리를 깎으시는 지경에 이르렀다.
>
> — 『유인석 창의문』

> 🏺 **활빈당**
> 1900년 충청남도 일대에서 시작하여 반봉건주의와 반제국주의의 기치를 들고 봉기했던 무장 민중 집단이다.

② 을사의병(1905)

1. 배경: 을사조약(을사늑약) 강제 체결

2. 의병장: 민종식(홍성), 최익현(정읍·순창), 신돌석
　　　　　　　　　　　　└▶ 쓰시마 섬에 유배되어 그곳에서 순절

3. 특징: 평민 출신 의병장 등장

> **을사의병**
>
> 작년 10월에 저들이 한 행위는 오랜 옛날에도 일찍이 없던 일로서 억압으로 한 조각의 종이에 조인하여 500년 전해 오던 종묘 사직이 드디어 하룻밤에 망하였으니 ……
>
> — 『최익현 격문』

③ 정미의병(1907)

1. 배경: 고종 강제 퇴위, 군대 해산

2. 의병장: 이인영, 허위 등

3. 특징

　(1) 해산 군인 합류로 전투력과 조직 강화, 의병 전쟁으로 발전

　(2) 13도 창의군 결성

　　① 전국 의병 부대 연합

　　② 각국 영사관에 통문을 보내 '국제법상 교전 단체'로 인정해 줄 것을 요구

　　③ 국내 진공 작전 전개

　　④ 1909년 남한 대토벌 작전 이후 약화 ➡ 만주·연해주로 이동하여 독립군 활동

정미의병

군대를 움직이는 데 가장 중요한 점은 고립을 피하고 일치단결하는 것에 있다. 따라서 각도의 의병을 통일하여 둑을 무너뜨릴 기세로 서울에 진격하면, 전 국토가 우리 손 안에 들어오고 한국 문제의 해결에 있어서도 유리하게 될 것이다.

– 『이인영 격문』

기출 맛보기

선생님의 질문에 대한 학생의 대답으로 가장 적절한 것은? 34회 초급 37번 　　　　　[3점]

광무 황제께서 일제에 의해 강제로 물러나셨다는 소식 들었나?

그럼. 그래서 의병들이 연합 부대를 만들어 서울을 향해 진공 작전을 폈다지.

① 나선 정벌에 나섰다.

② 행주 대첩을 이끌었다.

③ 곽재우가 중심이 되었다.

④ 해산당한 군인들이 합류하였다.

정답 분석

서울 진공 작전을 펼쳤던 정미의병은 정미7조약으로 인해 해산된 군인들이 합류하여 의병 전투에 참여하였다.

오답 풀이

① 효종 때의 일이다.

② 임진왜란 때 권율 장군이 행주 대첩을 이끌었다.

③ 곽재우는 임진왜란 때 대표적인 의병장이다.

정답　　④

애국 계몽 운동의 전개

▷ **출제방향**
- 애국 계몽 단체를 이해한다.
- 신민회를 이해한다.

🔍 한눈에 보기

👍 대한 자강회

　　나라의 독립은 오직 자강(自強)을 할 수 있느냐 못하느냐에 달려 있는 것이다. 우리 대한이 종전에 자강의 방도를 강구치 아니하여 인민이 스스로 우매함에 갇히고 국력이 스스로 쇠퇴하게 되었고 나아가서 금일의 험난한 지경에 이르렀고 외국인의 '보호'까지 받게 되었다. 이것은 모두 자강의 방도에 뜻을 두지 않았기 때문이었다. 아직도 구습을 버리지 않고 자강의 방도를 강구하는 데 힘쓰지 않으면 끝내는 멸망함에 이르게 될 뿐이니 어찌 금일에 그칠 뿐이겠는가? …… 지금 우리 대한은 삼천리강토가 온전하고 이천만 민족이 있으니 참으로 능히 자강에 분발하여 힘써 단체를 만들고 모두 단결하면 오히려 가히 부강의 전도와 국권의 회복을 바라볼 수 있는 것이다. 금일에 당하여 어찌 분발을 서두를 때가 아니리오! 그러나 자강의 방도를 강구하려 할 것 같으면, 다른 곳에 있지 않고 교육을 진작하고 산업을 일으키는 데 있으니, 무릇 교육이 일어나지 않으면 민지(民智)가 열리지 않고, 산업이 일어나지 않으면 국부(國富)가 증가하지 못하는 것이다. 그러한 즉 민지(民智)를 열고 국력을 기르는 길을 교육과 산업의 발달에 달려 있다고 아니할 수 있겠는가! 교육과 산업의 발달이 곧 자강의 방도임을 알 수 있는 것이다. ……

　　　　　　　　　　　　　　　　　　　　　　　　　　　－ 대한 자강회 설립 취지서, 황성 신문, 1906년 4월 2일

➕ 대한 자강회는 자강 운동을 대표하는 단체이다. 대한 자강회는 민족이 단결하여 교육과 산업을 일으켜야 자강할 수 있다고 주장하였다. 이는 『대한 자강회 월보』 논설에 교육 관계가 26편, 식산 곧 경제 관계가 25편으로 가장 많이 게재되어 있는 것에서 잘 알 수 있다. 하지만 대한 자강회는 일본의 보호 정치 아래에서 '국법'을 어기지 않고 운동을 하고자 하였고, 일본인 고문을 두어 스스로 활동을 제약하는 한계를 드러내었다.

👍 신민회

　　신민회는 무엇을 위하여 일어남이뇨? 민습(民習)의 완고 부패에 신사상이 시급하며, 민습의 우미(愚迷: 어리석고 사리에 어두움)에 신교육이 시급하며, 열심의 냉각에 신제창이 시급하며, 원기의 모패(耗敗: 줄고 시들다)에 신수양이 시급하며, 도덕의 타락에 신윤리가 시급하며, 실업의 조췌(凋悴: 시들다)에 신규범이 시급하며, 정치의 부패에 신개혁이 시급이라. 천만가지 일에 신(新)을 기다리지 않는 바 없도다. 지리한 긴 꿈에 한 사람도 신(新)을 원치 않는 이 없도다. 급급함이여. 오늘의 유신. 하루라도 신(新)에 급하지 아니하면, 이는 우리나라가 그만큼 일층 지옥에 떨어짐이라. 금일 신(新)키 불능하며 명일 신(新)키 불능하면, 필경 만겁의 지옥에 떨어져서 인종은 절멸하고 국가는 폐허가 되고 말 것이니, 이때에 이르러 무릎을 치고 탄식을 발(發)한들 어찌하리오. 그러므로 우리들이 마땅히 잠을 잊고 찬(饌: 반찬)을

폐하여 구할 바는 이 유신(維新)인 것이다. 마음을 가다듬고 피를 올려서 실행할 것은 이 유신인 것이다. …… 무릇 우리 대한인은 내외를 막론하고 통일 연합으로써 그 진로를 정하고 독립 자유로써 그 목적을 세움이니, 이것이 신민회의 원하는 바이며 신민회의 품어 생각하는 까닭이니, 간단히 말하면 오직 신정신을 불러 깨우쳐서 신단체를 조직한 후에 신국(新國)을 건설할 뿐이다.

– 신민회 설립 취지문, 「주한 일본 공사관 기록(1909)」

✛ 신민회는 말 그대로 모든 면에서 나를 새롭게 만드는 것을 목표로 한 비밀 조직이었다. 신민회는 회원끼리 연락을 허용하지 않았고, 종적인 연락으로 비밀을 지키며 각자 합법적 활동에 참가했다. 신민회는 비밀 조직이었기 때문에 그 구성이 어떠하였는지는 알 수 없다. 하지만 '105인 사건'으로 기소된 128명의 면면을 통해서 간접적으로 추측할 수는 있다. 여기에서 크게 주목할 만한 것이 있는데, 바로 국권 회복 운동에 있어서 점차 평민층이 주역으로 떠오르게 되었다는 사실이다. 이것은 반일 의병 투쟁에서도 1907년 후반부터는 종래 선도적인 역할을 했던 위정 척사론적 유생이 점차 그 지도적 지위에서 후퇴하고 군대와 평민 출신의 의병장들이 주도적 역할을 하게 된 경향과 그 흐름을 같이 하고 있다.

이승훈
(1864~1930)

1878년	유기 상점과 유기 공장 설립, 대자본가로 성장
1907년	신민회에 참여하여 평안북도 총감에 선임되어 활동
1907년	정주에 오산 학교를 설립하여 교육 운동 전개
1911년	안악 사건에 연루되어 제주도에 유배, 105인 사건으로 인해 다시 검거
1922년	조선 민립 대학 설립 기성회에 참여하여 집행 위원으로 활동

이동휘
(1873~1935)

1899년	육군 무관 학교를 졸업한 후 참위로 진위대에서 근무
1905년	을사조약이 체결되자 무관직 사임하고 보창 학교를 설립하여 애국 계몽 운동에 종사
1907년	신민회에 참여하여 평의원 및 함경도 총책에 임명되어 활동
1908년	서북학회를 조직
1911년	105인 사건으로 옥고를 치른 뒤, 북간도로 망명
1913년	간도 국민회를 조직하고 한인에 대한 교육 활동에 종사, 권업회에 참여
1914년	대한 광복군 정부를 조직하고 부통령으로 활동
1917년	블라디보스토크에서 전로한족회중앙총회를 조직, 이 단체가 1919년 대한 국민 의회로 개편되자 군무부장에 선출
1918년	한인 사회당을 조직하고 위원장에 추대되어 사회주의 운동에 참여
1919년	대한민국 임시 정부의 국무총리에 선임, 노선 갈등으로 사임, 탈퇴
1921년	상하이에서 한인 사회당을 기반으로 상해파 고려 공산당 결성
1929년	조선 공산당 재건 운동에 참여하였으나 1935년 블라디보스토크에서 병사

양기탁
(1871~1938)

1885년	한성 외국어 학교에 입학
1898년	독립 협회에 참여
1904년	영국인 베델과 함께 대한매일신보와 코리아 데일리 뉴스 창간
1907년	국채 보상 기성회에 참여하여 국채 보상 운동을 전개
1921년	만주로 망명
1922년	대한 통의부, 의성단 1924년 정의부 조직
1934년	대한민국 임시 정부 국무 위원과 주석에 선출되어 활동
1935년	조선 민족 혁명당을 결성하고 감찰부장에 선임

안창호
(1878~1938)

1897년	독립 협회에 가입하여 활동
1898년	종로에서 만민 공동회를 개최하고 개혁안 건의
1902년	미국으로 건너가 샌프란시스코에서 한인 친목회 조직, 회장으로 선임
1905년	공립 협회를 조직, 회장으로 선임
1907년	귀국하여 신민회 조직, 평양에 대성 학교 설립
1910년	미국으로 망명
1913년	미국에서 흥사단 창립
1919년	대한민국 임시 정부 내무총장 겸 국무총리 대리로 임명, 독립신문 창간
1928년	상하이에서 김구·이동녕 등과 함께 한국 독립당 결성

1 애국 계몽 운동

1. 사회 진화론을 기반으로 함.

2. 교육·언론·산업 분야에서 민족의 실력을 양성하여 국권을 수호하려는 민족 운동

3. 학교 설립, 언론을 통한 계몽 활동, 경제적 실력 양성 등

> 💡 **사회 진화론**
> 영국의 사회학자이자 철학자였던 허버트 스펜서가 찰스 다윈의 생물진화론을 인간사회에 접목한 이론으로, 제국주의 열강의 약소국 지배를 정당화하는 이론으로 이용되었다.

2 애국 계몽 운동 단체

1. 보안회(1904)

   (1) 일본의 황무지 개간권 요구 저지

   (2) 농광 회사를 통해 황무지 개간 사업 전개

2. 헌정 연구회(1905)

   (1) 독립 협회 계승

   (2) 입헌 군주제 수립을 통한 민권 확대 운동

   (3) 일진회의 활동을 규탄하다가 해산

3. 대한 자강회(1906)

   (1) 헌정 연구회 계승

   (2) 전국에 지회 설립, 『대한 자강회 월보』 간행, 강연회 개최

   (3) 고종 퇴위 반대 운동을 벌이다 통감부에 의해 해산

4. 대한 협회(1907)

   (1) 대한 자강회 계승

   (2) 교육 보급과 산업 개발에 노력, 점차 친일화

❀ 대한 자강회 월보

5. 신민회(1907)

   (1) 안창호, 양기탁, 신채호 등을 중심으로 한 비밀 결사

   (2) 실력 양성을 통한 국권 회복과 공화정체의 국민 국가 건설 목표

   (3) 대성 학교(평양)·오산 학교(정주) 설립

   (4) 태극 서관·자기 회사(평양) 등을 통한 민족 산업 육성

   (5) 독립군 기지 건설(서간도), 신흥 무관 학교 설립

   (6) 『대한매일신보』를 기관지로 삼음.

   (7) 105인 사건(1911)으로 해체

기출 맛보기

(가)에 들어갈 내용으로 옳은 것은? 42회 중급 36번 [2점]

```
<주제: 애국 계몽 운동>

1. 목적: 실력 양성을 통한 국권 수호
2. 주요 단체의 활동
   - 보안회:        (가)
   - 헌정 연구회: 근대적 입헌 정치 추구
   - 대한 자강회: 교육과 산업의 진흥 강조
                  고종 강제 퇴위 반대 운동 전개
```

① 브나로드 운동 전개
② 좌우 합작 7원칙 발표
③ 국외 독립 운동 기지 건설
④ 오산 학교와 대성 학교 설립
⑤ 일제의 황무지 개간권 요구 저지

정답 분석 +

보안회는 일제의 황무지 개간권 요구를 저지하였다.

오답 풀이 ○

① 브나로드 운동은 동아일보사가 일제의 식민 통치에 저항하기 위해 일으킨 농촌 계몽 운동 중 하나이다.
② 좌우 합작 7원칙은 1946년에 우익 측의 김규식과 좌익측의 여운형을 중심으로 좌우 합작 위원회를 구성하여 추진한 운동으로, 단독 정부 수립 저지를 위한 노력이었다.
③ 신민회는 신흥 무인 학교와 같은 국외 독립운동 기지를 건설하였다.
④ 신민회는 오산 학교와 대성 학교를 건립하고 교육을 통한 애국 계몽 운동을 실시하였다.

정답 | ⑤

MEMO

59 간도와 독도

▷ **출제방향**
- 간도와 백두산정계비를 이해한다.
- 독도의 역사를 이해한다.

한눈에 보기

👍 간도

고종 40년(1903년) 8월 11일, 내부대신 임시 대리 의정부 참정 김규홍이 제의하였다. "북간도는 우리 나라와 청나라 사이에 끼인 지역입니다. 지금까지 수백 년 동안 그대로 비어 있었습니다. 수십 년 전부 터 북쪽 변경의 고을 백성들이 이주하여 농사를 지어 먹고살고 있는 사람이 이제 수만 호에 수십만 명 이나 됩니다. 그런데 청국인들에게 매우 심한 침해를 받고 있습니다. …… 수백 년 동안 비워 두었던 땅 에 갑자기 조세를 정하는 것은 너무 큰일입니다. 우선은 특별히 보호할 관리를 두어야겠습니다. 간도 백 성들이 바라는 대로 시찰관 이범윤을 그대로 관리로 임명하여 간도에 머물며 사무를 맡아보게 하십시 오. 그들의 생명과 재산을 보호하여, 조정에서 간도 백성들을 염려하며 보살펴 주려는 뜻이 있음을 보 여 주는 것이 어떻겠습니까?" 고종이 승인하였다.

– 『고종실록』

✚ 19세기 후반 이후 간도에는 많은 조선인들이 이주하여 버려져 있는 땅을 개척하였다. 1903년 정부는 이범윤을 북변 간도 관리사로 임명하여 조선인들의 생명과 재산을 보호하게 하였다. 통감부가 설치된 뒤 일제는 간도 용정에 통감부 파출소를 두어 관할하였다. 1909년에 일제는 간도 협약을 맺어 만주의 안봉선 철도 부설권을 얻어내는 대신 간도를 청의 영토로 인정하였다.

👍 백두산정계비

숙종 28년에 세워진 백두산정계비에는 "우라총관 목 극등이 황제의 뜻을 받들어 변경을 답사해 이곳에 와 서 살펴보니 서쪽은 압록강이 되고 동쪽은 토문강이 되므로 그 분수령 위에 돌을 새겨 기록한다."라고 적혀 있다. 고종 때 청나라에서 간도 개척에 착수하자 백두 산정계비를 조사하게 하고 간도가 조선의 영토임을 주 장하였으나 청은 토문강이 두만강이라고 주장하였다. 그 뒤 1909년 일제는 철도 부설권을 얻는 대가로 간도 지방이 청에게 넘어가게 되었다.

👍 간도 관리사 파견

대한 제국은 1901년 회령에 변계 경무서를 설치하고 이듬해 이범윤을 간도 시찰사로 파견하였다. 1903년에는 간도 지역에 대해 사실상 영유권을 확보하는 정책을 추진하였다. 이는 국내와 간도 지역의 한국인 사이에서 일고 있던 간도 영유권 주장에 힘입은 것이었다.

👍 독도 연표

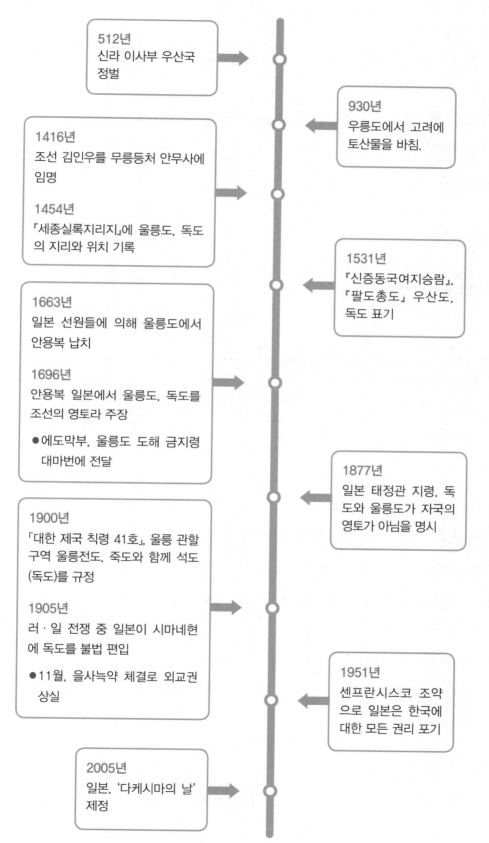

512년
신라 이사부 우산국 정벌

930년
우릉도에서 고려에 토산물을 바침.

1416년
조선 김인우를 무릉등처 안무사에 임명

1454년
『세종실록지리지』에 울릉도, 독도의 지리와 위치 기록

1531년
『신증동국여지승람』, 『팔도총도』 우산도, 독도 표기

1663년
일본 선원들에 의해 울릉도에서 안용복 납치

1696년
안용복 일본에서 울릉도, 독도를 조선의 영토라 주장

● 에도막부, 울릉도 도해 금지령 대마번에 전달

1877년
일본 태정관 지령, 독도와 울릉도가 자국의 영토가 아님을 명시

1900년
「대한 제국 칙령 41호」, 울릉 관할 구역 울릉전도, 죽도와 함께 석도(독도)를 규정

1905년
러·일 전쟁 중 일본이 시마네현에 독도를 불법 편입

● 11월, 을사늑약 체결로 외교권 상실

1951년
센프란시스코 조약으로 일본은 한국에 대한 모든 권리 포기

2005년
일본, '다케시마의 날' 제정

47
62

1 간도 영유권 문제

1. 배경: 17세기 후반 이후 청과의 무역 증대, 양국 국민 간 충돌로 외교 분쟁 빈발

2. 백두산 정계비(1712)

   (1) 조선과 청은 서쪽으로는 압록강, 동쪽으로는 토문강을 경계로 한다. → 비문의 내용

   (2) 19세기 후반 '토문강'에 대한 해석이 엇갈리면서 간도 영유권 문제 발생

3. 간도 관리사 파견: 1903년 이범윤을 간도 관리사로 파견

4. 간도 협약(1909)

   (1) 을사조약으로 인해 외교권 박탈

   (2) 일본이 청과 간도 협약을 체결, 만주의 철도 부설권과 탄광 채굴권을 얻는 대가로 간도에 대한 영유권을 청에 넘겨줌.

> **간도 협약**
> • 제1조 두 나라 정부는 토문강을 청국과 한국의 국경으로 하고 강 원천지에 있는 정계비를 기점으로 하여 석을수(石乙水)를 두 나라의 경계로 한다.
> • 제6조 청 정부는 앞으로 길장 철도를 연길 이남으로 연장하여 한국의 회령에서 한국의 철도와 연결할 수 있다.

2 독도 문제

1. 삼국 시대 이래 우리 영토: 6세기 신라 지증왕 때 이사부의 우산국 정벌

2. 조선 숙종 때 안용복이 두 번의 도일 활동을 통해 우리 영토임을 확인

3. 일본 메이지 정부의 인식: 태정관이 독도와 울릉도가 자국의 영토가 아님을 명심하라는 지시를 내림(1877).

4. 대한 제국: 1900년 칙령 41호를 통해 울릉도를 군으로 승격시켜 독도 관할

5. 일제의 독도 강탈: 러·일 전쟁 중 독도를 불법적으로 자국 영토에 편입(1905)

기출 맛보기

(가)에 들어갈 인물로 옳은 것은? 42회 중급 30번

[2점]

이 자료는 1696년 일본에서 작성된 문서로 [(가)] 이/가 가져간 조선의 지도 내용을 일본 측이 옮겨 적은 것입니다. 여기에는 울릉도와 독도가 강원도에 속한 섬이라고 기록되어 있습니다.

강원도, 이 도(道) 안에 죽도(울릉도), 송도(독도)가 있다.

① 심흥택

② 안용복

③ 이범윤

④ 이사부

⑤ 이종무

47
~
62

MEMO

외국 상인들이 내륙 지방 상권에 침투하다

열강의 경제 침탈

🔍 한눈에 보기

👍 **열강의 경제 침탈과 경제적 구국운동**

전통 산업의 붕괴

- 거류지 무역: 개항장 10리 이내(1876)
  ➡ 100리 이내(1884)
- 일본 상인: 영국 면제품 중계 무역 ➡ 일본 면제품 무역
- 청 상인: 임오군란 이후 적극 진출

상권 수호 운동

- 서울 시전 상인: 황국 중앙 총상회 조직
- 경강 상인: 증기선 구입하여 세곡 운반
- 상회사 설립: 대동 상회, 장통 회사

산업 자본의 성장

- 유기 야철 공업: 조선 유기 상회
- 직조 공장: 대한 직조 공장, 종로 직조사

양곡의 유출

- 미면 교환 체제: 쌀 팔아 옷 사입자.
- 입도 선매, 고리대 등 약탈적 매입

방곡령 선포

- 근거: 조·일 통상 장정
- 황해도, 함경도 방곡령 선포(1889~1890): 외교 문제로 비화(1개월 전 일본측에 통고 규정), 조선 정부가 일본에 배상금 지불

열강의 이권 침탈

- 러: 압록강·두만강 삼림 채벌권 등
- 일: 경인·경부 철도 부설권 등
- 미: 운산 금광 채굴권 등

독립 협회의 이권 수호 운동

- 러: 절영도 조차, 목포 증남포 부근 섬에 대한 매도 요구 저지, 한러 은행 폐쇄

금융 자본의 침투

- 금융 지배: 은행 세관 화폐 정리 업무
- 차관 제공: 내정 간섭과 이권 획득 목적

국채 보상 운동(1907)

- 주도: 국채 보상 기성회, 애국 계몽 운동 단체, 언론 기관(대한 매일 신보)

토지의 약탈

- 황무지 개간
- 러·일 전쟁을 전후하여 철도 부지와 군용지 확보

보안회 활동(1904~5)

- 황무지 개간권 반대 운동
- 농광 회사 설립

👍 열강의 이권 침탈

미국의 이권 침탈

1896년 4월 미국의 알렌 공사가 주선한 미국인이 운산 금광의 채굴권을 얻었다. …… 1902년 1년 동안에 이 회사가 일본에 수출한 금만 1,255,700여 원에 달했는데, 이에 비해 총경비는 60만 원 정도였다고 하니 그러기에 노다지라는 광산 용어가 생기기까지 하였다. 노다지란, 미국인이 운산 금광에서 새로 채굴된 금덩어리를 인부들에게 노터치(No Touch)라고 호통친 데서 나온 말로 널리 알려진 사실이다.

👍 NO TOUCH

알렌은 갑신정변 때 민비의 조카인 민영익의 중상을 고쳐준 게 끈이 되어 고종과 민비의 어의가 되는 등 왕실과 밀착하였다. 이 과정에서 알렌은 운산 금광 채굴권을 넘겨받게 되었다. 너무도 금이 많이 쏟아져 운산 주민들이 미국 회사의 철조망으로 모여들자, 미국인들이 "노타치(NO TOUCH), 노타지" 외쳐댔다고 해서 '노다지 금광'이 되어버린 그 금광이 선교사 외교관 알렌의 술책으로 미국에 넘어간 것이다. 왕실 사례비 조로 계약 당시에 일시금 20만 원을 받았고, 광구 사용료, 요샛말로 로열티를 매월 600원씩, 그리고 광산에 가설된 전신료를 매월 3,500원씩 회사는 왕실에 상납했다. 이 광산에서 1902년 한 해 동안 일본으로 수출한 것이 금광석만도 125만 5천 7백여 원이었다는데, 그해 미국 회사의 총 경비는 60만 원이었다고 한다. 전해 조선의 예산 세입 총액은 610만여 원이었다. 운산 금광 회사는 1939년 일본에 팔릴 때까지 40년 간 경영진에 단 한 사람의 조선인도 참여시키지 않고 미국인만으로 900만 톤의 금광석을 산출하여 1,400만 불 이상의 순익을 챙겼다고 한다.

– 김정기 「역사비평」, 「자본주의 열강의 이권 침탈 연구」 1990년 겨울호

✚ 열강의 이권 탈취는 아관파천(1896) 시기부터 본격화되었다. 열강들이 철도 부설권, 광산 채굴권, 산림 채벌권 등을 빼앗아감으로써, 우리 민족의 산업 기반이 무너지게 되었다.

👍 일제의 화폐 정리 사업

구 백동화의 상태가 매우 양호한 갑종 백동화는 개당 2전5리의 가격으로 새 돈과 교환하여 주고, 상태가 좋지 않은 을종 백동화는 개당 1전의 가격으로 정부에서 매수하며, 매수를 원치 않는 자에 대해서는 정부가 절단하여 돌려준다. 단 형질이 조악하여 화폐로 인정키 어려운 병종 백동화는 매수하지 않는다.

– 「탁지부령 제1호」, 1905년 6월

△ 오천 백동화(1905년)

✚ 제1차 한일 협약(1904)으로 재정 고문이 된 메가타는 경제 혼란을 바로잡는다는 명분으로 화폐 정리 사업을 실시하였다. 조선 화폐 제도의 혼란은 일제가 조선을 점령하는데 커다란 장애였기 때문이다. 백동화는 상태에 따라 갑, 을 병 3등급으로 분류되어 상태가 좋은 갑종은 제값인 2전 5리, 을종은 그 절반도 되지 않는 1전으로 교환해 주고, 병종은 화폐 가치를 전혀 인정치 않았다.

1 외국 상인의 경제 침투

1. 개항 초기(1876~1882)

(1) 일본 상인 독점 진출: 거류지 무역(10리), 중계 무역(미면 교환 체제)

(2) 국내 일부 중개 상인(객주, 여각, 보부상 등) 부 축적

2. 임오군란 이후(1882~)

(1) 조·청 상민 수륙 무역 장정(1882): 청 상인의 내지 침투

(2) 조·일 통상 장정 개정(1883): 관세 설정, 방곡령, 최혜국 대우

(3) 청·일 상인의 내지 침투로 중개 상인 몰락, 서울 상인 상권 위협

3. 청·일 전쟁(1894) 이후

(1) 청 상인의 세력 약화, 일본 상인이 조선 시장 독점적 지배

(2) 일본산 면직물 판매 비중 증가로 조선의 면방직 수공업 쇠퇴

2 열강의 경제적 침탈

1. 화폐 정리 사업(1905)

(1) 재정 고문 메가타 주도, 백동화 교환

(2) 부등가 교환으로 국내 자본 및 상인 타격

(3) 일본으로부터의 차관 도입 증대

➡ 일본에 경제적 예속

2. 토지 약탈

(1) 러·일 전쟁(1904): 철도 부지, 군용지 요구(한·일 의정서)

(2) 동양 척식 주식회사(1908) 설립 후 토지 대규모 약탈

3. 이권 침탈

(1) 러시아: 산림 채벌권, 광산 채굴권

(2) 미국: 운산 금광 채굴권, 철도·전기

(3) 일본: 철도(경인선, 경부선, 경의선 등), 금광 채굴권

🔧 거류지 무역

개항장 내 외국인 거류지(조계)를 중심으로 이루어진 무역 형태로, 개항 초기 외국인들은 개항장 10리 안에서만 활동할 수 있었다. 그래서 조선 상인을 통해 내륙 지방에 물건을 사고팔았다.

🔧 동양 척식 주식회사

1908년 일본이 조선의 토지와 자원을 빼앗기 위해 만든 기구

기출 맛보기

밑줄 그은 '장정'에 대한 설명으로 옳은 것은? 42회 중급 35번

[3점]

역사신문

제△△호 　　　　　　　○○○○년 ○○월 ○○일

〈논설〉

청 상인의 내지 통상을 우려한다

　최근 조선과 청 사이에 맺어진 장정으로 청 상인은 허가만 받으면 개항장 밖 내지에서도 활동할 수 있게 되었다. 이들의 활동 범위가 넓어진다면 조선 상인들의 상권은 크게 위협받을 수밖에 없다. 이러한 상황이 지속되면 조선의 상업이 무너지는 것은 시간문제이다. 따라서 정부는 한성, 양화진 이외 지역에서 청 상인들의 내지 통상을 불허해야 한다.

---

① 거중 조정 조항을 명시하였다.

② 임오군란을 계기로 체결되었다.

③ 방곡령 시행 규정을 포함하였다.

④ 임술 농민 봉기의 원인이 되었다.

⑤ 강화도 조약 체결의 배경이 되었다.

정답 분석➕

'장정'은 청 상인의 내지 무역을 허용한 조·청 상민 수륙 무역 장정이다. 임오군란을 진압한 청은 조·청 상민 수륙 무역 장정을 체결하여 조선이 청의 속방임을 명문화하고 조선의 내정과 외교에 간섭하였다. 이후 최혜국 대우 적용을 받은 외국 상인들의 침투가 이어졌다.

오답 풀이✅

① 조·미 수호 통상 조약에 대한 내용이다.

③ 조·일 통상 장정에 대한 설명이다.

④ 경상 우병사 백낙신의 수탈을 계기로 임술 농민 봉기가 일어났다.

⑤ 운요호 사건에 대한 설명이다.

정답　　②

47
62

MEMO✏️

나랏빚을 갚기 위해 모금 운동이 벌어지다

경제적 구국 운동의 전개

한눈에 보기

👍 방곡령

> 만약 조선국에 가뭄·수해·병란(兵亂) 등의 일이 있어 국내 식량 결핍을 우려하여 조선 정부가 잠정적으로 양미(糧米)의 수출을 금지하고자 할 때는 반드시 먼저 1개월 전에 지방관이 일본 영사관에 통고해야 한다. 또한 그러한 때는 그 시기를 미리 항구의 일본 상민(商民)에게 예고하여 그대로 준수해야 한다.
>
> – 「조·일 통상」 장정 제37조

➕ 방곡령 선포로 곡물 수입에 타격을 받은 일제는 방곡령을 실시하기 1개월 전에 조선 측이 일본측에 통고해야 한다는 조·일 통상 장정의 규정과 절차상의 하자를 트집 잡아 방곡령 취소, 관계관 처벌을 강요하고 손해 배상을 청구하였다. 심지어 일부 관리가 방곡령으로 치부하는 것을 전체로 확대 왜곡하여 트집을 잡기도 하였다. 결국 조선 정부는 1889년과 1890년 황해도와 함경도에서 실시된 방곡령으로 빚어진 외교 마찰로 일본에 11만 원이라는 거액의 배상금을 지불하였다.

👍 상권 수호 운동

> • 서울 안에 지계(地界, 廛界)를 정하여 그 구역 내에는 외국인의 상행위를 허락지 말고 그 지계 밖의 본국 각 전(廛)은 총상회에서 관할할 것
>
> • 농상공부에서 허가한 인지(印紙)는 총상회에서 구관(句管: 맡아 다스림)하여 각 도, 각 군, 장시, 항구, 포구, 객주 회사에서 만물 교역할 때 무명잡세는 일체 금단하고 규칙을 정하여 이 인지로 신행(信行)할 것
>
> • 각항 물가가 무단히 오르고 내리는 것은 본회에서 자세히 살피고 밝혀 좋을대로 관할할 것
>
> • 본회 자본은 매 1고(股, 1株)에 50전씩 정하되 금액 다소는 각기 소원대로 할 것
>
> – 총상회, 독립 신문, 광무 2년 9월 30일

➕ 시전 상인들은 황국 중앙 총상회를 조직하여 일본과 청국 상인들의 불법적인 상업 활동을 엄단할 것을 요구하며, 상권 수호 운동을 전개하였다.

👍 황무지 개간권 반대 운동

1. 본사는 농광 회사라 한다.

1. 본사의 자금은 고금(지금의 출자금)으로 성립한다.

1. 고금은 50원씩으로 하며, 5년간에 걸쳐 년 10회 5원씩 나눠 낼 수 있다.

1. 고표(지금의 주식)는 아들·사위·동생·조카 외에 타인에게 저당 잡히거나 매도할 수 없다.

1. 본사는 국내 진황지 개간·관개 사무와 산림천택(山林川澤), 식양채벌(殖養採伐) 등 사무 외, 금·은·동·철·석유 등의 각종 채굴 사무에 종사할 것.

－ 농광 회사 규칙, 「일본 공사관 기록」 1904년 미경지 경영

➕ 일본의 황무지 개간권 요구에 대한 국민의 반대 여론이 높아지자, 1904년 중추원 부의장 이도재와 장예원경 김종한 등은 개간 사업을 우리의 손으로 추진하기 위해 농광 회사를 설립하였다. 회사 설립 자본금은 1주 당 50원, 20만 주로 총 1천만 원이었다.

👍 국채 보상 운동

지금 우리들은 정신을 새로이 하고 충의를 떨칠 때이니, 국채 1천 3백만 원은 우리 한 제국의 존망에 직결된 것입니다. 이것을 갚으면 나라가 보존되고 이것을 갚지 못하면 나라가 망할 것은 필연적인 사실이나, 지금 국고에서는 도저히 갚을 능력이 없으며, 만일 나라에서 갚는다면 그 때는 이미 3천리 강토는 내 나라 내 민족의 소유가 못 될 것입니다. 국토가 한 번 없어진다면 다시는 찾을 길이 없을 뿐만 아니라, 어찌 월남 등의 나라와 같이 되지 않을 수 있겠습니까? 일반 인민들은 의무라는 점에서 보더라도 이 국채를 모르겠다고는 할 수 없을 것입니다. 그런데 이를 갚을 길이 있으니 수고롭지 않고 손해보지 않고 재물 모으는 방법이 있습니다. 2천만 인민들이 3개월 동안 흡연을 금지하고 그 대금으로 한 사람에게 매달 20전씩 거둔다면 1천 3백만 원을 모을 수 있습니다. 만일 그 액수가 다 차지 못하는 일이 있더라도, 응당 자원해서 일 원·십 원·백 원·천 원을 특별 출연하는 사람도 있을 것입니다.

－「국채 보상 운동 취지서」, 대한매일신보, 1907년 2월 21일.

➕ 국채 보상 운동은 국민의 힘으로 국채를 갚고 국권을 지키려는 것이었다. 대구에서 시작된 국채 보상 운동은 황성신문, 대한매일신보, 제국신문, 만세보 등의 신문을 통해 전국으로 확산되었다. 모금을 위해 금연 운동을 전개하였고, 부녀자들과 어린이들까지 참여하였다. 겨레의 대대적인 호응으로 불과 3개월만에 230여만 원을 모았다. 그러나 일제는 이 운동이 사람들에게 많은 부담을 주고 여러 가지 폐단이 있다고 방해 공작을 폈고, 마침내 성금을 횡령했다고 트집 잡아 배설·양기탁 등 중심인물을 투옥하고 탄압하였다.

1 경제적 침탈 저지 운동

1. 상권 수호 운동

(1) 상회사 설립: 대동 상회(평양), 장통 회사(서울) 등

(2) 철시 투쟁(1890): 시전 상인이 외국 상점의 퇴거를 요구

(3) 황국 중앙 총상회(1898): 시전 상인 단체, 외국 상인의 상업 활동 저지

2. 독립 협회의 이권 수호 운동

(1) 러시아의 절영도 조차 요구 저지

(2) 러시아 군사 교관 및 재정 고문 철수, 한·러 은행 폐쇄

(3) 헌의 6조를 통해 이권 침탈에 대한 제도적 저지 규정

3. 방곡령

(1) 배경: 일본 상인의 곡물 유출 심화(입도선매)

(2) 조·일 통상 장정(1883)으로 규정 마련, 지방관의 직권으로 시행 한 달 전 통고

(3) 함경도·황해도(1889~1890) 방곡령 선포

➡ 한 달 전 통고 약속을 어겼다는 이유로 배상금 지불

4. 토지 약탈 저지: 황무지 개간권 반대 운동(보안회)

💡 절영도 조차 요구 저지
1897년 러시아 공사 스페이에르가 석탄고 설치를 목적으로 부산의 절영도에 대한 조차를 요구했고, 정부가 이를 허락하였다는 사실이 알려지자 독립 협회는 저지 운동을 벌였다.

2 국채 보상 운동

1. 일제 통감부의 거액 차관 제공

➡ 1,300만 원의 국채 상환 운동

2. 국채 보상 기성회(대구, 양기탁)

3. 대한매일신보를 통해 확산

> **국채 보상 운동**
>
> 근일에 들리는 말이 국채 1,300만 원에 전국 흥망이 갚고 못 갚는 데 있다고 떠드는 말을 듣고 …… 대저 2천만 중 여자가 1천만이요, 1천만 중에 지환(반지)있는 이가 반을 넘을 터이오니 지환 매 쌍에 2천 원씩만 셈하고 보면 1천만 원이 여인 수중에 있다 할 수 있습니다. …… 국채를 갚고 보면 국권만 회복할 뿐 아니라 우리 여자의 힘이 세상에 전파되어 남녀동등권을 찾을 터이니 …….

기출 맛보기

선생님의 질문에 대한 학생의 대답으로 가장 적절한 것은? 33회 초급 33번 [2점]

한국사 퀴즈 대회

(가)

일제에 진 빚을 국민의 힘으로 갚기 위해 1907년에 시작한 운동은?

① 3·1 운동

② 국채 보상 운동

③ 6·10 만세 운동

④ 광주 학생 항일 운동

정답 분석 ✚

일제에게 진 1300만원의 빚을 국민의 힘으로 갚기 위해 대구에서 일어난 국채 보상 운동에 대한 설명이다.

정답 ②

MEMO

62 근대 문물 수용

▷ **출제방향**
- 근대에 들어온 서구 문물을 이해한다.
- 근대 신문들의 특징을 이해한다.

🔍 한눈에 보기

👍 근대 시설

전등 가설(1887)
최초의 점등은 갑신정변을 겪은 후 고종의 신변 안전을 위해 경복궁 내 향원정에 설치되었다. 에디슨 사에서 발주한 엔진으로 돌아가는 것이었다.

전화 교환원(1898)
전화는 미국인에 의해 가설되었는데 경운궁에 처음 설치되었고(1898), 이에 서울 시내의 민가에도 가설되었다. 당시 미국은 전화 이외에도 전기, 전차 등의 가설과 운영권을 장악하였다.

서울 시내를 운행하는 초기의 전차(1899)
황실과 미국인의 합작으로 세워진 한성 전기회사에서는 발전소를 세우고 서울에 전등과 전차를 가설하였다. 전등은 경복궁에 처음 설치되었고, 전차는 서대문과 청량리 사이를 최초로 운행하였다.

명동성당
명동 성당은 최초의 고딕식 건물이다.

독립문
독립문은 프랑스의 개선문을 모방한 건물이다.

덕수궁 석조전
덕수궁 석조전은 최초의 르네상스식 건물이다.

👍 서구 문물

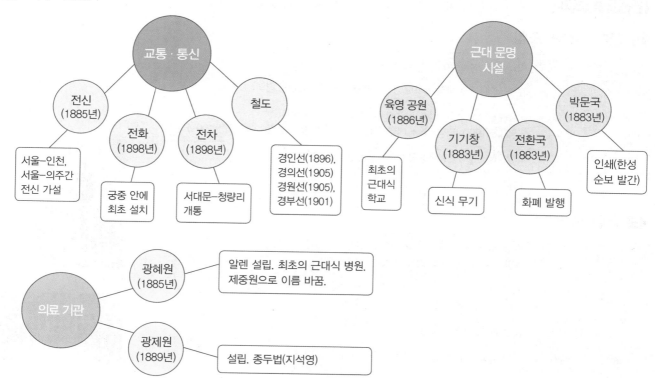

교통 · 통신

전신 (1885년)
- 서울−인천, 서울−의주간 전신 가설

전화 (1898년)
- 궁중 안에 최초 설치

전차 (1898년)
- 서대문−청량리 개통

철도
- 경인선(1896), 경의선(1905) 경원선(1905), 경부선(1901)

근대 문명 시설

육영 공원 (1886년)
- 최초의 근대식 학교

기기창 (1883년)
- 신식 무기

전환국 (1883년)
- 화폐 발행

박문국 (1883년)
- 인쇄(한성 순보 발간)

의료 기관

광혜원 (1885년)
- 알렌 설립. 최초의 근대식 병원. 제중원으로 이름 바꿈.

광제원 (1889년)
- 설립. 종두법(지석영)

➕ 서구 문물을 받아들임에 따라 서울을 비롯한 주요 도시에 서양식 학교, 건물, 공장이 세워졌다. 철도가 놓이고 서양식 병원도 문을 열었다. 서울은 전기가 들어오고 전화가 가설되었으며, 일본 교토 다음으로 전차가 다니는 도시가 되었다. 서구 문물이 들어옴에 따라 우리 생활은 크게 변화하였다. 하지만 우리 스스로 힘으로 받아들이지 못하였기 때문에 서구 문물에 감춰져 있는 제국주의 열강들의 침략적 의도를 막을 수 없었다.

👍 알렌과 광혜원

△ 광혜원

◁ 알렌

　　민영익은 오른쪽 귀 측두골 동맥에서 오른쪽 눈두덩까지 칼자국이 나 있었고 목 옆쪽 정맥도 세로로 상처가 나 있었지만 경정맥이 잘리거나 호흡 기관이 절단된 것은 아니었다. 등뒤로 척추와 어깨뼈 사이의 근육 표피를 가른 깊은 상처가 나 있었다. 예리한 칼자국이 난 부위는 구부러져 있었다. 나는 피가 흐르고 있는 경두골 동맥을 관자놀이로 이어 명주실로 봉합하였고 귀 뒤 연골과 목 부분, 그리고 척추도 모두 봉합했다. …… 그의 정수리에는 계란 크기만한 큰 혹이 나 있었다. 이 부위의 머리를 모두 잘라내고 상투를 튼 머리카락에 매달아 놓았다. 혹은 머리 중앙 부위까지 뻗어 있었는데 이는 둔중하고 예리한 무기에 얻어맞은 듯 했다. 만약 그가 몸을 피하지 아니했더라면 목이 달아났을 것이다.

－「알렌의 일기」

➕ 미국인 알렌은 구한말 조선에서 활동한 선교사이자 외교관이었다. 처음으로 서양 의술을 선보인 의사이기도 하였다. 알렌은 갑신정변 때 민영익을 살려낸 인연으로 서양식 병원인 광혜원을 맡아 환자를 치료하였다.

1 근대 시설의 도입

통신	전신(인천-서울-의주,1885), 전화(1898), 우편(1884)
교통	전차(서대문~청량리,1899), 경인선(1899), 경부선(1905), 경의선(1906)
의료	• 광혜원(1885, 알렌) ➡ 제중원 ➡ 세브란스 병원(1904) • 광제원(1900, 지석영) ➡ 대한 의원(1907, 국립 중앙 병원), 자혜 의원(1909)
건축	독립문(1896~7), 명동성당(1898), 덕수궁 석조전(1910)

2 근대 교육

초기	원산 학사(1883, 사립, 근대 교육+무술), 동문학(1883, 외국어 교육 기관) 육영 공원(1886, 공립 학교, 상류층 자제 대상)
갑오개혁기	• 교육 입국 조서 반포(1895): 근대 교육 제도 마련, 관립 학교 설립 • 한성 사범 학교, 소학교, 외국어 학교 등 설립
광무개혁기	실업 학교, 기술 학교 설립, 유학생 파견
애국 계몽 운동기	대성 학교, 오산 학교 등 민족주의계 사립 학교 설립

❀ 명동 성당

❀ 덕수궁 석조전

3 언론

한성순보(1883)	순한문, 박문국에서 간행한 최초의 관보, 개화 시책 홍보
독립신문(1896)	독립 협회, 순한글(영문판)
제국신문(1898)	순한글, 일반 서민 및 부녀자층 대상 신문
황성신문(1898)	국한문 혼용, 유생층 대상, 「시일야방성대곡」
대한매일신보(1904)	베델·양기탁, 신민회 기관지, 국채 보상 운동
만세보(1906)	천도교, 여성 교육 및 민중 계몽

4 국학 연구

국어	국한문 혼용(한성순보), 국문 연구소(1907, 지석영, 주시경), 주시경 「국어문법」
국사	계몽사학: 민족 영웅전, 외국 흥망사, 신채호 「독사신론」

5 문예와 종교

문예	신소설(「혈의누」, 「금수회의록」), 신체시(「해에게서 소년에게」), 외국 문학 번역
종교	천도교(1905, 손병희, 동학의 후신), 대종교(1909, 나철, 단군 신앙) 유교(「유교구신론」, 박은식), 불교(「조선 불교 유신론」, 한용운) 천주교(고아원, 양로원 설치 등), 개신교(서양 의술과 근대 교육 보급)

기출 맛보기

(가)에 들어갈 신문으로 옳은 것은? 36회 초급 34번 [2점]

(앞면)	(뒷면)
(가)	• 발행인: 남궁억 등 • 발행 기간: 1898년~1910년 • 특기 사항 을사늑약 체결의 부당성을 비판하는 '시일야방성대곡' 게재

①
萬歲報

만세보

②
뎨국신문

제국신문

③
漢城旬報
統理衙門博文局

한성순보

④
皇城新聞

황성신문

정답 분석

을사늑약의 부당성을 비판하는 장지연의 「시일야방성대곡」을 게재했던 신문은 황성신문이다.

정답	④

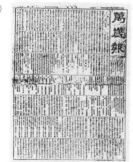

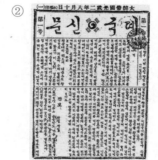

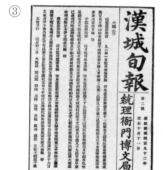

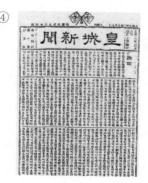

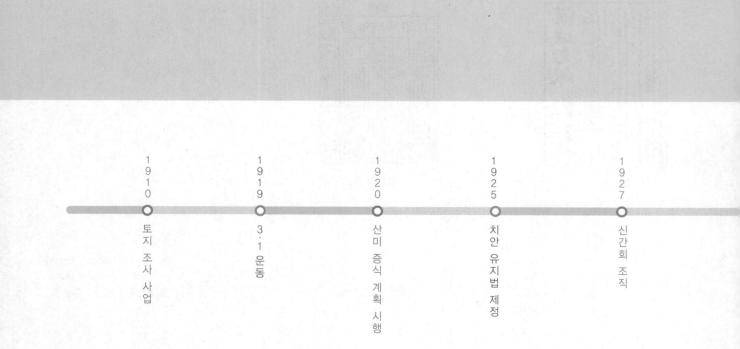

1910 토지 조사 사업

1919 3·1 운동

1920 산미 증식 계획 시행

1925 치안 유지법 제정

1927 신간회 조직

PART

05

일제 식민지 지배와
민족 운동의 전개

일제의 통치 정책(1910년대)

▷ **출제방향**
- 헌병 경찰 제도를 이해한다.
- 토지 조사 사업과 회사령을 이해한다.

한눈에 보기

일제의 식민 통치 정책의 변화

1910년대
헌병 경찰 통치

➡

1920년대
민족 분열 통치

➡

1930년대
민족 말살 통치

조선 태형령

제1조 3개월 이하의 징역 또는 구류에 처하여야 할 자는 그 정상에 따라 태형에 처할 수 있다.

제7조 태형은 태 30 이상일 경우에는 이를 한 번에 집행하지 않고 30을 넘길 때마다 1횟수를 증가시킨다. 태형의 집행은 하루 한 회를 넘을 수 없다.

제11조 태형은 감옥 또는 즉결 관서에서 비밀리에 행한다.

제13조 본령은 조선인에 한하여 적용 한다.

– 스쯔끼, 「법을 통한 조선 식민지 지배에 관한 연구」

✚ 태형령은 갑오개혁 때 없어진 것인데 무단 통치 시기에 부활하였다. 1910년대에는 일제가 식민 지배 기초를 다지는 시기로서, 무력을 앞세워 공포심을 조장함으로써 문화적 자부심이 대단한 한국인의 저항을 억누르고자 하였다. 헌병 경찰은 즉결 처분권을 행사하여 우리 민족에게 마음대로 태형을 가하고, 일제에 대한 저항 활동을 감시·탄압하였다.

➤44회 중급 41번

👍 1910년대 일제의 토지 약탈

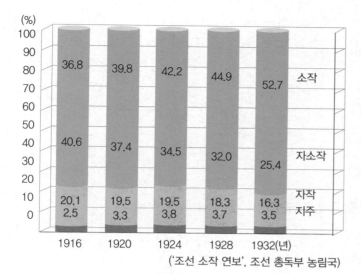

('조선 소작 연보', 조선 총독부 농림국)

> 토지 조사 사업은 소작인의 도지권을 무시하고 지주의 소유권만을 인정하였다. 따라서 지주의 권리는 강화된 반면 땅이 없는 농민들은 미리 정한 계약 기간이 끝나면 다시 계약해야 하는 소작농으로 전락하였다. 한편 토지 조사 사업으로 경제적 입장이 강화된 지주들은 일제의 식민 지배에 순응하는 친일적 성향을 띠게되었다. 이와 같이 토지 조사 사업으로 토지를 빼앗겨 살기가 어려워진 농민들 중에는 고향을 등지고 만주나 일본 등지로 이주하는 사람도 많았다.

👍 회사령

제1조 회사 설립은 조선 총독의 허가를 받아야 한다.

제2조 조선 밖에서 설립한 회사가 조선에 본점이나 지점을 설립하고자 할 때는 조선 총독의 허가를 받아야 한다.

제5조 회사가 본령이나 혹 본령에 의거하여 발하는 명령과 허가 조건에 위반하거나 또는 공공질서와 선량한 풍속에 반하는 행위를 할 때 조선 총독은 사업의 정지, 폐쇄, 회사의 해산을 명할 수 있다.

– 조선 총독부, 「조선 법령 집람」 제17집

✚ 일제는 1910년 12월 총독부령 제13호로 '회사령'을 반포했다. 회사령은 허가주의였다. 조선인이 회사 설립하는 것을 막고 일본 국내 자본이 무분별하게 식민지로 빠져나가는 것을 막기 위한 조처였다.

1 정치

1. 무단 통치: 헌병 경찰 제도를 바탕으로 한 강압적인 통치

2. 내용

    (1) 조선 총독부: 군인 출신 총독, 중추원 설치

    (2) 헌병 경찰: 즉결 처분권, 조선 태형령 제정(1912)

    (3) 출판·언론·결사의 자유 박탈: 민족 신문 폐간

    (4) 교육의 기회 박탈

        ① 제1차 조선 교육령: 충량한 국민 육성(실업 교육, 우민화 교육)
        ② 사립 학교 규칙(1911) 서당 규칙(1918)
        ③ 교사와 관리들이 제복을 입고 칼을 휴대

2 경제

1. 토지 조사 사업(1910~1918)

    (1) 근대적 토지 소유권 확립 목적

        ➡ 토지 약탈, 지세 수입 증가

    (2) 토지 소유자가 정해진 기간 내 신고해야 소유권 인정

    (3) 국·공유지, 미신고 토지 약탈(동양 척식 주식회사)

        ➡ 일본 토지 소유 증가 ➡ 일본 이주민 증가

    (4) 조선 소작농 몰락: 경작권 부정, 계약제 소작농 전락, 해외 이주

    > **토지 조사령**
    > **제1조** 토지의 조사 및 측량은 본령에 의한다.
    > **제4조** 토지 소유자는 조선 총독이 정하는 기간 내에 주소, 씨명 또는 명칭 및 소유지의 소재, 지목, 자번호(字番號), 사표(四標), 등급, 지적, 결수를 임시 토지 조사 국장에게 신고해야 한다. 단, 국유지는 보관 관청이 임시 토지 조사 국장에게 통지해야 한다.
    > **제6조** 토지의 조사 및 측량을 할 때, 조사 측량 지역 내의 2인 이상의 지주로 총대를 선정하고 조사 및 측량에 관한 사무에 종사하게 할 수 있다.

2. 산업 통제

    (1) 회사령(1910) 공포: 허가제

        ➡ 한국인 회사 설립 제한

    (2) 삼림령, 어업령, 광업령 제정

    (3) 담배·인삼·소금 전매제

💡 **경작권**
지주가 특별한 사유 없이 소작농을 교체하지 못하는 소작농의 권리

기출 맛보기

밑줄 그은 '시기'에 있었던 사실로 옳은 것은? 43회 중급 45번 [1점]

이 사진에서 경무부와 헌병대 간판이 나란히 걸려 있는 이유가 무엇인가요?

헌병 경찰 제도가 시행되고 있었던 시기이기 때문입니다. 당시에는 조선 주차 헌병대 사령관이 경무총감부의 수장까지 겸하며 치안을 총괄했습니다.

① 회사령이 제정되었다.

② 자유시 참변이 일어났다.

③ 원산 총파업이 전개되었다.

④ 미곡 공출제가 실시되었다.

⑤ 여자 정신 근로령이 공포되었다.

정답 분석 ⊕

헌병 경찰 제도가 시행되었던 시기는 1910년대 이다. 이 시기의 일제의 경제 수탈은 회사령에 의해 나타났다.

오답 풀이 ⊘

② 자유시 참변은 1921년의 사건이다.

③ 원산 총파업은 1929년에 일어난 사건이다.

④ 미곡 공출제는 1930년대 일제가 전쟁 물자를 준비하기 위해 시행했던 제도이다.

⑤ 여자 정신 근로령 1944년에 시행한 제도이다.

정답 ①

63 / 77

MEMO

일제의 통치 정책(1920년대)

> ▷ **출제방향**
> - 문화 통치를 이해한다.
> - 산미 증식 계획을 이해한다.

🔍 한눈에 보기

👍 1910년대와 달라진 1920년대의 일본 정책

기존 정책(1910년대)	사이토 공약(1920년대)	실제 모습		
육군 대장 총독 임명	문관 총독 임명	실행 안 됨.		
헌병 경찰제	보통 경찰제	인원과 비용 증가, 고등 경찰제		
		연도	경찰 관서 수	경찰관 수
		1919년	736	6,387
		1920년	2,746	20,134
• 조선인 결사 부정 • 일진회까지 해산 • 예외 – 종교 단체	조선인 결사 부분 인정	• 각종 친일 단체 창설 · 친일파 양산 • 치안 유지법 제정(1925)		

👍 치안 유지법

> - 국체를 변혁하는 것을 목적으로 결사를 조직하는 자 또는 결사의 임원, 그 외 지도자로서 임무에 종사하는 자는 사형, 무기, 또는 5년 이상의 징역 또는 금고에 처한다.
> - 사유 재산 제도를 부인하는 것을 목적으로 결사를 조직하는 자, 결사에 가입하는 자, 또는 결사의 목적 수행을 위한 행위를 돕는 자는 10년 이하의 징역 또는 금고에 처한다.
>
> – 조선 총독부, 「개정 조선 제재 법규」

>38회 중급 40번

> 🔍 **역사 돋보기**   신출귀몰 독립운동가 이재유
>
>
>
> 경성 트로이카를 이끌던 사회주의자 이재유는 신출귀몰한 독립운동가였다. 그는 체포되었다가도 경찰서를 탈출하였고, 뛰어난 변장술로 일본 경찰을 따돌리며 활동을 계속하였다.
>
> 1925년, 일제는 이재유처럼 식민 통치에 반대하고 사유 재산 제도를 부인하는 인물들을 탄압할 목적으로 치안 유지법 을/를 제정하였다.

➕ 3·1 운동 뒤 급속히 보급된 사회주의 사상과 단체 활동에 대응하기 위해 일제는 1925년 치안 유지법을 시행하였다. 일제는 1928년 4월 치안 유지법을 개정하여 차별 규정을 강화하고, '결사의 목적을 수행하기 위한 행위'라는 조항을 두어 단체를 아예 만들지 못하도록 하였다.

👍 일제의 친일파 육성 정책

> …… 정부는 관제를 개혁하여 총독 임용의 범위를 확장하고 경찰 제도를 개정하며, 또한 일반 관리나 교원 등의 복제를 폐지함으로써 시대의 흐름에 순응하고 …
>
> – 총독 취임사, 사이토 문서
>
> 1. 귀족·양반·유생·부호·교육가·종교가에 침투하여 계급·사정을 참작하여 각종 친일 단체를 조직할 것
>
> 3. 친일적 민간 유지들에게 편의와 원조를 주고 수재 교육의 이름 아래 우수한 조선 청년들을 친일 분자로 양성할 것
>
> – 사이토의 「조선민족운동에 대한 대책」, 1920

✚ 3·1 운동 뒤 일제는 총독 정치의 기본 방침으로 '문화 정치'를 내세웠다. 이에 따라 일제는 총독 임용 자격 변경, 헌병 경찰 제도 폐지, 언론·출판·결사·집회의 제한 허용 등 몇 가지 '문화적' 조치를 하였다. '문화 정치'는 겉으로는 한 민족에게 문화 활동을 허용하고 자유를 보장하여 한 민족의 생활을 향상시켜 준다는 구실을 내세웠지만, 실제로는 한민족의 회유와 가장된 유화 정책으로서 한 민족의 일본화를 촉진하며, 친일파를 양성하여 한 민족의 이간과 분열을 꾀하는 고등 술책이었다.

👍 산미 증식 계획의 허구성

〈표1〉 미곡 생산량과 일제의 수탈량 (단위 : 천석)

연도	생산량	지수	수탈량	지수
1912~16	12,303	100	1,056	100
1917~1921	14,101	115	2,196	208
1922~1926	14,501	118	4,342	411
1927~1931	15,798	128	6,607	626

〈표2〉 농민 구성의 변화(화전민은 제외) (단위 : %)

연도	지주	자작	자·소작	소작
1916	2.5	20.1	40.6	36.8
1920	3.3	19.5	37.4	39.8
1926	3.8	19.3	32.5	44.4
1931	3.6	17.4	30.6	48.4

〈표3〉 미곡 생산량과 일제의 수탈량

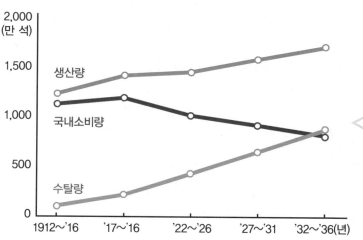

산미 증식 계획을 통해 생산량이 늘었지만, 생산량의 증가폭보다 수탈량의 증가가 더 큰 정책이었다. 또한 생산량을 증가하기 위한 자본도 농민에게 전가되었다. 이로 인하여 우리 농촌 경제는 파탄되었다. 식량 사정의 악화로 쌀 소비량은 계속 감소하여 농민들은 기아에 허덕이게 되었고 이는 1920·30년대 소작 쟁의의 배경이 되었다.

1 정치

1. 통치 방식 변화: 3·1 운동 이후 식민 지배에 대한 반발 무마, 친일파 양성

  (1) 문화 통치: 유화적인 통치를 표방하지만 실제로는 우리 민족을 속이는 기만적 통치

  (2) 민족 분열 통치: 친일파를 양성하여 우리 민족을 분열시키기 위한 정책

2. 문관 총독 임명이 가능하게 법령을 고쳤지만 실제 임명 사례는 없음.

3. 헌병 경찰 제도 폐지

  (1) 보통 경찰제 시행, 관리·교원 등의 제복과 대검 착용 폐지

  (2) 경찰 기관, 인원, 장비 등은 이전에 비해 대폭 증가

  (3) 치안유지법(1925): 사회주의자와 독립운동가 탄압

4. 언론 활동 허용

  (1) 민족 신문의 발간을 허용하여 동아일보·조선일보 등이 창간됨.

  (2) 수시로 삭제·검열·정간·폐간을 통해 탄압

5. 참정권 확대

  (1) 도 평의회, 부·면 협의회 등 구성

  (2) 일부 친일 자산가만 참여

6. 교육의 확대

  (1) 제2차 조선 교육령(1922): 조선어 필수, 한국인과 일본인에 동일한 학제 적용

  (2) 실제 교육에 있어서는 차별

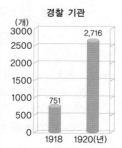
❀ 경찰 인원의 변화

❀ 일제에 검열당한 신문

2 경제

1. 산미 증식 계획(1920~1934)

  (1) 배경: 일본 내 식량 부족으로 쌀 가격 폭등

  (2) 내용

    ① 품종 개량, 수리 시설 확충, 경지 정리, 개간 등을 통한 한반도 내 쌀 생산 증가

    ② 증산된 쌀을 일본으로 반출하여 일본의 식량 문제 해결

  (3) 결과

    ① 국내 쌀 생산 증가량보다 더 많은 양을 반출하여 국내 양곡 부족

    ② 수리 조합비 등 증산 비용을 소작농에게 전가

      ➡ 소작농의 몰락 현상 가속화

    ③ 몰락 농민들의 해외 이주 증가, 쌀 단작화로 국내 농업 기반 붕괴

    ④ 만주로부터의 잡곡 수입 증가

2. 자본 침탈

(1) 회사령 폐지(1920): 회사 설립 신고제 전환

➡ 일본 자본의 한국 진출 용이

(2) 관세령 철폐(1923): 국내 기업 몰락 ⬌ 물산 장려 운동

기출 맛보기

(가)에 들어갈 법령으로 옳은 것은? 38회 중급 40번   [2점]

🔍 **역사 돋보기**   신출귀몰 독립운동가 이재유

경성 트로이카를 이끌던 사회주의자 이재유는 신출귀몰한 독립운동가였다. 그는 체포되었다가도 경찰서를 탈출하였고, 뛰어난 변장술로 일본 경찰을 따돌리며 활동을 계속하였다.

1925년, 일제는 이재유처럼 식민 통치에 반대하고 사유 재산 제도를 부인하는 인물들을 탄압할 목적으로 ___(가)___ 을/를 제정하였다.

① 신문지법

② 국가 보안법

③ 치안 유지법

④ 토지 조사령

⑤ 국가 총동원법

정답 분석

치안 유지법은 천황 제도를 부정하는 자나 사회주의자를 탄압하기 위해 1925년 제정하여 독립운동가를 탄압하는 데에 이용한 법이다.

정답 ③

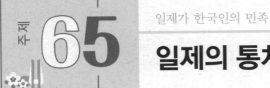

일제의 통치 정책(1930년대 이후)

▷ **출제방향**
- 민족 말살 정책을 이해한다.
- 전시 동원 체제를 이해한다.

🔍 한눈에 보기

👍 민족 말살 정책

> 대체 내선 일체란 무엇이냐 하면 내가 재래의 조선적인 것을 버리고 일본적인 것을 배우는 것이다. 그리하여 조선인 2300만이 모두 호적을 들추어 보기 전에는 일본인인지 조선인인지 구별할 수 없게 되는 것이 그 최후의 이상이다. 그런데 이것이 하루아침에 될 것은 아니지마는 이렇게 빨리 되면 빨리 조선인에게 행복이 오고, 더디게 되면 더디게 행복이 오고 말 것이다.
>
> – 이광수, 매일신보(1940)

➕ 1930년대에 일제가 대륙 침략을 본격화하면서 군국주의, 전체주의를 강화함에 따라 식민 통치에도 변화가 나타났다. 일제는 한반도에 군대를 증강하고 경찰력을 강화했으며, 민족운동이나 사회주의 운동을 전개한 사람들을 재판 없이 구금할 수 있는 악법까지 만드는 등 우리의 민족 운동을 봉쇄하기 위하여 전시 통제를 강화하였다. 동시에 일제는 한국인을 전쟁에 동원하기 위하여 한국인과 일본인이 하나라는 이른바 내선일체를 내세워 우리 민족을 말살하려 하였다.

> ≫44회 중급 43번
>
> 이것은 훗카이도의 우류 댐 공사 등에서 죽어 간 강제 노동 희생자를 기리기 위해 세워진 조각상입니다. 일제는 중·일 전쟁 이후 침략 전쟁을 확대한 이 시기에 조선인을 포함한 많은 사람들을 전쟁에 동원하였습니다.

> 중·일 전쟁이 시작된 이후 지금 막 두 번째 겨울을 났다. 우리는 벌써 난방용 석탄이나 심지어 연탄을 구하는 데 큰 어려움을 겪고 있다. 터무니없이 비싼 값을 치르고 산 연탄이라는 것도 고작 석탄 가루를 묻힌 진흙덩이에 불과하다. 전쟁이 1년만 더 지속된다면, 석탄은 고사하고 지금은 그나마 구할 수 있는 연탄조차 그림의 떡이 될 것이다. 총독부는 주민들에게 갖고 있는 금붙이를 팔라고 요구한다. 아녀자들은 가보로 내려오던 패물을 내놓고 있다.
>
> – 『윤치호 일기』

👍 황국 신민 서사

> - 우리는 황국 신민이다. 충성으로써 군국에 보답하련다.
> - 우리 황국 신민은 신애협력하여 단결을 굳게 하련다.
> - 우리 황국 신민은 인고단련 힘을 길러 황도를 선양하련다.

➕ 일제는 중·일 전쟁 무렵부터 병참 기지화 정책과 함께 민족 말살 정책을 펼쳐 우리 민족을 '충성스럽고 선량한 황국 신민'으로 만들려고 하였다. 일제는 1937년 10월 황국 신민 서사를 만들어 외우게 하고 궁성요배, 신사참배를 하게 하였다. 우리 말과 역사를 배우지 못하게 하여 일상 생활 속에서 언제나 황국 신민을 생각하게 하였고 그나마 명맥을 유지하던 언론마저 족쇄를 채우고 마침내 창씨 개명을 강행하였다. 창씨 개명하지 않으면 각급 학교의 입학을 허가하지 않았으며 행정 기관에서 다루는 모든 사무를 취급해 주지 않았다. 또 조선식 이름표가 붙은 화물은 철도국, 우편국에서 그 수송을 거부하였다. 심지어는 식량과 기타 물자의 배급 대상에서 제외되었고, '비국민', '불령선인'이라하여 일제 경찰의 사찰 대상이 되었다. 때로는 이광수, 윤치호와 같은 저명 인사를 본보기로 내세워 자발적인 참여를 유도하기도 하였다. 결국 일제의 강요와 압력에 못 이겨 많은 사람이 창씨 개명을 해야 했다.

👍 교육 정책 >45회 중급 45번

<일제에 의한 교육 정책의 변화>

(가) 경성 제국 대학을 설립하여 한국인의 민립 대학 설립 운동을 무마하였어요.

(나) 통감부의 간섭으로 소학교의 명칭이 보통학교로 바뀌고 수업 연한이 단축되었어요.

(다) 조선어 과목을 선택 과목으로 바꾸고 황국 신민 교육을 강화하였어요.

(나) → (가) → (다) 순서로 사건 발생

👍 내선일체

1930년대에 일제가 대륙 침략을 본격화하고 군국주의, 전체주의를 강화함에 따라 식민 통치에도 변화가 나타났다. 일제는 한반도에 군대를 증강하고 경찰력을 강화했으며, 민족운동이나 사회주의 운동을 전개한 사람들을 재판없이 구금할 수 있는 악법까지 만드는 등 우리의 민족 운동을 봉쇄하기 위하여 전시 통제를 강화하였다. 동시에 한국인을 전쟁에 동원하기 위하여 한국인과 일본인이 하나라는 이른바 내선일체를 내세워 우리 민족을 말살하려 하였다.

👍 국가 총동원법(1938년)

- 제4조 정부는 전시에 국가 총동원상 필요할 때는 칙령이 정하는 바에 따라 제국 신민을 징용하여 총동원 업무에 종사하게 할 수 있다.
- 제8조 물자의 생산·수리·배급·양도 기타의 처분, 사용·소비·소지 및 이동에 관하여 필요한 명령을 내릴 수 있다.
- 제20조 정부는 전시에 국가 총동원상 필요할 때는 칙령이 정하는 바에 따라 제국 신민을 징용하여 총동원 업무에 종사하게 할 수 있다.

👍 지원병 제도

- 제1조 호적법의 적용을 받지 않는 연령 17년 이상 제국 신민인 남자로서 육군 병역에 복무하기를 지원하는 자는 육군 대신이 정한바에 따라 전형 후 이를 현역 또는 제1 보충 병역에 편입할 수 있다.
- 제3조 보충 병역 혹은 국민 병역에 있는 자, 또는 병역을 마친 자로서 전시 또는 사변 시 육군 부대 편입을 지원하는 자는 육군 대신이 정한 바에 따라 전형 후 이를 적의한 부대에 편입할 수 있다.

1 정치

1. 민족 말살 통치

(1) 만주사변(1931), 중·일 전쟁(1938) 등 일본의 대륙 침략 본격화

(2) 한국인을 전쟁에 동원하기 위해 민족 말살 정책 도입

2. 내용

(1) 황국 신민화 정책

　① '내선일체', '일선동조', '황국신민' 등의 각종 이데올로기와 구호 선전

　② '황국 신민 서사' 강제 암송

　③ 신사 참배와 궁성 요배 강요

　④ 창씨개명: 한국인의 성과 이름을 일본식으로 변경

(2) 언론 활동 금지: 조선일보와 동아일보를 자진 폐간 형태로 정리

(3) 민족 교육 금지

　① 제3차 조선 교육령(1938): 조선어 교육을 사실상 폐지, 일본어 사용 강제

　② 소학교의 명칭을 국민학교로 개칭

　③ 제4차 조선 교육령(1943): 민족 교육 금지, 군사 훈련 강화

2 경제

1. 병참 기지화

(1) 남면북양 정책: 한반도 남쪽에서는 면화, 북쪽에서는 양 생산에 주력

(2) 식민지 공업화: 군수 물자 생산을 위한 공업화 정책

(3) 농촌 진흥 운동(1932): 농민의 긴축 생활과 납세 이행 독려

2. 전시 총동원 체제: 국가 총동원령(1938)을 선포, 전쟁 물자 및 인력 수탈

(1) 물자 수탈: 미곡 공출제, 식량 배급제, 금속 공출제

(2) 인력 수탈

　① 지원병제(1938), 학도지원병제(1943), 강제 징병제(1944)

　② 강제 징용령(1939), 여자 정신 근로령(1944), 일본군 위안부

기출 맛보기

유라가 선생님께 이메일로 보고서를 보낼 때 첨부 파일로 옳지 않은 것은? 12회 초급 29번 [2점]

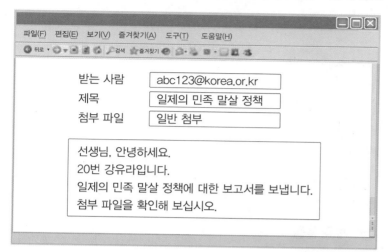

받는 사람 abc123@korea.or.kr
제목 일제의 민족 말살 정책
첨부 파일 일반 첨부

선생님, 안녕하세요.
20번 강유라입니다.
일제의 민족 말살 정책에 대한 보고서를 보냅니다.
첨부 파일을 확인해 보십시오.

①
일본식으로
바뀐 이름들

②
제복을 입고
칼을 찬
일본인 교사들

③
황국 신민 서사를
암송하는
학생들

④
신사 참배를
강요당하는
사람들

MEMO

1910년대의 민족 운동

▷ **출제방향**   · 1910년대 국내·외 민족 운동을 이해한다.

🔍 한눈에 보기

👍 애국 계몽 운동

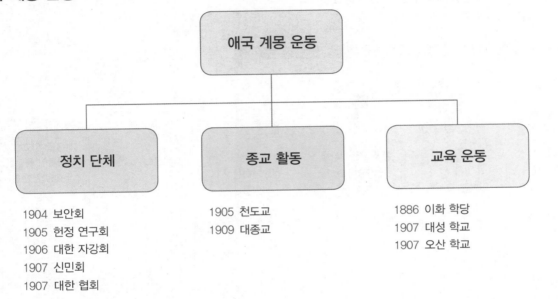

| 애국 계몽 운동 |
| 정치 단체 | 종교 활동 | 교육 운동 |

1904 보안회
1905 헌정 연구회
1906 대한 자강회
1907 신민회
1907 대한 협회

1905 천도교
1909 대종교

1886 이화 학당
1907 대성 학교
1907 오산 학교

📍 우당 이회영

1869년	독립 협회 참가
1906년	용정에 서전서숙 설립
1907년	신민회 조직
1910년	국내 재산 처분 후 만주로 망명
1911년	삼원보에 신흥 강습소 건립
1919년	대한민국 임시 정부 참가
1931년	항일 구국 연맹 결성
1932년	다롄으로 이동 중 체포, 옥사 함.

👍 3·1 운동 이전의 국내 민족 운동(비밀 결사)

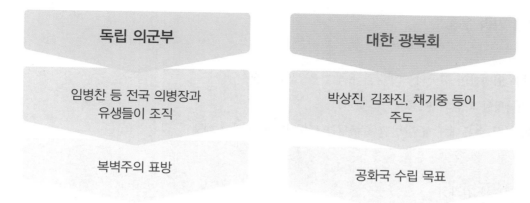

독립 의군부	대한 광복회
임병찬 등 전국 의병장과 유생들이 조직	박상진, 김좌진, 채기중 등이 주도
복벽주의 표방	공화국 수립 목표

👍 3·1 운동 이전의 간도와 연해주의 민족 운동

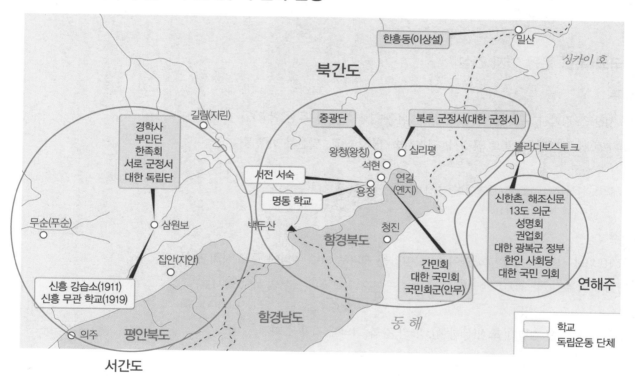

◎ 1910년대의 민족 운동 »37회 중급 38번

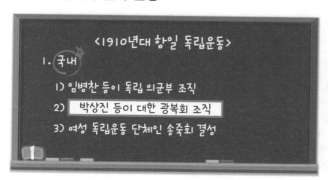

◎ 명동학교 »45회 중급 40번

이 건물은 간도 지역의 민족 교육을 위해 설립되었던 이 학교를 복원한 것입니다. 이 학교 출신 인물로는 윤동주와 나운규 등이 있습니다. ⟶ 명동 학교

① 국내 비밀 결사의 민족 운동

1. 독립 의군부(1912)

(1) 고종의 밀명을 받은 임병찬이 전국의 의병장과 유생들을 모아 조직

(2) **복벽주의** 지향, 전국적인 의병 투쟁 목표

(3) 일본 총리 대신과 조선 총독에게 국권 반환 요구서를 보내려다 발각되어 해체

2. 대한 광복회(1915)

(1) 사령관 박상진, 부사령관 김좌진

(2) 공화정체의 국가 수립을 목표로 함.

(3) 친일파 처단, 군자금 모금 활동

> 💡 복벽주의
> 나라를 되찾고, 군주정을 회복하려는 사상이다.

② 국외 독립 운동 기지 건설

1. 만주

(1) 서간도: 경학사, 부민단, 서로 군정서, 신흥 강습소(신흥 무관 학교)

(2) 북간도: 중광단 ➡ 북로 군정서, 서전서숙·명동 학교, 밀산부 한흥동
        └➤대종교

2. 연해주: 신한촌(1911)에서 권업회 조직 ➡ 대한 광복군 정부
       └➤한인 거주지   └➤대통령 이상설, 부통령 이동휘

3. 미주

(1) 1903년 시작된 한국인 하와이 노동 이민을 계기로 미주 지역에 동포 사회 형성

(2) 대한인 국민회, 흥사단(안창호), 대조선 국민군단(박용만), 숭무 학교(멕시코)
               └➤하와이 지역   └➤무장 투쟁 준비

4. 중국 관내: 신한 청년단 조직(상하이), 파리 강화 회의에 김규식 파견

기출 맛보기

다음 검색창에 들어갈 학교로 옳은 것은? 46회 중급 37번

[2점]

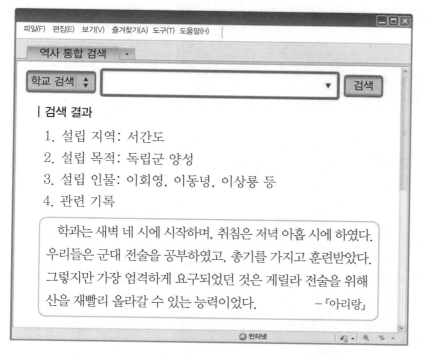

파일(F) 편집(E) 보기(V) 즐겨찾기(A) 도구(T) 도움말(H)

역사 통합 검색 ·

학교 검색 ▲▼   [   ] ▼   검색

| 검색 결과

1. 설립 지역: 서간도
2. 설립 목적: 독립군 양성
3. 설립 인물: 이회영, 이동녕, 이상룡 등
4. 관련 기록

> 학과는 새벽 네 시에 시작하며, 취침은 저녁 아홉 시에 하였다. 우리들은 군대 전술을 공부하였고, 총기를 가지고 훈련받았다. 그렇지만 가장 엄격하게 요구되었던 것은 게릴라 전술을 위해 산을 재빨리 올라갈 수 있는 능력이었다. — 『아리랑』

○ 인터넷

① 서전서숙
② 대성 학교
③ 배재 학당
④ 원산 학사
⑤ 신흥 무관 학교

정답 분석

서간도에 이회영 등이 1910년 서간도 지역에 설립된 독립군 양성 학교이다.

오답 풀이

① 서전서숙은 1906년 이상설, 이동녕 등이 북간도에 세운 민족 교육 기관이다.
② 대성 학교는 안창호가 1908년 평양에 설립한 중등 교육 기관이다.
③ 배재 학당은 미국 선교사 아펜젤러가 세운 근대식 사립 학교이다.
④ 원산 학사는 1883년 원산에 세워진 최초의 근대 학교이다.

정답 | ⑤

63 — 77

MEMO ✎

3·1 운동

> ▷ **출제방향**
> - 3·1 운동의 배경을 이해한다.
> - 3·1 운동의 영향을 이해한다.

🔍 한눈에 보기

👍 대동단결 선언

> 융희 황제가 삼보(토지, 인민, 정치)를 포기한 8월 29일은 즉 우리 동지가 삼보를 계승한 8월 29일이니 그동안에 한 순간도 숨을 멈춘 적이 없음이라. 우리 동지는 완전한 상속자니 저 황제권 소멸의 때가 곧 민권의 발생의 때요, 구 한국 최후의 날은 곧 신한국 최초의 날이니, 무슨 까닭이요. 우리 한(韓)은 무시(無始) 이래로 한인의 한이오, 비한인의 한이 아니라. 한인 간의 주권 수수는 역사상 불문법의 국헌(國憲)이오, 비한인에게 주권을 양여하는 것은 근본적으로 무효요, 한국의 국민성이 절대 불허하는 바이라.
>
> – 신규식 등 14인

✚ 1917년 중국 상하이에서 신규식, 신채호, 박은식, 박용만, 조소앙 등은 주권 불멸론과 국민 주권설에 토대를 두고 해외 동포들이 주권을 행사해야 한다고 주장하였다. 군주제 망명 정부가 아닌 공화제 임시 정부를 수립해야 한다는 이 주장은 많은 독립 운동가에게 영향을 미쳤다.

👍 대한 독립 선언(무오 독립선언)

> 정의는 무적의 칼이니 이로써 하늘에 거스르는 악마와 나라를 도적질하는 적을 한 손으로 무찌르라. 일제히 궐기하라 독립군! …… 한 번 죽음은 인간이 면할 수 없는 바이니, 개돼지와 같은 일생을 누가 구차히 도모하겠는가? 살신성인(殺身成仁)하면 2천만 동포는 마음과 몸을 부활하니 어찌 일신을 아끼며, 집안 재산을 바쳐 나라를 되찾으면 3천리 옥토는 자기의 소유이니 어찌 일가(一家)를 아끼랴. …… 국민의 본령을 자각한 독립임을 기억하고 동양의 평화를 보장하고 인류의 평등을 실시하기 위한 자립임을 명심하여, 황천(皇天)의 명령을 받들고 일체의 못된 굴레에서 해탈하는 건국임을 확신하여 육탄 혈전으로 독립을 완성하라.
>
> – 유광렬 편, 『항일 선언·창의문집』

✚ 1918년 11월 여준, 김교헌, 이상룡, 박용만, 김규식, 김동삼, 박은식 등 망명 독립 운동가 39인은 만주 길림에서 독립 선언서를 발표하였다. 이 선언서는 외교 독립론이 반영된 다른 독립 선언서와 달리 '전쟁'으로 독립을 쟁취할 것을 선언하였다. 1918년이 무오년이라 무오 독립 선언이라고도 한다.

👍 기미 독립 선언서

吾等은 玆에 我 朝鮮의 獨立國임과 朝鮮人의 自主民임을 宣言하노라.

此로써 世界萬邦에 告하야 人類平等의 大義를 克明하며, 此로써 子孫萬代에 誥하야 民族自存의 正權을 永有케 하노라. (중략)

舊時代의 遺物인 侵略主義, 强權主義의 犧牲을 作하야 有史以來 累千年에 처음으로 異民族 箝制의 痛苦를 嘗한지 今에 十年을 過한지라. 我 生存權의 剝喪됨이 무릇 幾何며, 心靈上 發展의 障碍됨이 무릇 幾何ㅣ며, 民族的 尊榮의 毁損됨이 무릇 幾何ㅣ며, 新銳와 獨創으로써 世界文化의 大潮流에 寄與補裨할 機緣을 遺失함이 무릇 幾何ㅣ뇨. (중략)

吾等이 玆에 奮起하도다. 良心이 我와 同存하며 眞理가 我와 幷進하는도다.

男女老少 업시 陰鬱한 古巢로서 活潑히 起來하야 萬彙군상으로 더부러 欣快한 復活을 成遂하게 되도다.

千百世 祖靈이 吾等을 陰佑하며 全世界 氣運이 吾等을 外護하나니, 着手가 곳 成功이라.

다만, 前頭의 光明으로 驀進할 따름인뎌. (후략)

✦ 우리는 이에 우리 조선이 독립한 나라임과 조선 사람이 자주적인 민족임을 선언한다.

이로써 세계 만국에 알리어 인류 평등의 큰 도의를 분명히 하는 바이며, 이로써 자손만대에 깨우쳐 일러 민족의 독자적 생존의 정당한 권리를 영원히 누려 가지게 하는 바이다.

낡은 시대의 유물인 침략주의 강권주의에 희생되어, 역사 있은 지 몇천 년만에 처음으로 딴 민족의 압제에 뼈아픈 괴로움을 당한 지 이미 10년을 지났으니, 그 동안 우리의 생존권을 빼앗겨 잃은 것이 그 얼마이며, 정신상 발전에 장애를 받은 것이 그 얼마이며, 민족의 존엄과 영예에 손상을 입은 것이 그 얼마이며, 새롭고 날카로운 기운과 독창력으로써 세계 문화에 이바지하고 보탤 기회를 잃은 것이 그 얼마나 될 것이냐?

우리는 이에 떨쳐 일어나도다. 양심이 우리와 함께 있으며, 진리가 우리와 함께 나아가는 도다.

남녀노소 없이 어둡고 답답한 옛 보금자리로부터 활발히 일어나 삼라만상과 함께 기쁘고 유쾌한 부활을 이루어 내게 되도다.

먼 조상의 신령이 보이지 않는 가운데 우리를 돕고, 온 세계의 새 형세가 우리를 밖에서 보호하고 있으니 시작이 곧 성공이다.

다만 앞길의 광명을 향하여 힘차게 곧장 나아갈 뿐이로다.

👍 제암리 학살 사건

1919년 4월 15일에 일본 군경은 만세 운동이 일어났던 경기도 화성군 제암리에 도착하여 마을 사람 30여 명을 제 암리 교회에 모이게 하였다. 주민들이 교회당에 모이자 출입문과 창문을 모두 잠그게 하고 집중 사격을 가하였다. 이와 같은 학살을 저지른 일제는 증거 인멸을 위하여 교회당에 불을 질렀다. 죽지 않은 주민들은 아우성을 치며 밖으로 나오려고 하였으나 모두 불에 타 죽었다. 이 때 교회당 안에서 죽은 사람이 22명, 뜰에서 죽은 사람이 6명이었다. 일제는 이것으로도 부족하여 인근의 교회 건물과 민가 등 31호에 불을 질러 또다시 살상자를 내었다.

1 배경

1. 러시아의 사회주의 혁명(1917) ➡ 약소 민족의 독립 운동을 지원할 것을 천명

2. 파리 강화 회의에서 미국 대통령 윌슨이 민족 자결주의 주창

3. 대한 독립 선언서 낭독(만주), 2·8 독립 선언서(도쿄)

4. 고종 독살설 유포

2 경과

1. 발생

   (1) 고종의 인산일을 앞둔 3월 1일, 종교계 지도자들과 학생들이 만세 운동 계획

   (2) 1919년 3월 1일 민족 대표 33인이 태화관에 모여 <u>독립 선언서</u> 낭독 후 자진 체포
   └▶ 기미 독립 선언서

   (3) 종로 탑골 공원에 모여 있던 학생들이 만세 운동 전개

2. 확산

   (1) 철도·도로를 따라 전국의 도시와 농촌으로 급속하게 확산

   (2) 만주·연해주·미국·일본 등지에서 만세 시위 발생

3. 탄압

   (1) 일제의 무력 진압 시도: 화성 제암리 학살 사건 등

   (2) 초기의 비폭력 노선에서 벗어나 폭력 시위의 양상으로 변화

3 의의 및 영향

1. 의의: 전 계층이 참여한 일제 강점기 최대 규모의 민족 운동

2. 영향

   (1) 일제 통치 방식 변화

      ① 무단 통치에서 이른바 '문화 통치'로 변화

      ② 언론·출판·집회·결사의 자유 부분 허용 ➡ 민족 운동 활성화

   (2) 민족 역량 강화

      ① 지식인 중심 민족 운동 ➡ 학생·노동자·농민이 민족 운동의 주체로 등장

      ② 민족 운동 방략 다양화: 복벽주의 소멸, 무장 투쟁 본격화

   (3) 통일된 지도부에 대한 필요성 대두 ➡ 대한민국 임시 정부 수립

   (4) 중국의 5·4 운동과 인도의 반영 운동 등 타 민족의 독립 운동에 영향

👤 제암리 학살 사건

1919년 4월 15일 화성 제암리에 파견된 일본군은 23명의 마을 사람들을 예배당으로 모이게 한 후 밖에서 문을 잠근 채 무차별 사격을 가하고 불을 질러 학살의 증거를 인멸하였다.

기출 맛보기

다음 민족 운동의 영향으로 옳은 것은? 30회 초급 35번 [2점]

탑골 공원에서 학생 대표가
독립 선언서를 낭독하였다.

학생과 시민들이 적극 참여하였다.

일제는 만세 시위를 탄압하였다.

전국 방방곡곡, 국외까지 확산되었다.

① 황성신문이 폐간되었다.

② 동학 농민 운동이 일어났다.

③ 대한 제국 군대가 해산되었다.

④ 대한민국 임시 정부가 세워졌다.

정답 분석

3·1 운동의 영향으로 대한민
국 임시 정부가 세워져 독립
운동을 일원화할 수 있었다.

정답 ④

주제 68 대한민국 임시 정부

대한민국 임시 정부가 한국 광복군을 조직하다

1910년대   1920년대   1930년대 –
3·1 운동

▷ **출제방향**
- 임시 정부의 활동을 이해한다.
- 임시 정부의 변화를 이해한다.

🔍 한눈에 보기

👍 대한민국 임시 정부의 체제 개편

초기 **(1919~1923)**	• 조직 　– 민주 공화정, 초대 임시 대통령 이승만 　– 삼권 분립(임시 의정원, 국무원, 법원), 민주 공화정 • 활동 　– 외교: 파리 강화 회의 독립 청원서 제출(김규식), 구미 위원부(이승만) 　– 자금 모집: 의연금 모금, 독립공채(애국공채) 발행 　– 연통제·교통국: 자금 조달, 연락 업무 담당, 이륭양행·백산상회 　– 교육·계몽: 『독립신문』 발간, 한·일 관계 사료집 　– 군사: 서로 군정서·북로 군정서 편입(1919~1920), 육군 주만 참의부(1923)
위기와 극복 **(1923~1940)**	• 위기·연통제·교통국 조직 붕괴 ➡ 자금 지원 단절 　– 독립운동의 방략 갈등(외교 vs 실력 양성 vs 무장) 　– 민족주의와 사회주의의 대립 　– 외교 활동 성과 부족: 이승만의 위임 통치 청원서 비판 • 국민 대표 회의(1923): 창조파(신채호) vs 개조파(안창호), 회의 결렬 ➡ 민족운동가 대거 이탈 • 중흥을 위한 노력 　– 이승만 탄핵 ➡ 2대 박은식 선출(1925) 　– 체제 개편(국무령제, 국무 위원제) 　– 한인 애국단 창설(1931) – 이봉창(도쿄), 윤봉길(상하이)의 폭탄 투척 의거 ➡ 중국 국민당의 지원, 거점 이동
중흥 **(1940~1945)**	• 충칭 정착 • 한국 독립당 창당, 한국 광복군 창설 ➡ 대일 선전 포고문 발표, 국내 진공 작전 계획 • 체제 개편(주석제, 주석·부주석제) • 건국강령 발표(1941): 조소앙의 삼균주의 채택

👍 임시 정부의 통합과 임시 정부 조직

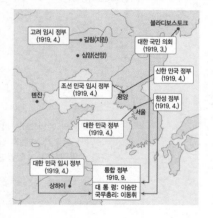

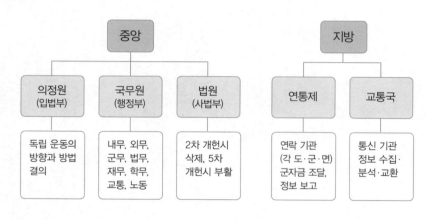

👍 대한 민국 임시 헌장

> 1. 대한 민국은 민주 공화제로 한다.
> 2. 대한 민국은 임시 정부가 임시 의정원의 결의에 의하여 이를 통치한다.
> 3. 대한 민국의 인민은 남녀 귀천 및 빈부의 계급이 없고 일체 평등하다.
> 6. 대한 민국의 인민은 교육 납세 및 병역의 의무가 있다.
> 7. 대한 민국은 신의 의사에 의하여 건국한 정신을 세계에 발휘하며, 나아가 인류의 문화 및 평화에 공헌하기 위하여 국제 연맹에 가입한다.
>
> – 대한민국 임시 정부사

➕ 임시 정부는 대한 제국을 계승한 군주국으로 하려는 복벽파의 주장을 물리치고 3·1 운동 정신을 계승하여 우리 역사상 처음으로 공화주의 정부를 채택하였다. 임시 정부는 국무원, 임시 의정원, 법원으로 삼권이 분립된 민주 공화정체를 갖추었다. 임시 정부가 수립됨에 따라 고립·분산적으로 이루어져 오던 국내외 독립운동을 조직적·총괄적으로 지휘할 수 있는 구심체가 성립되었다.

👍 이승만의 위임 통치 청원서

> 미국 통령 각하. 한인 국민회 위원회는 본 청원서에 서명한 표자로 하여금 다음과 같은 공식 청원서를 각하에게 제출 합니다. …… 우리는 자유를 사랑하는 2천만의 이름으로 각하에게 청원하니 각하도 평화 회의에서 우리의 자유를 주창하여 참석한 열강이 먼저 한국을 일본의 학정으로부터 벗어나게 하여 장래 완전한 독립을 보증하고 당분간은 한국을 국제 연맹 통치 밑에 두게 할 것을 빌며, 이렇게 될 경우 한 반도는 만국 통상지가 될 것입니다. 그리하여 한국을 극동의 완충국 혹은 1개 국가로 인정하게 하면 동아 대륙에서의 침략 정책이 없게 될 것이며, 그렇게 되면 동양 평화는 영원히 보장될 것입니다.

➕ 1919년 초 파리 강화 회의가 개최되자 미국의 대한인 국민회 중앙 총회는 이승만과 정한경을 한국 대표로 파견하였다. 이들은 즉각적인 독립보다는 국제 연맹에 위임 통치를 청원하는 것이 미국 내 여론의 주목을 끌 수 있다고 판단하여 2월 월슨에게 보내는 청원문을 작성하였다. 그러나 이승만의 위임 통치안은 임시 정부 내 독립 전쟁론자들로부터 강력한 반발을 받았다. 이 여파로 임정은 분열의 위기를 맞이하게 되었다.

👍 임시 정부 관련 사진 > 42회 중급 46번

➙대한민국 임시 정부

(가) **수립 100주년 기념 특별 사진전**

| 직원 일동 기념 촬영 | 독립 공채 발행 | 한국 광복군 창설 |

1 초기(1919~1923)

1. 조직

(1) 삼권 분립에 입각한 민주 공화제 정부로 출범 → 임시 의정원, 국무원, 법원

(2) 초대 임시 대통령 이승만

2. 활동

(1) 외교

① 파리 강화 회의에 독립 청원서 제출(김규식)

② 미국 워싱턴에 구미 위원부(이승만) 설치

(2) 자금 모집: 의연금 모금, 독립 공채(애국 공채) 발행

(3) 연통제·교통국: 자금 조달, 연락 업무 담당 → 이륭양행·백산 상회

(4) 교육·계몽: 독립신문 발간, 『한·일 관계 사료집』 편찬

(5) 군사: 서로 군정서·북로 군정서 편입(1919~1920), 육군 주만 참의부(1923)

❀ 독립 공채(애국 공채)

2 위기와 극복

1. 위기

(1) 연통제·교통국 조직 붕괴 ➡ 자금 지원 단절

(2) 독립운동의 방략 갈등(외교 vs 실력 양성 vs 무장), 민족주의와 사회주의의 대립

(3) 외교 활동 성과 부족: 이승만의 위임 통치 청원서 비판

2. 국민 대표 회의(1923)

(1) 임시 정부의 향후 활동에 대한 창조파와 개조파의 대립 → 안창호 등

(2) 회의 결렬 ➡ 민족운동가 대거 이탈 → 신채호 등

3. 중흥을 위한 노력

(1) 이승만 탄핵 ➡ 2대 임시 대통령 박은식 선출(1925)

(2) 체제 개편: 대통령제(1919) ➡ 국무령제(1925) ➡ 국무 위원 집단 지도 체제(1927)

4. 한인 애국단 창설(1931)

(1) 이봉창(도쿄), 윤봉길(상하이)의 폭탄 투척 의거

(2) 중국 국민당의 지원, 거점 이동

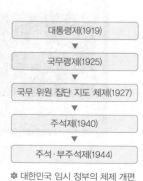

대통령제(1919)
▼
국무령제(1925)
▼
국무 위원 집단 지도 체제(1927)
▼
주석제(1940)
▼
주석·부주석제(1944)

❀ 대한민국 임시 정부의 체제 개편

3 중흥(1940~1945)

1. 충칭 정착

2. 한국 독립당 창당, 한국 광복군 창설(1940): 대일 선전 포고 발표, 국내 진공 작전 계획

3. 체제 개편: 주석제(1940), 주석·부주석제(1944)

4. 건국강령 발표(1941): 조소앙의 삼균주의

💡 삼균주의
정치, 경제, 교육의 균등을 통해 개인과 개인, 민족과 민족, 국가와 국가 간의 균등을 실현하자는 주장이다.

📑 기출 맛보기

(가)에 대한 설명으로 옳은 것은? 28회 초급 36번

[3점]

① 만민 공동회를 개최하였다.
② 한국 광복군을 창설하였다.
③ 국채 보상 운동에 앞장섰다.
④ 동학 농민 운동을 이끌었다.

정답 분석 ⊕
(가)에 들어갈 단체는 대한민국 임시 정부이다. 임시 정부는 산하에 한국 광복군을 창설하였다.

오답 풀이 ⊘
① 만민 공동회는 독립 협회가 주최하였다.
③ 국채 보상 운동은 국채 보상 기성회가 주도하였다.
④ 동학 농민 운동은 1896년에 일어났다.

정답	②

민족 유일당 운동이 일어나다

만세 운동과 신간회

▶ **출제방향**

- 6·10 만세 운동과 광주 학생 항일 운동을 이해한다.
- 민족 유일당 운동과 신간회를 이해한다.

🔍 한눈에 보기

👍 6·10 만세 운동 구호

우리는 벌써 민족과 국제 평화를 위하여 1919년 3월 1일에 우리의 독립을 선언하였다. 우리는 역사적 국수주의를 반복하려는 것이 아니다. 우리의 항구적 국권과 자유를 회복하려 함에 있다.

1. 조선독립 만세
2. 조선은 조선인의 조선이다.
3. 횡포한 총독 정치를 구축하고 일제를 타도하자.
4. 학교의 용어는 조선어로.
5. 학교장은 조선 사람으로.
7. 조선의 대학은 조선인으로
8. 동양척식주식회사를 철폐하자.
13. 노동자는 총파업하라.
14. 8시간 노동제를 실시하라.
16. 소작제는 4:6제로 하라.
17. 소작권은 이동치 못한다.

✚ 1926년 순종의 죽음을 계기로 사회주의 세력과 학생들은 각각 인산일인 6월 10일 대대적인 만세 시위를 벌이기로 계획했다. 사회주의자들이 추진한 계획은 철저히 경계를 편 일제에 발각되어 중요 인물들이 검거되고 격문을 압수당했다. 그러나 조선 학생 과학 연구회가 중심이 된 학생들은 예정대로 삼엄한 경비를 뚫고 격문을 뿌리며 독립 만세를 외치며 시위를 벌였다. 서울 상인들도 철시 투쟁으로 호응하였다. 6·10 만세 운동은 당초 계획한 목적을 이루지 못했지만, 3·1 운동 뒤 침체되었던 항일 민족 운동에 새로운 활기를 불어넣었다. 특히 학생들이 갖고 있는 역량을 확인하고 앞으로 항일 민족 운동을 이끄는 중요한 세력으로 자리 매김하는 계기가 되었다.

👍 광주 학생 항일 운동 구호

미국 장엄한 학생 대중이여! 최후까지 우리들의 슬로건을 지지하라! 그리하여 궐기하자! 싸우자! 굳세게 싸우라!

1. 검거된 학생들을 즉시 우리 손으로 탈환하자.
1. 교내에 경찰의 침입을 절대 반대한다.
1. 언론·출판·집회·결사·시위의 자유를 획득하자.
1. 조선인 본위의 교육 제도를 확립하라!
1. 식민지적 노예 교육 제도를 철폐하라!
1. 사회 과학 연구의 자유를 획득하라!

✚ 1929년 10월 30일 나주에서 광주로 통학하던 일본인 중학생들이 광주 여고보생을 희롱한 사건이 발단이 되어 11월 3일 광주 학생 운동이 일어났다. 이날은 일본의 4대 국경일의 하나인 명치절이자 우리에게는 개천절이었다. 일제는 일요일임에도 학생들을 소집하여 명치절 경축식을 거행했다. 이에 한국인 학생들의 분노가 폭발하여 만세 시위로 이어졌다. 광주 학생 운동은 처음 광주에서 비롯되었지만 이듬해 봄까지 5개월 동안 전국 방방곡곡에서 3·1 운동 이후 최대의 민족운동으로 전개되었다. 광주 학생 운동 뒤에도 학생들은 지하 조직을 결성하고 동맹 휴학을 벌이는 등 투쟁을 계속 전개해갔다.

👍 정우회 선언

> 민족주의적 세력에 대하여는 그 부르주아 민주주의적 성질을 명백하게 인식하는 동시에 또 과정적·동맹자적 성질도 충분히 승인하여 그것이 타락하는 형태로 출현되지 아니하는 것에 한하여 적극적으로 제휴하여 대중의 개량적 이익을 위하여서도 종래의 소극적 태도를 버리고 분연히 싸워야 할 것이다.

✚ 정우회 선언을 통해 사회주의세력과 비타협적 민족주의 세력이 통합되어 민족 유일당 운동이 전개될 수 있었다. 이후 신간회 성립에 영향을 주었다.

👍 신간회 강령

> 1. 우리는 정치적, 경제적 각성을 촉진함.
> 2. 우리는 단결을 공고히 함.
> 3. 우리는 기회주의를 일체 부인함.

✚ 신간회는 1920년대 노동 운동, 농민 운동, 여성 운동, 형평 운동 등에 깊은 관심을 갖고 민족 운동을 지휘하였다. 특히, 광주 학생 항일 운동이 일어나자 신간회는 언론사 및 천도교, 기독교, 불교 세력 및 조선 청년 총동맹, 조선 노동 총동맹, 근우회 등과 함께 '민중 대회'를 개최하려 했다. 그러나 사전에 비밀이 누설되어 집행 위원장 허헌을 비롯한 90명이 체포됨으로써 무산되고 말았다. 이후 우익 중심의 신간회 간부는 온건, 합법 노선으로 전환하여 갔고, 좌익 성향이 강한 지방 지회 활동가들은 우익과 연대를 부정하며 해소론을 주장하게 되었고 105인 사건으로 해소되었다.

≫44회 중급 44번

이것은 1928년 2월 115日 [신간회]의 창립 1주년을 맞아 신의주 지회 인사들을 촬영한 기념사진입니다. 뒤쪽 벽에 이 단체의 강령이 붙어 있는 것을 볼 수 있습니다.

1. 우리는 정치적·경제적 각성을 촉진함
1. 우리는 단결을 공고히 함
1. 우리는 일체의 기회주의를 부인함

👍 민족 유일당 운동(민족 협동 전선 운동)의 전개

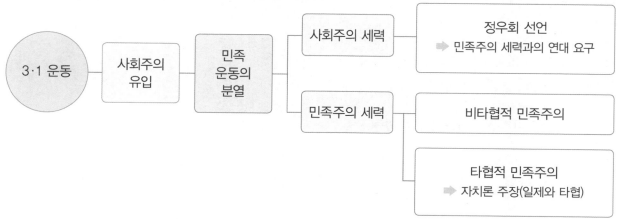

3·1 운동 → 사회주의 유입 → 민족 운동의 분열 → 사회주의 세력 → 정우회 선언 ➡ 민족주의 세력과의 연대 요구

민족주의 세력 → 비타협적 민족주의

타협적 민족주의 ➡ 자치론 주장(일제와 타협)

1 6·10 만세 운동

1. 배경: 순종의 인산일 계기, 천도교의 만세 운동 계획

2. 전개: 천도교계 + 사회주의 + 학생 단체 ➡ 사전 발각, 학생 중심으로 만세운동 전개

3. 의의: 민족주의계와 사회주의계의 연대 가능성 ➡ 민족 유일당 운동(신간회 결성)에 영향

2 민족 유일당 운동과 신간회

1. 민족 유일당 운동
　　　　　　　　　　┌▶자치 운동 등
   (1) 사회주의 사상 확산, 타협적 민족주의 등장

   (2) 민족 내부 분열 경계, 민족 역량 결집 필요

2. 신간회(1927~1931)

   (1) 배경: 일제의 분열 정책과 이념 대립으로 인한 민족 운동 전선 분열

   (2) 결성: 정우회 선언 ➡ 신간회(비타협적 민족주의자 + 사회주의자)

   (3) 신간회 강령: 정치·경제적 각성 촉구, 단결, 기회주의 부인

   (4) 활동
   　　① 민중 계몽 활동, 청년, 여성, 형평 운동, 농민·노동 운동과 연계
   　　② 원산 총파업 지원, 광주 학생 항일 운동에 진상 조사단 파견

   (5) 해소: 집행부 우경화 ➡ 사회주의자 해소 주장, 코민테른 노선 변화

   (6) 의의: 좌·우 합작, 일제 강점기 최대 규모의 합법적 민족 운동 단체

3 광주 학생 항일 운동

1. 배경: 민족 차별, 식민지 교육, 학생 운동의 조직화(독서회)

2. 전개

   (1) 광주에서 한·일 학생 간 충돌 발생(한국 여학생 희롱)

   (2) 사건 처리 과정에서 민족 차별 ➡ 전국 동맹 휴학

3. 의의: 3·1 운동 이후 최대 규모의 항일 민족 운동

💡 **광주 학생 항일 운동의 구호(1929)**
- 검거된 학생을 즉시 우리의 손으로 탈환하자.
- 교내에 경찰의 출입을 절대 반대·언론, 출판, 집회, 결사, 시위의 자유를 획득하자.
- 조선인 본위의 교육 제도를 확립하라.
- 식민지 노예 교육 제도를 철폐하라.

기출 맛보기

다음 사건이 발단이 되어 일어난 민족 운동에 대한 설명으로 옳은 것은? 43회 중급 42번 [2점]

> 지난 10월 30일에 광주여자고등보통학교 학생 박기옥이 광주에서 돌아와 나주역을 나오려 할 때, 광주중학교 학생 후쿠다 등이 앞을 막고 희롱하였다. 이에 박기옥의 사촌 동생인 광주고등보통학교 학생 박준채가 그 무리들을 질책하니 일본인 중학생들은 도리어 고함을 치며 덤벼들었다.

① 105인 사건의 원인이 되었다.
② 정우회 선언에 영향을 주었다.
③ 조선어 학회를 중심으로 추진되었다.
④ 국민 대표 회의 개최의 배경이 되었다.
⑤ 신간회에서 진상 조사단을 파견하여 지원하였다.

정답 분석 ⊕

그림에 나타난 사건은 광주 학생 항일 운동이다. 광주 학생 항일 운동은 신간회에서 진상 조사단을 파견하여 지원하였다.

오답 풀이 ✓

① 105인 사건으로 신간회가 해소되었다.
② 정우회 선언으로 민족 유일당 운동과 신간회가 성립되었다.
③ 조선어 학회는 조선어 사전 편찬 사업을 실시하였다.
④ 국민 대표 회의 개최의 배경은 이승만의 위임 통치 청원서와 관련이 깊다.

| 정답 | ⑤ |

63
77

MEMO✎

실력 양성 운동

▷ **출제방향**　실력 양성 운동을 이해한다.

🔍 **한눈에 보기**

👍 **물산 장려 운동**

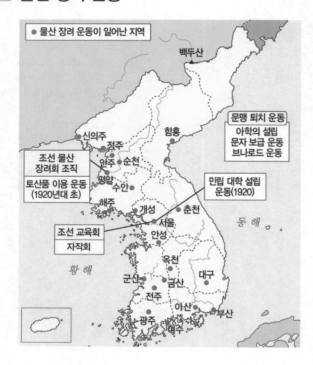

》38회 중급 42번

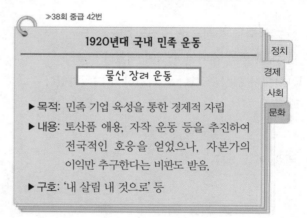

1920년대 국내 민족 운동

정치
경제
사회
문화

　　물산 장려 운동

▶ 목적: 민족 기업 육성을 통한 경제적 자립

▶ 내용: 토산품 애용, 자작 운동 등을 추진하여 전국적인 호응을 얻었으나, 자본가의 이익만 추구한다는 비판도 받음.

▶ 구호: '내 살림 내 것으로' 등

　　물산 장려 운동에 대한 반대 측 의견을 종합하건대 크게 두 가지 논점이 있는 것 같다. 하나는 일본인 측이나 또는 관청의 일부분에서 일종의 일본 제품 배척 운동으로 간주하고 불온한 사상이라고 공격하는 것이다. 또 하나는 소위 사회주의자 중 일부 논객이 주장하는 것인데, 물산 장려 운동은 유산 계급의 이익을 위한 것이며 무산 계급에는 아무 관련이 없으니 유산 계급만의 운동으로 남겨 버리자는 것이다.

　　　　　　　　　　　　　　　　　　　　　　　　　　　　　　　　　　　　　　　－ 동아일보

✚ 20년대 초 일본 산업 자본과 상품이 조선에 대거 진출하였다. 조선인 기업인들과 중산층은 조선 총독부에 건의한 조선인 중심 산업 정책 건의가 받아들여지지 않자 물산 장려 운동을 일으켰다.

👍 민립 대학 설립 운동

> 우리의 운명을 어떻게 개척할까? …… 민중의 보편적 지식은 보통 교육으로도 가능하지만 심오한 지식과 학문은 고등 교육이 아니면 불가하며, 사회 최고의 비판을 구하며 유능한 인물을 양성하려면 최고 학부의 존재가 가장 필요하도다, …… 그러므로 우리는 이에 느낀 바 있어 감히 만천하 동포에게 향하여 민립 대학의 설립을 제창하노니, 형제자매는 와서 찬성하고 나아가며 이루라.
>
> – 「발기 취지서」

✚ 고등 교육을 통한 민족 역량 강화를 목적으로 이상재, 이승훈, 윤치호 등이 모금 운동을 전개했으나 일제의 탄압과 가뭄과 수해등 모금이 곤란해져 좌절하게 되었다.

👍 브나로드 운동과 문자 보급 운동

브나로드 운동

'브나로드'는 러시아 말로 '민중 속으로'라는 뜻이다. 19세기 말 러시아 청년 학생들이 학업을 버리고 민중 속으로 들어가 그들과 함께 생활하며 혁명 운동을 한 것에서 비롯되었다.

문자 보급 운동

1929년부터 1934년 조선일보를 중심으로 펼쳐진 농촌 한글보급운동이다. 당시 조선인의 문맹률은 90%에 가까웠다.

👍 민족주의 계열의 분화와 사회주의 계열의 등장

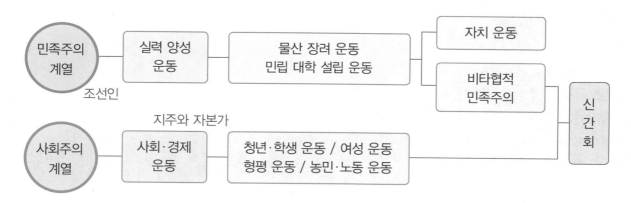

1 물산 장려 운동

1. 배경: 회사령 폐지, 관세 철폐 움직임 ➡ 민족 자본 수호 필요성

2. 활동

  (1) 조만식의 주도로 평양 물산 장려회(1920) 조직

    ➡ 조선 물산 장려회(1923)로 개편

  (2) 토산물 애용과 금주·단연 실천 주장

  (3) 구호: '내 살림 내것으로', '조선 사람 조선 것' 등

  (4) 자본가의 이익을 위한 운동이라는 사회주의자들의 비판이 있었음.

3. 결과: 국내 기업의 생산력 부족으로 인한 토산품 가격 폭등과 이념 대립으로 인해 실패

2 민립 대학 설립 운동

1. 배경: 제2차 조선 교육령 공포로 대학 교육 가능

2. 활동

  (1) 민립 대학 설립 기성 준비회(1922, 이상재) 결성

  (2) '한민족 1천만이 한 사람이 1원씩'이라는 구호 아래 천만원 모금 운동 전개

3. 결과

  (1) 일제의 방해와 자연재해 등으로 실패

  (2) 일제는 회유책으로 경성 제국 대학(1924)을 설립

3 문맹 퇴치 운동

1. 1920년대: 야학을 통한 교육

2. 1930년대

  (1) 조선일보의 문자 보급 운동

    ① '아는 것이 힘이다. 배워야 한다'를 구호로 함.

    ② 한글 교재 보급, 순회 강연 개최

  (2) 동아일보의 브나로드 운동(1931~1934)

기출 맛보기

(가)에 들어갈 민족 운동에 대한 설명으로 옳은 것은 38회 중급 42번

[2점]

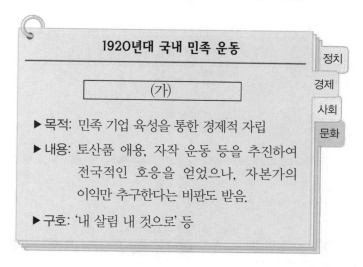

1920년대 국내 민족 운동

(가)

▶ 목적: 민족 기업 육성을 통한 경제적 자립
▶ 내용: 토산품 애용, 자작 운동 등을 추진하여 전국적인 호응을 얻었으나, 자본가의 이익만 추구한다는 비판도 받음.
▶ 구호: '내 살림 내 것으로' 등

정치
경제
사회
문화

① 의열단 결성에 영향을 끼쳤다.
② 조선 물산 장려회가 주도하였다.
③ 김광제, 서상돈 등이 제창하였다.
④ 무오 독립 선언의 배경이 되었다.
⑤ 기회주의 배격을 강령으로 삼았다.

정답 분석

토산품 애용, 자작 운동 등으로 보아 (가)에 들어갈 민족 운동은 물산 장려 운동이다.

오답 풀이

① 의열단 결성에 영향을 끼친 것은 3·1 운동이다.
③ 김광제, 서상돈 등이 제창한 것은 국채 보상 운동이다.
④ 무오 독립 선언의 배경은 한·일 병합 조약이다.
⑤ 신간회의 강령이다.

정답 ②

63
~
77

MEMO

백정들이 사회적 차별 철폐를 외치다

사회적 민족 운동

▷ **출제방향**
• 노동 운동과 농민 운동을 이해한다.
• 형평 운동을 이해한다.

🔍 **한눈에 보기**

👍 농민 운동과 노동 운동

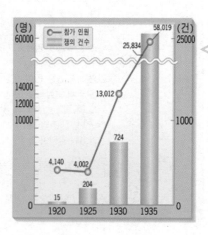

소작 쟁의

일제의 식민 수탈에 대항하여 농민들은 조선 농촌 동맹을 중심으로 소작인의 권익 보호를 위해 단체를 만들고 1920년대부터 1930년 때까지 활발하게 소작료 인하를 주장하였다. 암태도 소작 쟁의가 대표적이다.

노동 쟁의

원산 노동자 총파업이 대표적인 노동 쟁의이다. 일제의 식민지 공업화 추진에 따른 값싼 임금과 열악한 노동 조건에 시달리던 노동자들에 의해 일어났다.

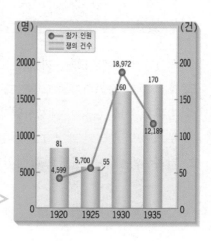

1920년대	1930년대 전반	1930년대 후반
• 암태도 소작 쟁의 • 원산 총파업	• 항일 민족운동 • 일본 제국주의 타도	민족 말살 통치로 쇠퇴

👍 여성 운동 ≫41회 중급 44번

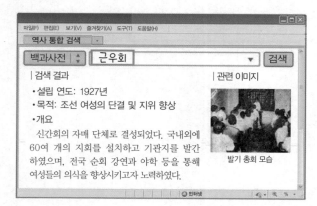

👍 어린이 운동

가. 어른에게 전하는 부탁

　1. 어린이를 내려다보지 마시고 반드시 쳐다보아 주시오.

　2. 어린이를 늘 가까이하여 자주 이야기하여 주시오.

　3. 어린이에게 경어를 쓰시되 늘 부드럽게 하여 주시오.

　4. 이발이나 목욕 또는 옷 갈아입는 것 같은 일은 때 맞춰하도록 하여 주시오.

✚ 방정환이 이끈 천도교 소년회는 "씩씩하고 참된 소년이 됩시다. 그리고 늘 서로 사랑하며 도와갑시다."를 신조로 잡지 『어린이』를 간행하였다. 그 주요 내용은 아동 문학과 이야기, 그림, 교양 지식, 독자란 등으로 구성되어 있다. 천도교는 어린 아이를 한울님처럼 대하라는 제2대 교주 최시형의 뜻을 이어받아 소년 운동을 적극적으로 전개하였다.

👍 방정환(1899~1931)

　아동문학가 방정환은 아동을 '어린이'라는 용어로 격상시키고, 아동 문제 연구 단체인 색동회를 조직했으며, 어린이의 날을 제정했다.

1923년	한국 최초의 순수 아동잡지 《어린이》 창간
1923년	• 최초의 아동 문화 운동 단체 색동회 조직 • 5월 1일을 어린이날로 지정

👍 형평 운동

　공평은 사회의 근본이고 사랑은 인간의 본성이다. 고로 우리는 계급을 타파하고 모욕적인 칭호를 폐지하여 교육을 장려하고 우리도 참다운 인간으로 되고자 함이 본사(本社)의 중요한 뜻이다. 지금까지 조선의 백정은 어떠한 지위와 압박을 받아 왔던가? 과거를 회상하면 종일 통곡하고도 피눈물을 금할 수 없다. …… 우리도 조선 민족 2천만의 분자로서 갑오년 6월부터 칙령으로써 백정의 칭호가 없어지고 평민이 된 우리 들이다.

－ 「조선 형평사 취지문」 1923

✚ 조선 형평사는 일제 시대 백정 출신들이 사회적 지위 향상을 위해 만든 단체이다. 갑오개혁으로 법적으로 백정에 대한 차별이 없어졌지만 민적(호적)에는 여전히 '도살자'라는 이름이 붙어있었다. 일반인들도 오랜 전통과 인습으로 그들을 여전히 사람으로 보지 않았다. 1923년 진주에서 조직되기 시작한 조선 형평사는 전국 40만 회원을 가진 단체로 발전했다. 초기에는 백정의 지위 향상에 초점을 맞추었지만, 1928년 제6차 대회를 계기로 민족 운동, 계급 운동으로 발전해 갔다.

1 농민 운동과 노동 운동

1. 1920년대: 생존권 투쟁

(1) 배경

　① 토지 조사 사업, 산미 증식 계획 ➡ 농민 몰락

　② 저임금, 열악한 노동 환경, 사회주의 확산

　③ 사회주의 확산으로 농민·노동자들의 의식 성장

(2) **암태도 소작 쟁의**(1923), **원산 총파업**(1929)

(3) 조선 노농 총동맹(1924), 조선 농민 총동맹(1927), 조선 노동 총동맹(1927)

2. 1930년대

(1) 노농 운동 불법화 ➡ 지하 조직화·폭력화

(2) 단순한 생존권 투쟁에서 벗어나 계급 해방과 항일 투쟁을 목표로 하는 정치 투쟁으로 발전

(3) 혁명적 노동 조합과 혁명적 농민 조합 운동 대두

💡 **암태도 소작 쟁의**

1923년 9월부터 1년간 전남 무안군 암태도의 소작인들과 지주 문씨 사이에 벌어진 소작 쟁의이다. 소작인들은 일제 경찰의 비호를 받는 지주에 대해 집단적으로 저항하여 결국 소작료 인하에 성공하였다.

💡 **원산 총파업**

8년 한 석유 회사에서 일본인 감독이 조선인 노동자를 구타한 사건을 계기로 1929년 1월에 원산 노동자들이 파업에 돌입하였다. 4개월만에 실패로 끝났으나 일제 시기 최대의 노동 쟁의였으며 반제국주의 항일 투쟁이었다.

2 여성 운동

1. 문맹 타파, 여성 인권 의식의 고양(신여성) 목표

2. 근우회

(1) 신간회의 자매 단체(좌·우 합작)

(2) 기관지『근우』발간, 여성 계몽 운동

3 소년 운동

1. 아이들을 온전한 인격체로 대우하라는 의미에서 '어린이'라는 용어를 사용

2. 천도교 소년회(1921): 방정환, 어린이의 날 제정, 잡지『어린이』창간

⚙ 『어린이』

4 형평 운동

1. 배경: 백정에 대한 사회적 차별

2. 전개: 조선 형평사(1923, 진주) 창립 ➡ 1930년대 이후 변질

기출 맛보기

다음 자료의 사회 운동에 대한 탐구 활동으로 가장 적절한 것은? 44회 중급 45번

[2점]

『정진』 창간호

다 같은 조선 민족이지만 '백정'이니 '피쟁이'니 '갓바치'니 '천인'이니 하여 그 무엇이 특별한 조건이나 있는 것처럼 왜 천대와 학대를 하며 멸시를 하는가. ...... 다 같은 인생으로, 다 같은 조선 사람으로, 다 같은 남자로, 다 같은 여자로서, 짐승이나 또는 저 무엇으로 대우할 이유가 무엇이며 무슨 도리인가. 우리들은 이와 같은 생각에, 없던 눈이 뜨였으며 없던 귀가 뚫렸으며 없던 입이 벌어졌다.

－『정진』

① 간도 협약의 내용을 분석한다.

② 영선사가 파견된 지역을 찾아본다.

③ 조선 형평사의 창립 배경을 알아본다.

④ 태극 서관, 자기 회사를 설립한 단체를 조사한다.

⑤ 영국이 거문도를 불법으로 점령한 계기를 파악한다.

정답 분석➕

자료는 1920년대 초반 일어난 형평 운동에 대한 내용이다. 갑오개혁(1894)으로 법제적으로는 신분 차별이 폐지되었지만, 백정에 대한 사회적 차별과 천대는 쉽게 사라지지 않았다. 이에 백정들은 자신들에 대한 차별을 폐지하여 저울처럼 평등한 세상을 만들겠다는 신념 아래, 진주에서 조선 형평사를 창립하고 형평 운동을 전개하였다(1923).

오답 풀이✔

① 간도 협약은 1909년 청과 일본이 맺은 간도 지역 영유권에 대한 조약이다.

② 1881년 청에 영선사가 파견되어 근대 문물을 시찰하고 돌아왔다.

④ 신민회에 대한 설명이다.

⑤ 갑신정변 후 조선에 대한 러시아의 영향력이 커지자 영국이 거문도를 불법 점령하였다(1885).

정답 | ③

63~77

MEMO✏

72 의열단과 한인 애국단의 활동

▷ **출제방향**
- 의열단을 이해한다.
- 한인 애국단을 이해한다.

한눈에 보기

👍 의열단

△ 김원봉

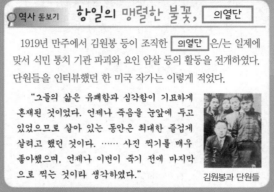

🔍 **역사 돋보기** 항일의 맹렬한 불꽃, 의열단

1919년 만주에서 김원봉 등이 조직한 의열단 은/는 일제에 맞서 식민 통치 기관 파괴와 요인 암살 등의 활동을 전개하였다. 단원들을 인터뷰했던 한 미국 작가는 이렇게 적었다.

"그들의 삶은 유쾌함과 심각함이 기묘하게 혼재된 것이었다. 언제나 죽음을 눈앞에 두고 있었으므로 살아 있는 동안은 최대한 즐겁게 살려고 했던 것이다. …… 사진 찍기를 매우 좋아했으며, 언제나 이번이 죽기 전에 마지막으로 찍는 것이라 생각하였다."

김원봉과 단원들

≫44회 중급 40번

의열단은 1919년 김원봉, 유세주 등이 중심이 되어 조직되었다. 단원은 대체로 40~50명 정도였다. 의열단은 국내외에서 활발한 투쟁을 하여 많은 성과를 거두었다. 그 뒤 개인적 테러에 한계를 느끼고 대중적 무장 투쟁 노선으로 전환하였다. 많은 단원들이 황포 군관 학교에서 훈련을 받았고, 1930년 북경에서 조선 공산당 재건 동맹을 조직하고 레닌주의 정치 학교를 세워 청년 단원을 양성하였다. 일부는 국내에 들어와 노동 운동에 참여하였다. 1935년에는 좌우 연합 성격을 띤 민족 혁명당을 만들고 1938년에는 조선 의용대를 창설하였다.

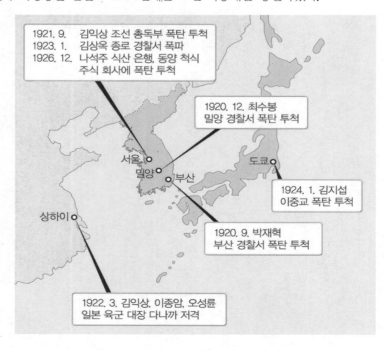

1921. 9. 김익상 조선 총독부 폭탄 투척
1923. 1. 김상옥 종로 경찰서 폭파
1926. 12. 나석주 식산 은행, 동양 척식 주식 회사에 폭탄 투척

1920. 12. 최수봉 밀양 경찰서 폭탄 투척

1924. 1. 김지섭 이중교 폭탄 투척

1920. 9. 박재혁 부산 경찰서 폭탄 투척

1922. 3. 김익상, 이종암, 오성륜 일본 육군 대장 다나까 저격

서울 / 밀양 / 부산 / 도쿄 / 상하이

👍 조선 혁명 선언 – 신채호

내정 독립이나 참정권이나 자치를 운동하는 자, 누구이냐! 너희들이 '동양 평화', ' 한국 독립 보전' 등을 담보한 맹약이 먹도 마르지 아니하여 삼천리 강토를 집어먹던 역사를 잊었느냐? …… 우리는 '외교', '준비' 등의 미몽을 버리고, 민중 직접 혁명의 수단을 취함을 선언하노라 …… 폭력은 우리 혁명의 유일한 무기이다. 우리는 민중 속으로 가서 민중과 손을 맞잡아 끊임없는 폭력 – 암살, 파괴, 폭동 – 으로써 강도 일본의 통치를 타도하고 ……

✚ 조선 혁명 선언은 신채호가 1923년 의열단의 요청에 따라 쓴 글이다. 이승만, 이광수, 안창호 등이 주장한 외교론, 자치론, 준비론 등을 조목조목 통렬하게 비판하였다. 민중이 중심이 된 폭력 항일 투쟁을 주장하고 있다.

👍 한인 애국단

△ 이봉창

△ 윤봉길

한인 애국단은 임시 정부 주석 직속으로 조직된 의열 투쟁 단체이다. 애국단이 수행한 대표적인 의열 투쟁은 이봉창과 윤봉길 의거이다. 이봉창 의사가 왜왕 암살 의거에 실패한 뒤 중국 신문들은 '한인 이봉창 투탄 왜왕 불행 부중'이라고 보도하였다. '불행 부중'(불행하게 명중하지 못하였다.)이라는 문구 때문에 중일 양국 사이에 외교 분쟁이 일어났다. 윤봉길 의사는 1932년 4월 29일 상해 홍커우 공원에서 열린 일본 왕 생일 축하 행사에 폭탄을 던졌다. 시라카와 사령관을 비롯하여 고위급 인사 여러 명이 죽거나 다쳤다. 이 의거가 알려지자 상하이 시민들은 거리로 몰려나와 폭죽을 터뜨리고 만세를 불렀다. 장제스 총통도 '중국 백만 군대가 해내지 못한 위업을 한국의 한 청년이 능히 처리했으니 장하고도 장한 일이로다'라고 격찬했다. 이런 활약 덕분에 임시 정부는 중국의 후원을 받을 수 있었고, 난양 군관 학교에 한인 훈련반이 설치되어 한국인 청년 100명이 교육 받을 수 있게 되었다.

➤43회 중급 39번

S# 25. 1932년, 일본 도쿄의 형무소
예심 판사가 피고인을 신문하고 있다.
판 사: 상하이로 건너가 김구와 무슨 이야기를 나누었는가?
피고인: 독립운동 단체에 들어가 활동하고 싶다는 뜻을 전하였소.
판 사: 김구와 무엇을 모의하였는가?
피고인: 일왕을 죽이면 조선 독립이 촉진될 것이라는 데에 뜻을 같이하였고, 폭탄을 구해 주면 거사를 결행하겠다고 말했소.
판 사: 그래서 지난 1월 8일 도쿄 경시청 앞에서 폭탄을 던진 것인가?
피고인: 그렇소. 일왕의 목숨을 빼앗고 싶었소.

➤45회 중급 41번

사진 속의 일본 경찰은 무엇 때문에 이렇게 모여 있는 거야?

1932년 1월 8일 한인 애국단에 소속된 이봉창 의사가 도쿄 경시청 앞에서 일왕을 향해 폭탄을 던졌다고 해. 일본 경찰이 그 현장을 조사하고 있는 모습이야.

1 의열단(1919)

1. 조직: 김원봉이 만주 길림(지린)에서 조직

2. 강령: 신채호의 조선 혁명 선언(1923)

3. 활동

(1) 의열 투쟁

① 일제 주요 인물 암살과 식민 통치 기관 파괴

② 김익상(조선 총독부), 김상옥(종로 경찰서), 나석주(식산 은행·동양 척식 주식회사)의 폭탄 투척 의거

(2) 조선 혁명 간부 학교 설립, 황포 군관 학교 입교

➡ 조선 의용대로 계승

2 한인 애국단(1931)

1. 조직: 김구가 임시 정부의 위기 극복을 위해 조직

2. 활동

(1) 이봉창(1932)

① 도쿄에서 일왕의 마차에 폭탄을 투척

② 상하이 언론의 우호적 보도

➡ 일본의 상하이 공격(상하이 사변)

(2) 윤봉길(1932)

① 상하이 홍커우 공원에서 열린 일왕의 생일 행사 겸 상하이 사변 전승 축하 기념식에 폭탄 투척

② 이를 계기로 중국 국민당 정부는 한국의 독립 운동 세력을 지원

기출 맛보기

다음 인물의 활동으로 옳은 것은? 30회 초급 38번

[2점]

역사 인물 카드

김 구
(1876~1949)

■ 대한민국 임시 정부 경무국장, 주석 등을 역임함.
■ 광복 이후 통일 국가 수립을 위해 남북 협상에 참여함.

① 의열단을 조직하였다.

② 한인 애국단을 결성하였다.

③ 조선 혁명 선언을 작성하였다.

④ 신흥 무관 학교를 설립하였다.

정답 분석

김구 주석은 의열 투쟁을 위해 한인 애국단을 결성하여 이봉창 의사, 윤봉길 의사의 의거를 이끌어 냈다.

오답 풀이

① 의열단을 조직한 사람은 김원봉이다.
③ 조선 혁명 선언을 작성한 사람은 신채호이다.
④ 신흥 무관 학교를 설립한 사람은 이회영 등이다.

정답 ②

63
~
77

MEMO

청산리에서 일본군에게 승리를 거두다

만주 지역의 무장 독립 투쟁

▷ **출제방향**　만주 지역의 무장 독립 투쟁을 이해한다.

🔍 한눈에 보기

👍 만주 지역의 무장 독립 투쟁 한눈에 보기

봉오동 전투(1920)	홍범도의 대한 독립군 주도

　훈춘 사건

청산리 전투(1920)	북로 군정서(김좌진) + 대한 독립군(홍범도)

▼

간도 참변(1920)	독립군 근거지 제거, 민간인 학살

대한 독립 군단 결성(북만주 밀산부)　▼　소련령 이동

자유시 참변(1921)	독립군 내분 + 러시아 적군의 무장 해제 요구

▼

3부 성립	참의부(1923), 정의부(1924), 신민부(1925) – 미쓰야 협정(1925): 만주 군벌 + 일본, 독립군 탄압 – 민족 유일당 운동, 한국 독립군과 조선 혁명군 결성

▼　만주 사변(1931): 중국의 태도 변화

한·중 연합 작전	• 한국 독립군(지청천) + 중국 호로군: 쌍성보, 사도하자 전투 • 조선 혁명군(양세봉) + 중국 의용군: 영릉가, 흥경성 전투 • 일본군의 만주 점령 이후 관내로 이동

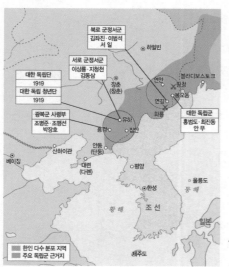

◁ 1920년대 무장 단체

◁ 봉오동·청산리 전투

👍 미쓰야 협정

불령선인의 단속 방법에 관한 조선 총독부와 봉천성 간의 협정

제2조 중국 관헌은 각 현에 명령하여 거류하는 조선인이 무기를 휴대하고 조선에 침입하는 것을 엄금한다. 위반하는 자는 이를 체포하여 조선 총독부 관헌에게 인도한다.

제3조 불령선인(不逞鮮人)* 단체를 해산하고 소유한 총기를 수색하여 이를 몰수하고 무장을 해제한다.

＊ 불령선인(不逞鮮人): 일제에 다르지 않는 불온한 조선 사람이라는 뜻

👍 독립군 부대의 통합

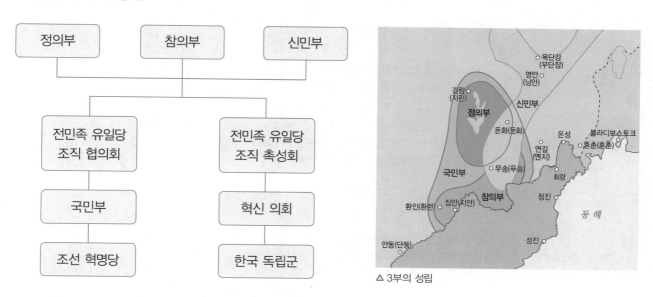

△ 3부의 성립

✚ 3부는 통합 운동을 전개하여 1920년대 말 국민부와 혁신 의회의 두 세력으로 재편되었다. 국민부는 조선 혁명당을 결성하고 그 아래 조선 혁명군을 두어 남만주 일대에서 활동하였다. 북만주에서는 혁신 의회가 해체된 이후 한국 독립당이 결성되었고, 만주 사변 후 한국 독립군을 조직하여 항전하였다.

👍 조선 혁명군

때는 해동 무렵이어서 얼음이 풀린 소자강은 수심이 깊었다. 게다가 얼음덩이가 뗏목처럼 흘러내렸다. 하지만 앞에 있는 이 강을 건너지 못하면 영릉가로 쳐들어갈 수 없었다. 밤 12시까지 영릉가에 들어가 반드시 공격을 알리는 신호탄을 울려야만 했다. 양세봉 사령은 전사들에게 소자강을 건너라고 명령하고 자기부터 강물에 뛰어들었다.

－『봉화』

봉오동 전투(1920)	홍범도의 대한 독립군 주도

▼

청산리 전투(1920)	•훈춘 사건: 일본의 만주 출병 구실 •북로 군정서(김좌진) + 대한 독립군(홍범도) •백운평, 완루구, 천수평, 어랑촌, 고동하 전투

▼

간도 참변(1920)	독립군 근거지 제거, 민간인 학살

▼

대한 독립 군단 결성	•북만주 밀산부에서 연합 부대 결성 •소련령 이동 ┘→ 총재 서일

▼

자유시 참변(1921)	독립군 내분 + 러시아 적군의 무장 해제 요구

▼

3부 성립	•참의부(1923), 정의부(1924), 신민부(1925) •미쓰야 협정(1925): 만주 군벌 + 일본, 독립군 탄압

▼

3부 통합 운동	•민족 유일당 운동의 영향: 혁신 의회와 국민부 조직 •혁신 의회 – 한국 독립당·한국 독립군(지청천) •국민부 – 조선 혁명당·조선 혁명군(양세봉)

▼

만주 사변(1931)	중국의 태도 변화

▼

한·중 연합 작전	•한국 독립군(지청천) + 중국 호로군: 쌍성보, 사도하자, 대전자령 전투 •조선 혁명군(양세봉) + 중국 의용군: 영릉가, 흥경성 전투 •일본군의 만주 점령 이후 관내로 이동

▼

보천보 전투(1937)	동북 항일 연군 + 조국 광복회

💡 **훈춘 사건**

일본이 중국 마적단을 매수하여 그들에게 훈춘의 일본 영사관을 습격하게 하고 이를 구실로 토벌대를 만주 지역에 투입한 사건이다.

💡 **동북 항일 연군**

1936년 3월 만주 지방에서 항일 무장 운동을 통합해 항일 연합 전선을 형성하기 위하여 조직된 항일 무장 단체. 중국인과 한인의 연합 부대적 성격을 가지고 있었고, 김일성 등 북한 정권 수립시 주요 인물들이 속해있었다.

독립군과 중국군의 활동 지역
1931년 이전의 일본군 점령지
1932년 일본군 점령지

한국 독립군
(총사령 지청천)   치치하얼
③ 쌍성보 전투(1932)
④ 경박호 전투(1932)
⑤ 사도하자 전투(1933)
⑥ 동경성 전투(1933)
⑦ 대전자령 전투(1933)
    하얼빈
조선 혁명군
(총사령 양세봉)   창춘
① 영릉가 전투(1932)   닝안
② 흥경성 전투(1933)   지린   블라디보스토크
        옌지
펑톈 푸순
            청진
    ①
    ②   ⑧
        동북 항일 연군
신의주   (한인 항일 유격대)
        ⑧ 보천보 전투(1937)

△ 무장 독립 전쟁

기출 맛보기

(가)에 들어갈 내용으로 옳은 것은? 36회 초급 35번 [3점]

이달의 **독립운동가**

(가)

홍 범 도
(1868~1943)

① **봉오동 전투에서 일본군을 무찌르다**

② **하얼빈에서 이토 히로부미를 처단하다**

③ **영화 아리랑으로 민족 의식을 높이다**

④ **헤이그에서 일제 침략의 부당성을 밝히다**

정답 분석

(가)에 들어갈 홍범도 장군의 업적은 '봉오동 전투에서 일본군을 무찌르다'에 해당한다.

정답 ①

중국 관내의 무장 독립 투쟁

▷ **출제방향**   중국 관내의 무장 독립 투쟁을 이해한다.

🔍 **한눈에 보기**

👍 **3부 통합 운동**

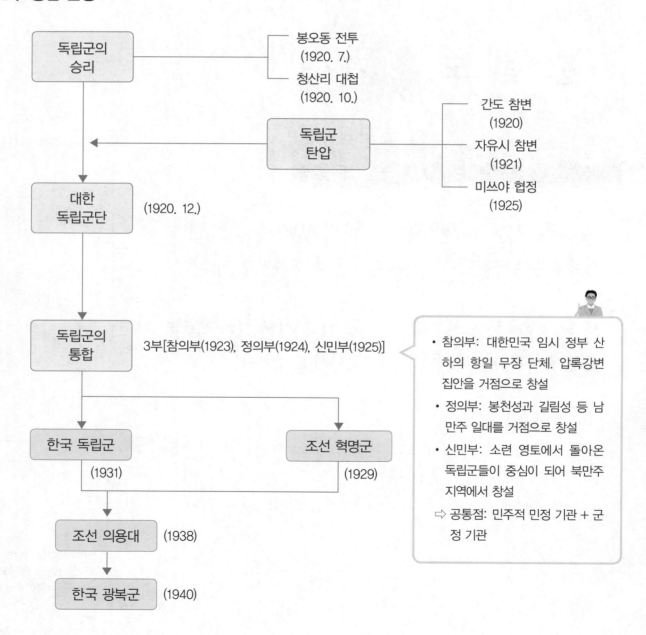

독립군의 승리 ── 봉오동 전투 (1920. 7.)
          └ 청산리 대첩 (1920. 10.)

독립군 탄압 ── 간도 참변 (1920)
          ├ 자유시 참변 (1921)
          └ 미쓰야 협정 (1925)

대한 독립군단 (1920. 12.)

독립군의 통합   3부[참의부(1923), 정의부(1924), 신민부(1925)]

한국 독립군 (1931)   조선 혁명군 (1929)

조선 의용대 (1938)

한국 광복군 (1940)

- 참의부: 대한민국 임시 정부 산하의 항일 무장 단체. 압록강변 집안을 거점으로 창설
- 정의부: 봉천성과 길림성 등 남만주 일대를 거점으로 창설
- 신민부: 소련 영토에서 돌아온 독립군들이 중심이 되어 북만주 지역에서 창설
- ⇨ 공통점: 민주적 민정 기관 + 군정 기관

1930년대 무장 투쟁과 임시 정부의 광복군 활동

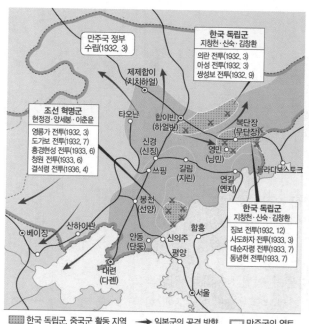

만주국 정부 수립(1932. 3)

한국 독립군
지청천·신숙·김창환
의란 전투(1932. 3)
아성 전투(1932. 3)
쌍성보 전투(1932. 9)

조선 혁명군
현정경·양세봉·이춘윤
영릉가 전투(1932. 3)
도고보 전투(1932. 7)
흥경현성 전투(1933. 6)
청원 전투(1933. 6)
결석령 전투(1936. 4)

제제합이 (치치하얼)

타오난
합이빈 (하얼빈)
신경 (신징)
쓰핑
봉천 (선양)
산하이관
베이징
안동 (단동)
신의주
평양
대련 (다롄)
서울
함흥
길림 (지린)
연길 (옌지)
영민 (닝민)
목단강 (무단강)
블라디보스토크

한국 독립군
지청천·신숙·김창환
징보 전투(1932. 12)
사도하자 전투(1933. 3)
대순자령 전투(1933. 7)
동녕현 전투(1933. 7)

한국 독립군, 중국군 활동 지역　→ 일본군의 공격 방향　□ 만주국의 영토
1931년 이전 일본군 점령 지구　1932년까지의 일본군 점령 지구

△ 1930년대 무장 투쟁

□ 임시 정부의 활동
□ 광복군의 활동

광복군의 창설(1940)
대일·대독 선전 포고
(1941)

훈련반 개설 예정지

총사령부
총사령관: 지청천
참 모 장: 이범석

인도·미얀마 전선 파견

청두
충칭 (1940~45)
제1지대
시안
노하구
제2지대
제1지대 제1구대
제3지대
제1지대 제2구대
제2지대 강남분대
후양
연산
상하이
서울
카이펑　광복군 본토 진입 계획
전장
타이완

임시 정부 수립(1919. 9)
대 통 령: 이승만
국무총리: 이동휘

임시 정부 활동
연통제 조직
애국 공채 발행
파리 강화 회의 파견
구미 위원부 설치
독립 신문 간행

△ 임시 정부의 광복군 활동

📍 조선 혁명 간부 학교

왜적이 항복한다 하였다. 아! 왜적이 항복! 이것은 내게 기쁜 소식이라기보다는 하늘이 무너지는 듯한 일이었다. …… 시안과 푸양에서 훈련을 받은 우리 청년들을 본국으로 들여보내어 국내의 중요한 곳을 파괴하거나 점령한 뒤에 미국 비행기로 무기를 운반할 계획까지도 미국 육군성과 다 약속이 되었던 것을 한 번 해보지도 못하고 왜적이 항복했으니 …….

– 『백범일지』, 김구

📍 한국 광복군　　　　　　　　　　　　　　　　　　　　　　≫45회 중급 43번

≫43회 중급 40번

드디어 3개월 간에 걸친 제1기 50명의 미국 전략 정보국(OSS) 특수 공작 훈련이 끝났다. …… 국내로 진입한다는 것은 죽음을 각오해야만 하는 것이기 때문에 50명 모두 굳은 각오로 자원하였다. 야음을 틈타 낙하산을 타고 투하된다든가 잠수함으로 상륙시킨다든가 하는 구체적인 작전까지 결정되어 있었다.

↳국내 진공 작전

대한민국 임시 정부 산하에 조직되어 국내 진공 작전을 추진했던 한국 광복군은 기관지 광복을 발행하여 군의 활동상을 알리고 일제의 동향과 정세를 분석하였습니다. 소속 군인 중 오광심, 조순옥, 지복영 등이 원고 작성과 번역을 주로 담당하였습니다.

광복

1 조선 의용대(1938)

1. 민족 혁명당(1935)

  (1) 의열단 + 한국 독립당 + 조선 혁명당 등을 통합
     └→김원봉   └→조소앙   └→지청천

  (2) 민족주의계 이탈 후 조선 민족 혁명당으로 개편

     ➡ 조선 민족 전선 연맹(1937)으로 개편

2. 조선 의용대(1938)

  (1) 조선 민족 전선 연맹이 중국 국민당 정부의 지원을 받아 우한에서 만든 군사 조직

  (2) 중국 관내에서 조직된 최초의 한국인 부대

  (3) 후방 선전 작업, 포로 심문 등에 참여

  (4) 중국 국민당의 소극적 대일 항전 태도에 실망한 이들이 이탈 ➡ 화북 지방으로 이동, 조선 의용대 화북 지대 결성 ➡ 남은 병력과 김원봉은 한국 광복군에 합류 (1942)

2 한국 광복군(1940)

1. 결성

  (1) 충칭에서 대한민국 임시 정부 산하의 군대로 창설(1940, 총사령관 지청천)

  (2) 중국 국민당의 지원, 중국 군사 위원회의 간섭(한국 광복군 행동 준승)

2. 활동

  (1) 대일 선전포고 발표(1941)

  (2) 조선 의용대의 가세로 강화(1942, 좌·우 합작)

  (3) 영국군과 연합 작전: 인도-미얀마 전선 활약(선전, 포로 심문, 암호 해독)

  (4) 미국 전략 정보국(OSS)과 국내 진공 작전 계획

     ➡ 일제의 패망으로 취소

> **한국 광복군과 미군의 OSS 훈련**
>
> 드디어 3개월간의 제1기생 50명의 OSS 특수 공작 훈련이 끝났다. 나는 무전 기술 등의 시험에서 괜찮은 성적을 받았고 국내로 침투하여 모든 공작을 훌륭하게 수행할 수 있는 자신을 얻었다. …… 제1기생 훈련이 성공적으로 끝나자 우리는 말할 것도 없고 미군도 대만족하여 즉각 국내로 침투시킬 계획을 작성하였다.

💡 조선 의용대 화북 지대

조선 의용대 내부에서 화북 지역에서의 무장 투쟁을 요구하던 대원들은 1940년 말부터 북쪽으로 이동. 1941년 7월 조선 의용대 화북 지대로 개편되었다. 이후 호가장 전투와 형태 전투 등에서 활약하던 조선 의용대 화북 지대는 1942년 조선 의용군으로 개편되었다.

기출 맛보기

밑줄 그은 '작전'을 추진한 독립군 부대에 대한 설명으로 옳은 것은? 43회 중급 40번   [2점]

> 드디어 3개월 간에 걸친 제1기 50명의 미국 전략 정보국(OSS) 특수 공작 훈련이 끝났다. …… 국내로 진입한다는 것은 죽음을 각오해야만 하는 것이기 때문에 50명 모두 굳은 각오로 자원하였다. 야음을 틈타 낙하산을 타고 투하된다든가 잠수함으로 상륙시킨다든가 하는 구체적인 작전까지 결정되어 있었다.

① 신흥 무관 학교를 설립하였다.
② 조선 건국 동맹을 결성하였다.
③ 영릉가 전투에서 일본군을 격퇴하였다.
④ 총사령 박상진의 지휘 아래 활동하였다.
⑤ 조선 의용대의 일부가 합류하여 병력이 증가하였다.

정답 분석

밑줄 그은 '작전'은 국내 진공 작전이다. 한국 광복군은 미국 전략 정보국(OSS)과 국내 진공 작전 계획을 세웠으나, 일본의 패망으로 취소되었다.

오답 풀이

① 신흥 무관 학교는 신민회가 설립하였다.
② 조선 건국 동맹은 여운형을 위원장으로 국내 사회주의자들이 결성하였다.
③ 영릉가 전투는 양세봉의 조선 혁명군이 승리한 전투이다.
④ 총사령 박상진이 지휘한 독립군 부대는 대한 광복회이다.

정답   ⑤

63
—
77

MEMO

일제의 식민사학에 대항하여 역사 연구가 이루어지다

민족 문화 수호 운동

🔍 한눈에 보기

👍 식민사관

📍 일선동조(日鮮同祖)

> 일본인과 조선인은 선조가 같다. 핏줄이 같아 가족이나 마찬가지라고 하지만 단순히 핏줄이 연결된다는 뜻이 아니라, 일본이 지배자이고 한국은 그것에 복속되는 인간이라는 것이다. 일본이 본가라면 한국은 분가이다.
>
> – 가다(喜田貞吉)

📍 정체성론(停滯性論)

> 한국은 봉건 제도에 도달하기 이전 단계이다. 일본사와 비교해서 봉건 시대라 하는 가마쿠라 막부 성립 이전의 단계로 약 1000년 정도 일본보다 뒤떨어져 있다. 고로 한국은 자력으로 근대화할 수 없기에 일본의 도움이 필요하다.
>
> – 후쿠다(福田德三)

📍 홍범도의 대한 독립군 주도 타율성론(他律性論)

> 조선은 반도라는 지리적 조건 때문에 계속해서 대륙의 압력을 받아 정치적으로 독립할 틈도 없이 항상 아시아 대륙의 힘에 휩쓸렸다. 지금 일본의 지배 하에 있는 조선은 예전과는 다르다. 일본은 대륙이 했던 것처럼 힘으로 누르는 것이 아니라 애호하여 키우고 있다.
>
> – 미시나(三品彰英)

일제는 한반도 지배를 합리화시키기 위하여 식민 사관을 만들어 한국사를 왜곡하였다. 식민 사관은 한국인의 분파적 성격을 강조하는 당파성론, 조선 사회의 내적 발전을 무시하고 정체성을 강조한 청체성론, 사대성을 강조하고 주체성을 부정한 타율성론 등 그 영역이 다양하다. 일본에서 한국 역사를 본격적으로 연구하기 시작한 시점은 청·일 전쟁 이후였다. 식민 사관은 만주 침략에 이은 1930년대에 더욱 강화되어 일제 침략 정책을 미화하고, 합리화하기 위한 도구로 사용되었다.

👍 한국사 연구

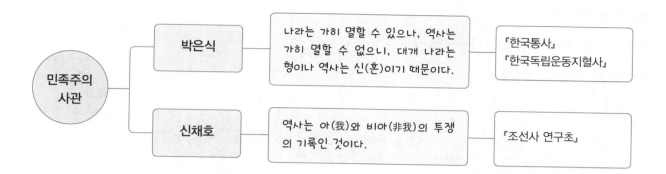

민족주의 사관

박은식 — 나라는 가히 멸할 수 있으나, 역사는 가히 멸할 수 없으니, 대개 나라는 형이나 역사는 신(혼)이기 때문이다. — 『한국통사』 『한국독립운동지혈사』

신채호 — 역사는 아(我)와 비아(非我)의 투쟁의 기록인 것이다. — 『조선사 연구초』

박은식

대륙의 원기는 동으로는 바다로 뻗어 백두산으로 솟았고, 북으로는 요동 평야를 열었으며, 남으로는 한반도를 이루었다. …… 저들이 일찍이 우리를 스승으로 섬겨 왔는 데, 이제는 우리를 노예로 삼았구나. …… 옛사람이 이르기를 나라는 멸할 수 있으나 역사는 멸할 수 없다고 하였다. 나라는 형체이고 역사는 정신이다. 이제 한국의 형체는 허물어졌으나 정신만을 홀로 보존하는 것이 어찌 불가능하겠는가.

– 태백광노(太白狂奴) 지음

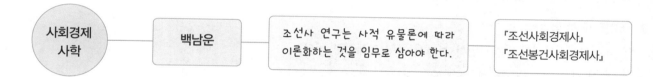

사회경제 사학

백남운 — 조선사 연구는 사적 유물론에 따라 이론화하는 것을 임무로 삼아야 한다. — 『조선사회경제사』 『조선봉건사회경제사』

백남운

우리 조선의 역사적 발전의 전 과정은 …… 외관상의 이른바 특수성이 다른 문화 민족의 역사적 발전 법칙과 구별될 만큼 독자적인 것은 아니며, 세계사적인 일원론적 역사 법칙에 의해 다른 여러 민족과 거의 같은 궤도의 발전 과정을 거쳐 왔던 것이다. …… 여기에서 조선사 연구의 법칙성이 가능하게 되며, 그리고 세계사적 방법론 아래서만 과거의 민족 생활 발전사를 내면적으로 이해함과 동시에 현실의 위압적인 특수성에 대해 절망을 모르는 적극적인 해결책을 발견할 수 있을 것이다.

– 『조선사회경제사』

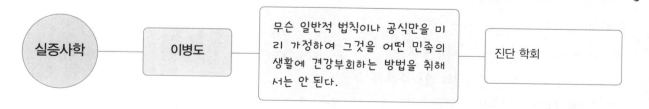

실증사학

이병도 — 무슨 일반적 법칙이나 공식만을 미리 가정하여 그것을 어떤 민족의 생활에 견강부회하는 방법을 취해서는 안 된다. — 진단 학회

1 국사 연구

1. 일제의 식민사관: 정체성론, 타율성론, 당파성론

2. 민족주의 사학: 민족정신 중시

   (1) 박은식: 민족의 '국혼' 강조, 『한국통사』·『한국독립운동지혈사』 저술

   > 옛사람이 말하기를 나라는 멸망할 수 있으나 그 역사는 결코 없어질 수 없다고 했으니, 이는 나라가 형체라면 역사는 정신이기 때문이다. 이제 우리 나라의 형체는 없어져 버렸지만, 정신은 살아남아야 할 것이다. 이것이 내가 역사를 쓰는 까닭이다. 정신이 살아서 없어지지 않으면 형체도 부활할 때가 있을 것이다.
   > – 박은식, 『한국통사』

   (2) 신채호

   　① 낭가 사상

   　② 고대사 연구에 노력: 『조선상고사』 저술
   　　　　　　　　└▶ 역사는 아(我)와 비아(非我)의 투쟁의 기록

   　③ 대한 매일 신보에 「독사신론」 연재, 조선 혁명 선언
   　　　　　　　　　　　　　　　　　└▶ = 의열단 선언

   (3) 정인보: '얼' 강조, 조선학 운동

   (4) 문일평: '조선심' 강조, 조선학 운동

3. 사회 경제 사학: 백남운

   (1) 유물사관, 세계사적 발전법칙·보편성 추구(정체성론 비판)

   (2) 『조선 사회 경제사』, 『조선 봉건 사회 경제사』 저술

   > 우리 조선의 역사적 발전의 전 과정은 가령 지리적 조건, 인종학적 골상, 문화 형태의 외형적 특징 등 다소의 차이는 인정되더라도, 외관적인 소위 특수성은 다른 문화 민족의 역사적 발전 법칙과 구별 되어야 하는 독자적인 것이 아니며, 세계사적·일원론적인 역사 법칙에 의하여 다른 제 민족과 거의 동일한 발전 과정을 거쳐온 것이다.
   > – 백남운, 『조선봉건사회경제사』

4. 실증 사학: 이병도·손진태, 객관적 문헌 고증 강조, 진단 학회

2 국어 연구

1. 조선어 연구회(1921)

   (1) 국문 연구소를 계승, 주시경의 제자들이 주도

   (2) '가갸날' 제정(1926), 잡지 『한글』 간행, 조선어 강습회 개최

💡 정체성론
우리 민족이 세계적 흐름에 맞춰 발전하지 못하고 고대 수준에 머물러 있다는 주장이다.

💡 타율성론
우리 민족이 스스로 발전을 이루지 못하고 외세에 의해 타율적으로 발전되고 있다는 주장이다.

2. 조선어 학회(1931)

　⑴ 조선어 연구회 계승, 최현배 주도

　⑵ 한글 맞춤법 통일안·표준어 제정(1933)

　⑶ 『우리말 큰사전』의 편찬 작업 시작, 조선어 강습회 운영

　⑷ 조선어 학회 사건(1942): 조선어 학회 회원들에게 치안 유지법 위반 혐의를 씌워 체포

　　➡ 조선어 학회 강제 해산

기출 맛보기

다음 방송의 소재가 된 인물에 대한 설명으로 옳은 것은? 42회 중급 40번　　　　　[2점]

① 독립 의군부를 조직하였다.

② 조선 의용군을 창설하였다.

③ 조선 공산당을 창립하였다.

④ 조선 혁명 선언을 작성하였다.

⑤ 조선말 큰사전 편찬을 주도하였다.

정답 분석⊕

방송의 소재가 된 인물은 단재 신채호 선생이다. 신채호 선생은 의열단 강령인 조선 혁명 선언을 작성하였다.

오답 풀이♥

① 독립 의군부는 고종의 밀명을 받은 임병찬이 조직한 비밀 결사 조직이다.

② 조선 의용군은 조선 의용대 화북 지대가 개편되어 김두봉에 의해 창설되었다.

③ 조선 공산당은 김재수, 김약수 등이 1925년 서울에서 조직된 공산주의 운동 단체이다.

⑤ 조선말 큰사전은 조선어 학회(한글 학회)가 편찬을 주도하였다.

정답　④

주제 76 종교·예술계의 민족 운동

▷ **출제방향**
- 종교계의 민족 활동을 이해한다.
- 카프를 이해한다.

🔍 한눈에 보기

👍 민족 교육 운동과 종교 활동

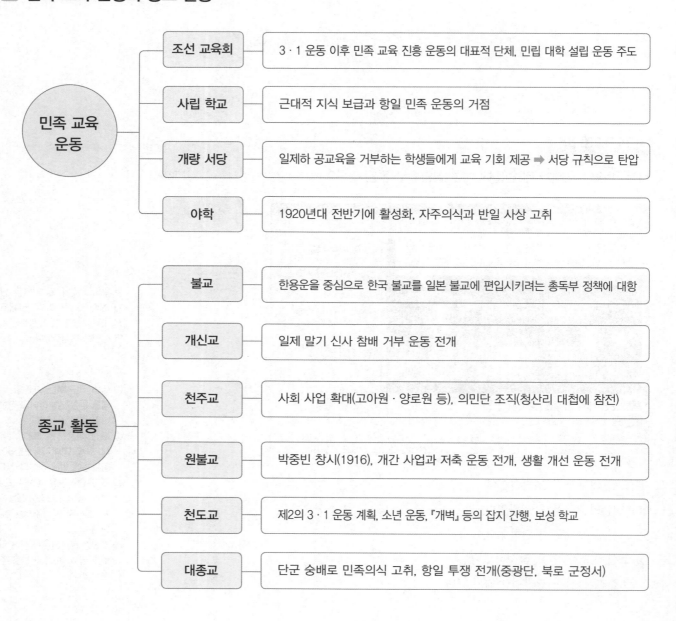

민족 교육 운동

조선 교육회	3·1 운동 이후 민족 교육 진흥 운동의 대표적 단체, 민립 대학 설립 운동 주도
사립 학교	근대적 지식 보급과 항일 민족 운동의 거점
개량 서당	일제하 공교육을 거부하는 학생들에게 교육 기회 제공 ➡ 서당 규칙으로 탄압
야학	1920년대 전반기에 활성화, 자주의식과 반일 사상 고취

종교 활동

불교	한용운을 중심으로 한국 불교를 일본 불교에 편입시키려는 총독부 정책에 대항
개신교	일제 말기 신사 참배 거부 운동 전개
천주교	사회 사업 확대(고아원·양로원 등), 의민단 조직(청산리 대첩에 참전)
원불교	박중빈 창시(1916), 개간 사업과 저축 운동 전개, 생활 개선 운동 전개
천도교	제2의 3·1 운동 계획, 소년 운동, 『개벽』 등의 잡지 간행, 보성 학교
대종교	단군 숭배로 민족의식 고취, 항일 투쟁 전개(중광단, 북로 군정서)

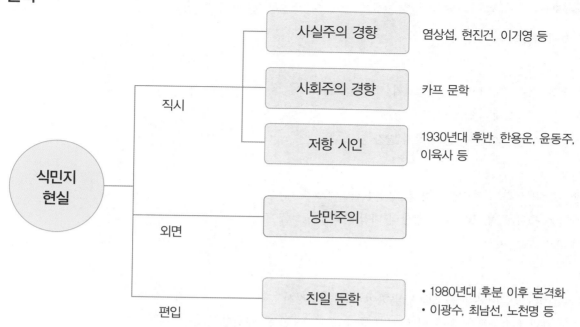

👍 문학

식민지 현실

직시
- 사실주의 경향 — 염상섭, 현진건, 이기영 등
- 사회주의 경향 — 카프 문학
- 저항 시인 — 1930년대 후반, 한용운, 윤동주, 이육사 등

외면
- 낭만주의

편입
- 친일 문학
  - • 1980년대 후분 이후 본격화
  - • 이광수, 최남선, 노천명 등

👍 예술

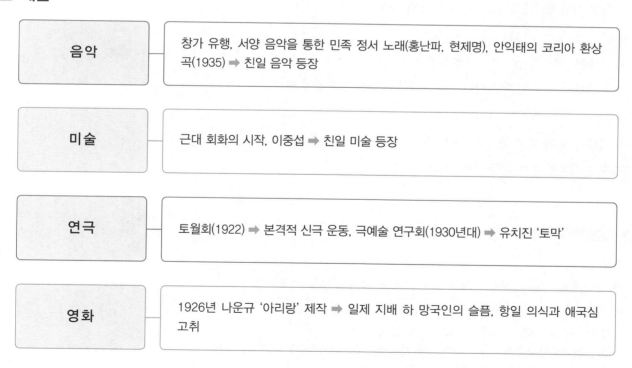

음악
창가 유행, 서양 음악을 통한 민족 정서 노래(홍난파, 현제명), 안익태의 코리아 환상곡(1935) ➡ 친일 음악 등장

미술
근대 회화의 시작, 이중섭 ➡ 친일 미술 등장

연극
토월회(1922) ➡ 본격적 신극 운동, 극예술 연구회(1930년대) ➡ 유치진 '토막'

영화
1926년 나운규 '아리랑' 제작 ➡ 일제 지배 하 망국인의 슬픔, 항일 의식과 애국심 고취

63
→
77

① 종교계의 활동

1. 천도교

(1) 3·1 운동 주도, 6·10 만세 운동 계획

(2) 어린이 운동: 천도교 소년회 조직

(3) 『개벽』, 『신여성』, 『어린이』 등의 잡지 발간

2. 대종교

(1) 중광단 조직: 북간도 지역에서 독립군 기지 건설에 노력

(2) 중광단을 북로 군정서로 재편, 청산리 대첩 승리

(3) 대한 독립 군단 결성

3. 원불교

(1) 사찰령(1911) 이후 '왜색 불교'에 반발하여 박중빈이 창시

(2) 경제적 자립 목표, 개간·허례 폐지·미신 타파·금주·단연 등 새생활 운동

4. 불교

(1) 일제의 탄압에 대응하여 한용운이 『조선 불교 유신론』을 저술

(2) 일부 청년 승려들은 조선 불교 유신회 조직

5. 천주교

(1) 고아원, 양로원 설립 등 사회 사업 전개

(2) 만주에서 무장 단체인 의민단을 조직하여 청산리 대첩에 참여

6. 개신교

(1) 계몽 활동과 의료 활동에 주력

(2) 일부 지도자들이 신사 참배 강요에 저항

② 예술계의 활동

1. 문학

(1) 1910년대: 이광수, 최남선의 주도로 계몽적 성격의 문학 성행

(2) 1920년대
  ① 낭만주의적 경향: 『창조』, 『백조』, 『폐허』 등 발간
  ② 신경향파 문학(프로 문학): 사회주의 사상의 영향 ➡ 카프(KAPF)를 결성
  ③ 저항 문학: 한용운, 김소월, 이상화, 심훈 등

(3) 1930년대 이후
  ① 문학의 현실 참여가 어려워지면서 순수 문학을 표방하는 문인 등장
  ② 친일 문학가들 대거 등장
  ③ 저항 문학: 한용운, 윤동주, 이육사 등

💡 카프(KAPF)

에스페란토식 표기인 'Korea Artista Proleta Federatio'의 머리글자를 딴 약칭으로, 1925년 사회주의 혁명을 표방한 문인들이 결성한 단체. 식민지의 계층적 모순을 비판하면서 무산 계급의 경제적·민족적 저항을 주요 소재로 하였다.

2. 음악: 홍난파 '봉선화', 현제명 '고향생각', 안익태 '코리아 환상곡' 등

3. 미술: 1940년대 이중섭의 소 그림

4. 연극

    (1) 1920년대: **토월회**의 신극 운동

    (2) 1930년대: 극예술 연구회

5. 영화: 나운규의 저항 영화인 '아리랑'(1926)

💡 **토월회**

1922년 도쿄에서 결성된 한국인 일본 유학생들의 연극 단체이다.

기출 맛보기

(가) 종교의 활동으로 옳은 것은? 44회 중급 46번

[3점]

기 소 장

• 피고인: 윤세복 등 ⬚ (가) ⬚ 간부 25명

• 사유: 치안 유지법 제1조, 제2조 위반

  ⬚ (가) ⬚ 은/는 단군 신앙을 통해 조선 민족정신을 배양하고, 조선 민족의 단결을 도모하며 조선 독립 의식을 키워 왔다. 이로써 조선 독립의 바탕을 만들어 궁극적으로 조선을 일본 제국의 통치에서 벗어나게 하여 독립국으로 만들고자 하였다.

---

① 사찰령 폐지 운동을 주도하였다.

② 항일 단체인 중광단을 결성하였다.

③ 개벽과 신여성 등의 잡지를 발간하였다.

④ 새생활 운동과 간척 사업을 추진하였다.

⑤ 의민단을 조직하여 독립 전쟁을 전개하였다.

정답 분석 ➕

(가) 종교는 단군 신앙을 통해 대종교임을 알 수 있다. 대종교는 항일 단체인 중광단을 결성하였다.

오답 풀이 ✅

① 사찰령 폐지 운동은 불교의 활동이다.

③ 개벽과 신여성 등의 잡지를 발간한 것은 천도교이다.

④ 새생활 운동은 원불교의 활동이다.

⑤ 의민단 활동은 천주교의 활동이다.

정답 ②

국외 이주 동포의 활동

▷ **출제방향**
- 스탈린의 한인 강제 이주 이해한다.
- 만주와 일본, 미주의 이주 동포의 활동을 이해한다.

🔍 한눈에 보기

👍 국외 이주 동포의 활동

연해주
- 신한촌 건설, 13도 의군 결성, 성명회, 권업회, 대한 광복군 정부, 대한 국민 의회
- 스탈린에 의해 중앙 아시아로 강제 이주 (1937)

≫39회 중급 47번

＜답사 보고서＞
- ◎ 지역: 블라디보스토크
- ◎ 날짜: 2018년 ○○월 ○○일
- ◎ 소개: 19세기 후반부터 연해주로 한국인들의 이주가 시작되었다. 국권 피탈 이후 그 수가 더욱 증가하였고, 블라디보스토크의 신한촌을 중심으로 많은 독립 운동 단체가 활동하였다.
- ◎ 기념탑과 기념탑문

미국
- 20세기 초 하와이 사탕수수 농장에 고용
- 대한인 국민회 조직
- 임시 정부에 자금 지원
- 박용만이 하와이에서 독립군인 대조선 국민 군단 결성
- 안창호가 흥사단을 조직함.

만주
- 서간도: 삼원보의 경학사, 신흥 학교
- 북간도: 서전서숙, 명동 학교, 중광단 (대종교 단체) 등
- 간도 참변(1920)

일본
- 2·8 독립 선언(유학생 중심)
- 관동 대지진 때 6000여 명 학살됨(1923).
- 홋카이도 등지로 징용

👍 소련에 의한 한국인 중앙아시아 강제 이주

1930년 후반, 소련과 일본 사이의 긴장이 높아지자, 소련은 일본과 전쟁을 할 경우 한인이 일본을 지원할 것으로 보았다. 그리하여 소련 당국은 연해주 지역의 한국인 들을 약 6000km나 떨어진 중앙아시아로 강제 이주시켰다(1937).

👍 간도 참변

"1920년 10월 31일, 연기가 자욱하게 낀 찬랍파위 마을에 가 보았다. 사흘 전 새벽에 무장한 1개 대대가 이 기독교 마을을 포위하고 남자라면 늙은이, 어린이를 가리지 않고 끌어내어 때려죽이고, 그렇지 않으면 불붙은 집과 곡식 더미에 던져 버렸다. 이 상황을 올래야 올 수도 없는, 단지 바라볼 수밖에 없었던 그들의 처와 어머니들 가운데는 땅을 긁어 손톱이 빠져 버린 사람도 있었다.

△ 간도 참변으로 폐허가 된 민가

3일을 태워도 끝이 없는 잿더미 속에서 한 노인의 시체가 나왔는데 몸에 총알 자국이 4군데나 있고, 몸은 이미 새까맣게 타 버려 목이 새 목처럼 달라붙어 있었다. 또 반만 탄 19채의 집 주위를 차례로 돌아보니 할머니와 딸들이 잿더미 속에서 타다 남은 살덩어리와 부서진 뼈를 줍고 있었다. 이것을 보고 나는 신에게 기도를 드렸다. 나는 잿더미 속에서 시체를 하나 끌어내어 뿔뿔이 흩어진 사지를 정확하게 맞추어 사진을 찍었다. 얼마나 화가 났던지 사진기를 고정시킬 수 없어 4번이나 다시 찍었다."

– 조지훈, 『한국 민족 운동사』

✛ 일제는 봉오동, 청산리 전투에서 패배하여 독립군 섬멸 의도가 좌절되자, 1920년 10월부터 3개월간 독립군 근거지를 소탕한다며 독립군과 한인 양민을 무차별 학살하는 만행을 저질렀다.

1 만주(간도)

1. 1860년대 이래 한인 사회 형성, 항일 활동의 중심지
2. 서간도: 신민회의 활동 ➡ 경학사, 부민단으로 계승, 신흥 무관 학교
3. 북간도: 봉오동 전투, 청산리 전투, 간도 참변
4. 북만주: 밀산부 한흥동, 대한 독립 군단
5. 서전서숙, 명동 학교
6. 만주 사변 이후 한국인 수 증가

2 연해주

1. 19세기 후반 한인 집단촌(신한촌) 형성
2. 권업회(1911): 한인 자치 단체이자 독립운동 단체
3. 대한 광복군 정부, 대한 국민 의회(1919)
4. 자유시 참변(1921)
5. 연해주 지역의 한인 17만명 중앙아시아로 강제 이주(1937)

3 일본

1. 유학생과 산업 노동자
2. 도쿄 유학생들을 중심으로 2·8 독립 선언서 발표
3. 관동 대지진(1923) ➡ 관동 대학살

4 미주

1. 하와이 사탕 수수 농장 노동 이민(1902~1905)
2. 멕시코 노동 이민(1905)
3. 대한인 국민회(1909)
4. 대조선 국민 군단(1914)
5. 사진 결혼: 여성 이민자 증가
6. 대한민국 임시 정부 구미 위원부 활동 지원
7. 안창호가 샌프란시스코에서 흥사단 조직
8. 구미위원회

💡 관동 대학살

1923년 관동 대지진이 일어나 민심이 크게 흔들리자 일본 정부는 한국인들이 집을 방화하였다거나 우물에 독을 넣었다는 낭설을 퍼뜨려 사회 불안의 원인을 한국인의 탓으로 돌렸다. 이에 많은 한국인들이 일본 군경과 민간인에게 학살당하였다.

💡 사진 결혼

하와이 사탕 수수 농장으로 이민한 노동자들의 결혼 문제 해결을 위해 중매자를 통하여 사진을 교환하고, 신부가 하와이로 와서 사진으로만 만난 신랑과 결혼하는 것을 말한다.

🛝 기출 맛보기

다음 여행기에서 소개하는 인물로 옳은 것은? 29회 초급 35번

[2점]

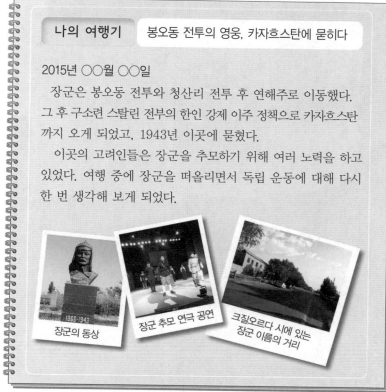

나의 여행기 봉오동 전투의 영웅, 카자흐스탄에 묻히다

2015년 ○○월 ○○일

장군은 봉오동 전투와 청산리 전투 후 연해주로 이동했다. 그 후 구소련 스탈린 전부의 한인 강제 이주 정책으로 카자흐스탄까지 오게 되었고, 1943년 이곳에 묻혔다.

이곳의 고려인들은 장군을 추모하기 위해 여러 노력을 하고 있었다. 여행 중에 장군을 떠올리면서 독립 운동에 대해 다시 한 번 생각해 보게 되었다.

1868-1943
장군의 동상

장군 추모 연극 공연

크질오르다 시에 있는 장군 이름의 거리

① 김좌진

② 신돌석

③ 안창호

④ 홍범도

정답 분석 ⊕

봉오동 전투의 영웅이었던 홍범도 장군은 스탈린 정부의 한인 강제 이주 정책으로 카자흐스탄으로 이주해 그곳에서 사망하였다.

정답	④

63
77

MEMO ✏️

1945 모스크바 3국 외상 회의

1948 대한민국 정부 수립

1950 6·25 전쟁

1954 사사오입 개헌

1960 4·19 혁명

PART

06

대한민국의 발전

1965 한·일 협정

1972 유신 헌법 제정

1980 5·18 민주화 운동

1987 6월 민주 항쟁

2000 6·15 남북 공동 선언

78 대한민국 정부 수립

> ▷ **출제방향**
> - 대한민국 정부 수립 과정을 이해한다.
> - 김구와 이승만의 활동을 이해한다.

🔍 한눈에 보기

👍 대한민국의 수립 과정

1945. 8. 15.	1945. 9. 6.	1945. 9. 9.	1945. 10. ~ 11.	1945. 12.	1946. 3.	1946. 6.	1946. 7.
조선 건국 준비 위원회	조선 인민 공화국 수립	미 군정 실시	이승만 귀국 김구 귀국	모스크바 3국 외상 회의	1차 미·소 공동 위원회	이승만, 정읍 발언	좌우 합작 위원회

1947. 5.	1947. 9.	1948. 1.	1948. 2.	1948. 4.	1948. 5. 10.	1948. 7. 17.	1948. 8. 15.
2차 미·소 공동 위원회	한반도 문제 UN 이관	소련, UN 임시 위원단 거부	선거 가능 지역 총선 결정	남북 협상	5·10 총선거	헌법 제정	대한민국 정부 수립

👍 해방 공간의 독립 운동 단체

대한민국 임시 정부	조선 건국 동맹	조선 독립 동맹
• 중국 충칭 • 한국 광복군 • 김구(한국 독립당) + 김원봉(조선 민족 혁명당) • 우익 중심 좌우 합작	• 국내 비밀 결사 • 여운형 + 안재홍 • 좌익 중심 좌우 합작	• 중국 옌안 • 조선 의용군 • 김두봉, 무정 • 좌익 단체 • 임시 정부 연대 노력
광복 이후 미군정에 의해 부정 ➡ 한국 독립당으로 재편	광복 이후 조선 건국 준비 위원회로 개편되어 치안과 행정 담당 ➡ 미군정에 의해 부정	광복 후 입북 ➡ 연안파 구성 ➡ 6·25 전쟁 기간과 이후에 8월 종파 사건으로 숙청

👍 해방 공간의 인물들

여운형 (1886~1947)	1918년	상하이에서 신한 청년당 조직, 김규식을 파리 강화 회의에 대표로 파견
	1919년	대한민국 임시 정부 수립에 참여, 임시 의정원과 외무부 차장 역임
	1920년	고려 공산당에 가입
	1933년	조선중앙일보 사장에 취임, 1936년 일장기 말소 사건으로 해임
	1944년	조선 건국 동맹 조직, 위원장으로 활동 중 광복을 맞음.
	1945년	8월 15일 조선 건국 준비 위원회 조직, 위원장으로 활동
	1945년	9월 조선 인민 공화국 선포, 부주석에 취임
	1947년	근로 인민당 조직, 좌파 세력을 규합하여 좌우 합작 운동을 추진하던 중 암살당함.
김구 (1876~1949)	1893년	동학당에 가담하여 황해도 도유사 역임
	1895년	을미의병 참여, 1896년 안악에서 일본군 중위 살해, 이에 체포되어 사형을 언도받고 복역 중 고종의 특사로 사형 집행 중지
	1909년	신민회 가입
	1911년	안악 사건에 연루되어 17년 형을 선고받고 복역 중 1914년 가출옥
	1919년	상하이로 망명, 임시정부 초대 경무부장 역임
	1927년	국무위원 겸 주석
	1928년	이동녕, 이시영 등과 함께 한국 독립당 창당
	1931년	한인 애국단 조직, 이봉창과 윤봉길의 의거 주도
	1939년	임시 정부 주석에 취임, 한국 국민당, 한국 독립당, 조선 혁명당을 한국 독립당으로 통합, 한국 광복군 조직
	1941년	12월 임시 정부 이름으로 대일 선전포고
	1944년	국내 진공 작전 추진 중 광복을 맞음.
	1945년	11월 귀국, 신탁 통치 반대 운동 주도
	1948년	평양 남북 협상에 참여하여 통일 정부 수립 주장
	1949년	6월 육군소위 안두희에게 암살당함.
김규식 (1881~1950)	1897년	도미, 석사, 박사 취득
	1913년	중국 망명
	1918년	상하이에서 여운형과 함께 신한 청년당을 조직하여 대표 역임
	1919년	파리 강화 회의에 한국 대표로 참석
	1944년	대한민국 임시 정부 부주석 역임
	1945년	12월 귀국하여 신탁 통치 반대 운동 전개
	1946년	3월 미·소 공동 위원회 한국 대표 역임
	1946년	5월 좌우 합작 준비 작업 추진
	1948년	남한 단독 선거에 반대하여 통일 정부 수립위해 남북 협상 시도, 실패
		6·25 전쟁 중 납북되어 사망

👍 김구의 남한 단독 정부 수립 반대 성명

> 마음속의 38선이 무너지고야 땅 위의 38선도 철폐될 수 있다. …… 내가 대한민국 임시 정부를 지켜 온 것도 다 조국의 독립과 민족의 해방을 위하는 것뿐이다. …… 나의 단일한 염원은 3천만 동포와 손을 잡고 통일된 조국의 달성을 위하여 공동 분투하는 것뿐이다.

✚ 제2차 미·소 공동 위원회가 실패한 이후 미국은 모스크바 3상회의 결정에 따른 한반도 문제 해결을 포기하고 한반도 문제를 UN에 상정하였다(1947. 10.). 1947년 11월 UN 총회에서 신탁 통치를 거치지 않는 한국의 독립과 유엔 감시하의 인구 비례에 의한 남북한 총선거를 통한 한국통일 방안이 결의되었다. 그러나 소련은 이 결의가 인구가 적은 북한에게 불리하다고 생각하여 유엔 한국 임시 위원단의 북한 입국을 막았다. 이에 유엔 소총회는 유엔 한국 임시 위원단의 임무를 수행할 수 있는 지역에서 총선거를 실시하기로 결의하였다(1948. 2.). 김구의 한국 독립당 계열은 유엔 소총회의 단독 정부 수립을 반대하였다.

1 해방 직후의 건국 준비와 미 군정

1. 조선 건국 준비 위원회(1945. 8. 15.)

   ⑴ 조선 건국 동맹(1944)을 개편, 여운형·안재홍을 중심으로 좌·우익을 망라함.

   ⑵ 총독부로부터 권한을 이양받아 치안대를 조직, 전국에 지부 설치하고 질서 유지

   ⑶ 좌익 세력 확대로 안재홍 등이 이탈, 미·소군 진주에 대비해 조선 인민 공화국 수립

2. 미 군정(1945~1948)

   ⑴ 일본군의 무장 해제를 구실로 미·소 양군이 각각 38도선 남북에 주둔함.

   ⑵ 미 군정 외 모든 정치 조직 부정, 일본인 관리와 식민 통치 기구를 그대로 이용

2 모스크바 3국 외상 회의와 미·소 공동 위원회

1. 모스크바 3국 외상 회의(1945. 12.)

   ⑴ 미·영·소 3국 외무 장관들이 모여 한국의 정부 수립 문제를 논의

   ⑵ 임시 민주주의 정부 수립과 미·소 공동 위원회 개최, 최대 5년 간의 신탁 통치를 결정

   ⑶ 신탁 통치 반대 운동: 좌익(반탁 ➡ 3상 결정 지지)과 우익(반탁)의 대립

2. 제1차 미·소 공동 위원회: 참여 단체의 성격·범위를 놓고 대립 ➡ 결렬

3. 이승만의 정읍 발언(1946. 6.): 남한만의 단독 정부 수립 주장

3 좌·우 합작 운동과 남북 협상

1. 좌·우 합작 운동

   ⑴ 미 군정의 지원 아래 여운형·김규식을 중심으로 좌우 합작 위원회 조직

   ⑵ 좌우 합작 7원칙 발표(1946. 10.): 좌우 합작의 임시 정부 수립, 토지의 유상 매상과 무상 분배, 친일파 처리 문제 등

   ⑶ 결과: 좌·우익 모두의 외면, 미군정의 지원 철회, 여운형 암살 ➡ 실패

2. 제2차 미·소 공동 위원회 결렬

3. 미국, 한국 문제 UN 이관 ➡ UN 총회, 인구 비례에 따른 총선거 실시 결정 ➡ 소련의 유엔 임시 위원단 내한 거부 ➡ 유엔 소총회, 접근 가능한 지역에서의 총선거를 결의

4. 남북 협상(1948. 4.)

   ⑴ 남북 제정당 사회단체 대표자 연석회의(평양): 김구·김규식, 김일성·김두봉

   ⑵ 외국 군대의 즉시 철수, 총선거를 통한 통일 정부 수립, 남한 단독 선거 반대 등 결의

💡 **해방 전후의 국제 정세**
- 카이로 회담(1943): 한국의 독립 문제를 언급했다.
- 얄타 회담(1945): 소련의 대일전 참전을 결정했다.
- 포츠담 선언(1945): 일본에 무조건 항복 권고를 결정하고 한국의 독립 문제를 재확인했다.

💡 **해방 직후의 주요 정당**
- 한국 민주당: 김성수·송진우 등 지주층 출신
- 독립 촉성 중앙 협의회: 친이승만 계열
- 한국 독립당: 임시 정부 요인 중심

💡 **제1차 미·소 공동위원회**
미국은 모든 정당과 단체의 참여를 주장하였으나 소련은 모스크바 3상 회의 결정 내용을 지지하는 단체의 참여만을 주장하였다.

⚙️ 38선을 넘는 김구

4 5·10 총선거와 정부 수립

1. 5·10 총선거

   (1) 보통·평등·비밀·직접 선거 원칙에 따라 실시된 우리나라 최초의 민주적 선거

   (2) 198명의 제헌 국회 의원 선출
      └→ 4·3 사건으로 제주도에서는 두 개 선거구에서 선거 미실시

2. 헌법 제정·공포, 대한민국 정부 수립 발표
      └→ 대통령 이승만, 부통령 이시영

기출 맛보기

다음 보고서 목차를 시기순으로 정할 때 두 번째 사건으로 옳은 것은? 12회 초급 31번   [3점]

대한민국 정부의 수립 과정

작성자 : □□□

(가) 제헌 국회의 헌법 제정

(나) 남한 단독으로 치러진 5·10 총선거

(다) 모스크바 3국 외상 회의와 반탁 운동의 전개

(라) 통일 정부 수립의 열망으로 추진된 남북 협상

① (가)   ② (나)   ③ (다)   ④ (라)

정답 분석
대한민국 정부 수립 과정은
(다)–(라)–(나)–(가) 순서이다.

정답   ④

제헌 국회의 활동과 4·3 사건

⊳ **출제방향**
- 반민족 행위 처벌법을 이해한다.
- 4·3 사건을 이해한다.

🔍 한눈에 보기

👍 반민족 행위 처벌법

○ 제1조 일본 정부와 통모하여 한일 합병에 적극 협력한 자, 한국의 주권을 침해하는 조약 또는 문서에 조인한 자와 이를 모의 한 자는 사형 또는 무기 징역에 처하고, 그 재산과 유산의 전부 혹은 1/2 이상을 몰수한다.

제2조 일본 정부로부터 작위를 받은 자 또는 일본 제국 의회의 의원이 되었던 자는 무기 또는 5년 이상의 징역에 처하고, 그 재산과 유산의 전부 혹은 1/2 이상을 몰수한다.

– 『대한 민국 관보』 제5호

○ 반민 특위 사업에 대한 견해는 사람에 따라 달라서 일방에서는 용두사미로 그친다고 비난의 소리도 높고 다른 한편에서는 시기도 아니오 너무 세밀히 한다고 불평을 말하는 이도 있다. 그러나 가장 심했던 자만 처단하고 나머지는 관대히 할 것이 인정을 펴고 인심을 수습하는 도리가 되는 것이다. 사람을 벌하려는 것이 아니오 반민족 정신인 죄를 징계하는 것이 목적이니 이 정도의 처단으로 족히 이일징백의 효과를 거두어서 민족정기를 바로 잡을 수 있으리라고 생각한다. 더욱이 38선이 그대로 있고 시국이 혼란하고 인재가 부족한 이때 반민족 행위 처단을 지나치게 하는 것은 도저히 민족과 국가를 위해서가 되지 못한다는 것을 생각하지 않을 수 없다.

– 이승만 대통령의 반민 특위 해산 특별 담화문

✚ '반민족 행위 처벌법'은 일제하 반민족 행위자를 처단하여 민족정기를 바로잡자는 취지로 만든 법이다. 과거 친일 행각 경력이 있는 지식인, 경제인, 경찰, 제헌 의회 의원 등이 이 법 제정을 결사적으로 반대하였다. 그러나 친일파 처단을 요구하는 국민의 요구를 더 이상 미룰 수 없었다. 이에 따라 1948년 9월 22일 이승만은 국회를 통과한 반민족 행위 처벌법을 공포하였다. 하지만, 이승만 정부는 국민적인 열망에 밀려 반민법 제정에 동의하였지만 친일파 처벌에 소극적이었다. 반민 특위(반민족 행위 특별 조사 위원회)가 엄청난 관심 속에서 활동을 하자 이승만 정부는 특위 습격, 친일파 범위 축소, 활동 기한 단축 등으로 특위를 무력화시켜 버렸다.

👍 제주 4·3 사건

○ 제주 4·3 사건은 1947년 3월 1일 경찰의 발포사건을 기점으로 하여, 경찰과 서청(서북청년단)의 탄압에 대한 저항과 단독 선거, 단독 정부 반대를 기치로 1948년 4월 3일 남로당 제주도당 무장대가 무장 봉기한 이래 1954년 9월 21일 한라산 금족 지역이 전면 개방될 때까지 제주도에서 발생한 무장대와 토벌대간의 무력 충돌과 토벌대의 진압 과정에서 수많은 주민들이 희생당한 사건입니다.

　　　　　　　　　　　　　　　　　　　　　　　　　　　　　　　　－ 제주 4·3 사건 진상 조사 보고서

○ "한 공동체가 멜싸지는데 가만히 있을 수 있는가 말이야. 이념적인 건 문제가 아니야, 거기에 왜 붉은색을 칠하려고 해? 공동체가 무너지고, 누이가 능욕당하고, 재산이 약탈당하고, 아버지가 살해당하고, 친구가 고문당하고, 씨멸족하는데, 이런 상황에서 항쟁이란 당연한 거야. 이길 수 없는 상황이라고 해서 항복하고 굴복해야 하나? 이길 수 없는 싸움도 싸우는 게 인간이란 거지."

　　　　　　　　　　　　　　　　　　　　　　　　　　　　　　　　－ 현기영, 「순이 삼촌」, 제주작가 22호

✚ '제주 4·3사건을 세상에 처음 알린 것은 소설가 현기영이 1978년 8월 '창작과 비평'에 발표한 '순이 삼촌'이라는 소설이었다. 제주 북촌 마을 대학살 현장에서 기적적으로 살아났으나 환청과 신경쇠약에 시달리다 유서조차 남기지 않고 결국 자살하고 마는 '순이 삼촌'의 삶을 되짚어가는 과정을 통해 30년 동안 철저하게 은폐된 진실을 생생히 파헤친 소설이다. 이로 인해 '순이 삼촌'의 작가 현기영은 고문을 당해 한쪽 청력을 상실하게 되었다.

저는 지금 4·3 사건 70주년을 맞아 큰넓궤에 나와 있습니다. 이곳은 1948년 토벌대의 제주도 중산간 마을에 대한 초토화 작전을 피해 동광리 주민들이 두 달 가까이 은신했던 장소입니다. 하지만 결국 발각되어 많은 사람들이 학살당했습니다. 70주년 추념식에 참석한 대통령은 제주도민에게 깊은 사과와 위로를 전했습니다.

≫39회 고급 46번

👍 여수·순천 사건

△ 여수·순천사건 당시 사상검증을 받고 있는 여수 시민

대표적인 이념 대립 사건이었던 여수·순천 사건은 반란군과 진압군 사이에 끊임없는 피의 보복으로 나타났다. 초기에는 반란군에게 주로 우익 인사와 경찰관들이, 진압군이 여수·순천을 탈환한 다음에는 반란군은 물론이고 무고한 시민들이 대거 희생당했다. 봉기에 참가한 일부 군 장병들은 지리산 일대로 들어가 빨치산 유격대로 활동하였다.

1 제헌 국회의 활동

1. 반민족 행위 처벌법(반민법, 1948. 9.)

(1) 반민특위(반민족 행위 특별 조사 위원회) 구성

(2) 이광수, 최남선, 최린, 노덕술 등 친일파 체포 및 조사

(3) 이승만 정부의 비협조, 친일 경찰의 방해
   ↳ 반민족보다 반공 중시

> **반민족 행위 처벌법**
>
> **제1조** 일본 정부와 통모하여 한일 합병에 적극 협력한 자, 한국의 주권을 침해하는 조약 또는 문서에 조인한 자와 이를 모의 한 자는 사형 또는 무기 징역에 처하고, 그 재산과 유산의 전부 혹은 1/2 이상을 몰수한다.
>
> **제2조** 일본 정부로부터 작위를 받은 자 또는 일본 제국 의회의 의원이 되었던 자는 무기 또는 5년 이상의 징역에 처하고, 그 재산과 유산의 전부 혹은 1/2 이상을 몰수한다.

2. 농지 개혁법(1949)

(1) 배경: 국민 대다수가 소작농, 북한의 토지 개혁(1946) 실시

(2) 경자유전의 원칙에 입각, 유상 매입·유상 분배 방식의 토지 분배

(3) 1가구당 소유 상한 3정보 소유 제한

(4) 결과: 지주제 폐지, 자영농 증가

2 5·10 총선거 전후의 갈등

1. 제주 4·3 사건(1948. 4.)

(1) 사회주의 주도의 단정 반대 운동, 3·1절 기념식 경찰의 과잉 진압

(2) 1948년 4월 3일 좌익 중심의 무장 봉기 ➡ 미군정의 강경 진압(서북 청년단, 경찰, 군대 동원) ➡ 무고한 제주도민 학살

(3) 제주도 3개 선거구 중 2개 선거구 선거 미실시

(4) 제주 4·3 사건 진상 규명 및 희생자 명예 회복에 관한 특별법 제정(2000) ➡ 노무현 대통령 공식 사과, 평화 공원·기념관 개관(2008)

2. 여수·순천 10·19 사건(1948. 10.)

(1) 4·3 항쟁 진압 명령 ➡ 군대 내 좌익 세력 반발, 무장 봉기 ➡ 국가 보안법 제정

(2) 좌익 세력 색출하는 숙군 사업 실시, 진압 과정에서 양민 학살

💡 **서북 청년단**
서북 지역 월남 청년들이 좌익공격에 적극 가담하는 한편 능률적인 체제를 갖추기 위해 설립한 청년 단체. 경찰의 좌익 색출 업무를 돕는 등 좌우익의 충돌이 있을 때마다 우익 진영의 선봉을 담당하는 역할을 하였다.

기출 맛보기

밑줄 그은 '이사건'에 대한 설명으로 옳은 것은? 43회 중급 47번

[2점]

이 조형물은 제주도에서 발생한 <u>이 사건</u>으로 희생한 사람들을 추모하기 위해 제작된 것입니다. <u>이 사건</u> 당시 토벌대는 남한만의 단독 선거에 반대하는 세력을 진압한다는 명분으로 초토화 작전을 벌였습니다. 이로 인해 수많은 주민이 목숨을 잃었습니다.

① 6·3 시위를 촉발하였다.

② 4·13 호헌 조치 철폐를 요구하였다.

③ 대통령이 하야하는 결과를 가져왔다.

④ 신군부의 비상계엄 확대에 반대하였다.

⑤ 진상 규명 등을 위한 특별법이 제정되었다.

정답 분석

제주도에서 발생한 이 사건은 4·3 사건이다. 노무현 정권 때 4·3 사건 관련 진상 규명 등을 위한 특별법이 제정되었다.

오답 풀이

① 6·3 시위를 촉발한 것은 박정희 정권의 한·일 협상이 도화선이 되었다.

② 전두환 정권의 4·13 호헌 조치로 인해 6월 항쟁이 발생하였다.

③ 4·19 혁명으로 이승만 대통령이 하야하였다.

④ 12·12 사태로 정권을 잡은 전두환 정권의 신군부의 비상계엄 확대에 반대하여 5·18 광주 민주화 운동이 발생하였다.

| 정답 | ⑤ |

MEMO

6·25 전쟁

⊳ **출제방향**
- 6·25 전쟁의 과정을 이해한다.
- 6·25 전쟁의 결과를 이해한다.

한눈에 보기

👍 6·25 전쟁 과정

북한군 남침(1950. 6. 25.)

북한군 남침(1950. 6. 25.) ➡ 서울 함락 ➡ 유엔군 참전 ➡ 낙동강 전선 형성

인천 상륙 작전(1950. 9. 15.)

인천 상륙 작전 ➡ 서울 수복, 38선 통과 ➡ 평양 탈환, 압록강 전선 형성

중국군 개입

중국군 개입 ➡ 흥남 철수 ➡ 서울 후퇴 ➡ 오산
까지 후퇴 ➡ 서울 재수복

전선 고착화, 휴전 협정(1953. 7. 27.)

38도선 전선 고착화 ➡ 휴전 협정 ➡ 휴전 ➡
한미 상호 방위 조약

👍 휴전 협정

　　국제 연합군 총사령관을 한쪽 편으로 하고 조선 인민군 최고 사령관 및 중국 인민 지원군 사령원을 다른 쪽으로 하는 아래의 서명자들은 쌍방에 막대한 고통과 유혈을 초래한 한국에서의 충돌을 정지시키기 위하여, 최후적인 평화적 해결이 달성될 때까지 한국에서의 적대 행위와 일체 무장 행동의 완전한 정지를 보장하는 정전을 확립할 목적으로, 아래의 조항에 기재된 정전 조건과 규정을 접수하며 또 그 제약과 통제를 받는 데 각자 공동 상호 동의한다. 이 조건과 규정들의 의도는 순전히 군사적 성질에 속하는 것이며 이는 오직 한국에서의 교전 쌍방에만 적용한다.

1 6·25 전쟁의 배경

1. 북한군 강화: 인민군 창설, 조선 의용군 합류

2. 애치슨 선언(1950. 1.): 미국의 국무 장관 애치슨이 태평양 방어선을 설정하면서 한반도와 대만을 제외하는 '애치슨 라인' 발표

2 6·25 전쟁의 과정

북한군의 남침
(1950. 6. 25.)

•북한 인민군의 기습 남침
•3일 만에 서울 함락, 임시 수도 부산, 낙동강 최후 방어선 구축

▼

인천 상륙 작전
(1950. 9. 15.)

•유엔군 참전 ➡ 인천 상륙 작전
•38도선을 넘어 북진, 압록강 전선 형성

▼

중국군 개입
(1950. 10. 25.)

•중국군 개입, 전세 역전
•국군유엔군 후퇴 [흥남 철수(1950. 12. 24.)] ➡ 서울 재함락(1951. 1. 4.)

▼

전선의 고착화
(1951. 7.)

•서울 탈환, 38선 부근에서 치열한 공방
•전선 고착화, 전쟁 장기화 양상

▼

휴전 협정
(1953. 7. 27.)

•소련의 제안으로 휴전 협상 시작
•한국 정부 휴전 반대, 이승만 반공 포로 석방
•휴전 협정(1953. 7. 27.): UN군과 중국·북한군 사이에 휴전 성립
•한미 상호 방위 조약 체결(1953. 10.)

△ 6·25 전쟁 과정

기출 맛보기

(가)에 들어갈 학생의 대답으로 옳지 <u>않은</u> 것은? 34회 초급 39번

[3점]

1950년 6월 25일 북한이 북위 38도선을 넘어 쳐들어왔어요. 이 전쟁에 대해 말해 볼까요?

(가)

① 백마고지에서 치열한 전투가 있었어요.

② 정부는 부산을 임시 수도로 정하였어요.

③ 인천 상륙 작전으로 서울을 되찾았어요.

④ 봉오동 전투에서 홍범도 부대가 승리하였어요.

주제 81

이승만 정부의 독재와 4·19 혁명

▷ **출제방향**
- 이승만 정권의 독재 체제를 이해한다.
- 정면 내각의 정치 체제를 이해한다.

한눈에 보기

👍 개헌(발췌 개헌, 사사오입 개헌)

📍 대통령 직선제, 양원제

> 제31조 입법권은 국회가 행한다. 국회는 민의원과 참의원으로써 구성한다.
> 제53조 대통령과 부통령은 국민의 보통, 평등, 직접, 비밀 투표에 의하여 각각 선거한다.

📍 발췌 개헌은 이렇게 이루어졌다.

> 1951년 11월 30일 이승만 정부. 대통령 직선제 개헌안 제출
>
> 1952년 1월 18일 국회 개헌안 표결. 163명 투표하여 찬성 19, 반대 143, 기권 1로 부결
>
> 1952년 4월 17일 국회, 야당 의원 123명 이름으로 의원 내각제 개헌안 제출
>
> 1952년 5월 14일 정부. 지난해 부결된 정·부통령 직선제, 국회 양원제 개헌안 다시 제출
>
> 1952년 5월 25일 정부. 부산시를 포함한 경남과 전남북 일부 지역에 비상계엄 선포. 25일 밤부터 내각 책임제 개헌 추진 주동 의원 체포
>
> 1952년 5월 26일 계엄사, 국회의원 40여 명이 타고 국회에 가던 통근 버스를 헌병대로 연행
>
> 1952년 7월 4일 국회. 토론 없이 거수 표결로 재석 의원 166명 가운데 찬성163표, 반대 0표. 기권 3 표로 대통령 직선제와 양원제 개헌안 가결
>
> 1952년 8월 5일 대통령 선거 실시. 정·부통령에 이승만과 함태영 당선

✚ '우리나라 헌정은 내각제에 대해 이승만이 대통령제를 고집하면서 문제가 많이 발생하였다. 허술한 절충안으로 시작한 헌법은 발췌 개헌, 사사오입 개헌으로 이어지면서 이승만에게 종신 집권할 수 있는 길을 열어 주었다. 박정희 정부도 3선 개헌, 유신 헌법으로 종신 집권이 가능하게 헌법을 바꾸었다.

◎ 2차 개헌 담화문

제55조 제1항 대통령과 부통령의 임기는 4년으로 한다. 단. 재선에 의하여 1차 중임할 수 있다.
부칙: 이 헌법 공포 당시의 대통령에 대하여는 제55조 제1항 단서의 제한을 적용하지 아니한다.

◎ 개헌안 통과에 필요한 표수는 136표가 아니라 135표이다.

토요일 국회에서 개헌안에 대하여 135표의 찬성표가 던져졌다. 그런데 민의원 재적수 203석 중 찬성 표 135. 반대표60, 기권 7, 결석 1이었다. 60표의 반대 표수는 총수의 3분지 1이 훨씬 못한다는 사실 을 잘 주의해서 보아야 한다. 민의원의 3분지 2는 정확하게 계산할 때 135와 3분지 1인 것이다. 한국 은 표결에 있어서 단수를 계산하는 데에 전례가 없으나 단수는 계산에 넣지 않아야할 것이며, 따라서 개헌안은 통과되었다는 것이 정부의 견해이다.

– 1954년 11월 28일 공보처장

👍 4·19 혁명

◎ 서울대 문리대 4·19 선언문

상아의 진리탑을 박차고 거리에 나선 우리는 질풍과 같은 역사의 주류에 자신을 참여시킴으로써 지성 과 진리, 그리고 자유의 대학 정신을 참담한 박토에 뿌리려 하는 바이다. …… 민주주의 이념의 최 저의 공리인 선거권마저 권력의 마수 앞에 농단(壟斷)되었다. 언론, 출판, 집회, 결사 및 사상의 자유의 불빛 을 무식한 전제 권력의 악랄한 발악으로 하여 깜빡이던 빛조차 사라졌다. 긴 칠흑 같은 밤의 계속이다.

✚ 이승만 정권 붕괴에 결정적인 역할을 한 것은 4월 25일의 대학 교수단 시위였다. 27개 대학 교수 258명은 서울 대학교 교수 회관에 모여 "학생의 피에 보답하자."라면서 시위를 벌이기로 하였다. 이날 교수단은 14개 항의 시국 선언문을 발표하고 평화적인 시위를 벌 였다. 이 4·25 교수단 시위는 시민과 학생들의 호응을 불러일으켜 4월 26일 또다시 대대적인 시위가 일어남으로써 이승만이 하야하 는 데 큰 영향을 주었다.

◎ 이승만 하야

나는 해방 후 본국에 들어와서 우리 여러 애국 애족하는 동포들과 더불어 잘 지내왔으니 이제는 세상 을 떠나도 한이 없으나, 나는 무엇이든지 국민이 원하는 것만 알면 민의를 따라서 하고자 한 것이며, 또 그렇게 하기를 원하는 것이다. ……
첫째는 국민이 원하면 대통령직을 사임할 것이며, 둘째는 지난번 정·부통령 선거에 많은 부정이 있었 다고 하니, 선거를 다시 하도록 지시하였고, 셋째는 선거로 인연한 모든 불미스러운 것을 없애게 하기 위 해서, 이미 이기붕 의장이 공직에서 완전히 물러가겠다고 결정한 것이다. ……

1 이승만 정부(제1공화국)

1. 이승만 정부의 개헌과 독재 체제

(1) 발췌 개헌(1952)

   ① 2대 총선 이승만 지지 세력 급감, 간선제로 인한 이승만 재선 불확실, 부산 정치 파동

   ② 정부·야당의 두 개헌안에서 발췌한 개헌안 마련

   ③ 개헌안 통과, 직선제 선거를 통해 2대 대통령에 이승만 당선

(2) 사사오입 개헌(1954)

   ① 초대 대통령 한정 중임 제한 조항 철폐 시도

   ② 사사오입 논리로 개헌안 통과, 3대 대통령 선거(1956)로 이승만 당선

(3) 독재 체제 강화

   ① 신국가보안법(1958): 반공 체제 강화, 야당 탄압

   ② 진보당 사건(1958): 조봉암 등 진보당 간부 구속, 사형

   ③ 여적 필화 사건: 경향신문 폐간

2. 4·19 혁명(1960)

(1) 배경: 경제 불황, 3·15 부정 선거

(2) 경과: 대구, 마산 등지에서 부정 선거 반대 시위 ➡ 김주열 행방불명, 시신 발견 ➡ 고대 시위(4. 18.) ➡ 전국 시위로 확산 (4. 19.) ➡ 경찰 발포, 계엄령 선포 ➡ 대학 교수단 시국 선언 ➡ 이승만 대통령 하야(4. 26.)

(3) 결과: 4대 대선 무효, 이승만 정권 붕괴·허정 과도 정부 출범

2 장면 내각(제2공화국)

1. 허정 과도 정부 수립 후 헌법 개정 ➡ 내각 책임제, 양원제 국회

2. 장면 내각 수립

(1) 4대 대통령 윤보선·국무총리 장면 선출

(2) 각종 규제 완화, 언론 활성화, 학생·노동 운동 전개

(3) 민간에서 통일 논의 활성화, 장기적인 경제 개발 계획 수립

💡 **이승만 정부의 개헌**

제헌 헌법에서 대통령은 국회 의원들이 선출하며 2회 중임 가능하였는데, 2대 대선을 앞두고 재선이 불확실해진 이승만은 직선제 방식으로 개헌하여 당선되었다. 이후 3선이 불가능한 상황에서 사사오입의 논리를 동원하여 초대 대통령의 중임 제한을 철폐한 뒤 다시 당선되었다.

기출 맛보기

다음 민주화 운동의 결과로 옳은 것은? 34회 초급 38번 [3점]

3·15 부정 선거는 무효다

① 5·10 총선거가 실시되었다.

② 이승만 대통령이 하야하였다.

③ 2·8 독립 선언서가 발표되었다.

④ 미·소 공동 위원회가 개최되었다.

정답 분석

3·15 부정 선거로 인해 발생한 민주화 운동은 4·19 혁명이다. 4·19 혁명으로 이승만 대통령은 하야하였다.

오답 풀이

① 5·10 총선거는 1948년에 실시되었다.
③ 일제 강점기이던 1919년의 사건이다.
④ 독립 이후 1945년, 1946년에 걸쳐 두 번 개최되었다.

정답 ②

MEMO

5·16 군사 정변과 박정희 정부

▷ **출제방향**
- 5·16 군사 정변을 이해한다.
- 박정희 정권을 이해한다.

🔍 **한눈에 보기**

👍 군사 혁명 위원회 혁명 공약

첫째, 반공을 국시의 제1의 의(義)로 삼고, 지금까지 형식적이고 구호에만 그친 반공 태세를 재정비 강화할 것입니다.

둘째, 유엔헌장을 준수하고 국제협약을 충실히 이행할 것이며, 미국을 위시한 자유우방과의 유대를 더욱 공고히 할 것입니다.

셋째, 이 나라 사회의 모든 부패와 구악을 일소하고, 퇴폐한 국민 도의와 민족정기를 다시 바로잡기 위하여 청신한 기풍을 진작할 것입니다.

넷째, 절망과 기아선상에서 허덕이는 민생고를 시급히 해결하고, 국가 자주 경제 재건에 총력을 경주할 것입니다.

다섯째, 민족적 숙원인 국토 통일을 위하여 공산주의와 대결할 수 있는 실력 배양에 전력을 집중할 것입니다.

여섯째, 이와 같은 우리의 과업이 성취되면, 참신하고도 양심적인 정치인들에게 언제든지 정권을 이양하고 우리들 본연의 임무에 복귀할 준비를 갖추겠습니다.

➕ 박정희 군사 정부는 혁명 공약에 따라 정치, 경제, 사회 개혁을 강력하게 추진하였다. 즉, 정치 활동 정화법, 반공법 등을 실시하여 모든 구정치인들의 활동을 금지시키고, 용공 분자의 색출을 내세워 진보적 지식인과 학생 간부들을 혁명 재판에 회부하였다. 또한 폭력배를 체포하여 사회 기강을 바로잡으려 하였다. 한편, 민생 안정을 목표로 농어촌 고리채 정리법, 부정 축재 정리법 등을 제정하고 화폐 개혁을 단행하였다.

👍 새마을 운동

가난하게 되는 근본적인 이유는 부지런하지 못하고 게으르다는 데 있다. 사람이 게으르면 자기 개발을 소홀히 하게 되고 나아가서는 다른 사람과의 능력 경쟁에서 뒤떨어지게 된다.

– 내무부, 「새마을운동」

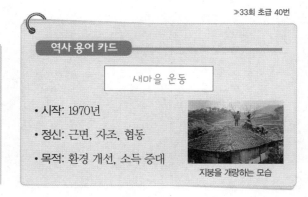

≫33회 초급 40번

역사 용어 카드

새마을 운동

- 시작: 1970년
- 정신: 근면, 자조, 협동
- 목적: 환경 개선, 소득 증대

지붕을 개량하는 모습

➕ 1970년 4월에 박정희 대통령은 전국 지방장관 회의에서 "우리 스스로가 우리 마을은 우리 손으로 가꾸어나간다는 자조·자립정신을 불러일으켜 땀 흘려 일한다면 모든 마을이 멀지 않아 잘살고 아담한 마을로 그 모습이 바꾸어지리라고 확신한다"고 하며 새마을 운동을 제안했다. 이듬해 '근면·자조·협동'을 표어로 내건 새마을 운동이 시작됐다. 그러나 박정희 대통령은 1975년에 전국 새마을 지도자 대회에서 모든 도전과 시련은 새마을 운동과 유신 체제 아래에서 국민의 단결로 극복할 수 있다고 말하며 "유신으로 닦은 터전 새마을로 다져가자", "유신으로 다진 총화, 새마을로 꽃피우자"라는 새마을 운동의 구호를 통해 유신 체제를 정당화했다.

👍 박정희 정권 주요 사건

1961	5·16 군사 정변
1962	5차 개헌(대통령제)
1962	1차 경제 개발 5개년 계획 추진
1963. 10.	박정희 대통령 당선(3공화국 출범), 경제 개발 5개년 계획 부진(화폐 개혁 실패 ➡ 외채 도입)
1965	한·일 국교 정상화 : 한·일 회담 추진(1961~) ➡ 김종필 오히라 각서(1962) ➡ 6·3 시위 (1964) ➡ 계엄 ➡ 한·일 수교(1965) 및 한·미·일 공동 안보체제구축
1965~73	베트남 파병 : 미국 경제 원조(브라운 각서) ➡ 베트남 특수
1967. 5.	박정희 대통령 당선
1968	김신조, 푸에블로호 사건, 울진·삼척 무장 공비 ➡ 국가 안보 강화
1969	6차 개헌(3선 개헌), 비밀리에 통과
1971	박정희 대통령 당선(김대중과의 표차 근소)
1971. 12.	국가 보위에 관한 특별 조치법

◎ 브라운 각서

1. 군사 원조
   - 한국에 있는 한국군의 현대화 계획을 위해 앞으로 수년 동안에 걸쳐 상당량의 장비를 제공한다.
   - 월남에 파견되는 추가 증파 병력에 필요한 장비를 제공하는 한편 증파에 다른 모든 추가적 원화 경비를 부담한다.

2. 경제 원조

   주월 한국군에 소요되는 보급 물자, 용역 설치 장비를 실시할 수 있는 한도까지 한국에서 구매하며 주월 미군과 월남군을 위한 물자 가운데 선정된 구매 품목을 한국에 발주할 것이며 그 경우는 다음과 같다. ……

◎ 3선 개헌

이번의 국민 투표는 단적으로 말해서 누구든지 두 번가지만 대통령을 할 수 있는 현행 헌법 조항을 고쳐서 세 번까지 할 수 있는 길을 열어 줄 것이냐 아니냐 하는 개헌 국민 투표이며, …… 이 정부에 대한 신임 투표이기도 한 것입니다. …… 한·일 국교 정상화를 추진한다고 하여 나는 야당으로부터 매국노라는 욕을 들었으며, …… 야당은 이 정권이 영구 집권을 꾀하고 있다고 비방하고 있습니다.

– 「박정희 대통령 특별 담화문」

1 5·16 군사 정변(1961)

1. 5·16 군사 정변

(1) 박정희를 중심으로 한 군부 세력의 군사 정변(1961. 5. 16.)

(2) 계엄령 선포, 군사 혁명 위원회 발족 ➡ 장면 내각 총사퇴

2. 군정 실시

(1) 군사 혁명 위원회 ➡ 국가 재건 최고 회의

(2) 혁명 공약 발표: 반공을 국시로 삼음, 구 정치인 정치 활동 금지

(3) 중앙정보부 창설, 부정 축재자 처벌, 농가 부채 탕감 등 개혁

(4) 민주 공화당 창당, 대통령 중심제·직선제 헌법 마련

> 🔍 **중앙정보부**
> 1961년 국가 재건 최고 회의 직속으로 발족된 정보·수사 기관으로 국가 안전 보장에 관련된 국내외 정보 사항 정부 각 부서의 정보·수사 활동을 감독하고, 국가의 타기관 소속 직원을 지휘·감독하는 권한이 있어 군부가 모든 분야에 실질적인 통치력을 행사할 수 있는 기구였다.

2 박정희 정부(제3공화국)

1. 5대 대통령 선거(1963): 박정희 당선

2. 경제 개발 5개년 계획: 1962년부터 4차례 실시

3. 독일에 광부·간호사 파견(1963~1980)

4. 베트남 파병(1964~1973)

(1) 브라운 각서: 한국군 파병의 대가로 한국군의 현대화를 위한 장비 제공과 경제 원조

(2) 베트남 특수: 군수품 수출, 건설·용역 참여 등

> **브라운 각서**
> • 파병 비용은 미국이 부담하고 한국군 18개 사단 현대화를 지원한다.
> • 베트남 주둔 한국군 지원과 현지 각종 사업에 한국을 참여시킨다.
> • 미국은 군사 원조와 차관을 추가로 대여한다.

5. 한·일 협정(1965)

(1) 배경: 미국의 요구, 경제 개발 자금 필요

(2) 김종필–오히라 메모: 비밀리에 추진된 회담에서 역사 문제 소홀

(3) 6·3 시위(1964): 대대적인 한일 국교 정상화 반대 시위

(4) 계엄령 선포 후 협정 체결

6. 3선 개헌(1969): 박정희의 3선을 위한 개헌

기출 맛보기

다음 시기의 사실로 옳지 않은 것은? 14회 초급 27번

[2점]

1963년부터 1977년까지 8천여 명의 광부가 독일에 파견되어 탄광에서 일하였다. 이들이 흘린 땀은 우리나라 경제 발전의 밑거름이 되었다.

① 새마을 운동 전개
② 경부 고속 국도 개통
③ 경제 개발 5개년 계획 추진
④ 국제 통화 기금(IMF) 관리 체제 극복

정답 분석

박정희 정부 시기에 실업 문제 해소와 외화 획득을 위해 독일로 광부를 파견하였다.

오답 풀이

국제 통화 기금(IMF) 관리 체제 극복은 김대중 정부 시기에 일어난 일이다.

정답　④

MEMO

주제 **83**

유신체제의 성립과 붕괴

▷ 출제방향　　• 유신체제를 이해한다.

🔍 한눈에 보기

👍 유신 헌법(1972. 12. 27.)

제39조　① 대통령은 통일 주체 국민 회의에서 토론 없이 무기명 투표로 선거한다.

제40조　① 통일 주체 국민 회의는 국회 의원 정수의 3분의 1에 해당하는 수의 국회 의원을 선거한다.

　　　　② 제1항의 국회 의원의 후보자는 대통령이 일괄 추천하며, 후보자 전체에 대한 찬반을 투표에
　　　　　부쳐 재적 대의원 과반수의 출석과 출석 대의원 과반수의 찬성으로 당선을 결정한다.

제47조　대통의 임기는 6년으로 한다.

제59조　① 대통령은 국회를 해산할 수 있다.

➕ 1972년 대통령 박정희는 '남북 대화를 뒷받침하고 평화 통일을 위한 제도적 장치를 마련하겠다.'고 하면서 대통령이 헌법 위에 군림하는 유신 헌법을 선포하였다. 박정희 정권은 독재와 영구 집권 기도에 대항하여 '민주화 운동'이 일어나자 긴급 조치로 대응하였다.

👍 유신 헌법에 대한 저항과 긴급 조치

국민의 저항	• 장준하 등 개헌 청원 100만인 서명 운동(1973. 12.) • 동아일보의 자유 언론 실천 선언(1974. 10.) • 3·1 민주 구국 선언(1976. 3.): 3·1 명동 사건, 명동 성당 3·1절 기념 미사에서 윤보선·김대중·함석헌 등이 민주 구국 선언 발표
주요 긴급 조치	① 긴급 조치 1호(1974. 1. 4.): 개헌 논의 금지 ② 긴급 조치 2호(1974. 1. 4.): 비상 군법 회의 설치 　• 비상 군법 회의, 장준하를 긴급 조치 1호로 구속 ③ 긴급조치 4호(1974. 4. 3.): 민청학련(전국 민주 청년 학생 총연맹) 사건 엄단 및 데모 학교에 대해서는 폐교 조치 선포 　• 비상 군법 회의, 민청학련 사건 32명 판결(7명 사형, 7명 무기) ④ 긴급 조치 7호(1975. 4. 8.): 고려대에 휴교령 ⑤ 긴급 조치 9호(1975. 5. 13.): 헌법 비방·반대 금지 및 최고 사형 조치 선포 　• 긴급 조치 9호: 유신 헌법의 부정, 반대, 왜곡, 비방, 개정 및 폐기 주장, 청원, 선동 또는 이를 보도하는 행위까지 일체 금지. 위반자는 영장 없이 체포할 수 있으며, 최고 사형까지 처할 수 있음. 이는 긴급 조치 1, 2, 4, 7호 등을 종합적으로 보완한 것으로 박정희 정권이 유신체제의 영구화를 꾀하기 위해 만든 제도적 장치

≫ 15회 중급 46번

긴급조치 1호

1. 대한민국 헌법을 부정, 반대, 왜곡 또는 비방하는 일체의 행위를 금한다.
2. 대한민국 헌법의 개정 또는 폐지를 주장, 발의, 제안 또는 청원하는 일체의 행위를 금한다.
3. 유언비어를 날조, 유포하는 일체의 행위를 금한다.
   ⋮
6. 이 조치에 위반한 자와 이 조치를 비방한 자는 비상 군법 회의에서 심판, 처단한다.

✦ 1972년 대통령 박정희는 "남북 대화를 뒷받침하고 평화 통일을 위한 제도적 장치를 마련하겠다."고 하면서 대통령이 헌법 위에 군림하는 유신 헌법을 선포하였다. 박정희 정권은 독재와 영구 집권 기도에 대항하여 민주화 운동이 일어나자 긴급 조치로 대응하였다.

👍 제4공화국(유신체제) 주요 사건

1972. 10. 17. 유신 선포(7차 개헌)
- 남북 화해와 평화 통일, 지속적 경제 성장 구실, 7차 개헌
- 비상계엄, 국회 해산, 정치 활동 금지, 언론·출판·보도·방송 사전 검열, 휴교령
- 대통령 간선제(통일 주체 국민 회의), 임기 6년, 중임 제한 철폐, 3권 분립 무시
- 대통령 권한 강화: 긴급 조치권, 국회 해산권, 국회 의원의 1/3 임명권, 법관 임명

1973 유신 반대 운동

1974 민청학련(전국 민주 청년 학생 총연맹) 사건

1976. 3. 1. 민주 구국 선언 ➡ 긴급 조치 발동,

1978 2차 석유 파동·과잉 투자(경제 위기)

1979 YH 무역 사건 ➡ 김영삼 제명 ➡ 부마 항쟁 ➡ 10·26 사태

78 – 87

📍 전태일 ≫44회 중급 48번

현대사 인물 카드

- 재단사, 노동 운동가
- 생몰: 1948년~1970년
- 주요 활동
  - 1965년 서울 평화 시장 삼일사에 견습공으로 취직
  - 1969년 바보회 조직
  - 1970년 노동청에「평화 시장 피복 제품상 종업원 근로 조건 개선 진정서」제출, 근로 기준법 준수를 외치며 분신

📍 1970년대의 주요 사건 ≫42회 중급 48번

(가) 유신 헌법이 제정되었다. (나)

7·4 남북 공동 성명 | 부·마 민주 항쟁

1 유신 체제(제4공화국, 1972. 10.)

1. 배경

(1) 경제 불황으로 인한 불만

(2) 냉전 체제 완화(닉슨 독트린)

(3) 7·4 남북 공동 성명(1972)

2. 10월 유신

(1) 국가 비상 사태 선언, 비상 계엄 선포, 국회 해산, 정치 활동 금지

(2) 통일 주체 국민 회의에서 대통령 선출, 대통령 임기 6년, 중임 제한 철폐

(3) 대통령에 국회 해산권, 국회 의원 1/3 임명권, 법관 인사권, 긴급 조치권 부여

(4) 8대 대통령 박정희, 9대 대통령 박정희

2 유신 체제에 대한 저항

1. 김대중 납치 사건(1973)을 계기로 유신 반대 운동 증가

2. 유신 철폐 운동: 개헌 청원 100만인 서명 운동(1973), 3·1 민주 구국 선언(1976)

3. 탄압

(1) 긴급 조치 발동(1974. 1.)

(2) 민청학련 사건(1974. 4.)
└──▶ 전국 민주 청년 학생 총연맹

(3) 인혁당 재건위 사건(1974. 4.)
├──▶ 2차 인혁당 사건
▼
인민 혁명당

3 유신 체제 붕괴

1. 박정희 정부의 위기: 10대 총선 야당 승리, 2차 석유 파동(1978)으로 인한 경제 위기

2. YH 무역 사건(1979)

(1) YH의 여성 근로자들이 집단 해고에 반발하여 신민당사에서 농성, 강제 해산

(2) 신민당의 총재였던 김영삼이 정치 공세를 강화하자 김영삼 국회 의원직 제명

(3) 김영삼 제명을 계기로 부산과 마산 등지에서 민주 항쟁 발생(부·마 민주 항쟁)

3. 10·26 사태(1979. 10. 26.): 중앙정보부장 김재규가 박정희 살해

💡 닉슨 독트린

1969년 미국의 리처드 닉슨 대통령이 발표한 아시아에 대한 새로운 안보 전략으로, 냉전 체제 완화의 계기가 되었다.

💡 긴급 조치권

대통령의 판단으로 헌법상의 국민의 자유와 권리를 잠정적으로 정지할 수 있는 권한이다.

💡 김대중 납치 사건

1973년 일본 도쿄의 한 호텔에서 당시 야당 지도자 김대중이 중앙정보부의 주도 하에 괴한들에 의해 납치된 사건이다.

기출 맛보기

(가)에 들어갈 인물로 옳은 것은? 44회 중급 48번

[2점]

현대사 인물 카드

- 재단사, 노동 운동가
- 생몰: 1948년~1970년
- 주요 활동
  - 1965년 서울 평화 시장 삼일사에 견습공으로 취직
  - 1969년 바보회 조직
  - 1970년 노동청에 「평화 시장 피복 제품상 종업원 근로 조건 개선 진정서」 제출, 근로 기준법 준수를 외치며 분신

(가)

①
박종철

②
전태일

③
이한열

④
장준하

⑤
윤상원

78~87

정답 분석

(가)에 들어갈 인물은 전태일이다. 전태일은 봉제 노동자로 일하면서 열악한 노동 조건 개선을 요구하다 '노동자는 기계가 아니다'라고 외치며 분신하였다.

오답 풀이

① 박종철은 6월 항쟁과 관련이 깊은 인물이다.
③ 이한열은 6월 항쟁과 관련이 깊은 인물이다.
④ 장준하는 독립운동가이자 문학가이자 정치인으로 유신 개헌 운동을 하다 의문사하였다.
⑤ 윤상원은 5·18 광주 민주화 운동과 관련이 깊은 인물이다.

정답 ②

광주에서 민주화 운동이 일어나다

신군부와 5·18 민주화 운동

▷ 출제방향
- 신군부의 의미를 이해한다.
- 5·18 광주 민주화 운동을 의미를 이해한다.

한눈에 보기

👍 서울의 봄

1979년 신군부가 12·12 사태를 일으키고 권력을 장악하자 이듬해 봄 국민들은 "신군부는 퇴진하라! 우리는 민주화를 요구한다."라고 외치며 서울과 대도시를 중심으로 민주화 시위를 전개하였다. 또한 1980년 5월 15일, 35개 대학교의 10만 여명의 학생들이 비상계엄 해제를 요구하며 서울역 앞에서 시위를 벌였다. 이 대규모 민주화 시위 상황을 1968년에 벌어진 체코슬로바키아의 민주화 운동인 '프라하의 봄'에 빗대어 서울의 봄이라고 불렀다.

👍 광주 시민 궐기문(1980. 5. 25.)

ㅇ 우리는 왜 총을 들 수밖에 없는가? 그 대답은 너무나 간단합니다. 너무나 무자비한 만행을 더 이상 보고 있을 수만 없어서 너도나도 총을 들고 나섰던 것입니다. …… 계엄 당국은 18일 오후부터 공수 부대를 대량 투입하여 시내 곳곳에서 학생, 젊은이들에게 무차별 살상을 자행하였으니! 아! 설마, 설마! 설마 했던 일들이 벌어졌으니, 우리 부모 형제들이 무참히 대검에 찔리고 …… 우리가 어떻게 해야 되겠습니까?

– 「광주 시민군 궐기문」, 1980. 5. 25.

ㅇ 광주 시민들에 따르면, 공수 부대가 학생들의 시위에 잔인하게 대응하면서 상호 간에 폭력적인 결과를 가져왔다고 한다. 계엄령 해제와 수감된 야당 지도자의 석방을 요구하는 학생들이 행진하면서 돌을 던졌다고 하지만, 그렇게 폭력적이지는 않았다고 한다. 광주에 거주하는 25명의 미국인들 – 대부분 선교사, 교사, 평화 봉사단 단원들 – 가운데 한 사람은 "가장 놀랐던 것은 군인들이 저지른 무차별적 폭력이었다."라고 증언하였다. – 당시 상황을 보도한 외신 기자

✚ '1980년 5월 18일 전남대 학생들이 '5·17 비상계엄 확대 조치'에 반대하는 시위를 벌이자 신군부는 공수 특전단을 투입하여 유혈 진압하였다. 이에 맞서 광주 시민과 전남 도민들은 18일부터 27일까지 광주 민주화 운동을 벌였으나 전두환 정권은 총포를 발포 유혈 진압하였다.

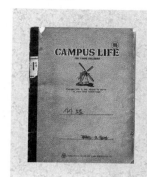

"정부에서 공수 부대를 파견해 차마 입으로 말할 수 없는 만행을 벌였고 광주 시민들은 무차별 학살당했다. …… 언론에서는 이 사실을 보도하지 않고 정부 편에 서서 광주 시민들을 폭도로 몰았다. ……"

– 당시 여고생의 일기 중에서 –

👍 제5공화국 주요 사건

1 12·12 사태와 5·18 민주화 운동

1. 12·12 사태

   (1) 10·26 사태 이후 국무총리 최규하가 대통령직 승계

   (2) 전두환과 노태우를 중심으로 하는 신군부의 군사 반란(1979. 12. 12.)

   (3) 신군부의 계엄령 선포, 정치인들의 활동 탄압

2. 서울의 봄: '유신 헌법 폐지', '전두환 퇴진', '비상 계엄의 철폐' 등을 외치는 대규모 시위 전개

3. 5·18 민주화 운동(1980)

   (1) 배경
       ① 1980년 5월 17일 신군부의 비상 계엄 전국 확대 실시
       ② 정치인 구속, 언론·출판·방송 등의 사전 검열, 대학교에 무장 군인 배치, 휴교 조치

   (2) 전개
       ① 1980년 5월 18일 광주 학생들의 시위
       ② 공부 부대 파견, 무력 진압 시도
       ③ 시민군 조직
       ④ 무력 진압

2 전두환 정부(제5공화국)

1. 국가 보위 비상 대책 위원회 설치, 11대 대통령 전두환 선출(1980)

2. 유신 헌법 폐지, 7년 단임 간선제 대통령으로 12대 전두환 선출(1981)

3. 강압적 통치

   (1) 정치 활동 규제

   (2) 언론 통폐합

   (3) 민주화 운동과 노동 운동 탄압

   (4) 삼청 교육대 설치

4. 유화 정책

   (1) 민주화 인사 복권

   (2) 야간 통행금지 폐지

   (3) 두발 및 교복 자율화

   (4) 프로 야구단 창설

   (5) 해외여행 자율화

💡 3S 정책

스크린(screen:영화), 스포츠(sport), 섹스(sex)에 의한 우민(愚民)정책. 대중을 3S로 유도함으로써 정치적 무관심을 유도함으로써 지배자가 마음대로 대중을 조작할 수 있게 하는 정책을 말한다.

기출 맛보기

사진이 나타내는 사건에 대하여 사실과 의견을 말한 것 중 의견에 해당하는 것은? 11회 초급 35번

[3점]

① 1980년 5월 광주에서 일어난 사건이야.

② 계엄군의 진압으로 많은 시민들이 죽었어.

③ 신군부에 반대한 학생과 시민이 시위에 참여했어.

④ 민주주의 발전의 밑거름이 되어서 민주화 운동이라고 해.

오답 풀이

사진은 5·18 광주 민주화 운동에 대한 사진이다. ①, ②, ③은 5·18 광주 민주화 운동에 대한 사실을 말하고 있다.

정답 ④

MEMO

6월 민주 항쟁 ~ 김대중 정부

▷ **출제방향**
- 4·13 호헌 조치와 6월 항쟁을 이해한다.
- 노태우, 김영삼, 김대중 정부에서 일어난 일들을 이해한다.

한눈에 보기

6월 민주 항쟁과 6·29 선언

◎ 6월 민주 항쟁

> 국가의 미래요 소망인 꽃다운 젊은이를 야만적인 고문으로 죽여 놓고 그것도 모자라서 뻔뻔하게 국민을 속이려 했던 현 정권에게 국민의 분노가 무엇인지를 분명히 보여 주고. 국민의 여망인 개헌을 일방적으로 파기한 4·13 호헌 조치를 철회시키기 위한 민주 장정을 시작한다. ……
>
> – 「6·10 대회 선언문」

◎ 6·29 선언

> 첫째, 여야 합의하에 조속히 대통령 직선제 개헌을 하고 새 헌법에 의한 대통령 선거를 통해 88년 2월 평화적 정부 이양을 실현토록 해야겠습니다.
>
> 둘째, 직선제 개헌이라는 제도의 변경뿐만 아니라, 이의 민주적 실천을 위하여는 자유로운 출마와 공정한 경쟁이 보장되어 국민의 올바른 심판을 받을 수 있는 내용으로 대통령 선거법을 개정하여야 한다고 봅니다. 또한 새로운 법에 따라, 선거 운동 투표 과정 등에 있어서 최대한의 공명정대한 선거 관리가 이루어져야 합니다.
>
> 셋째, 우리 정치권은 물론 모든 분야에 있어서의 반목과 대결이 과감히 제거되어 국민적 화해와 대단결을 도모하여야 합니다. 그러한 의미에서 저는 그 과거의 어떠하였든 간에 김대중 씨도 사면 복권되어야 한다고 생각합니다.

✚ 전두환 정권이 끝나갈 무렵 국민들 사이에는 더 이상 '체육관 대통령'(유신 체제 하에서 박정희는 장충 체육관에서, 80년대 전두환은 잠실 체육관에서 선출되었다고 해서 나온 유행어)이 아닌 직선제로 대통령을 뽑겠다는 요구가 커져갔다. 전두환 정권은 '4·13 호헌 조치'로 이 요구를 거부하고, 1987년 6월 10일 잠실 체육관에서는 '민정당 제4차 전당 대회 및 대통령 후보 지명 대회'를 열어 노태우를 차기 대통령 후보로 지명하였다. 이에 맞서 국민들은 전국 22개 도시에서 '고문 살인 은폐 조작 규탄 및 민주 헌법 쟁취 범국민 대회'를 열었다. 전국 거리는 이날 "호헌철폐, 독재타도", "직선제 쟁취하여 군부 독재 타도하자."라는 구호로 가득 메워졌다. 6월 항쟁 가운데 최대 규모였던 6월 26일 시위는 전국 33개 도시와 4개 군·읍 지역 270여 개 장소에서 1백여 만 명이 참여했다. 이로 인해, 5공 정권은 6·29 선언으로 직선제 요구를 받아들였다.

👍 김영삼 정부

전직 대통령을 구속하고 재판하는 일은 국가적으로 불행하고 부끄러운 일입니다. 그러나 이러한 과정을 거치지 않으면 우리 역사는 바로 설 수 없습니다. 우리는 이를 통해 군사 쿠데타라는 불행하고 후진적인 유산을 영원히 추방함으로써 군의 진정한 명예와 국민적 자존심을 되찾을 것입니다. …… 우리가 광복 50주년을 맞아 일제 잔재인 옛 조선 총독부 건물을 철거하기 시작한 것도 역사를 바로 잡아 민족 정기를 확립하기 위한 것입니다.

– 1996. 1. 9. 대통령 연설 中

👍 김대중 정부

◎ 2002 월드컵

◎ 부산 아시안 게임

✚ 2000년대의 대한민국은 최초의 남북 정상회담과 2002년 월드컵 4강 진출, 2002년 부산 아시안게임 성공적 개최 등 IMF로 인해 힘들었던 국민들을 다시 일어서게 해주는 시기였다.

≫39회 중급 48번

오늘 정부는 제14회 부산 아시아 경기 대회의 개막식에서 남북한 선수단이 동시에 입장한다고 발표했습니다.

2002 부산 아시아 경기 대회, 남북 화합의 계기 만들어

≫34회 초급 40번

사진으로 보는 2000년대 대한민국

남북한 정상의 만남 | 시드니 올림픽 남북한 선수단 동시 입장 | 한·일 월드컵 축구 대회 개최

1 6월 민주 항쟁(1987)

1. 배경

   (1) 전두환 정부의 독재, 정권 말기에 계속된 대통령 직선제 개헌 운동

   (2) 부천 경찰서 성고문 사건, 박종철 고문 치사 사건

2. 6월 민주 항쟁

   (1) 전개

   ① 박종철 고문 치사 사건

   ② 4·13 호헌 조치

   ③ 이한열 사망

   ④ 박종철 고문 치사 규탄 및 호헌 철폐 국민 대회(1987. 6. 10.)

   ⑤ 6·29 민주화 선언

   (2) 결과: 대통령 직선제 개헌

💡 부천 경찰서 성고문 사건

주민등록증을 변조, 위장 취업한 혐의로 경기도 부천 경찰서에서 조사를 받던 대학생 권인숙이 경찰로부터 성적 모욕과 폭행을 당한 사건이다. 진실 확인 과정에서 공권력의 횡포와 부도덕성, 인권 탄압의 실상을 폭로, 1987년 민주화 투쟁의 밑거름이 되었다.

💡 박종철 고문 치사 사건

서울 대학교 학생 박종철이 치안본부 남영동 대공분실에서 조사를 받던 중 경찰의 고문으로 사망한 사건. 6월 민주 항쟁의 직접적 도화선이 되었다.

2 노태우 정부

1. 5공 청문회 개최, 여소야대 국회, 3당 합당

2. 북방 외교: 소련·중국과 수교, 남북한 유엔 동시 가입

3. 남북 기본 합의서(1991)

3 김영삼 정부(문민 정부)

1. 금융 실명제(1993), 부동산 실명제

2. 역사 바로 세우기 사업(전직 대통령 구속), OECD 가입

3. 외환 위기(1997): 국제 통화 기금(IMF)의 금융 지원

4 김대중 정부(국민의 정부)

1. 우리나라 최초의 선거에 의한 평화적 정권 교체

2. 외환 위기 극복: 구조조정, 금모으기 운동

3. 대북 화해 협력 정책: 금강산 사업, 남북 정상 회담(2000) ➡ 6·15 남북 공동 선언

기출 맛보기

(가)에 들어갈 내용으로 옳은 것은? 18회 초급 40번 [3점]

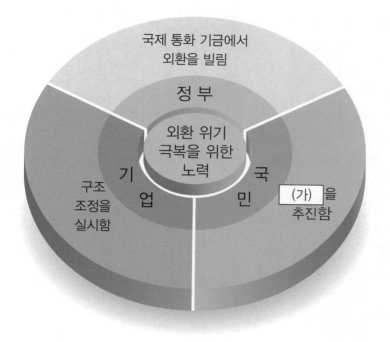

① 새마을 운동

② 국채 보상 운동

③ 애국 계몽 운동

④ 금 모으기 운동

정답 분석➕

IMF 금융위기 당시 국민들은 금 모으기 운동에 동참하여 외환 위기를 극복하기 위해 노력하였다.

오답 풀이✔

① 새마을 운동은 1970년대에 일어난 지역 사회 개발 운동이다.
② 국채 보상 운동은 1907년 대구에서 일어난 주권 수호 운동이다.
③ 애국 계몽 운동은 1905년에서 1910년까지 일어난 국권 회복을 위한 실력 양성 운동을 총칭한다.

정답 ④

MEMO✏

주제 86 경제 성장과 자본주의의 발전

▷ **출제방향**
- 농지 개혁법을 이해한다.
- 경제 개발 계획을 이해한다.
- IMF 외환 위기를 이해한다.

한눈에 보기

👍 농지 개혁법

제5조　정부는 다음에 의하여 농지를 매수한다.
　　　1. 다음의 농지는 정부에 귀속한다.
　　　　(가) 법령 및 조약에 의하여 몰수 또는 국유로 된 토지
　　　　(나) 소유권의 명의가 분명하지 않은 농지
　　　2. 다음의 농지는 본법 규정에 의하여 정부가 매수한다.
　　　　(가) 농가 아닌 자의 농지
　　　　(나) 자경하지 않는 자의 농지
　　　　(다) 본법 규정의 한도를 초과하는 부분의 농지

제12조　농지 분배는 1가당 총 경영면적 3정보를 초과하지 못한다.

제13조　분배받은 농지에 대한 상환액 및 상환방법은 다음과 같다.
　　　2. 상환은 5년간 균분 연부로 하고 매년 정부에 납입한다.

✚ '농지 개혁은 토지 재분배를 통해 농촌 경제를 안정시키고, 나아가 토지 자본을 산업 자본으로 전환시킴으로써 산업화의 토대를 마련하고자 한 것이었다. 그러나 농지 개혁을 실시할 때 지주들에게 토지 대금으로 준 지가 증권은 돈으로 바꾸기가 쉽지 않아 중소 지주층이 산업 자본가로 변신하는 데에는 어려움이 따랐다. 그리고 분배한 농지에 대한 토지 대금을 내지 못한 농민은 토지를 도로 파는 경우도 많았다.

👍 경제 성장 추이

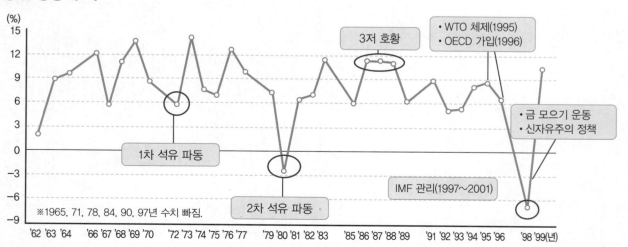

👍 1960 ～ 1970년대의 경제 성장

📍 1960년대

경부 고속 국도는 1968년에 만들기 시작하여 1970년에 완공하였다.

1960년대 중반 국군이 베트남에 파견되면서부터 시작된 이른바 '베트남 특수'는 경제 개발 5개년 계획의 목표 달성에 큰 도움을 주었다.

가발 산업은 1960년대 수출을 이끌던 주요 산업이었다. 1970년대까지도 우리나라의 수출을 주도한 것은 섬유 산업 등 낮은 임금에 바탕을 둔 노동 집약적 산업이었다.

📍 1970년대

60년대 이후 경제 정책에서 가장 중요하게 생각한 것은 수출 진흥이었다. 수출은 '전쟁'에 비유되었고, 모든 국민은 '수출 역군'이었으며, 수출 공로자에게는 '산업 훈장'을 주었고, 기업에게는 '수출의 탑'을 주었다.

1970년대에 우리나라는 두 차례에 걸친 석유 파동으로 인해 경제 위기를 맞았으나, 건설 회사들의 서남 아시아 진출에 힘입어 이를 극복할 수 있었다.

- 철강: 포항 제철 공장, 광양 제철소
- 조선: 울산·거제의 조선소
- 공업 단지: 창원, 구미, 울산, 여수 등 중화학 공업 육성

≫41회 중급 48번

서울과 부산을 이어주는 총 길이 400킬로미터가 넘는 국내 최장 고속 도로가 드디어 준공되었습니다.

경부 고속 도로 준공

78 ~ 87

1 이승만 정부

1. 귀속 재산 처리

    (1) 일본인 소유의 귀속 재산을 미 군정이 접수하여 신한공사를 통해 관리

    (2) 정부는 이를 넘겨받아 민간 기업에 불하

2. 미국의 경제 원조

    (1) 전쟁 복구와 공산주의 확산 방지, 미국 내 잉여 농산물을 처리하기 위한 조치
                                          └▶ 밀가루, 면화, 설탕
    (2) 삼백 산업 중심의 소비재 공업 발달

2 박정희 정부

1. 제1·2차 경제 개발 5개년 계획(1962~1971)

    (1) 자본·기술 부족, 노동 집약적 경공업 중심 정책

    (2) 경제 개발 자금 마련: 베트남 특수, 파독 광부·간호사, 한·일 협정

    (3) 경부 고속 국도(1970), 포항 제철 착공(1970) 등 사회 간접 자본 확충

2. 제3·4차 경제 개발 5개년 계획(1972~1981)

    (1) 중화학 공업 육성으로 방향 전환

    (2) 1차 석유 파동(1973) 이후 중동 특수 ➡ 고도의 성장

    (3) 새마을 운동: 농촌 소득 증대
                  ────────▶ 1970년 시작
    (4) 수출 100억 달러 달성

    (5) 과잉 투자, 2차 석유 파동(1978) ➡ 경기 침체

3. 미·일 무역 의존도 심화, 빈부 격차와 도농 격차 심화, 산업간 경제 불균형

△ 파독 광부

△ 수출 100억 달러 달성

3 1980년대 이후

1. 1980년대 이후

(1) **3저 호황**: 저유가·저달러·저금리로 인한 호황

(2) 올림픽 개최, 전기·전자·반도체 산업 육성

2. 김영삼 정부

(1) 금융 실명제(1993), 부동산 실명제(1995)

(2) 세계화 정책: 우루과이 라운드 타결(1994), OECD 가입(1996)

(3) 위환 위기로 국제 통화 기금(IMF)로부터 구제 금융 지원

➡ 고금리, 재정 긴축, 금융권 구조 조정, 금 모으기 운동

> 💡 **3저 호황**
>
> 저유가로 상품 생산 비용이 줄고, 저금리로 이자 비용이 낮아져 기업들이 투자를 늘렸으며, 저달러 현상 가격 경쟁력이 강화되어 일본과 경쟁하던 한국의 수출에 절대적으로 유리한 국면이 조성되었다.

📋 기출 맛보기

(가)에 들어갈 용어로 옳은 것은? 33회 초급 40번   [2점]

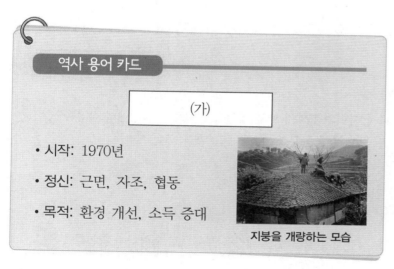

역사 용어 카드

(가)

• 시작: 1970년

• 정신: 근면, 자조, 협동

• 목적: 환경 개선, 소득 증대

지붕을 개량하는 모습

① 새마을 운동

② 물산 장려 운동

③ 애국 계몽 운동

④ 민립 대학 설립 운동

> **정답 분석** ➕
>
> 1970년대에 대통령 박정희는 수재민 복구 대책과 아울러 넓은 의미의 농촌 재건 운동에 착수하기 위하여 근면·자조·자립정신을 바탕으로 한 마을 가꾸기 사업을 제창하고 이것을 새마을 가꾸기 운동이라 부르기 시작한 데서 시작되었다.
>
> **정답**   ①

남북 대화와 통일 정책

▷ **출제방향** 각 정부의 통일 정책을 이해한다.

🔍 한눈에 보기

👍 박정희 정부

> **7·4 남북 공동 성명**
>
> 첫째, 통일은 외세에 의존하거나 외세의 간섭을 받음이 없이 자주적으로 해결하여야 한다.
>
> 둘째, 통일은 서로 상대방을 반대하는 무력행사에 의거하지 않고 평화적 방법으로 실현하여야 한다.
>
> 셋째, 사상과 이념, 제도의 차이를 초월하여 우선 하나의 민족으로서 민족적 대단결을 도모하여야 한다.

✚ '1972년 7월 4일 오전 10시 같은 시각에 남과 북에서 남북 공동 성명이 발표되었다. 그러나 7·4 남북 공동 성명은 남쪽의 유신 체제 성립, 북쪽의 사회주의 헌법 개정으로 양측의 정치적 목적을 달성한 뒤에 휴지 조각이 되었다.

👍 노태우 정부

> **남북 기본 합의서(1991. 12. 13.)**
>
> 남과 북은 쌍방 사이의 관계가 나라와 나라 사이의 관계가 아닌 통일을 지향하는 과정에서 잠정적으로 형성되는 특수 관계라는 것을 인정하고 다음과 같이 합의하였다.
>
> (제1장 남북 화해)
>
> 제1조 남과 북은 서로 상대방의 체제를 인정하고 존중한다.
>
> (제 2장 남북 불가침)
>
> 제9조 남과 북은 상대방에 대하여 무력을 사용하지 않으며, 상대방을 무력으로 침략하지 않는다.
>
> (제 3장 남북 교류 협력)
>
> 제15조 남과 북은 민족 경제의 통일적이며 균형적인 발전과 민족 전체의 복리 향상을 도모하기 위하여 자원의 공동 개발, 민족 내부 교류로서의 물자 교류, 합작 투자 등 경제 교류와 협력을 실시한다.

✚ '남북 기본 합의서는 분단 46년 만에 남북한 정부 당사자 간에 공식 합의된 최초의 문서로, 분단 이후 한 번도 정리된 적이 없는 남북한의 정치적·법적 관계를 규명하는 기본 틀이자 이후 남북 교류의 방향을 예고하는 지침으로 평가되고 있다. 그러나 남북은 역사적인 이 합의서에 서명한 뒤 발표에 필요한 내부 절차를 모두 끝마치고도 이를 진전시키지 못하였다.

≫41회 중급 50번

□□ 신문

제△△호　　　　　　　○○○○년 ○○월 ○○일

남북한, 냉전 청산의 큰 걸음을 내딛다

　　제46차 유엔 총회에서는 159개 회원국 중 105개국이 공동 제안한 남북한 유엔 가입이 결의안을 만장일치로 채택하였다. 이로써 남북한은 광복 이후 46년 만에 유엔의 정회원국이 되었다. 정부는 "유엔 세계 평화의 날이기도 한 오늘, 남북한의 유엔 가입은 한반도에서의 냉전 청산을 위한 큰 걸음을 내딛었다는 점에서 의미가 있다."고 밝혔다.

≫44회 중급 50번

노태우 대통령과 고르바초프 대통령은 이번 정상 회담에서 한국과 소련의 상호 협력을 약속하고, 한반도의 안정이 동북아시아는 물론 세계 평화에 매우 중요하다는 데 인식을 같이 하였습니다.

북방 외교와 성과, 한국·소련 정상 회담 열려

👍 김대중 정부

6·15 남북 공동 선언(2000. 6. 15.)

1. 남과 북은 나라의 통일 문제를 그 주인인 우리 민족끼리 서로 힘을 합쳐 자주적으로 해결해 나가기로 하였다.
2. 남과 북은 나라의 통일을 위한 남측의 연합 제안과 북측의 낮은 단계의 연방제안이 서로 공통성이 있다고 인정하고 앞으로 이 방향에서 통일을 지향시켜 나가기로 하였다.
3. 남과 북은 올해 8·15에 즈음하여 흩어진 가족, 친척 방문단을 교환하며 비전향 장기수 문제를 해결하는 등 인도적 문제를 조속히 풀어 나가기로 하였다.
4. 남과 북은 경제 협력을 통하여 민족 경제를 균형적으로 발전시키고 사회 문화 체육 보건 환경 등 제반 분야의 협력과 교류를 활성화하여 서로의 신뢰를 다져 나가기로 하였다.
5. 남과 북은 이상과 같은 합의사항을 조속히 실천에 옮기기 위하여 빠른 시일 안에 당국 사이의 대화를 개최하기로 하였다.

✚ 최초의 정상 회담과 그 이후 정상이 한 공동 선언으로 통일의 중간 단계로서 북의 낮은 단계의 연방제와 남의 남북 연합이 공통성을 인정했다는 점에서 큰 의의가 있다.

78~87

👍 남북 대화와 통일 정책

평화 통일을 위한 노력

1970년대
7·4 남북 공동 성명 발표

1980년대
남북 이산가족 고향 방문

1990년대
남북 기본 합의서 채택

2000년대
남북 정상 회담 개최

≫31회 초급 39번

1 이승만 정부~장면 내각

1. 이승만 정부: 북진 통일론을 고수, 조봉암 등의 평화 통일론 탄압

2. 장면 내각: 선 경제 건설 정책 ➡ 통일 정책 추진에 소극적, 민간의 통일 논의 활발

2 박정희 정부

1. 냉전 완화: 닉슨 독트린 이후 긴장 완화, 평화 공존의 분위기 조성

2. 남북 적십자 회담(1971): 남북 실무진의 첫 접촉

3. 7·4 남북 공동 성명(1972)

   (1) 남북 당국자간의 비공식 접촉, 서울과 평양에서 동시에 성명 발표

   (2) 자주, 평화, 민족 대단결의 조국 통일 3대 원칙에 합의, 남북 조절 위원회 설치

   (3) 남과 북 모두의 독재 체제 구축에 이용

4. 6·23 평화 통일 선언(1973)

   (1) 북한에 남북한 UN 동시 가입 제의

   (2) 호혜 평등 원칙하에 모든 국가에 문호를 개방할 것을 제시

3 전두환 정부

1. 민족 화합 민주 통일 방안을 북한에 제시

2. 최초의 고향 방문단 구성 ➡ 이산가족 상봉(1985)

3. 아웅산 테러 사건 ➡ 남북 관계 악화

4 노태우 정부~김영삼 정부

1. 노태우 정부

   (1) 남북한 UN 동시 가입(1991)

   (2) 남북 기본 합의서(1991): 상호 불가침 약속, 한반도 비핵화 공동 선언(1992 발효)

2. 김영삼 정부: 한민족 공동체 건설을 위한 3단계 통일 방안 제시

5 김대중 정부~문재인 정부

1. 김대중 정부

  (1) 햇볕 정책: 대북 포용 정책

  (2) 정주영 현대 그룹 회장이 소떼를 몰고 북한 방문 ➡ **금강산 관광**

  (3) 최초의 남북 정상 회담(2000, 평양): 6·15 남북 공동 선언 발표 ➡ 개성 공단 건설, 경의선 복구

2. 노무현 정부: 2차 남북 정상 회담 ➡ 10·4 남북 공동 선언(2007)

3. 문재인 정부: 3차 남북 정상 회담 ➡ 4·27 선언(판문점 선언, 2018)

🌸 **금강산 관광**

현대그룹의 주도로 북한의 금강산을 둘러보는 관광 상품이다. 1998년 금강산관광 계약이 체결되어 11월 18일부터 한국의 민간인들이 북한을 여행하였다. 그러나 2008년 관광객이 북한군의 피격으로 사망하는 사건이 발생하면서 금강산 관광이 잠정 중단되었다.

📋 기출 맛보기

다음 연표의 (가)에 들어갈 내용으로 옳은 것은? 17회 초급 40번

[3점]

소 떼를 몰고 간
정주영의 방북(1998)

(가)

개성 공단
건설(2003)

① 남북한 동시 유엔 가입

② 남북 기본 합의서 채택

③ 남북 정상 회담 최초 개최

④ 7·4 남북 공동 성명 발표

📍 **정답 분석**

김대중 정부 시기에 정주영 현대 그룹 회장이 소떼를 몰고 북한 방문하는 것을 계기로 최초의 남북 정상 회담이 개최되었다.

[오답 풀이]

① 남북한 동시 유엔 가입은 노태우 정부 시기이다.

② 남북 기본 합의서 채택은 노태우 정부 시기이다.

④ 7·4 남북 공동 성명 발표은 박정희 정부 시기이다.

정답	③

부록

조선의 궁궐, 한큐에 다 잡다

조선의 궁궐

🔍 한눈에 보기

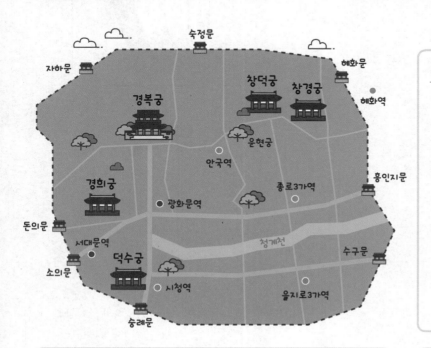

경복궁(북궐)

1. 1395년 창건된 조선 제일의 법궁
2. 임진왜란 때 소실 ➡ 고종 때 중건

광화문	경복궁의 정문
근정전	경복궁의 정전(正殿)으로, 왕이 신하들의 조하를 받거나 공식적인 대례(大禮) 또는 사신을 맞이하던 곳
경회루	침전 영역 서쪽의 연못 안에 조성된 누각으로, 외국 사신 접대나 임금·신하의 연회 장소로 사용

창덕궁(동궐)

1. 태종 때 지어진 궁궐, 가장 오랜 기간 왕이 거처하며 정사를 편 궁궐
2. 1997년에 유네스코 세계 유산으로 등록

돈화문	창덕궁의 정문
인정전	창덕궁의 정전(正殿)으로, 왕의 즉위식·신하들의 하례·외국 사신 접견 등 중요한 국가적 의식을 치르던 곳
주합루	정조가 만든 누각으로, 아래층에 규장각이 설치됨.
후원	자연 지형을 살려 만든 왕실 휴식처

창경궁(동궐)

1. 세 번째로 지어진 궁궐
2. 장희빈과 인현 왕후, 영조와 사도 세자 사건이 일어난 장소
3. 창경원: 순종 즉위 후 일제는 궁 안의 전각들을 허문 뒤 동물원·식물원을 설치하고 궁궐을 일본식으로 변경시켰으며, 한·일 병합 이후 창경원으로 격하시켰다. 광복 이후에도 한동안 관광 시설로 이용되다가 1983년 원래의 명칭인 창경궁으로 환원하고 동물원·식물원을 철거한 뒤 원래의 모습으로 돌아왔다.

덕수궁

1. 월산 대군의 집터를 선조 때 궁궐로 쓰다가 광해군 때부터 경운궁으로 불림.
2. 아관파천 후 고종이 환궁한 궁궐
3. 고종 강제 퇴위 후 덕수궁이라는 이름으로 불리기 시작
4. 덕수궁 석조전: 미·소 공동 위원회 개최

경희궁

1. 경희궁: 창덕궁을 꺼리던 광해군이 경덕궁 건립, 영조 때 경희궁으로 개칭
2. 일제 강점기에 대부분의 건물을 허물고 학교 건립
3. 현재는 시민들을 위한 공원 조성

기출 맛보기

(가)에 해당하는 답사 장소로 옳은 것은? 29회 초급 32번 [3점]

답사 계획서

- 주제: 대한 제국 관련 유적지를 찾아서
- 일시: 2015년 ○○월 ○○일 09:00~16:00
- 장소
  - 을미사변이 일어난 곳
  - 을미사변 후 고종이 임시로 거처를 옮긴 곳
  - 고종 황제가 즉위식 날 하늘에 제사를 지낸 곳
  - 대한 제국 시기 고종 황제가 집무한 곳 ·············· (가)

①
경복궁

②
환구단 터

③
덕수궁(경운궁)

④
구 러시아 공사관

오답 풀이

① 대한 제국 시기 고종 황제가 집무한 곳인 (가)는 경운궁(덕수궁)이다.
② 고종 황제가 즉위식 날 하늘에 제사를 지낸 곳은 환구단이다.
④ 을미사변 후 고종이 임시로 거처를 옮긴 곳은 러시아 공사관이다.

정답 ③

지역사, 한큐에 다 잡다

주요 지역사

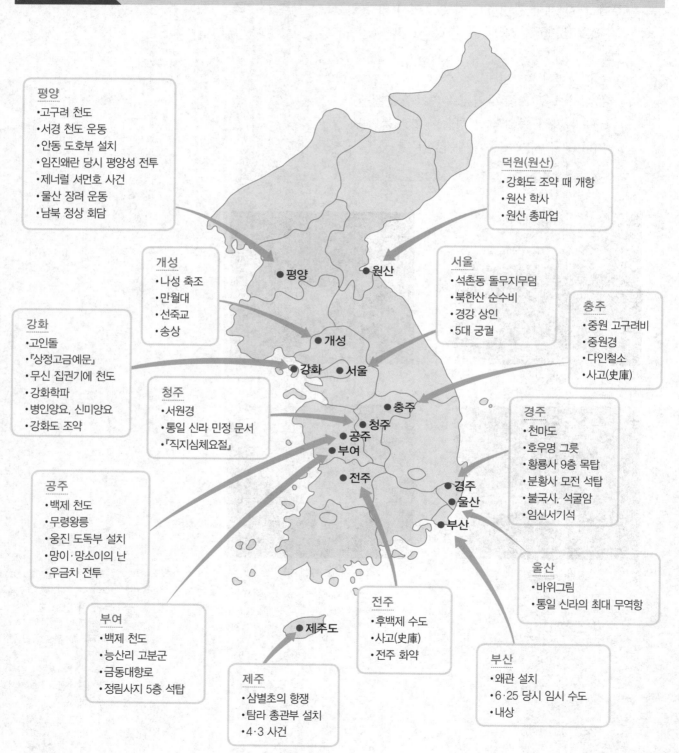

평양
- 고구려 천도
- 서경 천도 운동
- 안동 도호부 설치
- 임진왜란 당시 평양성 전투
- 제너럴 셔먼호 사건
- 물산 장려 운동
- 남북 정상 회담

덕원(원산)
- 강화도 조약 때 개항
- 원산 학사
- 원산 총파업

개성
- 나성 축조
- 만월대
- 선죽교
- 송상

서울
- 석촌동 돌무지무덤
- 북한산 순수비
- 경강 상인
- 5대 궁궐

충주
- 중원 고구려비
- 중원경
- 다인철소
- 사고(史庫)

강화
- 고인돌
- 『상정고금예문』
- 무신 집권기에 천도
- 강화학파
- 병인양요, 신미양요
- 강화도 조약

청주
- 서원경
- 통일 신라 민정 문서
- 『직지심체요절』

경주
- 천마도
- 호우명 그릇
- 황룡사 9층 목탑
- 분황사 모전 석탑
- 불국사, 석굴암
- 임신서기석

공주
- 백제 천도
- 무령왕릉
- 웅진 도독부 설치
- 망이·망소이의 난
- 우금치 전투

울산
- 바위그림
- 통일 신라의 최대 무역항

부여
- 백제 천도
- 능산리 고분군
- 금동대향로
- 정림사지 5층 석탑

전주
- 후백제 수도
- 사고(史庫)
- 전주 화약

부산
- 왜관 설치
- 6·25 당시 임시 수도
- 내상

제주
- 삼별초의 항쟁
- 탐라 총관부 설치
- 4·3 사건

기출 맛보기

다음 답사 지역을 지도에서 옳게 찾은 것은? 32회 초급 31번

[3점]

답사 계획서

지역: □□ 일대
날짜: 2016년 ○○월 ○○일
가볼 곳

어제연 장군이 미군과
맞서 싸웠던 광성보

최초의 근대적 조약을
맺은 연무당 옛터

① (가)　　　② (나)　　　③ (다)　　　④ (라)

정답 분석

어제연 장군이 미군과 맞서 싸
웠던 광성보와 최초의 근대적
조약인 강화도 조약을 맺은 곳
인 연무당은 강화에 대표적인
유적이다.

정답　　①

세시풍속

1 January

- 설날(음력 1월 1일)
  - 음력 정월 초하루
  - 조상에게 차례, 성묘
  - 윷놀이와 널뛰기
- 대보름(음력1월15일)
  - 동제
  - 줄다리기, 놋다리밟기, 차전놀이, 달집태우기
  - 귀밝이술, 부럼

2 February

- 입춘(음력 2월 4일경)
  - 입춘대길(立春大吉)
  - 24절기 중 첫 번째 절기

3 March

- 삼짓날(음력 3월 3일)
  - 강남 갔던 제비 오는 날
  - 진달래꽃 화전, 각시놀음, 활쏘기
- 경칩(양력 3월5일경)
  - 개구리가 겨울잠에서 깨어나는 시기

4 April

- 한식(양력 4월 5일경)
  - 설날, 단오, 추석과 더불어
  - 4대 명절
  - 불을 피우지 않고 차가운 음식을 먹음.

5 May

- 단오(음력 5월 5일)
  - 수릿날, 중오절, 천중절이라고 불림.
  - 창포물로 머리를 감음.
  - 씨름, 널뛰기, 그네뛰기, 석전
  - 강릉 단오제 유네스코 인류 무형 문화재
  - 수취리떡, 앵두화채

6 June

- 유두(음력 6월 15일)
  - 조상들의 피서
  - 동쪽에 흐르는 개울에 머리를 감고 목욕을 함.

7 July

- 칠석(음력 7월 7일)
  - 견우와 직녀가 만나는 날
  - 칠석제, 의복과 서적 말리기, 시 짓기
- 백중(음력 7월 15일)
  - 머슴날
  - 농민들이 모여 잔치를 벌이고 휴식을 취하는 날
  - 백중놀이, 씨름

8 August

추석(음력 8월 15일)
  - 중추절, 가배, 한가위라고 불리움.
  - 차례를 지내고 송편을 만듦.
  - 줄다리기, 씨름, 강강술래

9 September

- 중앙절(음력 9월 9일)
  - 홀수인 9가 겹친 날
  - 중구라고도 불리움.
  - 화채, 국화전

10 October

11 November

12 December

- 동지(양력 12월 22일경)
  - 1년 중 밤이 가장 긴 날
  - 팥죽
- 섣달 그믐(음력 12월 31일)
  - 음력으로 마지막 날
  - 일가친척을 방문하고 묵은 세배를 함.

기출 맛보기

다음 판소리 가사에서 알 수 있는 민속놀이로 옳은 것은? 30회 초급 20번

[3점]

> 춘향이가 발판에 발을 굴러 힘을 주니 앞뒤 점점 멀어지네. 이때 이몽룡이 바라보니, 문득 보면 앞에 있고 다시 보니 뒤에 있네.

①

②

③

④

정답 분석

춘향가에서 나오는 민속놀이는 그네뛰기이다. 그네뛰기는 단오의 세시풍속이다.

정답 ③

근·현대 주요 인물

🔍 한눈에 보기

최익현
(1833~1906)

- 1868 대원군의 경복궁 중건 비판 상소
- 1876 강화도 조약을 비판하는 위정척사 운동 전개
- 1895 을미의병 거병
- 1905 을사의병 거병, 쓰시마 섬에서 순국

안중근
(1879~1910)

- 1907 국채 보상 운동 관서 지부장
- 1909 만주 하얼빈에서 이토 히로부미 사살
- 1910 『동양평화론』 저술, 여순 감옥에서 순국

홍범도
(1868~1943)

- 1920 대한 독립군 사령관으로 봉오동·청산리 전투에 참가
- 1921 자유시 참변 이후 적군 편입
- 1937 스탈린에 의해 중앙아시아로 강제 이주

이상설
(1870~1917)

- 1904 일제의 황무지 개간권 요구 반대 상소
- 1906 서전서숙 설립
- 1907 헤이그 특사로 파견
- 1910 연해주에서 13도 의군 결성, 성명회 조직
- 1914 대한 광복군 정부 대통령

김좌진
(1889~1930)

- 1916 대한 광복회에 가담, 부사령관 역임
- 1919 대종교 입교, 무오 독립 선언서에 서명
- 1920 청산리 전투
- 1925 신민부 결성

김원봉
(1898~1958)

- 1919 길림에서 의열단 조직
- 1935 관내에서 조선 민족 혁명당 창당
- 1938 조선 의용대 창설
- 1942 조선 의용대 일부 이끌고 한국 광복군에 합류, 부사령관

안창호
(1878~1938)

- 1907 신민회 조직, 평양 대성 학교 설립
- 1913 미국에서 흥사단 조직
- 1923 대한민국 임시 정부에서 개조파로 활동

여운형
(1886~1947)

- 1933 조선중앙일보 사장 취임
  ↳ 일장기 말소 사건(1936)
- 1944 조선 건국 동맹 조직
- 1945 조선 건국 준비 위원회 조직, 조선 인민당 결성
- 1946 좌우 합작 위원회 위원장
- 1947 암살 당해 사망

신채호
(1881~1936)

- 1906 대한매일신보 주필, 「이순신전」 등 발표
- 1907 신민회 조직, 국채 보상 운동 주도
- 1908 「독사신론」, 「이태리건국삼걸전」 발표
- 1919 대한민국 임시 정부 활동, 창조파 가담
- 1923 「조선혁명선언」 발표

김구
(1876~1949)

- 1919 대한민국 임시 정부 초대 경무국장
- 1928 한국 독립당 창당
- 1931 한인 애국단 조직
- 1939 임시 정부 주석
- 1940 한국 광복군 조직
- 1945 신탁 통치 반대 운동
- 1948 남북 협상
- 1949 암살 당해 사망

박은식
(1859~1925)

- 1904 대한매일신보 주필
- 1907 신민회 가입
- 1909 「유교구신론」 저술
- 1910 조선 광문회 활동
- 1915 『한국통사』 저술
- 1920 『한국독립운동지혈사』
- 1925 임시 정부 제2대 대통령

김규식
(1881~1950)

- 1918 파리 강화 회의 참석
- 1919 대한민국 임시 정부 구미 위원부 위원장
- 1944 임시 정부 부주석
- 1946 좌우 합작 위원회
- 1948 남북 협상에 참여
- 1950 6·25 전쟁 중 납북되어 북한에서 사망

기출 맛보기

다음 자료에 해당하는 인물로 옳은 것은? 36회 초급 36번

[2점]

나라를 빼앗기자
전 재산을 팔아
독립운동 자금을
마련하다.

1/3

만주 삼원보에
신흥 강습소를 세워
독립군을 길러내다.

2/3

광복을 보지 못하고
중국 땅에서 일제의
모진 고문 끝에
순국하다.

3/3

① 김구

② 안창호

③ 이봉창

④ 이회영

정답 분석

서울에서 가장 부자였던 이회영은 전 재산을 팔아 독립운동 자금을 마련하고 만주 삼원보에 신흥 강습소를 세우고 독립군을 길러냈지만, 광복을 보지 못하고 중국 땅에서 순국한 인물이다.

정답 ④

MEMO

주제 92

유네스코 세계 문화유산

🔍 한눈에 보기

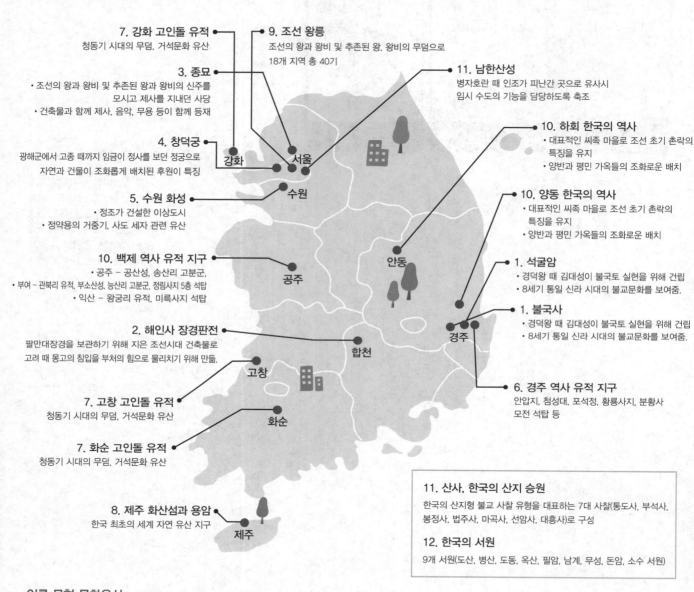

7. 강화 고인돌 유적
청동기 시대의 무덤, 거석문화 유산

9. 조선 왕릉
조선의 왕과 왕비 및 추존된 왕, 왕비의 무덤으로
18개 지역 총 40기

3. 종묘
• 조선의 왕과 왕비 및 추존된 왕과 왕비의 신주를
  모시고 제사를 지내던 사당
• 건축물과 함께 제사, 음악, 무용 등이 함께 등재

11. 남한산성
병자호란 때 인조가 피난간 곳으로 유사시
임시 수도의 기능을 담당하도록 축조

4. 창덕궁
광해군에서 고종 때까지 임금이 정사를 보던 정궁으로
자연과 건물이 조화롭게 배치된 후원이 특징

10. 하회 한국의 역사
• 대표적인 씨족 마을로 조선 초기 촌락의
  특징을 유지
• 양반과 평민 가옥들의 조화로운 배치

5. 수원 화성
• 정조가 건설한 이상도시
• 정약용의 거중기, 사도 세자 관련 유산

10. 양동 한국의 역사
• 대표적인 씨족 마을로 조선 초기 촌락의
  특징을 유지
• 양반과 평민 가옥들의 조화로운 배치

10. 백제 역사 유적 지구
• 공주 – 공산성, 송산리 고분군,
• 부여 – 관북리 유적, 부소산성, 능산리 고분군, 정림사지 5층 석탑
• 익산 – 왕궁리 유적, 미륵사지 석탑

1. 석굴암
• 경덕왕 때 김대성이 불국토 실현을 위해 건립
• 8세기 통일 신라 시대의 불교문화를 보여줌.

1. 불국사
• 경덕왕 때 김대성이 불국토 실현을 위해 건립
• 8세기 통일 신라 시대의 불교문화를 보여줌.

2. 해인사 장경판전
팔만대장경을 보관하기 위해 지은 조선시대 건축물로
고려 때 몽고의 침입을 부처의 힘으로 물리치기 위해 만듦.

6. 경주 역사 유적 지구
안압지, 첨성대, 포석정, 황룡사지, 분황사
모전 석탑 등

7. 고창 고인돌 유적
청동기 시대의 무덤, 거석문화 유산

7. 화순 고인돌 유적
청동기 시대의 무덤, 거석문화 유산

8. 제주 화산섬과 용암
한국 최초의 세계 자연 유산 지구

강화 · 서울 · 수원 · 공주 · 안동 · 경주 · 합천 · 고창 · 화순 · 제주

11. 산사, 한국의 산지 승원
한국의 산지형 불교 사찰 유형을 대표하는 7대 사찰(통도사, 부석사,
봉정사, 법주사, 마곡사, 선암사, 대흥사)로 구성

12. 한국의 서원
9개 서원(도산, 병산, 도동, 옥산, 필암, 남계, 무성, 돈암, 소수 서원)

인류 무형 문화유산

○ 종묘 제례와 제례악, 판소리, 강릉 단오제, 남사당놀이, 제주 칠머리 영등굿, 가곡, 관현악 반주에 맞춰 부르는 서정적 노래, 대목장, 매 사냥술(인간문화유산), 줄타기, 택견, 한산모시 짜기, 아리랑, 김장문화, 농악, 줄다리기, 제주 해녀 문화, 영산재, 강강술래, 처용무, 씨름

세계 기록 유산

○ 조선왕조실록, 훈민정음 해례본, 직지심체요절, 승정원일기, 조선 왕조 의궤, 해인사 팔만대장경판 및 제경판, 동의보감, 5·18 민주화 운동 기록물, 일성록, 난중일기, 새마을운동 기록물, 한국의 유교책판, KBS 특별 생방송 이산가족을 찾습니다. 조선 왕실 어보와 어책, 국채 보상 운동 기록물, 조선 통신사 기록물

기출 맛보기

다음 답사에서 볼 수 있는 문화유산으로 옳지 않은 것은? 46회 초급 3번

[2점]

답사 보고서

주제	백제 역사 유적 지구를 다녀와서
기간	2020년 ○○월 ○○일 ~ ○○일
내용	유네스코 세계유산으로 등재된 백제 역사 유적 지구에서 중국, 일본과 교류하며 문화적으로 크게 발전했던 백제의 많은 유적들을 만나 볼 수 있었습니다.

①

경주 대릉원 일원

②

공주 공산성

③

부여 정림사지

④

익산 왕궁리 유적

정답 분석

경주 대릉원 일원은 2000년 유네스코 세계 유산으로 지정된 경주 역사 유적 지구의 일부이다.

정답	①

윤민혁

약력

서울대학교 사범대학 역사교육과
前 대신중학교 교사
現 메가스터디학원
　메가스터디러셀
　비상에듀기숙학원
　대치 우림학원
　대치 대훈학원
　수지 명인학원

저서

다큐 한국사능력검정시험 심화(박문각)
다큐 한국사능력검정시험 기본(박문각)
빅데이터 수능 한국사(메가북스)
기출외전 한능검 개념총정리(메가북스)
9박10일 한국사능력검정시험(메가북스)

정정

약력

연세대학교 교육대학원 사회교육학 석사
前 EBS, 이투스 온라인
　대치 명인학원
　연세대학교 교육대학원 한국사능력검정 특강 강사
現 박문각 남부고시학원
　메가스터디 재수정규반
　강남하이퍼학원 재수정규반
　청솔학원 재수정규반
　한샘여학생기숙학원

저서

다큐 한국사능력검정시험 심화(박문각)
다큐 한국사능력검정시험 기본(박문각)
일등급 사탐 국사. 근현대사(단단북스)
고품격 사탐 국사. 근현대사(단단북스)
하이패스 공무원 절대문항 한국사(디딤돌)

NEW 한국사능력검정 전면개편

다큐 한국사능력검정시험 기본 (4·5·6급)

초판인쇄 2020년 6월 10일 | **초판발행** 2020년 6월 15일
공편저 윤민혁·정정 | **발행인** 박 용 | **발행처** (주)박문각출판
등록 2015. 4. 29. 제2015-000104호
주소 06654 서울시 서초구 효령로 283 서경빌딩
전화 02-3489-9400 | **팩스** 02-584-2927

저자와의
협의하에
인지생략

정가 21,000원　ISBN 979-11-6444-534-9